Harvard Business School Press

心脳マーケティング
顧客の無意識を解き明かす

ジェラルド・ザルトマン
著

藤川 佳則＋阿久津 聡
訳

ダイヤモンド社

How Customers Think
by
Gerald Zaltman

Copyright © 2003 Gerald Zaltman
All rights reserved
Original English language edition published
by Harvard Business School Press
Japanese translation rights arranged with
Harvard Business School Press
through The Asano Agency, Inc., Tokyo

日本語版への序文

　ここ十数年の間に、我々人間の思考や感情、行動に関する新たな知見が次々と生まれ、中でも、消費者や企業顧客の購買決定に関する興味深い洞察が続々と発表されるようになった。十年一昔と言うが、今や我々は顧客の思考や行動について、驚くほど多くのことを知り得ることができる。本書『心脳マーケティング』は、顧客の思考や行動の「なぜ」(why)や「どのように」(how)について、様々な学術研究の最前線で明らかになった新しい知見をビジネス社会に紹介しようとする試みである。こうした人間の心や脳に踏み込んだ新たな知見は、未来を切り拓こうとする企業にとっては、必要不可欠なものである。近年、グローバル企業を率いる十数人のCEO（最高経営責任者）にインタビューをする機会を得たが、彼らはいずれも、顧客を深く理解することこそが、将来にわたる企業成長を支える最重要要素であると語っていた。

　本書のねらいは、顧客に関する深い洞察を得るにはどうすればいいか、その青写真を提供することにある。そこで、読者の皆さんにお伝えしておきたいことが1つある。それは、本書を読み進めることによって、これまで皆さんが抱いてきた前提条件やものの見方、従来通りのマーケティングの実践方法といったものを変革することを余儀なくされるか、根本的に見直す必要に迫られるだろうということである。また、そうした経験は、もしかすると困難でかつ不快なものになるかもしれない。しかし、世界に目を向ければ、すでにこうした取り組みに着手しているマーケターが続出しており、その多くは大きな成功を収めつつある。

　こうした時代背景において、本書が日本で出版されることはまさに時機を得たものだと言える。私はこれまでに、ビジネススクールにおける研究・教育活動、および本書の中で紹介するオルソン・ザルトマン・アソシエイツ（OZA）におけるコンサルティング活動を通じて、多くの日本人マネジャーと接する機会に恵まれた。彼らの活躍には、大いなる尊敬の念を抱いてきた。特に、数年前に日本を訪問した際には、多くの日本企業のトップマネジメントの方々とお会いする機会

を得、企業経営に対する彼らの姿勢や考え方を深く理解することができた。

　また、多くの日本の学術研究者と長年にわたり交流を深めてきた。中でも、一橋大学の竹内弘高氏や野中郁次郎氏をはじめとする日本人研究者との議論を通じて、企業の経営や個人の行動において暗黙知や無意識が果たす重要な役割を確信するに至った。また、本書で詳しく紹介するZMET（Zaltman Metaphor Elicitation Technique、ザルトマン・メタファー表出法）を用いた学術研究プロジェクトも、ハーバード大学経営大学院市場心脳研究所（Mind of the Market Laboratory）と一橋大学大学院国際企業戦略研究科（ICS）との共同研究として推進してきた。

　さらに、ハーバードでは、多くの優秀な日本人学生を教える機会を得た。私の教え子の1人であり、現在は一橋大学ICSで教鞭をとる藤川佳則氏と、同じくその同僚の阿久津聡氏が、本書の邦訳の作業に携わってくれたことはまことに感慨深く、喜ばしいことである。私の研究活動や思考方法に精通した両氏が、翻訳を担ってくれたことで、日本語版の内容に関してはいささかの不安もなくなった。藤川氏は、前述した市場心脳研究所の研究助手として、そして、OZAのコンサルタントとしても、私とともに数多くのZMET調査に携わった経験を有している。阿久津氏は、ブランド・マネジメントを専門とする研究者で、彼が提唱する「コンテクスト・ブランディング」などの概念は、私の研究領域とも相通じるところが多い。さらに、ZMETをはじめ、本書で紹介する様々な調査手法や研究活動は、日本においても両氏を中心に広範囲にわたり展開されつつある。

　最後に、私事になるが、1964年にアメリカで出版された私の処女著作 *Marketing: Contributions from the Behavioral Sciences*（Brace & World, 1965／邦訳『行動科学とマーケティング』好学社, 1971年）が、初めて外国語に翻訳されたのも日本だった。以来、著作が外国語に翻訳されるたびに、大きな感銘を受けてきた。それから40年の月日を経て、こうして最新著作がまた日本語に翻訳されることは感慨深い。本書が、日本の読者にとって、顧客を深く理解し、重要な知見を導き出すことの一助となり、そして効果的なマーケティング活動を展開するうえで役立つことを願っている。

2005年初春　米国マサチューセッツ州ボストンにて
ジェラルド・ザルトマン

目次

日本語版への序文

序章 ……… 1
1──消費者の変化がもたらす挑戦　3
2──分野を超えたつながり　5
3──本書の構成および要旨　6
4──本書で紹介したアイデアの源泉　10
用語の解説　12

第Ⅰ部 旅立つ前の準備

第1章　慣れ親しんだマーケティングからの脱却 ……… 21
1──学際的アプローチの必要性　23
2──マーケティングの6つの誤り　25
3──よりよい実践を目指して　34
4──顧客中心主義　41
5──想像力を働かせ、新しい知識を受け入れる　43
6──「or」(AかBか)の圧政　44

第2章 新しいフロンティアへの旅立ち……47

- 1──市場の心　51
- 2──新たなパラダイムを詳しく知る　53

第II部
市場の心を理解するために

第3章 顧客の無意識を分析する……69

- 1──人間であるということ　70
- 2──高位意識はどこからくるのか　71
- 3──95対5の法則　72
- 4──無意識の心はどう作動するか　75
- 5──無意識の意思決定から意識的な行動へ　78
- 6──「心脳」という概念：心とは脳が活動することである　80
- 7──無意識の心の背後にあるプロセス　81
- 8──顧客とマーケターの無意識下での相互作用　82
- 9──プラシーボ効果　84
- 10──無意識の心脳を支えるメカニズム　87

第4章 メタファーを介して心脳に語りかける ………97
ZMET調査

1──従来のマーケティング・リサーチ手法　97
2──メタファーを介して、顧客の心に語りかける　100
3──「身体化された認知」を探る　104
4──社会的通念の構築　106
　　　　Column4-1◉メタファーのカテゴリ　107
5──ZMET調査の実践例　111
6──メンタル・モデルを表すメタファー　116
7──顧客ニーズを満たす製品をつくる　120
8──コア・メタファーを見つけ出す　121
9──コア・メタファーを詳しく検討する　125
10──「事例：顧客のことを第一に考える企業」のコア・メタファー　126

■付論──ZMET調査の実践法　130
　　　　Column4-2◉ZMETインタビュー例　134

第5章 先端複合領域から心脳を読み解く ………141
レスポンス・レイテンシー調査と
ニューロ・イメージング調査

1──レスポンス・レイテンシー調査　142
2──ニューロ・イメージング調査　148
3──フォーカス・グループの問題点　152
4──マーケターに課された知恵と責任　156

第6章 思考の本質に迫る
コンセンサス・マップの概念　………161

1──思考とはいったい何か　161
2──コンストラクト：ラベルで把握する思考　164
3──社会は心と脳に入り込む　168
4──コンセンサス・マップ：図式化した思考の束　170

第7章 市場の心を理解する
コンセンサス・マップの活用　………179

1──戦略上重要な質問事項　180
2──市場の心を再構築する　185
3──コンセンサス・マップを用いる①：
　　ある金融サービス会社の企業ブランド　187
4──コンセンサス・マップを用いる②：
　　「個人資産」に関する顧客の思考　188
5──コンセンサス・マップの相互作用　192

第III部 分野を超えた新たな知識に挑む

第8章 壊れやすい記憶………199

1──記憶はどのように作用するか　201
　　Column8-1◉大学病院における患者経験マネジメント　203
2──記憶の貯蔵と想起　208
3──記憶の再構築　214
4──記憶におけるムードの役割　218
　　Column8-2◉ムードと記憶　220

第9章 記憶・メタファー・物語………223

1──記憶と心－脳－体－社会のパラダイム　225
2──生物と文化の共進化　226
3──社会的記憶とは何か　226
4──内部記憶と外部記憶の統合　227
5──社会的記憶の威力　231
6──メタファーとしての記憶　232
7──物語としての記憶　234
　　Column9-1◉ビュイックにおける顧客経験マネジメント　237
8──記憶と既知　241
　　Column9-2◉ある惑星の動物　243

第10章 物語とブランド………247

1──すべてのブランドには物語がある　248
2──物語とアーキタイプ　250
3──コア・メタファーとしてのアーキタイプ　251
　　　Column10-1◉文学におけるアーキタイプ　252
4──記憶、物語、そして自己　258
5──広告への示唆　260
　　　Column10-2◉神話・物語とマーケティング　265
　　　Column10-3◉コカ・コーラのブランド物語　271

より独創的、より深遠な思考に向けて

第11章 創造的思考のための10の方策………275

1──4つの前提　276
2──型を破るには　279
3──創造的に考えるには　280

Column11-1●雑音から意味を見出す　281
　　　Column11-2●顧客に近づく方法〈GMの事例〉　291
　　　Column11-3●エイビス・レンタカーにおける顧客経験マネジメント　297
　4──創造的思考のための方策を統合する　300

第12章　優れた質問が、優れた答えを生む……305

　1──どの質問か、どの調査法か　306
　2──質問を効果的にフレーミングするには　308
　3──データは何を語るか　319
　4──数字はどの程度客観的か　322
　5──数値に意味が加わる：フレーミング効果　323
　6──データをアドバイザーとして使う　325

終章　新しいマーケティング・パラダイムの構築に向けて……329

　1──新製品導入とパラダイムの失敗　329
　2──タイタニック号の思い上がりから学ぶべきこと　331

訳者あとがき　335
注　340
索引　360

序章

アートもサイエンスも、我々の目に見えるものと見えざるもの、その両方を解き明かそうとしている。アートでありサイエンスでもあるマーケティングが、その両方を追究しないわけにはいかない。

　現代経営の権威ピーター F. ドラッカーによれば、ビジネスパーソンはすでに「知識社会」に足を踏み入れている。この知識社会では、様々な専門分野、特にビジネス以外の分野から得られる有効な知識を吸収し、ビジネスに応用するという、多くの企業において未だ開拓の進んでいない経営能力が競争優位の源泉となる。ドラッカーによれば、アメリカの大企業では「過去10年間に就任したCEOの多くが、就任後1、2年のうちにその職を追われた」という。ドラッカーはその理由の1つとして、彼らCEOが多様な分野から知識を吸収し、応用する経営能力を十分に構築することができなかったことを挙げている[1]。彼らの失敗の元凶には、変化の著しい経営環境において全く誤ったパラダイム――世界がどのような仕組みで動いているかについての主観的な世界観――にしがみついていたことがある。それは、まさにタイタニック号が陥った状況に似ている。特に、マーケティング担当者の多くが抱いてきた従来のマーケティング・パラダイムは、消費者を十分に理解し、顧客の要求に効果的に応えることを妨げてしまっている。

　ニューヨークに本拠を置くカスタマー・ストラテジー・ワールドワイドのCEOであるエリオット・エッテンバーグは、『エコノミスト』誌の記事の中でこ

の状況を、「流通システム、新製品開発プロセス、サプライ・チェーン・マネジメントなど、経営活動はあらゆる分野において大きく様変わりした。しかし、マーケティングだけは旧態依然としている」[2]と表現している。さらに、この記事の中で彼は、消費者をより深くより詳しく理解することは、「製品の特徴を詳細に説明することよりもはるかに難しいことである。消費者はマーケターの想像を超えて大きな変貌を遂げているにもかかわらず、マーケティングの手法は全くその変化についていっていない」[3]と続けている。こうした消費者の変化の例としては、彼らがビジネス、特にマーケティングに対して、これまで以上に懐疑的になったことや、はっきりと自己主張をするようになったこと、彼らの嗜好がより洗練されたこと、個々の企業やブランドに対するロイヤルティが減少したこと、そしてプライバシーやセキュリティなどの問題に対してより敏感になったこと、などが挙げられる。

　消費者が大きく変わったにもかかわらず、消費者を理解するためのリサーチ手法は変わっていない。我々は、もはや効果的ではなくなってもなお、これまで慣れ親しんできたリサーチ手法に頼り続け、その結果として、消費者の行動や考えを十分に理解できないでいる。そうした従来の手法に基づいて開発した製品や広告は、消費者の心に訴えられなくなっている。

　この知識社会において、従来のマーケティング手法が露呈する限界はますます明らかになりつつある。従来のマーケティング・パラダイムの根底にある様々な仮定、もしくは前提条件は、そもそも西洋的な考え方を色濃く反映したものであるが、それはまた、西洋以外の地域におけるマーケティング手法にも影を落としている。なぜかと言えば、非西洋文化圏の企業がこぞって西洋的なマーケティング手法を輸入する一方で、西洋文化圏の企業も海外における経営活動を通じて西洋的なマーケティング手法を輸出してきたからである。

1 消費者の変化がもたらす挑戦

　それならば、既存のパラダイムを新しいものに転換してしまえばよいのだが、なぜそうしないのか。それは、深く根ざしたパラダイムほど、それを変えようとするには勇気と忍耐が必要となるからである。歴史が示すように、従来とは異なる世界観を受け入れることができない者は、必死になって現状を維持しようとする[4]。たとえば、カトリック教会は天動説を受け入れようとはせず、むしろガリレオに地動説を否定するように強制した。だれかが従来の考え方に挑戦した場合、我々はまずそれに抵抗しようとする。さらに、思考の中身（what）が挑戦を受けた場合よりも、思考様式それ自体（how）が挑戦を受けた場合に、我々はよりいっそうの抵抗を試みる。たとえば、消費者の思考プロセスは言語に基づいて行われるわけではない、ということが新たにわかった場合、その新たな事実を受け入れ、かつ消費者へのコミュニケーション手法も一新する必要がある。しかし、ゼネラル・モーターズ（GM）のビンセント P. バラッバが述べるように、「マネジャーの多くは、ある問題に直面した際に、その問題のとらえ方を見直そうとはせずに、問題それ自体に多額の金を投じようとする」。既存のパラダイムを転換するためには、我々が公式、非公式に抱く仮定や予想、意思決定方法など、我々の思考や行動を規定する要因を変える必要がある[5]。しかし残念なことに、「パラダイム・シフト」という言葉がすでにあまりにも広く使い古されてしまったがために、それを口にした途端、また新手の経営手法か何かだろうという誤解を受けるだけで、今度こそ思考様式を根本から改めなければならないのだとは受け止めてはもらえない。

　さらにもう1つの問題として、我々は新しいアイデアに直面した際に、早々とそれを否定してしまう傾向がある。マネジャーの多くは、新しいアイデアを客観的に吟味することなく、早々と否定してしまいがちである。また、新しいことを学ぼうとするその取り組み自体を否定してしまっていることが多い。たとえば、ネスレの副会長兼CEOであるピーター・ブラベック・レトメーズは、ハーバード・ビジネススクールで開催されたアグリ・ビジネスの国際コンファレンスの場

で目にした光景について、「マーケティング担当者というのは、自然科学に裏づけられた知識や、人文科学から導き出された示唆よりも、自分自信が常識として疑わない主観の方を重視するようだ」と語ったことがある。ちなみにネスレは、脳機能の理解を積極的に追究し、組織的学習の重要性を強調している会社である。また、ある国際的な消費者パッケージ製品企業のCEOによる批判はより痛烈で、「マーケティング担当者の多くは、ビジネス雑誌を読むことでビジネスの最前線にいるような気分に浸っている。それ以外のものはすべて否定してかかる。こうした態度は、マーケティング以外の分野では通用しない」と語る。こうした批評は酷かもしれないが、だれしもこのようなマーケティング担当者を周囲に見つけることができるだろう。

　新しいアイデアだからといって安易に受け入れようとしないこと、それ自体はよいことである。しかし、新しいアイデアが単に我々の常識を超えている、という理由だけで抵抗するのはよくない。むしろ、**新しいアイデアに直面した時に我々がやるべきことは**、そのアイデアの真価について判断を急ぐのではなく、「もし、この新しいアイデアが真実だとすれば、果たしてこれは我々の役に立つだろうか」と、まず自問してみることである。そして、その答えがイエスであるならば、そのアイデアの真価をさらに詳細に吟味してみることである。そうした作業を進めるには、本書に付した注が役に立つだろう。注で紹介した参考文献をひも解くことによって、本書で紹介する様々な新しいアイデアについて、長所についても短所についても知ることができるほか、そのアイデアに関する多彩な分野の知識に触れることができる。さらに、顧客をよりよく理解する手段として全く新しい手法を取り入れるようになり、その新たな手法によって得られるデータをどう解釈したらいいか、その分析結果をどのように実際のマーケティング活動に活かしたらいいかが、わかるようになるだろう。

　従来のマーケティング・パラダイムにはらむ、最も深刻な問題は、人間の心（mind）や、脳（brain）、体（body）、そして社会（society）といった重要な要素を人為的に分断してとらえてしまっていることである。実社会においてこれらの要素が相互に関連し合っていることは、システム理論を持ち出すまでもなく明白であるが、マーケティング担当者が顧客について考える場合や、マーケティング活動の現場では、それが反映されていない。消費者のニーズをより的確に把握し、

効果的に満たすためには、こうした重要な構成要素を相互につなぎ直すことが重要であり、それこそが、競争と変化の激しい今日のビジネス環境の中で生き残る術である。

2 分野を超えたつながり

　専門分野というものは、その分野が発展するにつれて専門化と細分化が進むものである。結果として、企業のマーケティング担当者は2つの課題に直面する。第1の課題は、専門領域の分化や発展が、実社会における我々の生活を反映した形で進むわけではないことを認識することである。実際、我々の生活は、企業や大学において専門分野が発展するのに呼応して変化するわけではない。第2の課題は、複数の専門領域を超えてその内容に通じる必要があることである。これは、往々にして新たな知識というものが、分化の進んだ専門分野をまたいだ領域で生み出されることが多いからである。

　本書は、次に挙げるように複数の専門分野をまたいだ内容となっている。

- 神経科学、言語学、人類学、進化心理学などの複数の専門分野
- 新しいアイデアと、それによって必要となる新しい思考プロセス
- 意識と無意識
- マネジャーの心と顧客の心
- ニューロンとニューラル・クラスター
- 人間の心、脳、体、社会
- メタファーの効果と人間の思考におけるその役割
- 人間の記憶の変幻自在性
- 感情と理性
- 言語表現と非言語表現
- 全人類に共通した認識と価値観

このように様々な専門分野をまたいだ視点でとらえ直した消費者像は、マネジャーがこれまで前提としてきた消費者像とは似ても似つかないものになるだろう。こうした違いは、本書を読み進めるうちに、より明らかになるだろう。なお、本書の内容は、いくつかのテーマにまとめることができる。

- 消費者およびマネジャーの行動に影響を与える思考や感情のほとんどは、無意識のうちに作動する
- 消費者の思考や行動を分析し、実践に役立つ結果を得るためには、消費者の心がどのように作動するかを理解する必要がある
- 消費者の日常生活は、大学や企業において発展した専門分野のように分化してはいない
- 消費者の心は、脳の動きや体の状態、社会の構造などと独立して存在するわけではない[6]
- マネジャーの心（意識と無意識の両方の要素を含む）は、消費者の心（意識と無意識の両方の要素を含む）と相互に関連し合い、「市場の心」(mind of the market) を構成する

　我々の思考システムは、従来のままでもある程度まで新しいアイデアを受け止めることができる。しかし、新たな知識や変化が一定量を超えると、パラダイム・シフトが必要となる。毛虫が変態して蝶になるように、今までにない全く新しい仮定や予想、意思決定方法が重要となる。万華鏡をゆっくりと回した時に見える図柄のように、小さな変化が積み重なった結果、大きな変化となって現れるのである。

3　本書の構成および要旨

　本書は第Ⅰ～Ⅳ部で構成されている。第Ⅰ部「旅立つ前の準備」では、今日のマーケティングを取り巻く状況について考察する。まず、第1章「慣れ親しんだ

マーケティングからの脱却」では、顧客中心主義を目指す多くの企業が困難に直面する現状を描く。こうした困難の根底には、消費者に対する誤った考え方が存在し、マーケターはそのような考え方を捨て去ることから始めなければならない。そして、消費者をよりよく理解するために、消費者に対する考え方それ自体を一新するための準備を始める。まさに、新しいマーケティング・パラダイムへの転換に向けての準備とも言える。

第2章「新しいフロンティアへの旅立ち」では、新しいマーケティング・パラダイムについて、より詳細に見ていく。学際的なアプローチの重要性を検討し、新しいパラダイムがマーケティングにもたらす含意について考える。ここでは、多くの読者が驚くべき事実に直面することだろう。たとえば、消費者の思考内容の95%が無意識のうちに起こっているという事実や、その思考内容の多くはメタファーを通じて掘り起こすことが可能であること、消費者の記憶は我々が通常考えている以上に変幻自在であること、マーケターが無意識のうちに考えていることが、意識して考えていることと同様に、消費者の考え方に影響を及ぼすこと、などである。

第Ⅱ部「市場の心を理解するために」では、新たなマーケティング・パラダイムをすでに実践し、目を見張る成果を上げている企業の実例を見ていく。第3章「顧客の無意識を分析する」では、顧客が無意識のうちに考えていることを説明し、マーケターがそれを調査分析の対象とすることの重要性について議論する。無意識の思考は（それを意識的に考えてみないとわからない点で皮肉ではあるが）、人間の意思決定に影響を与える重要な要素である。我々の認知活動の、まさに95％を超える部分が無意識のうちに行われている。

第4章「メタファーを介して心脳に語りかける：ZMET調査」は、新たなマーケティング・パラダイムにふさわしいリサーチ手法として、ZMET調査を紹介する。この章では、メタファーに焦点をあてる。メタファーは、表現方法として頻繁に使用されるがゆえに、消費者の心の深層における思考や感情を理解するためには欠かすことができない手段である。マーケターは、この革新的なインタビュー手法に基づいた調査法を用いることによって、メタファーを通じて消費者の思考を掘り起こすことができる。この新たな調査法は、従来の調査法とは比較にならないほど、深く洞察に富んだ分析結果を導き出すことができる。さらに、第4

章の付論では、ZMET調査のプロセスを詳細に解説する。

第5章「先端複合領域から心脳を読み解く：レスポンス・レイテンシー調査とニューロ・イメージング調査」では、人間の無意識を調査対象とする、2つの新しい手法を紹介する。そして、その分析結果をどう解釈するべきかを議論する。これら2つの調査法はまだ比較的新しく、発展途上段階にあるが、ZMET調査を補完する役割を果たす。また、消費者の心に語りかける手法としてこれまでマネジャーが多用し、有効であると信じてきた調査法であるフォーカス・グループの限界についても言及する。

第6章「思考の本質に迫る：コンセンサス・マップの概念」では、人間の思考の特徴について検討し、意識と無意識が相互に関連し合う様子について議論する。この章では、あるテーマについて複数の消費者が共有する思考様式を見つけ出すことの重要性を、「コンセンサス・マップ」というツールを紹介しながら解説する。また、コンセンサス・マップ上では、複数のコンストラクトがある程度まとまって、より大きなコンセプトを形成する「クラスター」を見つけ出すことができることにも触れ、それがマーケターにとってなぜ重要であるかについて説明する。さらに、コンセンサス・マップを実際にどのように使って、マーケティング活動に役立てることができるかについて解説する。

第7章「市場の心を理解する：コンセンサス・マップの活用」では、同一セグメント内で複数の消費者が共有するメンタル・モデルとしてのコンセンサス・マップに変化を加えること、特に、マーケティング活動を通して、コンセンサス・マップを変化させることができることに焦点をあてる。たとえば、新しいコンセプトを導入する、既存のコンセプトを強調する、あるいは逆に抑制する、といったことによって、コンセンサス・マップの構造を変えることができる。また、コンセンサス・マップ上にすでに存在する複数のコンセプト間のつながり方を変えてみる、あるいはつながりの強弱に変化を加える、などによってコンセンサス・マップの構造を変えることも可能である。さらに、複数のコンセンサス・マップが互いに関連し合うことについても議論する。

第Ⅲ部「分野を超えた新たな知識に挑む」では、人間の心や脳の仕組みと市場の関わりをさらに掘り下げる。第8章「壊れやすい記憶」では、人間の記憶の構造について、特に記憶の再構築に関して議論する。消費者の記憶は常に変化して

おり、多くの場合、その変化は無意識のうちに進行している。消費者は、自らの記憶をたどろうとするたびに、記憶内容に大なり小なり何らかの変化を加える。マーケターとしては、消費経験に関して消費者が記憶を再構築するプロセスに働きかけることによって、その内容に影響を及ぼすことが可能となる。

　第9章「記憶・メタファー・物語」では、前章までの内容を統合し、記憶、メタファー、物語がどのように関連し合うかを議論する。記憶内容はある物語に沿って構築される。消費者は、過去の記憶をたどるたびにそれを再構築し、過去の経験を表現するために記憶内容を物語として語る。同時に、記憶はメタファーとしての機能も果たす。つまり、記憶を介して、その背後にある思考様式や経験内容を表現することもある。したがって、消費に関する記憶、メタファー、物語は相互に関連し合いながら、消費経験や消費行動を左右する。たとえば、マーケターは特定のメタファーを市場に投げかけることによって、消費者が過去、現在、将来の経験について物語を紡ぐプロセスに働きかけることができる。

　第10章「物語とブランド」では、消費者の記憶、メタファー、物語がブランドの構築にどのように貢献するかを論じる。この章では、ブランドを、コンセンサス・マップ上に表現されるコンストラクトの集合体としてとらえる。コンストラクトの集合体は、消費者が企業のマーケティング活動をどのように心理的にとらえ、その内容を消化し、それに対してどう反応するかを表したものである。換言すれば、ブランドとは、このコンセンサス・マップの持つ意味を体現したメタファーであるとも言える。第10章では、市場において消費者とマーケターがブランドの意味をともにつくり出していくことを議論する。

　第Ⅳ部「より独創的、より深遠な思考に向けて」では、議論の対象を消費者や顧客以外の分野に移す。第11章「創造的思考のための10の方策」では、マネジャーに向けて、マーケティングや消費者に関する型破りな発想をするための10の方法を紹介する。また、同様の思考方法を職場の同僚の間に浸透させる方法についても論じる。この章では、思考方法を根底から覆すことが難しい場合に、すぐにでも着手できる方法を紹介する。これらの方法は、様々な専門分野から導き出されたもので、顧客関係の効果的な構築や管理にも役立つだろう。

　第12章「優れた質問が、優れた答えを生む」は、第11章で紹介した10の方法に共通する1つのテーマを扱う。それは、新たなマーケティング・パラダイムはま

ず良質の質問を投げかけることから始まる、というものである。この章では、問題の核心を突くような質問をするにはどうしたらいいか、8つの具体的なガイドラインを提供する。このガイドラインは、調査法のいかんに関わりなく通用するものである。良質の質問に対する答えはすべて、次なる良質の質問につながる。マーケターが消費者に投げかける質問の内容や、質問を投げかける方法それ自体が、その結果として得られる答えの質を左右する。

終章「新しいマーケティング・パラダイムの構築に向けて」は、現状を維持しようとする態度や行動に対して警鐘を鳴らす章である。タイタニック号沈没の根本原因は、同号の乗組員たちがそれまで25年間にわたって蓄積してきた船舶知識に安住し、それを問い直す作業を怠ったことにある。その結果、彼らは進路変更の必要性を示唆する新たな情報が入ってきてもそれを無視してしまった。氷山がそこにあったこと、また船舶デザインの一部に欠陥があったことなどは、すでに彼らの頭の中に存在していた間違った思考回路を作動させるきっかけにすぎなかった。同様のことが今日のマーケティングを取り巻く環境についても言える。マーケティング担当者がマーケティングのあり方を問い直すことを怠れば、その結末は明らかである。本書で紹介した新しいアイデアは、市場の心を理解するための第一歩である。芸術家や科学者と同様にマーケターも、既存のパラダイムを振りかざす者に対してひるまずに挑戦しなければならない。

4 本書で紹介したアイデアの源泉

本書で紹介する新しいアイデアは、様々な専門分野における最新の研究成果を拠り所としている。一見したところ互いに関連がなさそうな複数の分野から導き出された、これらの新しいアイデアは、顧客を深く理解し、顧客関係を効果的に構築するために欠かせない知識である。本書が拠り所とする専門分野の多くは、マーケティングとは直接的な関係はないが、本書にはマーケティングに関連のあるものだけを選択してまとめた。本書をまとめるにあたり、以下の4つの活動がアイデアの源泉となった。

第1に、ハーバード・ビジネススクールの市場心脳研究所（マインド・オブ・ザ・マーケット・ラボラトリー）における活動、および同研究所のアドバイザリー・カウンシルにおける協賛企業との交流である。同研究所では、認知脳科学の世界的権威、スティーブン M. コスリンとともに筆者が共同所長を務める。本書に含まれるアイデアの多くは、同研究所における諸活動に端を発する。また、同研究所は、ハーバード大学の学際的な研究活動である「心・脳・行動イニシアチブ」プロジェクトの影響を少なからず受けている。同プロジェクトは、各専門分野において国際的に著名な研究者が分野を超えて定期的に集まり、様々な学際的な問題を議論する場である。たとえば、議題としては、中毒とは何か、といった問題をはじめ、（非）合理性、プラシーボ効果、記憶歪曲、学習と脳の可塑性、脳の発達に対する社会の影響などを議論した。こうしたプロジェクトへの参加および市場心脳研究所における活動を通じて、世界で最も優秀な研究者や経営者の方々と交流する機会を得ることができた。

　第2に、ハーバード・ビジネススクールにおいて筆者が教鞭をとった「顧客行動研究」コースを履修したMBA学生たちとのやりとりからも多くの示唆を得た。最近は、同コースをルーク・ワシウ教授と共同で教えている。同コースを履修した学生たちは、筆者が投げかける新しいアイデアについて、自らの職業経験を交えながら議論してくれたほか、卒業後も引き続き本書で紹介した新たな手法を現場で応用しては、その成果を連絡してくれる。彼らは、こうした新しいアイデアを利用した成功例を多く提供してくれたほか、こうしたアイデアが無視されてしまった失敗例についても教えてくれた。

　第3に、本書の初期の原稿に対して多くの実務家や研究者からコメントをいただいた。本書で扱ったアイデアのすべてにわたり様々な意見をいただくことができた。最終的にどのアイデアを本書に収め、いかにわかりやすく例示するか、といった点で多いに参考にさせていただいた。

　第4に、オルソン・ザルトマン・アソシエイツ（OZA）からもアイデアや事例の提供を受けた。同社は消費者心理学分野の世界的研究者、ジェリー C. オルソンが率いている。彼およびOZAの同僚、そしてクライアント企業は、様々なマーケティングの現場において、新しいアイデアを応用し、さらに発展させる機会を提供してくれた。また、OZAにおけるコンサルティング活動を通じて得られ

た、先駆的な実務家とのやりとりの機会は、本書に含まれる多くのアイデアの源泉となっている。

　最後に、後続の各章では様々な専門分野から引っ張ってきた専門用語を多く使用しているが、その意味が通常の用法とは異なる場合もあるかもしれない。したがって、本書の内容をわかりやすく伝えるためにも、以下にそれらの用語を具体例とともに解説しておこう[7]。

用語の解説

■思考プロセス（thinking）
　情報を保存し、呼び出し、使用する、または特定の感情や情動を生成する脳の活動。認知プロセス、あるいはメンタル・プロセスとも言う。たとえば、ゼネラル・ミルズが「栄養について」というテーマで行ったZMET調査では、女性回答者の1人が友人宅のテーブルに朝食用食品の新製品を見つけた際、彼女は自分の子供たちが従来の製品を気に入っていなかったことを思い出し、その新製品や製造企業の評価を比較検討してみたという。これなどは、思考プロセスの一例である。

■思考（thought）
　思考プロセスの結果として発生する考え。伝統的に、信念（beliefs）、態度（attitudes）、評価（evaluations）などの概念と同義。たとえば、前述の女性回答者の例で言えば、上記のような思考プロセスの結果、「その製品を試してみよう」という思考が発生する。同調査では、彼女はその友人に「じゃあ、試してみるわ」と言った、と述懐している。ただし、「考えごとを言葉に出して言ってみる」（Thinking out loud）プロセスを、実際の「思考プロセス」や、結果的に言葉にした「思考」そのものと混同してはならない。だれしも、過去の記憶や新しい考えが急に頭に浮かぶ経験をしたことがあると思うが、そのプロセス全体が意識的に行われているわけではない。したがって、考えごとを言葉に出して言ってみる、とはいってもたいていの場合は考えごとをしながら言葉に出すのではく、考えごとをした後にそれをま

とめて言葉にすることが多く、結果として言葉として表現した考えごとに、実際に思考をめぐらした内容をすべて含むわけではない。

■ **意識的な思考**（conscious thought）
　自らの存在や感覚、認知を意識し、自分の考えをはっきりと説明することができる思考。認知的意識と呼ぶこともある。たとえば、前述の女性回答者の場合、新製品を試してみようと友人に伝えたことは「意識的な思考」にあてはまる。その思考は、その企業に対して彼女自身が抱く好意的なイメージや、子供たちが喜ぶ食べ物を探したいという意欲や、新製品を試してみるというリスクをとる姿勢など、意識と無意識の両方の思考を含む多くの思考の結果として生じたものである。

■ **無意識的な思考**（unconscious thought）
　自分では全く、またはほとんど気づいていないか、あるいはうまく説明ができないような思考プロセスの結果として生じる思考。意識外で起こるメンタル・プロセス。認知的無意識と呼ぶこともある。無意識的な思考は、人類が進化を遂げる過程で発展した。たとえば、靴紐を結ぶ、食べ物を咀嚼するなど、すべての日常活動を意識して行おうとするとあまりにも時間がかかりすぎてしまう。

■ **コンセプト**（concept）
　生物や非生物、経験や出来事、思考などを、1つの意味を表すグループあるいはカテゴリにまとめた、具体的あるいは抽象的な考え、内的表象。たとえば、前出のゼネラル・ミルズの調査では、「新製品」「家族」「食品に関する子供の嗜好」「栄養食品の製造業者」「栄養」「木」「犬」などがコンセプトの例である。コンセプトは、新しい情報や経験に直面した際に、それをどう処理し、対応するかを考えるのに役立つ。

■ **コンストラクト**（construct）
　マネジャーやリサーチャーが、消費者の意識的な思考あるいは無意識的な思考を見つけ出し、その思考に貼る具体的なラベルおよび名前。マーケターは、消費者の思考を理解し、社内でそれについて検討し、あるいは消費者に語りかける際の手段としてコンストラクトを用いる。たとえば、ゼネラル・ミルズの調査では、子供た

ちの栄養摂取に関して、多くの消費者が、「子供たちはジャンク・フードが大好きである」ことに触れた。これは、「子供たち」「ジャンク・フード」「大好きである」という3つのコンセプトをまとめた思考である。同社の調査チームはこれらの思考に、「ネガティブ・ニュートリション」（不健康な栄養）というラベルを付け、コンストラクト化した。このコンストラクトは、同社が独自に定義し、インタビュー中に消費者が実際に語った言葉の引用文やその際に用いたメタファーを用いて表現した。さらに、このコンストラクトを消費者が耳にすると、それを通じて他のいくつものコンストラクトが連想されることもわかった。

■ニューロン（neurons）
　思考プロセスにおいて活発化する脳細胞（これは、ニューロンの機能の1つにすぎない）。ニューロンは、他のニューロンや感覚器官から信号を受け、それを処理し、他のニューロンや筋肉、器官に伝達する。思考や感情は、ニューロンの活動およびニューロン間のつながりを通じて発生する。

■ニューラル・クラスター（neural cluster）
　我々が思考をめぐらす際に活発化し、相互に刺激し合うニューロン群。ニューロン同士が互いに手をつないでいるような状態とも言える。ニューロナル・クラスターと呼ぶ場合もある。ニューラル・クラスターは、コンストラクトとして表現される相互に関連のある複数の思考を生成する。

■ニューラル・パスウェイ（neural pathway）
　ニューロンあるいはニューラル・クラスターが、他のニューロンやニューラル・クラスターに信号を伝達するルート。いかなる思考も、何らかの形でニューラル・クラスターの一部を構成する。その様子は、1軒の家がその周辺のコミュニティの一角を占めている状況と似ている。前述の「子供はジャンク・フードが大好きだ」という思考も、あるニューラル・ネットワークの一部である。また、複数のニューラル・ネットワークは、ニューラル・パスウェイを通じてつながっている。

■心脳（mind/brain）
　「心とは脳が活動することである」という概念を表す専門用語。

■脳（brain）
　思考プロセスに必要なニューロンが存在する器官（脳はそのほかにも多くの機能を果たす）。

■大脳皮質（cerebral cortex）
　脳の表面で皺に覆われた部分。メンタル・プロセスをつかさどる。

■心（mind）
　脳において、意識・無意識の思考プロセスの結果生成されるもの。ニューラル・クラスターの相互作用によって発生する。思考および感情を含む。

■メンタル・モデル（mental model）
　ニューラル・クラスターが相互作用した際に生じる複数の思考が組み合わさったもの。抽象的な事象に関する情報を処理したり、それに対して反応したりする際に使用される。異なるコミュニティやそのつながりを図解した道路地図にあたる。消費者は、何か新しい物事に直面した際や、それについて考えをめぐらす場合にメンタル・マップを利用する。たとえば、子供の栄養摂取に関してイタリアの母親たちを対象に行ったZMET調査では、「自分は子供にとって栄養の先生である」「他の母親が自分のことをどう見るか」「子供に褒美を与える」「プライド」「自分自身が子供だった時の食べ物の思い出」「自尊心」などのコンストラクトからなるメンタル・マップが明らかになった。これらのコンストラクトのつながりは、ポジティブな意味を持つ場合もあれば、ネガティブな意味を持つ場合もある。

■コンセンサス・マップ（consensus map）
　複数の人が共有する、あるいは同じように利用するメンタル・マップ。したがって、コンセンサス・マップは、複数が共有する消費者のメンタル・マップの平均値とも言える。たとえば、イタリアの母親を対象にした前述の調査の場合、参加者全

員に共通したコンストラクトが20以上あった。さらに、コンストラクト間のつながり方にもある程度共通点が見られた。このように、複数の消費者間にも共通したメンタル・モデルを見つけ出すことができる。その結果、コンセンサス・マップに基づいて消費者をセグメント化することも可能となる。

■ヒューマン・ユニバーサル（human universals）
　どの文化圏にも必ず見られる人類普遍の思考や行動。たとえば、正義、刑罰、子供の保護、病弱者の看護など。また、旅、バランス、トランスフォーメーション（変形）などのメタファーや、物語における登場人物などのアーキタイプ（元型）も、ヒューマン・ユニバーサルの例である。先述のコンセンサス・マップは、特定のグループやセグメント内の人間に必ず見られるヒューマン・ユニバーサルを反映したものとも言える。消費者の抱える問題を深く理解すればするほど、彼らの間に共通の問題が存在していることが明らかになる。さらに、そうした深層レベルにおける共通項は時間を経ても存続する傾向がある。したがって、それに焦点をあてる方が、表層レベルにおける個人差に注目するよりも、マーケティング戦略としては有効である。

■メタファー（metaphor）
　ある物事を別の物事を介して表現すること。本書では、アナロジーや比喩などを総称してメタファーと呼ぶ。たとえば、前述のゼネラル・ミルズの調査に参加した女性回答者が、子供たちのことを「ジャンク・フードに引き寄せられる磁石のようだ」と表現した場合、彼女の子供が文字通り「磁石」であるわけではなく、子供たちのジャンク・フード好きを、磁石が持つ特徴を介して表現したにすぎない。さらに、メタファーはその表現の背後にある思考を深く追究することによって、消費者が無意識のうちにめぐらしている思考を表出化するのに役立つ。たとえば、同じ回答者が、インタビューに持参した猫の写真を見ながら「9つの命を持つ猫のように」（a cat with nine lives：「不死身の」「しぶとい」などの意味を表す英語の比喩）という表現を用いた際に、インタビュアーがその表現についてもう少し説明を加えてくれるようにお願いした。すると、彼女は「芯の強さ」「集中力」「強い意思」「忍耐力」「親としての義務」「先生としての役割」「子育て」などのコンストラクトにつながる話

を始めた。これらのコンストラクトはいずれも、「家族の栄養」というコンストラクトにつながっていた。他の参加者も、それぞれに異なるメタファーを使いながらも、同様のコンストラクトに言及していた。

■**修辞表現**（figurative language）
　メタファーを用いてある思考を表現すること。消費者が深層レベルに持つ思考や感情を解釈したりするのに役立つ。

■**直接表現**（literal language）
　ある思考を表現する際に、その意味を直接的に示す言葉や画像を用いること。その表現手段は様々であり、たとえば、インタビューにおいて消費者が「友人宅でその新製品を試してみた」と語る話し言葉の場合もあれば、アンケート中で子供がその製品を気に入る確率について答えたりする書き言葉の場合もある。マネジャーは、消費者のそうした話し言葉や書き言葉を単に確認するだけでなく、その言葉の背景にある思考や感情を解釈し読み取ろうとすることが重要である。

HOW CUSTOMERS THINK

第I部

旅立つ前の準備

第1章 慣れ親しんだマーケティングからの脱却

> 我々マネジャーは、マネジメントの世界に生きる。この世界の中心には、顧客が存在する。そして、この世界の辺境において未知の領域を開拓するのは、我々の想像力である。

　ある消費財メーカーは長年にわたる製品開発の末に、新しい清涼飲料水を市場に導入したが、結果的には、市場での失敗を見るだけに終わった。また、あるフォーカス・グループ・インタビューでは、参加者が新しい携帯情報端末（PDA）に大変興味を持ち、購買意欲を示したにもかかわらず、その2ヵ月後に実際にその製品が販売されても購入することはなかった。我々は消費者に欲しいものを尋ね、それを提供するのであるが、彼らが競合他社の製品に飛びつくのを目のあたりにしてしまう。**これは、どうしてだろうか**。新製品や新サービスのうちの約80％が6ヵ月以内に失敗し、見込んだ利益を得ることができないのは、**なぜだろうか**[1]。現行の製品やサービスのライフ・サイクルが短縮化するにつれて、企業は収益を伸ばすために新製品を必要とする[2]。ところが、新製品が失敗した時のコストは高くつき、収益の減少や顧客満足の低減、従業員モラルの低下などにつながってしまう。

　信じられないかもしれないが、失敗の理由は、あまりにありふれた、一見単純にさえ思える事実にある。それは、あまりに多くのマーケターが、自分自身の心と消費者の心がどのように相互作用を起こしているか理解していないという点に

図1-1 ● 何が見える？

From *Mind Sights* by Roger N. Shepard, ©1990 by W. H. Freeman.
Reprinted by Permission of Henry Holt and Company, LLC.

ある。図1-1を見てみよう。あなたには何が見えるだろうか。

　一見すると、ウサギかアヒルのいずれかに見えるだろう。今度は、この絵を何人かの友人や同僚に見せてみよう。彼らには、どちらが先に見えただろうか。この実験は非常に重要なことを明らかにしている。2人の人間が同一のデータを眺めて、完全に異なった解釈をし得るということだ[3]。これは市場調査においても非常に頻繁に起こり、マネジャーと消費者双方の不満の種となる。マネジャーは消費者に「私たちがあなた方にウサギを見せたところ、ウサギの足を大きくしたら買うと言ったので、私たちはそのようにした。しかし、あなた方はウサギを買ってくれなかった。だから、私たちはもうあなた方の意見を聞き入れはしない」と言う。

　それに対して消費者は、「いいえ、そちらがアヒルを見せたので、私たちはもっと足の大きなものが欲しいと言った。しかし、今度は大きな4本足のウサギを用意された。あなた方は私たちの意見を聞き入れないから、あなた方とはもう話したくない」と言い返す。両者は、それぞれの意見を立証するのに同じデータを引用している。そして、このような状況を経て、マネジャーは消費者を無視する

ことになる。なぜなら、消費者は自分自身の欲しいものすらわからない、技術的にどのような商品が用意可能かに至っては言わずもがなである、とマネジャーは確信してしまうからだ。しかし、認知的な視点から考えると、革新的な、あるいはこれまで聞いたこともないような製品やサービスのアイデアを目の前にした際、だれしも既存の思考フレームを用いなければ、何らかの反応を示すことはできない。たとえそのフレームが不適切、ないしは未発達だったとしても、である。つまり、既存のフレームが新しい技術がもたらす可能性を理解するために利用される際には、まずそのフレーム自体について理解することが不可欠なのである。

1 学際的アプローチの必要性

　ジョージ S. デイ（ペンシルバニア大学ウォートン・スクールのジョフェリー T. ボイシー・マーケティング教授、および技術革新マネジメント・マックセンターのディレクター）は、技術の進化によって、今後の数年間にあらゆる業界が劇的に変化する、と述べている。新たに生まれる機会を利用するには、マネジャーは消費者がどのように考え行動するのかを、今以上に知らなければならない[4]。これは、消費者の思考プロセスにおける意識のダイナミクス、とりわけ無意識のダイナミクスを理解しなければならないということである。なぜなら、こうしたダイナミクスこそが、製品デザインや物流システムといった事柄以上に、ビジネスにおける技術的成功を決定づけるからだ。

　学ぶべきことは数多くある。神経学の権威アントニオ・ダマシオ（アイオワ大学医学部神経内科のM. W. ヴァン・アレン特別教授）は「脳と心に関して言えば、脳の10年と呼ばれた1990年代には、心理学や神経科学の時代と呼ばれたそれ以前の全時代を通じてわかったことよりも、ずっと多くのことが明らかになった」と述べている[5]。

　新たな事柄を受け入れる姿勢を持ったオープン・マインドなマネジャーは、慣れ親しんだ**専門領域**を飛び出し、馴染みの薄い分野や理論、方法論、知識の利用方法について、問題意識を共有できるような人々のコミュニティに仲間入りして

探求しにいくものである。たとえば、神経学の研究において、人間は直線的あるいは階層的な方法では思考しないことが明らかにされている。たとえて言えば、ケーキの食材を個別に試食しても、ケーキを食べたことにはならない。完全に焼かれたケーキを食べることによって初めて経験するのだ。こうした洞察から刺激を受けた、シティバンク、ディズニー、クラフト、マクニール・コンシューマー・ヘルス・ケア、ジョン・ディアなどの企業のマネジャーは、消費者を引きつける方法を見直していった。そして彼らは今、これまでビジネスにおいて比較的馴染みの深い分野であった人類学、心理学、社会学などに加え、音楽学、神経学、哲学、動物学など、過去にビジネスから無視されてきた様々な研究を利用し、消費者が製品を評価する際に、「心－脳－体－社会」がもたらす複雑な相互作用を理解しようとしている。

マネジャーの中には、外部から専門家を社内に招き、新しい視点から質問をすることや新しく有効な知識を発見することで、「これは先例のない価値を提供するものだ」と消費者が認めるような製品やサービスを生み出している。たとえば、ある企業のマネジャーは、顧客の動機を活用する新しい手法を研究するために、2日間にわたり、神経生物学者や社会学者、オリンピックのコーチ、成人の知能発達に関する専門家、公衆衛生を専門とする社会学者らと会合をもった。その会合からは、革新的で実践的なアイデアも生まれ、そのうちの1つはその後2週間以内にその企業で実行された。その7ヵ月後には、顧客向けのインセンティブ・プログラムの効果は約40％も跳ね上がった。

マーケターはまた、自らの心がどのように働いているのかということについて新しい見解を得始めている。つまり、マーケター自身の中で無意識のうちに起こる思考プロセスが、消費者へのアプローチの仕方、それに対する消費者の反応（時にはマーケターの予測や希望に反することもあるが）にどのように影響を与え、自分に跳ね返ってくる消費者の反応を歪めているか、などについて理解を深めている。さらにマーケターは、現在のマーケティング・パラダイムが、同僚の意思決定や予測、行動を形づくるのにどれだけ強力であるかをも理解し始めている。そしてそれは、時に経営戦略や予算組み、その他ビジネス活動の鍵となるものに悪影響を与えかねないということに気づき始めている。

つまり、マーケターは、自らの心が消費者と同じように作用することがわかる

ようになってきた。消費者と同様、マネジャーの心にも意識と無意識のプロセスが混在し、マネジャーの行動に影響を与えているということである。実際、消費者の思考プロセスだけでなく自らの思考プロセスを忠実に理解するために、多くの企業がメタファーに基づく調査法を利用し始めている。

そして、消費者とマーケターが出会う市場においては、お互いの思考プロセスが交差する結果、「市場の心」と呼ばれるものが現れる。後述するが、市場の心を把握し、この理解を創造的に広げる能力こそが、マーケターにとって次なる競争優位の源泉となるのである。

2 マーケティングの6つの誤り

「マーケターは自分たちの思考プロセスが消費者の思考プロセスとどのように影響し合うのか、理解しなければならない」[6]。この点は以前から指摘されており、だれもがそう信じている。しかし、実行に移されていないのだ。クリス・アージリス（ハーバード大学教育学および組織行動のジェームス・ブライアント・コナント名誉教授、およびモニター・カンパニーのディレクター）によれば、それは「**信奉している理論**」（信奉理論）と「**実際に使用している理論**」（使用理論）[7]の違いであるという。「信奉理論」が我々が信じていると口にする理論であるのに対して、「使用理論」は我々の実際の行動を説明する理論である。「信奉理論」と「使用理論」とは一致することもあるが、たいていは一致しない。そして多くの場合、マネジャーが真に信じているのは使用理論の方である。

たとえば、多くのマネジャーは、「こうではないか、と自らがすでに考えている事柄に太鼓判を押すために市場調査を行うのは、経営資源の浪費である」と言い張るだろう。それは彼らの「信奉理論」である。しかし、ロヒット・デシュパンデ（ハーバード・ビジネススクール教授、マーケティング・サイエンス・インスティテュートのエグゼクティブ・ディレクター）は、**市場調査の80%以上は、新たな可能性を試すことや、発展させるためのものではなく、主としてすでにある結論を強化するために使われている**、と述べている[8]。そしてマネジャーも実際は、

既存の考え方を守り抜くことによって、すでに利用している現存資源の80%を無駄にせずにすむという考えに基づいて行動する。まさにこれが、「使用理論」である。

　アージリスやジェフリー・フェッファー、ロバート・サットンなど、最先端の経営科学者が指摘するように、より深く知るということが、より効果的に行動できるということにつながるわけではない[9]。しかし、人間行動を研究する最先端分野がこのように確固たる進歩を遂げていても、リスクをとることを奨励しない組織環境や、価値ある情報を集める財源がない場合、さらには、そのような情報についてじっくり深く考える時間がない場合には、組織内の悪しき慣習が頑固として残ってしまう[10]。

　結果的に「使用理論」として組織に温存されるパラダイム（世界がどのように動くかに関する世界観、ひいてはマーケティング活動を規定する世界観）によって、マーケターは消費者を効果的に理解し、彼らに奉仕することができなくなってしまっている。以下の節では、そうしたマーケターの行動を制限する6つの「使用理論」を挙げている。マネジャーの考えや行動を制限するそうした使用理論から脱却し、将来にわたりより有効かつ十分な根拠を持つ新しい考えに心を開く契機としていただきたい。

［誤った使用理論1］
消費者の思考プロセスは筋の通った合理的・直線的なものである

　多くのマネジャーは依然として、消費者が常に意識を集中して購買決定を行っていると信じている。つまり消費者は、ある製品に関する個々の属性についてそれぞれ個別の価値や相対的な価値、そしてそれらの価値が顕在化する可能性を熟考したうえで、その情報を何らかの論理的な方法で処理し、意思決定を行う、と信じている。たとえば、消費者がある自動車を目にした場合、自らの意識をその自動車に集中させて、個々の製品属性がもたらす有益性を1つずつ評価し、購入するかどうかを決定する。あるいは、たとえば輸送手段という側面に絞り込んで、そのニーズを満たすような一連のオプションを考慮し、それぞれのオプションについて長所や短所を評価する。そして、さらに各オプションについて費用対効果

を測定して、理路整然とした決定を下すと信じている。

　消費者の意思決定は、いわゆる合理的な思考プロセスを部分的に含む場合もある。しかしそれは、消費者が実際にとる選択行動を十分に描写していない[11]。事実、消費者研究においても、昔はそのような思考プロセスを主たる研究対象とした時期もあったが、現在は、こうした意思決定プロセスが働くのは、常態というよりむしろ例外として扱っている。結局、消費者の選好プロセスはかなり自動的に生じ、習慣やその他の無意識の作用に基づき、消費者の社会的、物理的背景に大きく影響を受ける[12]。

　現実には、人々の感情が合理的なプロセスに密接に関わっている。我々の脳は感情の処理と論理的な思考に分かれた構造を持っているが、2つのシステムは相互に関連し合い、**ともに我々の行動に影響している**。そして、さらに重要なことは、進化論的に見れば先に発展した感情のシステムは、我々の思考プロセスや行動に**直接的な**影響をもたらす。感情は健全な意思決定に貢献するだけでなく、不可欠なものなのである[13]。

　たとえば、製品属性としての香水の香りは、潜在的な買い手に対して、特別な記憶や、それに関連した感情を喚起させるかもしれない。その記憶が苦痛を伴う感情の引き金となる場合もあり、そうなると、たとえその香水の価格やパッケージ、ブランド・ラベル、その他の品質がその人の評価基準を満たしていたとしても、彼女はおそらく香水を買わないだろう。フォーカス・グループや消費者インタビューの中で、消費者がこうした従来の評価基準から離れた判断をした場合、マーケターはおそらく、彼女がなぜ香水を買わなかったのか理解できずに、彼女の行動を非合理的だと結論づけるだろう[14]。

　事実、フィニアス・ゲイジについての著名な事例からも明らかなように、意思決定は理性と感情が同時に作用することによって行われる。1848年、ゲイジはバーモント州で鉄道線路の敷設工事に従事した際、火薬玉が近くで爆発し、頭部にひどい外傷を受けた。衝撃によって、ゲイジの脳の感情をつかさどる部分は破壊されたが、理性をつかさどる部分は損傷しなかった。事故以前に彼を知る人々は、彼は信頼のおける、バランスのよくとれた人物だと語ったが、事故以後は、愚かで決断力に乏しく、自信のない人間とみなされるようになった。彼はもはや、賢明な判断をすることができなくなってしまったのである[15]。近年の脳障害に関す

る研究では、感情と理性のどちらかをつかさどる神経構造が障害を受けると、通常の生活に必要な健全な意思決定能力が失われてしまうことがわかっている[16]。

しかし、こうしたことが明らかになってもなお、マーケターは消費者の感情を扱おうとしないことが多い[17]。ほとんどのマネジャーは、消費者たちの感情に直面すると、その感情が持つ意味を、ごく一般的な表現を用いて解釈する。必要に迫られた場合でも、彼らは表面的にその感情の意味をなぞるだけで、特定の感情の背景にある、その構造まで深く理解しようとはしない。感情の構造とは、感情が様々な要素によって構成されていることを指し、感情というものが様々な場面において異なった意味を持ち得ることを意味する。たとえば、ある世界的に有名なブランドに関する調査では、「喜び」という感情の構造が明らかになり、15以上の構成要素が特定された。こうした洞察を得たことで、企業はそのブランドが持つ物語性を全面的に見直すことにした。

コカ・コーラやユニリーバ、ホールマーク、シンジェンタ、バンク・オブ・アメリカ、グラクソ、アメリカン・センチュリー、GMなどの企業は、わずかなニュアンスやその働きを理解するために、特定の感情について「深く潜り込む」努力を始めている。感情に関する一般的な概念の活用にとどまっている企業は、感情の持つ様々な意味の中でポジティブな側面だけに焦点をあわせてしまうため、誤りを犯すことになる（一般的にマーケティングで訴求される感情の中でポジティブな感情でない、数少ない例外は「恐怖」という感情である）。たとえば、「喜び」が消費行動にどう影響するのかについて焦点をあてるばかりに、「嫌悪」という感情が持つ影響力には気づかないでいる[18]。しかし、人間の感情の中でも最も強力なものの１つである「嫌悪」は、清掃、衣服、食物やその他多くのサービスが選好される局面において、「喜び」という感情とともに重要な役割を果たすのである。

[誤った使用理論２]
消費者は自らの思考プロセスと行動を容易に説明することができる

この２番目の使用理論とそれに基づいて行われるマーケティング調査法の限界は、「我々の思考プロセスのほとんどが意識上で起こる」という仮定に起因する。実際、消費者は、マーケターが意図するよりもはるかに自分の心の作用を自覚し

ていない。思考プロセスの95％は我々の無意識のうちに起こる。その無意識とは、我々が気づかなかったり明確にできなかったりするもので、素晴らしいけれども混沌としており、記憶や感情、思考、その他の認識プロセスが混在している[19]。心理学を経済学に応用した研究の先駆者であるカーネギー・メロン大学のジョージ・ローウェンシュタインは、意識の役割について過大評価しすぎないよう警告し、「意識とは、実際に行動を導くことや、統一するということよりも、むしろ行為がなされた後にその行動に意味を授けることである」[20]と述べている。そうした意識上で提供される情報は、妥当性はあるかもしれないものの、非常に不完全なものでもある。電話やショッピングモール、あるいは消費者の自宅で行われるインタビューなどの自己報告的な調査方法の多くにおいて、そうした消費者の意識が反映されているが、なぜ消費者がある特定の行動をとるのかといった要因についての本質的な洞察は得られないかもしれない[21]。

たとえば、マーケターは、消費者が容易に自分の感情を把握して説明することができると仮定している。しかし本来、感情は無意識のものである。感情を表出化させるには、熟練した研究者による特別な調査法が必要となる[22]。たとえば、記憶やそれに関連した感情に大きく影響を受けながらある香水を買った消費者に対して、研究者が従来の調査法を使ってその意思決定を調べようとしても、購買理由を明らかにはできないだろう。なぜだろうか。我々の記憶や感情の作用は認識の外で起こるからである。我々が「覚えている」と思っていることの大半や、それらの記憶が引き金となる感情の多くは、我々の行動に強力な影響を及ぼしているにもかかわらず、従来の調査法が対象範囲として扱えない領域に存在しているのである。

たとえば、高価なブランドのチョコレートを買うのはなぜなかと聞かれたら、消費者は人にあげる贈り物のためとはっきり言うかもしれない。しかし、真実は異なるかもしれない。多くの人は、自分ですぐに消費するために購入しているのである。こうした反応には、罪悪感や喜びといった感情が背景にあり、それは無意識のうちに消費行動に影響している。消費者自身が意識して考えても表出化されず、熟練したインタビュアーを介して、消費者の無意識を観測可能な意識レベルにまで、掘り起こしてこなければならない。

事実、消費者が気づいていない、もしくははっきりと言葉で説明することので

きない要因は、マーケターが考えるよりもはるかに消費者の行動を形成している。たとえば、あるペンキ原料の製造業者は、ペンキ原料が実質的にはコモディティ製品であるにもかかわらず、なぜ顧客企業が競合他社に対してはプレミアム価格を支払うのか、その理由を解明しようとした。その調査からは、1つの供給業者だけに依存したくないから、といった従来からわかっている理由も明らかになったが、さらに詳しく調べると、購買担当者が抱くもっと重要な感情（自尊心に関わるものであった）の存在が明らかになった。そこで、そのメーカーは顧客企業を訪問する際に、購買担当者の自尊心に最も密接に関係した感情に積極的に訴えることで、取引関係を強化することができた。

　それでもなお、マーケターは、消費者の購買理由や購買意図を調べる手段として、アンケートやフォーカス・グループといった従来の調査法を誤用し続けている。消費者が自らの思考や感情に容易に到達でき、明確に表現することができる場合なら、従来の一般的な調査法はその効果を発揮するだろう。しかし、そのような機会はめったにない。特に、選択肢が用意されているような形式の質問では、最初の質問作成段階においてマネジャーや研究者が消費者の無意識的な思考を特定し、理解していなければ、消費者の最も重要な思考や感情にはたどり着くことはないだろう。**こうした選択肢中心の質問やフォーカス・グループの進行役が投げかける質問のほとんどは、消費者がこう考えているだろうとマネジャーが思い込んでいる事柄について、消費者はどう考えるのか**、というごく表面的な問題を扱うにすぎない。

［誤った使用理論3］
　消費者の心・脳・体、そして彼らを取り巻く文化や社会は、個々に独立した事象として調査することが可能である

　マーケターは、消費者の心で起こっていることや、彼らの体がとっている行動、彼らの周りで起こっている事柄などの消費者経験を、個別の「バケツ」の中にきちんと分類して理解することができると信じている。さらに、彼らはそれぞれの「バケツ」で起こっていることが、その他のバケツの中で起こっていることとほとんど無関係であると仮定している。

実際、消費者は、大学や企業が物事を縦割りに分類するようなやり方で、日々生きているわけではない。むしろ、心－脳－体－社会のすべてが、流動的かつダイナミックにお互いを形成し合っている。消費者を真に理解するためには、我々はこれら4つの構成要素のうち1つで起きていることに焦点をあてるのではなく、**要素間の相互作用にこそ目を向けるべきである。**たとえば、我々が消費者の心理プロセスを学ぼうとする際、そのプロセスの文化的、神経学的な起源を理解すれば、我々の洞察はより豊かで実行可能なものとなる。事実、こうして本書を介して我々が心について考えているたった今も、心は脳、体、社会を欠いては存在し得ない[23]。特に生物においては、どのようなシステムであっても、各器官は継続的に他の器官に影響を与え、また影響を受けている。最も有名な例では、製品味覚テストにおいて、単にブランド名に関する情報を与えるか与えないかによって、参加者の味覚経験が変わってしまうということがある。さらに、ある文化では高級食材と考えられるものが、異なる文化では参加者に嫌悪感を与えることもある、という例を挙げることもできよう。

　本章に紹介する6つの「誤った使用理論」の中で、これは最も頑固で修正しにくい問題だろう。しかし、これらの4つの構成要素間につながりはないという従来の考え方に対して、心－脳－体－社会の統合を試みる新たな研究成果が今後もこれまで以上に挑戦し続けるだろう[24]。たとえば、異なる文化背景を持つ人々は、苦痛という概念や治療法が異なることから、同じ痛みでもその経験の仕方に差が出ることが複数の研究から明らかになっている。他の研究では、教育水準や健康医療についての知識、医療サービス、食事、ライフスタイルや他の要因を考慮に入れても、社会階級の違いが心臓病の発作に影響することが検証されている。

［誤った使用理論4］
消費者の記憶には、彼らの経験が正確に表れる

　マーケターは、消費者の脳を、記憶という「写真」をとるカメラのような機械装置とみなしている。また、マーケターは、消費者の記憶が写真のように、見たものを正確にとらえていると思い込んでいる。さらに、消費者が覚えていると言うことは時間が経過してもそのまま記憶として残り、今日思い出した買い物の経

験は、１週間前に思い出したもの、あるいはこれから数ヵ月後に思い出すものと全く同じ経験であると信じきっている。

しかし、記憶は我々が考えているよりずっと複雑で柔軟である。記憶は我々の気づかないところで絶えず変化している。また、第7章に後述するように、記憶とはメタファーである。たとえば、あるヨーロッパの主要な小売企業は、調査回答者の思い出す経験が、質問の配列順序の違いによって異なる（実際、調査用紙の色の違いによってさえも影響を受ける）ことを発見した。すなわち、質問の配列順序のように、記憶を検索する手がかりとなるものは、思い出す事柄それ自体を変えてしまうのである。

また、ある大手電気製品メーカーが行った研究によると、ある電気製品をインターネットで購買した際の経験に関して参加者が語った記憶内容は、フォーカス・グループでの議論の開始方法によって異なることがわかった。同調査では比較対象として、事前に、参加者に記憶内容を語らせていた。また、各フォーカス・グループ内に司会者自身も知らない「サクラ」役を忍び込ませ、活発な参加者の役割を演じさせた。「サクラ」役は、ポジティブあるいはネガティブな発言をし、他の参加者が意見を述べている間には顔をしかめる、にっこりするといった非言語的な仕草をすることにより、本物の参加者から異なる意見、つまり異なる記憶内容を引き出した。参加者が語った記憶は、ほとんど毎回変化しており、約半数のケースでは記憶内容の違いは非常に重要な項目について起こっていた（約2週間後に電話による追跡調査を行ったところ、ほとんどの参加者が、さらにまた別の記憶内容を話した）。この研究結果は、よく知られる「防御の心理」という現象を示唆している。つまり、人はグループ内での暗黙の了解にしたがって、メンバー間に生成しつつあるコンセンサスを守ろうとする心理が働き、しばしば新しい意見を持ち出すことが難しくなる原因となる。

［誤った使用理論5］
消費者は言葉で考える

マーケターはまた、消費者の思考がすべて言語化されていると信じている。したがって、通常の会話の中で消費者が使用する言葉や質問用紙に書く言葉を解釈

することで、消費者の思考プロセスを理解できると仮定する。もちろん、言葉は思考を理解するために重要な役割を果たすものであるが、それのみでは思考の全体像はわからない[25]。人々は一般的に言葉では考えない。たとえば、最近の脳研究や生理学研究によれば、我々の脳細胞や神経の活性化は、我々自身が思考を認識する際の脳の活動や、それを言語化しようとする脳の活動に先立って起こることが明らかになっている。つまり、今自分は考えていると我々が意識するのは、まず何を思考し、言語化するかという決定を我々の無意識のうちに脳が行った後にのみ、起こり得るのである。

[誤った使用理論6]
企業から消費者にメッセージを送りさえすれば、マーケターの思うままにこれらのメッセージを解釈してくれる

　消費者は思考を言葉によってのみ行う、と信じることで、マーケターは、企業のブランドや製品のポジショニングについて、消費者の心に望み通り、何でもメッセージを送ることができると信じきってしまう。マーケターは、消費者の心は、自分たちの好きなように何でも書き込める白紙のようなものだと思っている。効果的な書き込み方法さえ見つければよいと考えているのだ。たとえば、広告の有効性は、その広告をどの程度思い出せるか、さらにはその表示方法が好ましかったか、と尋ねることで判断できると考えている。しかし、このようなマーケティング・アプローチの背後にある信念は、人がどのようにして物事に意味を付与するかについてこれまで明らかになった研究成果とはかけ離れている。

　企業が商品のコンセプトやストーリー、ブランドに関する情報を打ち出しても、消費者は受動的にそれらのメッセージを受け入れるのではない。むしろ、彼らは企業から発信される情報と、自身の記憶や、情報受信の際の刺激、さらには頭に浮かんだメタファーなどを混ぜ合わせることで、メッセージについて自分なりの意味を付与するのである。

　たとえば、消費者は、医療分野の権威が奨励する定期検診や、半年ごとに歯科医に通うべき理由を正確に繰り返し表現することができる。同様に、一般の歯科医や医療専門家もこうした話を何度もする。しかし、多くの消費者は、彼ら歯科

医や専門家から聞いた話を再現することができる一方で、全く異なる別の体験もしている。それは、本当に半年おきに歯科医に行く必要性があるのかと疑念を抱くということだ。ある歯科医照会サービス団体が、歯科医に通う際の気持ちや感情を表現する際に消費者が用いるメタファーを分析し、深い洞察とその背後にある消費者の思考プロセスを明らかにした。たとえば、ある消費者は、医療専門家がそうした忠告をでっち上げているのではないかという気持ちを表現するために、子供のおとぎ話『赤頭巾ちゃん』の絵を持参した。この写真に関して質問を重ねると、その消費者は歯科医を、人をだます狼に見立てていたことが判明した。つまり、専門家らが私利私欲に動機づけられているのではないか、という彼の先入観が明らかになったのである。

こうした事例から学ぶべき教訓は何か。それは、企業からのコミュニケーションから消費者が得るメッセージは、企業が伝えようとしたものとは大きくかけ離れている可能性があるということだ。さらに、以前に耳にしたことがある物語のうちのどれがマーケティング・メッセージの背後にあるのかを単に尋ねるだけでは、消費者が実際に自分たちで解釈した物語が何なのかを明らかにすることはできない。

3　よりよい実践を目指して

本章でこれまでに紹介した「使用理論」は、問題点が多く、マネジャーが多用してはならないものであるが、マーケターがよりよいマーケティングの実践を目指すのであれば、その根底に流れる共通テーマを理解しておく必要がある。まず、消費者の意思決定と購買行動は、もちろん意識的な思考や感情からの影響も重要であるが、無意識的な思考や感情からより大きな影響を受けている。この無意識の力は、変化し続ける記憶、メタファー、イメージ、感覚、および物語などを指し、これらは意思決定や行動決定の過程において相互に影響し合っている。さらに、消費者は機械ではない、という点も重要である。我々は、時計の仕組みを知るため、もしくは修理をするためにその時計を分解してしまうが、マーケターが

消費者を理解する、あるいは消費者に変化を与えようとして彼らを個々に分解してはならない。消費者はむしろ、複雑な生命体であり、マスメディアにしばしば取り上げられるような意識的なマーケティング操作に単純に反応するのではない。彼らは、意識と無意識が互いに作用し合う心の影響を受けて行動する。そうした相互作用を第三者が観察することや測定することは難解な作業であり、それを変化させようとすることはさらに困難である。

　上述した6つの誤った使用理論の犠牲となってしまうと、マーケターは安易な間違いを繰り返すことになり、入念に準備した新製品の市場導入機会さえも台なしにしてしまう。こうした誤りは、以下に詳述するように、大きく3つのカテゴリーに分類される。第1に、単なる事実を洞察と取り違えてしまうこと、第2に、顧客データを集めることで顧客を理解したと混同してしまうこと、第3に、消費者経験の誤った要素に焦点をあててしまうことである。

●────「内容を知っている」ことと、「理由を知っている」ということ

　多くのマーケターが、消費者の思考プロセスや行動について、機微や深遠を欠く薄っぺらなものだとみなしている。このような傾向は産業財マーケティングの場合に特に顕著である。したがって、マーケターが市場調査を行っても、表面的な考えや行動の下にある真意まで深く掘り下げることに失敗する。たとえば、消費者が正方形より丸い形の容器を好むのを知っていることは重要である。しかし、彼らがなぜその形を好むかを知っていることはもっと重要なことである。それによって丸でも正方形でもない、望ましい形体が明らかになるかもしれないからである。

　たとえば、カナダのある容器メーカーは、消費者が最も好むとされていたパッケージ・デザインが、実は取引先企業の顧客を対象としたコンジョイント分析において、事前に用意した3つの選択肢から消去法的に他の2つの選択肢を削除していった結果にすぎなかったことを後になってから知った。その結果、製品開発のやり直しを余儀なくされるという高い代償を支払った。彼らが顧客の好みの背後にある「なぜ」を理解していれば、さらに早い段階でデザインの誤りを見つけ、改善し、生産に着手できただろう。

この誤りは製造企業とその顧客企業の双方を苦しめたことになる。製造業者は最初の調査の段階で、小額の追加費用を投資することで、不可欠な情報を集めることができたかもしれない。しかし、その代わりにコンジョイント分析を繰り返すことになり、気づいた時には非常に大きな費用をかけてデータを集めていたのである。しかし、この支出でさえも、失われた時間と、自社および顧客企業との関係に与えた損害に比べれば、小さなものであった。

　この製造企業の誤りは、コンジョイント分析を行ったことそれ自体にあるのではない。むしろ、分析を行う以前に、消費者が「何を」考えているのかということの背後にある、「なぜ」このように考えるのかという点をより深く掘り下げなかったということにある。問題は、すべての調査過程が重要だということではなく、マネジャーおよび調査チームのメンバーが、重大にして不正確な前提を置いていた点にある。彼らは、消費者は調査で使用された尺度の中間点を、無関心（両極に示された項目のどちらにもあてはまらない）と解釈する、という前提をおいていた。しかし実際には、消費者は中間点を、特別なアンビバレンスな状況（両極に示された項目が同時に存在する葛藤状況）と解釈していた。この製造企業が事前にこのことを知っていたならば、その知識を利用して、調査項目を設計し、結果をより深く解釈することができただろう。

●───データの量は質を保証しない

　ここまで見てきたように、マーケターは膨大な量の消費者データを集めることによって、消費者への深い理解を獲得できると思い込んでいる。しかし、消費者データを多く集めることは、消費者を理解することと同じではない。実際、一般的にマネジャーが集めがちな、人口統計、購買意思、製品属性などに関するデータは、消費者に関する表面的な情報でしかない。そして、こうしたデータはそれ自体では有効ではなく、より重要な要素や、意思決定の要因を間接的に示す代理変数としての役割しか果たさない。

　たとえば、マネジャーは年齢データが実際には何を測定するためのデータなのか、立ち止まって考えることはしない。ある企業は、2つの年齢層の間に、社会とのつながりや個人としての独立をどの程度重視するかという点で大きな違いが

あることを発見した。この企業は年齢データ自体に頼るのではなく、年齢データが示すこうした変数に基づいて人々をグループ化する方法を見つけ、効果的な市場セグメント化を進めた。この場合、まずマネジャーは、消費者が異なった時代に生まれたという事実に留まらず、2つの年齢層にはどのような違いがあるのか、立ち止まって考えた。その結果、社会とのつながりや個人としての独立という要素を、直接的かつ確実に測定できる変数として利用できることを突き止めた。

　また、マーケターは、特定のデータだけを、それが手に入れやすいという理由だけで集めがちである。これはまるで、街灯の下で眼鏡を捜す酔っぱらいのジョークと同じである。通行人が酔っぱらいに、どこで自分の眼鏡をなくしたかを尋ねると、彼は遠方の暗闇を指さす。不思議に思った通行人が、なぜその遠方の暗闇を探さないのかと尋ねると、酔っぱらいは「ここは明るくて探しやすい場所だからだ」と返答する。つまり、低質な思考プロセスが高質な思考プロセスを駆逐してしまうのである。人は、低質の思考プロセスによって、高質の思考には時間がかかることを忘れてしまい、手っ取り早い答えが賢明な答えを駆逐してしまう。

　深層的な理解が表層的なデータよりも重要であるという理由は何か。それは、データから得る深い洞察は新たな状況にも応用することができるからである。たとえば、柔軟剤について消費者が語った際に「衣服を育む」という表現をした時、その表現にどのような意味があるかを理解している企業は、より効果的な柔軟剤を開発するに留まらず、衣服の皺をとる、色を保護する、長持ちさせるなどの機能を持った関連製品を開発することができるかもしれない。

　また消費者に対する深い考察を得ることで、一見したところ異なるターゲット市場に属する消費者の間にも、消費行動上の共通項を発見することができる。つまり、消費者の思考や感情に深く迫れば迫るほど、消費者セグメント間に共通点を見出すことができる。そして、こうした共通点は購買決定の重要な要因であり、すぐに変わってしまうようなものではない。たとえば、オーラルケア製品を提供する企業が、アジア、ヨーロッパ、南北アメリカの消費者がどのようなオーラルケアを行っているか、綿密な調査を行った。するとオーラルケア製品の選択に影響を及ぼす4つの主要因がそれぞれの地域で特定できた。これらのうちの3つが、これに先立って行われた調査では見逃されていた。この企業は、これら4つの主要因が地域によって異なる作用をすることに配慮しながらも、これら主要因に焦

点をあてることで、広告開発プロセスと予算を大いに削減することに成功した。
　製品のデザインや機能、アイデアなど、時間や予算、競争上の理由から消費者に直接尋ねることができない事柄に対し、消費者がどのように反応するか予測するためには、消費者を深く理解する、すなわち、消費者の隠れた思考や感情、それらに影響を及ぼす要因を理解することが不可欠である。消費者に関する深い理解に基づいて、彼らの反応を予想する能力こそが、効果的なマーケティングの核心である。多くのイノベーション研究者が説くように、非連続的なイノベーションに関するマーケティング戦略を策定するような場合には、顧客を深く理解することこそが唯一の拠り所となる。
　しかし、真に消費者を理解するには努力を要する。たとえば、「衣服を育む」ということがどういう意味なのかを理解するためには、衣服の手入れについて機能的、心理的な利点に関する情報（衣服の耐久性や、手入れされた衣服を着る者の魅力度など）を集めるだけでは不十分である。とりわけ、消費者にとって「育む」とはどういう意味があるのか、より深いレベルで理解する必要がある（多くの場合それは、保護者としての役目を果たす、という意味を持つ）。また、なぜ、そしていつ、消費者が衣服を育てようと感じるのか、理解しなければならない。多くの消費者は、衣服を個人的な「容器」、ないしは自己の延長であるとみなしている。ある大手女性用ストッキング・メーカーが発見したところによると、消費者は自分自身を育む必要性を感じる場合に、自分の衣服を育む必要性も感じるようだ。
　マーケターがデータから表層的な意味だけを抽出してしまうと、表面的データが抱える問題をいっそう悪化させてしまう。特に、彼らはデータを深く分析し、直感に反するような洞察を得ることに時間をかけるよりも、データの第一印象に頼りがちである。しかし、彼らの第一印象は不正確であり、間違っていることが多い。たとえば、ヨーロッパのある自動車メーカーは、同社が抱える深刻な問題の元凶は、消費者間におけるクチコミのせいであるとあまりに早急に決断してしまった。そして、ネガティブなクチコミに対抗するための戦略を展開した。企業が、問題の背後にあるもっと深い原因を見つけるために時間を割かなかったために、この新しい戦略は真の問題を解決することはなく、状況はさらに悪化してしまった。

●────── 顧客経験を包括的にとらえる

　顧客情報の量と顧客理解の深さを混同することに加えて、マーケターは顧客経験を理解するにあたり、分析の照準を誤ったレベルにあててしまっている。具体的には、彼らは製品やサービスの属性や機能、そしてそれらがもたらす表層的な心理的便益に、市場調査努力の90％を費やし、より深い情緒的便益への調査を犠牲にしている。消費者にとって、情緒的便益は自分の生活を定義し、意味づける重要な価値観やテーマに根ざしている。製品の属性や機能的便益は重要ではあるが、消費者を購買に駆り立てる要素の小さな一角を占めるにすぎない。

　たとえば、ネスレの〈クランチ・バー〉は、味、食感、音など表層的な感覚的便益をもたらす。しかし、これらの情緒的便益は、幼少期の思い出や安心感などの強力な情緒的便益を喚起する。ネスレは一時期、〈クランチ・バー〉の感覚的便益のみに焦点をあてたマーケティング活動を行っていたが、それは同社の売上低下につながるばかりか、競合他社にチョコレート・バー事業への進出機会を与えることになっていた。

　また、マーケターは消費者経験の幅を過小評価している[26]。マーケターは、消費者の経験というものが、たとえば、スーパーマーケットの商品陳列棚で過ごす時間や、テレビでコマーシャルを見てから店頭を訪れる間など、ある特定の時期に起こる特定の出来事への反応によって構成されると考えている。マーケターは、消費者経験のこうした特定の一側面に焦点をあてるのだが、その理由はそれらが扱いやすいからにすぎない。

　しかし、顧客経験の特定の側面だけをとらえることは危険である。ドイツのあるスナック販売会社は、母親たちの購買意思決定が、商品の陳列方法や、購買時点でのプロモーション、価格設定などの影響をほとんど受けていないことを発見した。彼女たちの購買決定により大きな影響を与えるのは、何よりも、子供たちに適切な栄養摂取習慣を教えたいという彼女たち自身の信念であった。こうした信念には、子供にいつ、どのように、必ずしも栄養価の高くない食品（すなわち、スナック製品）をご褒美として与えるか、という母親なりのルールも含まれていることがわかった。この企業は、しっかりとした栄養摂取習慣におけるご褒美的

な食品という観点から、スナック製品を表現するようになるまで、大きな販売機会を失っていたのである。

　また、マーケターは本質的な質問をしないがために、消費者経験を包括的に把握することができないでいる。むしろ、彼らは第一印象に基づいてまず彼らなりの仮説を用意し、その仮説の正しさを確認するためだけに質問をする。たとえば、アメリカの大手クレジットカード会社のマネジャーは、フォーカス・グループ・インタビューを通じて何度も語られる逸話に基づき、ヤングアダルトがクレジットカードの所有者であることを誇りに思う理由をたった1つに絞り込んでしまった。マネジャーはそして、頭の中に仮説を描き、そのたった1つの理由を検証することに焦点をあてた質問を作成したのである。彼女は仮説を「立証」するために（当然ながら）費用のかかる調査を設計した。つまり、自分の結論を確認するために、詳細な質問をつくった。しかし、彼女は自分の調査設計にバイアスがかかっていることに気づきもしなかった。

　もし、このマネジャーがたった1つの答えに固執していなければ、当初1つに絞り込んだ理由が必ずしも最重要ではないと気づくことができたかもしれない。彼女はクレジットカードを所有することにどういう意味があるのか、もっと本質的な質問をすることで、より豊富な情報を得ることができたかもしれない。実際に、ちょうど彼女が自分の調査を行っていた時、競合他社は若年層がクレジットカードを評価する理由に関して、彼女がこだわる1つの理由にとらわれずに調査を進めた。その結果、競合他社は消費者の思考の根底にある複数の理由を掘り起こし、さらに各人がカードを使用する際の個々の状況によって、カードに価値を感じる理由が変化することを見つけ出した。この企業はこうした新しい知見に基づき、より有効なマーケティング・キャンペーンを展開し、このターゲット市場において大きなシェアを勝ち取ることになった。

　このように、新しいパラダイムをつくり出していこうとすれば、新しいアイデアを受け入れ、新たな調査手法を模索しなければならない。真に洞察に満ちた消費者分析を行おうとするならば、図1－2に示した最下層の2つのレベルから始めなければならない。そのための第一歩は、消費者の心の動きが、社会的プロセスと生理的プロセスの相互作用を通じて現れることを認識することである。さもなければ、彼らはドラッカーが説明するように、就任後間もなく追放された

図1-2●洞察に富む消費者分析

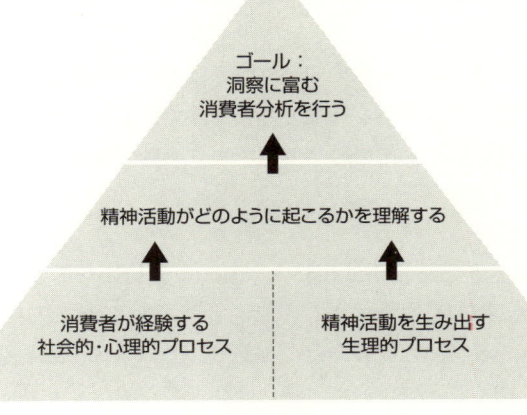

```
                    ゴール：
                   洞察に富む
                 消費者分析を行う
                       ↑
            精神活動がどのように起こるかを理解する
                 ↑              ↑
         消費者が経験する    精神活動を生み出す
        社会的・心理的プロセス    生理的プロセス
```

CEOたちと同じような不安定な未来に直面することになるだろう。

4 顧客中心主義

　損益計算書の最下段の値（すなわち純利益）に最も大きな影響を与える数字は最上段の値（すなわち売上高）をおいてほかにない。マーケティングは、究極的には企業の**顧客中心主義の度合い**を示す指標と考えられる売上高の向上に貢献する。顧客中心主義は、既存・新規顧客の顕在化されたニーズおよび潜在的なニーズに焦点をあてる。優れた顧客中心主義には、２つの種類の「聴く」作業が重要である。

　①顧客は、企業の製品が購入に値することを「聴く」、つまり本当に理解する。
　②企業は、既存顧客、新規顧客の深い思考や感情について彼ら自身の言葉で語

っている内容を「聴く」、つまり本当に理解する。

これらの特性は2つの簡単な命題を示唆する。

①マーケターが顧客の声を巧みに聞けば聞くほど、マーケティング戦略はより効果的に、企業の製品価値を構築することができる。
②既存顧客、新規顧客が企業の製品価値をより明確に理解すればするほど、売上高は大きくなる。

　顧客中心主義の企業は、技術に頼りすぎるので傲慢になるということはない。つまり、「顧客は消極的な存在であり、彼らから意見を聞き入れる必要はなく、むしろ彼らに製品を積極的に売りつけるべきだ」というような傲慢さを持たない。顧客の声を巧みに聞くことによって、特に顧客の潜在的なニーズを満たそうとすることによって、企業はいかに大きな難問に直面しているか自覚する。こうした知見が、よりよいチームワークを生み、成功するビジネスモデルを構築し、効果的なマーケティング展開につながるのである。
　顧客中心主義の企業は、同じデータでも人によって解釈が異なることや、本章の冒頭に紹介した絵において、2つの動物のうちある一方が見えやすいのはなぜかを知っている。アヒルを見なければならない人がアヒルを見られるよう、そして他の人がウサギを見ることを妨げずに対応できる方法を知っている。また、ウサギを見たがっている顧客であっても、彼らにとってよいと判断すれば、アヒルが見えるようにする。このようなコア・コンピタンスを獲得するには、心の作用に関する学際的な洞察を必要とする。そして、本書の内容の多くは、マネジャーとその顧客が、互いの第一印象を超えた視野を形成するのに役立つ。

5 想像力を働かせ、新しい知識を受け入れる

　現行のマーケティング・パラダイムを変えるために、我々は全く新しい思考方法を思い描き、一見したところビジネスにとっては取るに足らない、あるいは無関係だと思われるようなアイデアに対しても心を開かなければならない。生き生きとした想像力と、そして遊び心こそがそれを可能にするのかもしれない。

　そのために、想像力の体操を行ってみることで、パラダイム転換の旅の一歩を踏み出そう。まず、自分があるディナー・パーティを主催するという状況を想像してほしい。このパーティは普通の会合ではない。あなたが招いた客は、動物学者、美術史学者から、生理学者、財界人、神経外科医にまで及ぶのである。彼らは会場を動き回り、オードブルを楽しみ、お互いに自己紹介している。そして、あなたは彼ら同士の親睦を深めるために次のような質問リストを事前に配布しているのだ。

- 芸術はなぜ日常生活において重要か
- 記憶は日常生活でどのような役割を果たすか
- ヨーグルトを食べるとはどのようなことか
- 人々は遺伝子組み換え食品をどう思うか
- 思いやりとは何か
- 清潔とは何を意味するか
- グローバルな顧客管理担当者としての経験とはどのようなものか
- 新しい洞察を得た瞬間というのはどのような感じか
- コモディティ製品にプレミアム価格を支払うというのはどのような場合か
- 母と子供との関係において朝食はどのような役割を果たすか
- 「気分がいい」とは何を意味するか

　おそらく、このように多彩な客は現実のパーティでは容易には混じり合わないだろう。しかし、仮にそのような集まりを主催したとすれば、そこで交わされる

会話は、消費者がどのようにして製品やサービスの購買決定をしているのかを知りたがっているマーケターにとっては、非常に貴重な情報となるだろう。

　本書は、このようなパーティを代替するものとしての役目を果たす。本章の冒頭に引用した文章は本書の主題を表している。消費者の心をどの程度理解できるかは、我々自身の想像力によってのみ制限されている。つまり、**その能力とはイメージや概念を再生し、それらを新しいイメージや概念に転換することや、再結合することであり、さらにはそうして生まれた新しい考えを経験するとはどのようなことであるか予期することであるのだ**[27]。

　我々はビジネスを変化させるための想像力を、早急に必要としている。消費者を理解するために、より想像的な戦略を必要としているだけでなく、努力して集めた消費者情報について思考し、転用するための新しい方法もまた必要としている。我々には**想像力に富んだ知識と実践の両方**が必要なのである。

6　「or」（AかBか）の圧政

　前述した奇妙なパーティを思い描くことは、我々の思考プロセスを拡張することに役立つとともに、また別の目的がある。それは、理論と実践を意図的に区別することや、しばしば線引きがされてしまう基本研究と応用研究を区別することを、やめにすることである。

　ビンセント・バラッバは、こうした意図的で不要な区分を、「有益な『and』に勝る、『or』による圧政」と呼んでいる。そして、彼は正しい。我々が直面する問題の多くは、理論か実践かのいずれかに明確に分類されることはない（いずれか1つの領域に属することはない）。理論と実践は互いに入り組んだ構造をしている。両者を無理に区別してしまうと、貴重な洞察を失うことになる。科学者はしばしば物事を区別しがちであるが、それはそれらを統合した際にどのように働くのか理解しようとするためである。

　日々、増大の一途をたどるデータや、より困難を極める意思決定、矛盾したアドバイス、そして限られた時間に日々圧倒されるマーケティング・マネジャーに

とって、本書の多くのアイデアが真新しく、そして無視できないものに感じられるだろう。なぜなら、本書で議論するアイデアはたいていのマーケターが足を踏み入れたことのない学問分野から導き出したものであるからだ。しかし、安心して読み進めてもらいたい。なぜなら、ここで議論されるアイデアは、理論と実践の領域の間にある壁や、様々な学問領域の間の壁を打ち破る２つの重要な基準を満たしているからだ。まず、**それらは多様な学問領域における科学的な研究にしっかりと基づいている**。つまり、本書で展開するアイデアはいずれも学術研究の成果に基づくものであり、各学問領域における内部妥当性（internal validity）および外部妥当性（external validity）の基準を満たしている。

　また、学術研究としての妥当性基準だけでなく、本書で紹介するアイデアは現実の消費現象を対象としている。つまり、これらのアイデアには**実現可能性**（implementable validity）がある。クリス・アージリスによると、実現可能性とは、アイデアが効果的な行動に役立つことを意味する。しかし、アイデアを行動に移すには、因果関係を形式化するなど、知識を明示的に使用することが求められる。たとえば、製薬分野では、新薬の効力について医師がメタファーを使用して説明した場合の方が、しない場合よりも、より大きな効果を発揮する、といったような因果関係を検証する必要がある。同様に、ビジネス分野では、製品がどのように、あるいはなぜ機能しているかについてメタファーを使用して説明することで、商品と消費者経験の関連性を高めることができる、などの因果関係を検証する。ドレイク・スティムソン（P&Gのマーケティング・ディレクター）は、本書で紹介しているアイデアを、〈ファブリーズ〉のマーケティングに応用したことにより、P&Gの歴史において最も成功した新製品の市場導入事例となったと称賛している。〈ファブリーズ〉は特許を取得した新しい分子構造を持つ製品であるが、市場導入時の広告ではメタファーを効果的に使用することで、P&Gは初年度の予想売上高の倍の売上を記録した[28]。

　本書のタイトルにも使用している**顧客**（customer）という用語は、マーケティングの慣例を反映して、ビジネス顧客と最終消費者の両者を意味している。本書では後者の最終消費者についてより多く触れているが、本書で紹介するアイデアは、産業財、消費財の別を問わず、多くのマーケティング・マネジャーによって、B to Bビジネスにおいても、B to Cビジネスにおいても実践されてきた。しかし、

読者は有効なアイデアが単に**広く使われている**ことと、それらが**成功裡に使われている**こととを混同してはならない。さもなければ、我々は本書を必要としないだろう。
　マネジャーはこれらのアイデアを開かれた目で見ることによって、多様な視点から深い洞察を得ることができ、満足した顧客を得ることにつながる。また、多様性に富んだ視点を持つことで、マーケターはあまりによくある罠にはまることを回避することができる。それは、マネジャーや研究者が自分たちの考えを消費者の考えと間違って同一視してしまうことである。
　本書を読み進めるにあたって、まず心に留めておかねばならないことは、何よりも本書が質の高い思考プロセスの獲得を目指すものだということである。高質の思考プロセスを獲得するには、時間やエネルギーを必要とする。途中、不信に思ったり、懐疑的になることもあるかもしれないが、それを乗り越え、真剣に取り組むことが重要である。また、この思考プロセスを獲得するにあたって、短期的にはそれに取り組むことがカッコ悪く見えたり、愚かに思えたり、不安を感じることがあるかもしれないが、長期的な視点で成功を収めるためには勇気を持って取り組むことが重要である。しかし、魅力的な写真や絵画は、それを見るたびに新たな発見があるように、本書で紹介する斬新なアイデアも出会うたびに何か新たな知見をもたらしてくれるだろう。

＊　　＊　　＊

　このように、本書は多彩な学問分野にわたる最新の研究成果をもとに記されている。そのような研究から得られた洞察は、消費者を見つめ、理解するための方法として、従来にない、より効果的な方法を提供してくれる。また、本書は実際のマーケターが実際の企業において新たな方法をどのように適用したかについて、成功事例を紹介している。消費者の心の本質をより深く、より包括的に理解することによって、マーケターは消費者に向けて正しい問いかけをし、正しいデータを得て、それを斬新かつ効果的に解釈することができる。本書を読み進めることによって得られる新たな世界観によって、どのようなことが明らかになるか、それを想像することによって、顧客をより深く理解するための第一歩を踏み出そう。

第2章 新しいフロンティアへの旅立ち

> 我々は、生物的な世界から独立して社会的な世界でのみ活動する、キャンディのような硬い殻でつつまれた生体ではない。　　――アン・ハリントン

　マーケティングは社会科学や自然科学の様々な学問分野の恩恵を受けているが、その中でも脳科学は最も重要な分野の1つである。消費者研究の新たなパラダイムを理解するためには、マーケターは人間の脳の能力や複雑さを理解する必要がある。

　この脳という注目すべき器官は、1000億とも1兆とも言われる数のニューロン、すなわち神経細胞を含んでいる。脳の外部を覆い、認識をつかさどる大脳皮質は、高級レストランのテーブルナプキン程度の大きさと厚みである。大脳皮質は、人間の進化過程において比較的新しい段階で発達した器官であるが、約1000兆もの広大なネットワークを形成する3000億ほどのニューロンを内包し、意識的・無意識的な思考や行動を刺激する神経回路を持つ。このネットワークが、いかに驚くほど巨大かというと、分子の数で見ると10に約79個も0が付くほどである。さらに神経回路の組み合わせ数は、10に100万個以上もの0が付く規模である[1]。実に巨大なネットワークである。

　旧パラダイムが人工的に切り離して考えてきた心－脳－体－社会のつながりは、新たなパラダイムにおいて再構築される。これらの4つの構成要素は、ダイナミックな一連のシステムによって結ばれており、それぞれが相互に影響し合ってい

る。たとえば、我々の脳は周囲の社会的・物理的な世界と相互作用し、肉体はこの関係を仲介している。体は外界に関する情報を感じ取り、感情や思考をつくり出す化学的・物質的な反応を生成し、脳の命令を受けて作動する。

　心－脳－体－社会は相互に関連し合い、深く依存し合っている[2]。いずれの要素も、他の要素がなくては存在することはできない。脳の無数のニューロンやニューロン間のつながりは、外部の世界からも指令を受ける。社会的作用は、たとえばどのニューロンが重要で、どのニューロンが重要でないか、またニューロンのどのつながりが形成され、強化されるのか、どれが消滅するのか、ということに強い影響力を持つ[3]。認知科学者であり、ドイツのマックス・プランク進化人類学研究所の所長、マイケル・トマセロは、社会環境が脳の形成にいかに影響を与えてきたかを次のように指摘している。

　　人類が類人猿から分岐したのは600万年前であるが、これは進化の期間としては非常に短く、現代人とチンパンジーの遺伝子配列の99％は同じである。…現代人は、複雑な産業や技術、複雑な体系の記号的コミュニケーションや表現、さらには複雑な社会組織や機構といったものを発明し、維持してきた。しかし、600万年という期間は、遺伝子の変種や自然淘汰を含む通常の進化過程としては、人類がこれらすべてをつくり出すのに必要な認知的能力を形成するのに十分な時間ではなかった[4]。

　では、人類はどのようにして認知的能力をこれほど短期間で身につけてしまったのか。トマセロによると、社会や文化が重要な伝導メカニズムとして機能したのである。その伝導のスピードは、細胞進化に頼る場合よりもずっと速かった。我々の社会環境は、生物的特徴や知的能力とともに発達してきたのである。

　図2－1では、心－脳－体－社会のつながりを、4つの点からなる三次元ピラミッドによって表している。各個人において（マーケターであれ消費者であれ）、4つの要素はピラミッドのそれぞれの頂点にあたり、他のすべての構成要素に影響を与える。1つの構成要素が変化すると、他の構成要素も変化してしまうが、そうした変化は、無意識のうちに自覚されないまま起こる。時として、これらの相互作用の結果が意識的な思考に入り込んでくることもある。自分の文化圏で「ご

図2-1 ● 心―脳―体―社会を統合する新しいパラダイム

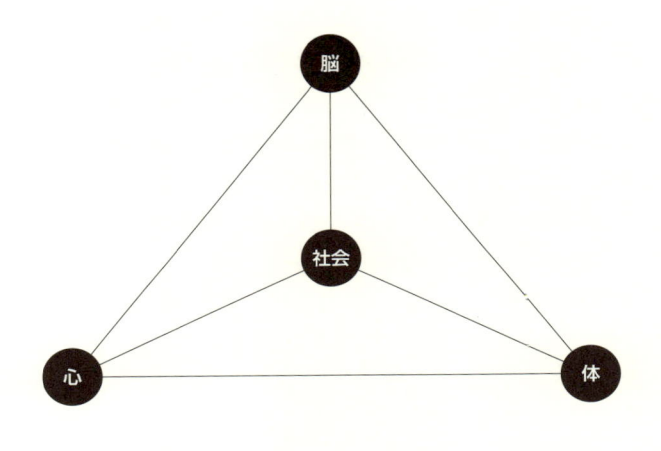

```
          脳
         /|\
        / | \
       /  社会  \
      /  / \  \
     / /    \ \
    心―――――――体
```

馳走」とされている食べ物を、異なる文化圏から来た客にふるまったところ、客はしかめ面をしていることに気づいた経験はないだろうか。もしくは、別の文化圏で「ご馳走」とされているものを見ただけで不快になった経験はないだろうか。

　マーケティングはこれらの相互作用の中心にある。よって、効果的なマーケティングを実践するためには、他の専門分野における新たな発見に目を向けることが非常に重要である。GM、エクスペリエンス・エンジニアリング、IBM、ヒューレット・パッカード（HP）、P&G、コカ・コーラといった企業は、心―脳―体―社会からなるシステムの4要素について、個々に焦点をあてた部分的な調査ではなく、その全体性を研究対象とすることによって、消費者ニーズ、顧客満足、ロイヤルティなどに関して、他の企業よりも多くの知識を獲得している。たとえば、あるヨーロッパの主要なエレクトロニクス企業は、コミュニケーション機器を操作する際に消費者が感じる経験について、世界の異なる地域ではどのような違いがあるか、また、そうした触覚体験が実際の機器の使用行為にどのように影響するかを理解するために調査を行った。しかし、一般的には、あまりにも多くのマネジャーが、4つの構成要素のうち1つにしか注目していないように思われ

る。その結果、消費者から誤った情報を引き出し、それを正しく解釈せずに、市場で失敗する製品やサービスを開発してしまう。

　これはなぜだろうか。それは、だれにとっても自分の世界観を裏返すことは、恐ろしくかつ困難な作業であるからだ[5]。我々は、世界がどのように動くのかという世界観を、人生のかなり早い段階で形成する。自分の世界観を客観的に見られるようになるのは、ずっと後のことである。我々の世界観は心に深く埋め込まれ、変化させることは言うまでもなく、理解することさえ困難である。さらに、我々にピラミッド構造を解き明かしてくれるはずの科学者の説明は、科学者以外の人にとっては非常にわかりにくい[6]。

　科学史の専門家であり、ハーバード大学の「心・脳・行動イニシアチブ」プロジェクトのディレクターであるアン・ハリントンは、マネジャーが相互連関的なピラミッド構造を容易に理解できるよう、以下のようなわかりやすい喩えを使って説明している。

　　人間は…海綿という生物に似ている。海綿は、生活環境である水が体内に浸透している生き物で、海綿の内部の生理機能はその外部環境の存在を前提としている。したがって、海綿の内部にある生理機能と、海綿が生きる外的環境とを分けて考えることは意味をなさない。つまり、外的環境である水は、海綿を動かす内部機能の一部なのである[7]。

　本章の冒頭に紹介したハリントンの言葉にあるように、我々人間は、生物的世界から独立して、社会的世界で活動する、キャンディのような硬い殻でつつまれた生体ではない。

　脳と社会の関係を理解することは、マーケターと消費者双方の意識・無意識が相互に絡み合う市場の心を理解するためには非常に重要である。外的世界は、消費者だけでなく、マーケターの思考や能力、感情に強い影響を与える。たとえば、あなたが親や教師から、例外的な事柄や非日常的な出来事に敏感であるように教えられてきた人ならば、新しい消費者のトレンドを見つけることが得意であるかもしれない。また、仕事以外の場でも、危険で新しい冒険に乗り出すことを楽しむことができる人なら、仕事においても、新しい調査法を試すリスクをとってみ

ようと思うかもしれない。そのような心と環境の間の相互作用は、互いにフィードバック・ループを通じて強化し合い、結果としてマネジャーの行動を左右する。たとえば、リスク志向型の人がリスク回避的な組織環境で働くと、結果的にリスクをとることは少なくなってしまうかもしれない。

　また、消費者が何らかの問題を経験し、それを解決するような製品やサービスを探索し、それらを評価するというすべての段階において、心－脳－体－社会は相互に関連し合っている。たとえば、同じ製品に対する消費者の生理的反応は、社会的文脈によって大きく異なることがある。ある実験では、被験者に対してある香りを提示し、それが熟成したチーズの匂いであるという説明した。すると、ほとんどの人は少し嫌がりながらも、そのチーズを食べてみたいと言った。また、別の被験者に対しては、同じ香りを古い体育館用ソックスの臭いであることを伝えた。お察しの通り、人々はこの臭いに強い嫌悪感を示した。

1　市場の心

　今まで見てきたように、心－脳－体－社会のピラミッドに表れる相互作用の構造は、個々のマーケターおよび消費者の思考や行動に影響を与えている。では、マーケターと消費者がやりとりする際に、「マーケターのピラミッド」と「消費者のピラミッド」が相互に作用するとどのようなことが起こるのだろうか。その結果は図2-2に示されている。この図のように、マーケターと顧客は意識と無意識の両方のレベルで相互に影響し合う。しかし、多くのマーケターは、ピラミッドのダイナミクスが最も活発である無意識レベルの働きを十分に活用できずにいる。

　たとえば、車を購入する際に心－脳－体－社会のピラミッドがどのように作用するかを考えてみよう。スポーツカーを運転する人にとって、車を購入する動機は、機能だけでなく、感情と深く結びついている。彼は、他人の目から見て、自分が若くて魅力的であり、セクシーで積極的であると見られたいと思っているかもしれない。また、広告を見たり、他人が車を買っているのを目にするなどの文

図2-2●市場の心

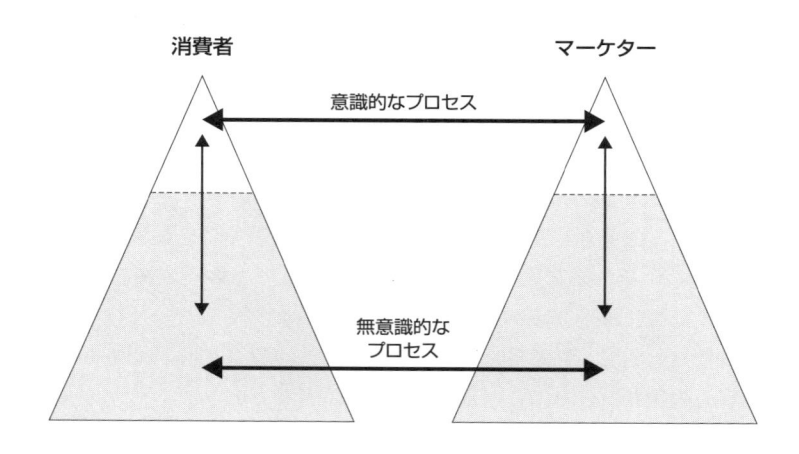

消費者　　　　　　　　マーケター
　　　　意識的なプロセス
　　　　　無意識的な
　　　　　プロセス

化的な影響によって、こうした内的欲求が呼び起こされたのかもしれない。おとなしそうなおじさんが、真っ赤なスポーツカーに魅力的な異性を乗せている場合などは、そのおじさんの内的欲求は、もしかすると幼少の頃の出来事に深く根ざしているかもしれない。

　同時に、これらの内的欲求や幼少の頃に受けた影響があるからこそ、広告をはじめ様々な社会的影響は非常に効果的なものとなる。このような欲求があるために、スポーツカーを運転する人は、広告で見た情報や試乗体験、購買行動や実際の走行経験に基づいて、意味のある体験を形成する。したがって、消費者に対する「外的」なマーケティング活動は、彼らの「内的世界」を喚起するのに不可欠である。つまり、消費者が特定の製品を購入するという意思決定は、単にどちらか一方の世界から生まれるわけではなく、内的世界と外的世界の相互作用により発生するのである。外的世界から働きかけるマーケターのメッセージ効果は、消費者の内的世界の影響を軽視してしまっているがゆえに、ほとんどの製品開発は失敗に終わってしまう。

　過去数年において、社会学、人類学、認知神経科学、心理学（これらは一部に

すぎないが）などの研究が劇的な進歩を遂げ、マネジャーは図2-1および図2-2に示されるダイナミクスの理解を深めることができるようになった[8]。その結果、市場調査の際にマーケターがどのような質問を選ぶのか、どのように質問を設定するのか、だれを参加者として選ぶのか、どの分析ツールを使うのか、などの問題に対して、マーケターが無意識に持つ前提や期待が大きな影響を与えていることが明らかになってきた[9]。このような無意識のプロセスによって、消費者がマーケターに提供する情報、そして、提供しない情報が規定されてしまう。

また、消費者の無意識のプロセスも、マーケターの質問に対する**彼らの反応に**影響を与える。たとえば、質問の順序によって、顧客の回答に大きな違いが生まれ得る。次の例を見てみよう。ヨーロッパのある自動車メーカーは、日本で顧客満足度調査を行い、一貫して高い満足度を得た。その調査では、満足度に関する質問の後に、修理頻度に関する質問がなされていた。しかし、このメーカーが質問の順序を逆にして、まず修理の頻度について質問をすると、満足度は低下し、修理頻度は増加した。この違いは重大なものだった。調査側は、質問の順序によって、知らず知らずのうちに消費者の反応に影響を与えてしまったのである。これはだれも気づかないうちに起こったが、偶然にもマネジャーがこの事態の存在に気づいたため、この会社は、グローバル市場における顧客満足度調査の結論を見直すことになった。

2　新たなパラダイムを詳しく知る

心－脳－体－社会のピラミッドが新たなパラダイムの中心をなすならば、他の部分はどのように見えてくるのだろうか。このことを考えるには、図2-1と図2-2が示す2つの原理を覚えておこう。

- ●文化と生理はともに発展している
- ●市場の心は消費者とマネジャー双方の意識と無意識の相互作用から生まれる

新しいパラダイムは、人間のコミュニケーションや思考、感情、記憶の性質に関して驚くべき真実を明らかにする。第1章においてこれらの新たな現実を垣間見たが、本章の後半部分でより詳細に考察していきたい。新しいアイデアを早い段階で否定してしまうのではなく、結論を急がずに、「この考えが真実だとすれば、自らの考え方や行動がどのように変化するだろうか」と自問することを忘れないでほしい。答えがイエスならば、そのアイデアをさらに吟味してみることだ。

●——————思考は言葉ではなくイメージに基づいている

　人間の思考は、神経科学者が言うところの「イメージ」から発生する。やや専門的な説明になるが、思考は神経活動がトポグラフィ的に組織化されたもので、脳の初期視覚野で起こる。そして、ニューロンが十分に活発化されると——すなわち、音や映像、その他の刺激を受けてニューロンが活動し、複数のニューロン間につながり（シナプス）が形成されると——我々はこの神経の電気化学的な活動を、意識的な思考として経験する[10]。**我々の思考がどのように生じるのかということ（ニューロンの活動）と、ある思考が生じた時にその思考をどのように意識して経験するのか**ということには、重要な違いが存在する。したがって、思考がどのように起こるのか、何が初めに思考に刺激を与えたのか、そして思考がどのように表現されるかということを、明確に区別する必要がある。言葉が思考のきっかけとなることもあり、言葉によってそれを表現することも可能になるため、我々は思考が主に言葉として生じるものだと信じている。

　思考におけるニューロンの活動、すなわちイメージは、必ずしも我々が通常考えるイメージではない。しかし、すべての刺激のおよそ3分の2が視覚的なシステムを通じて脳に伝達されるので、我々は（神経科学者が考えるところの）イメージを、言語や他の方法と同様に、視覚を通して経験することがよくある。思考につながるような刺激は、様々な形式をとり得る[11]。たとえば、仕事へ向かう途中に漂うコーヒーの香りに刺激されたニューロンの活動によって、我々の心には、カフェで朝刊を読んでいる姿が思い浮かぶかもしれない。また、心の中では「大丈夫、（カフェに立ち寄る）時間はあるよ」とか「いや、今はやめておいた方がいい」という言葉が聞こえるかもしれない。あるいは、だれかと歩いていれば、こ

のような結論を声に出して言うのかもしれない。

　ニューロンの活動は、音、触感、動作、ムードや感情などによって**刺激を受ける**[12]。また、これらの手段によって**表現される**こともある。たとえば、〈コカ・コーラ〉の広告はニューロンを活性化するかもしれない。ニューロンが活性化されると、たとえば、友達と一緒にコーラを飲んだ経験や、コーラを飲みたくなった経験、その味を楽しんだ経験などを思い起こすように、他のニューロンの活性化を引き起こす。したがって、異なる種類のイメージや思考であっても、相互に関連しており、ともに発生するのである。

　これまで見てきたように、話し言葉は、思考の表現や、蓄積、コミュニケーションに重要な役割を果たす[13]。しかし、話し言葉は思考を促進するという点では非常に重要であるものの、**思考そのものと同一ではない**[14]。にもかかわらず、マネジャーは思考が言葉によって成り立つものだと思い込んでいる。確かに、ジョナサン H. ターナーが指摘するように、「思考は心の内面で起こる会話である、という見解は一般に普及している」のである。さらに、ターナーは著書 *On the Origins of Human Emotions: A Socuological Inquiry into the Ebolution of Human Affect*（Stanford University Press, 2000／人間の感情の源泉：人間の感情の進化に関する社会学的考察）の中で、次のように述べている。

　　しかし、少し考えてみれば、これは不可能だとわかる。もし、思考プロセスが内なる会話であるならば、我々は非常にまぬけな生物ということになる。なぜなら、会話は直線的にしか起こり得ず、非常にゆっくりとしたものになってしまうからだ。…我々は、「自身に語りかける」ことによって思考プロセスを減速させることもできるが、この種の思考プロセスは、一般的というよりは例外的に生ずるものである。…視覚が他の感覚における刺激の享受を支配することで、実際の人間の思考が形成されている。つまり、思考活動は、我々の意識へも到達しないぼんやりとしたイメージの中で行われるのである[15]。

　言葉を使わずに思考を行ってきた人々は——文字以前の社会における聴覚障害者から脳障害者まで——研究対象として大きな注目を集めてきた[16]。ノーベル賞受賞者、ジェラルド・エデルマンは、「概念によって思考する能力は、話す能力

以前に発達する」と述べている[17]。スティーブン・ピンカー（マサチューセッツ工科大学の脳・認知科学学部のピーター・デ・フローレズ教授）は、次のような疑問を挙げて説明している。

　　思考は言葉によるものだろうか。…あるいは、我々の思考は脳の静かな媒体——思考のための言語もしくは"メンタレーゼ"——によって表現されるのか、あるいは、聞き手に伝えようとする際にのみ、言葉によって表現されるのだろうか。…言語が思考と同様のものであるという考え方は、広く流布しているかもしれないが、ばかげている。…言語が話し手の思考方法を形成しているという科学的証拠は存在しない[18]。（強調部分は原文のとおり）

　認知が言語を生み出すのであって、言語が認知をつくり出すのではない。我々は、重要な思考（ニューロンの活動）を表現するために言語を発達させてきた。もちろんこれら言語で表現される概念は、新しい世代の人々が既存の言語を習得するとともに強化されるものである。たとえば、「静かにしてください」という表現は「黙れ！」と意味合いが異なるが、それは、同じような言葉でも言い回しを変えて伝える必要性があるからである。だからといって、これらのフレーズによって、表現したい思考や感情が異なるわけではない。フレーズや単語が我々にとって何の意味も関連性も持たないならば、我々はそのフレーズや単語を使用しなくなる。言葉のコミュニケーションを通じて新たなアイデアに出会った場合、その新しいアイデアは既存の言語体系の中で意味を持つ。文化によって強調する思考は異なり、それゆえに、それぞれの言語には、他の言語に置き換えることが難しかったり、翻訳することが不可能であったりする表現が存在するのである[19]。「言語」は、単なる文字通りの言葉ではなく、多くのコミュニケーション手段を含んだ様々な面からとらえる必要がある。この考え方に基づけば、口頭言語だけでは明らかにできない個人や組織が直面する問題をボディ・ランゲージによって明らかにするという演劇的表現（サイコドラマ）も「言語」のうちである。同様に、ZMET調査などのメタファーを引き出す調査法でも、消費者とマネジャーの隠れた思考や感情を明らかにするために、持参した写真を組み合わせたコラージュを作成するステップが含まれている[20]。視覚的なイメージを介して表現するこ

とによって、心の内部にある感情を豊かに描写することが可能になる。たとえば、ストッキングの着用体験に関するZMET調査では、コラージュを作成した女性は、作成しなかった人に比べて、ストッキングを身に着けることに対して持っている矛盾した感情について、より明確に説明することができた。

●──────コミュニケーションの大半は非言語による

人間のコミュニケーションの大半（80%とも言われる）が、非言語的な手段で行われていることは、多くの専門家が合意するところである。非言語的な手段には、触れ合うこと、声の抑揚、ジェスチャー、体の姿勢、距離のとり方、時間感覚、アイ・コンタクトやじっと見つめたり瞳孔が拡張したりすること、服や装飾品などの道具といったものがある。これらの非言語的な手段を通じて、人々は相互にメッセージや意味を伝えているのである[21]。

話す時の態度や声のトーン（周辺言語と呼ばれるもの）もまた、この非言語的なコミュニケーションに影響を与えている。たとえば、「その通りですね」という言葉を皮肉的な口調で言えば、全く反対のメッセージとして伝えることもできる。特に声のトーンやジェスチャーのような他の手段を組み合わせて使えば、言語表現によって非常に多くの意味を伝えることができる。そのようなメッセージは、言葉だけで伝える場合よりもはるかに真の感情や思考を伝えることができる。マーケターは、消費者が口にする言語だけに依存しすぎると、こうしたメッセージを活かしきれない。たとえば、ある主要な通信企業の研究開発部門は、自社のサービスに対する顧客の満足度調査から得られた回答を、ボイスピッチ分析によって解析した。ボイスピッチ分析とは、人が話している間に声に表れる様々な心理状態を分離、抽出する手法である。その結果、肯定的な回答の多くに、自信のなさが表れていたことがわかった。つまり、文字通りの回答結果によると高い満足度が得られたにもかかわらず、声に表れた確信のなさによると、それほど高い満足度は得られていないことが明らかになったのである。もし、この企業が言葉通りの結果だけに注目していたら、自社が提供するサービスのあり方に対して誤った自信を持ってしまっただろう。

周辺言語の解釈方法を理解することは、テレマーケティングや、対面販売、ナ

レーション広告のような、多くのマーケティング機会において重要である。近年、**ボイスマスキング**に関して極めて興味深い研究が行われている。ボイスマスキングとは、話し手が実際に話す言葉は伏せておいて、声のトーンには区別をつけて被験者に提示する手法である。このような研究によれば、我々は、話し手が主張する内容に価値やメリットがあるか判断する際、話し手の声のトーンを重視するという。たとえば、話し手が正直で誠実であるように聞こえれば、本人の文字通りのメッセージ（つまり実際に話した言葉）を、よりいっそう重視する。実際に、声のトーンと話の内容との間に明らかな矛盾がある場合、聞き手は話の内容よりもトーンの方を信じるものである。したがって、販売員やテレビ広告のナレーターが用いる周辺言語は、彼らの話の内容よりも、消費者行動に対してはるかに大きな影響を与えることがある。

　エドワード T. ホールは、名著『沈黙のことば』（南雲堂）の中で、周辺言語の威力についてさらなる証拠を示している。ホールによれば、人間のコミュニケーションには10の「基本的なメッセージ・システム」が存在しているという[22]。その中で、話し言葉に関するものは、彼の言う10のシステムのうちの1システムである「対人コミュニケーション」のさらに**一部分**にすぎない。他の9のシステムは、非言語によるコミュニケーション形態に依存している。

　この周辺言語の威力は、話し言葉の発展過程を考慮するとさほど驚くべきことではない。つまり、話し言葉は人間の進化過程において比較的最近になって発展したものである。さらに、表音文字の書き言葉としての発展はさらに遅く、約5000年前に、人間がものの形を認識する能力を発展させた際の副産物として発達した[23]。したがって、進化過程の順序からしても、我々の脳は、話し言葉や書き言葉を理解するよりも、周辺言語を感じ取り解釈する方がはるかに得意である。しかし、多くの市場調査法では文字通りの言葉に依存することで、情報を把握したり、調査結果を分析したり、フォーカス・グループ調査の結論を導き出したり、スキャナー・データのように文字データを追跡したりしてきた。それゆえ、顧客が自らの世界を経験し思考する方法と、マーケターがこの情報を収集するのに用いる手法との間には、歴然としたミスマッチが存在している。

●———— メタファーは思考の中心である

　メタファーは、ある物事を別の物事で表す方法であり、我々の生活における特別な側面を感じ取って描き出すことを可能にしてくれる。たとえば、ある人が「髪は私の署名（シンボル・マーク）のようなものだ」と言っても、名前を署名する際に自分の髪を使うという意味ではない。むしろ彼が言わんとしているのは、自分がどのような人間であるかを彼の髪が示している、ということである。メタファーは、アイデンティティや個性、他人に対する印象などを表現するのに効果的な手段である。

　メタファーは人間の心の活動を刺激する[24]。ある調査によると、我々は1分間話す間に約6つのメタファーを使用しているという[25]。脳血管造影法などを用いた最近の研究によって、メタファーの使用に関する神経活動が解明されてきた。たとえば、右脳・左脳はともに、文字通りの言葉も比喩的な言葉（メタファーを含む）も扱うことができるが、右脳の方が、メタファーなどの言葉に強く関連している[26]。

　なぜ我々はこのように頻繁にメタファーを使って思考するのだろうか。メタファーは、我々を取り巻く環境において我々が知覚したものを解釈し、世界そのものを知覚することを助けてくれる——これに尽きる。メタファーによって、我々は新しい概念を理解し、我々の経験を解釈し、新しい経験から新しい意味を導き出すことが可能になる[27]。メタファーは我々の想像力にも影響を与える[28]。哲学者のマーク・ジョンソンは、「想像なくしては、この世界の何物も意味を持たず、我々は経験を解釈することができず、現実の知識について考えることもできない」と述べている[29]。つまり、メタファーは想像力の原動力であるということだ。実際に、ロンドン大学の科学思想史の教授であるアーサー I. ミラーによれば、科学における進歩の多くは、メタファーやイメージを使用することによって実現してきた[30]。

　メタファーは我々の思考の根幹をなすがゆえに、マーケターも消費者もその存在に気づかないことが多い。後に見るように、マーケット・リサーチャーは消費者にメタファーを使用してもらうことで、貴重な知識を収集することができる。

なぜなら、メタファーを活用することによって、無意識にある消費者の重要な思考や感情を表層へ引っ張り出してくることができるからである[31]。実際に、メタファーは消費者の意思決定に深く影響を及ぼすような隠れた思考や感情を掘り起こすための強力な道具となる。消費者に無意識の経験を表出化させ、それらの経験を表現するのにメタファーが有効であることは、これまでに世界各地で行われた調査からも明らかになっている[32]。

　多くのメタファーは、いわゆる「身体化された認知」——我々の思考プロセスを表現するために、感覚器官や運動器官について言及すること——を含む[33]。たとえば、以下は「身体化された認知」の例である。「私の言うことを見て（わかって）ほしい」（I hope you **see** what I mean）、「言わんとする**ポイント**をつかんでくれ」（get the **point**）、「空想に走ってはいけないけれど」（I don't wish to get too **far ahead** of myself）、「想像を**超えて**」（in over my **head**）、「あなたを**遠ざけて**しまわなければいいが」（I hope these ideas don't **push you off**）、「あなたの品位を**落とす**」（**being beneath** you）、「**矛盾**しているように聞こえるかもしれないが」（sounding **unbalanced**）、「異なった**視点**を通じて」（with different **viewpoints**）、「これらのアイデアが人々に**届いて**ほしい」（I want these ideas to **reach** people）。

● 感情と理性のパートナーシップ

　第1章で見たように、ほとんどの市場調査手法は、理性を重視し、感情を軽視する[34]。マーケターがアンケート調査結果やその他の顧客情報を収集し、解釈するプロセスは、あたかも消費者の意思決定が主として意識的な合理的プロセスに基づいて行われていることを前提としている。なぜだろうか。それは、その方が消費者の反応を解釈する作業がさほど複雑にならないからである。また、マーケターの要求に応じて、消費者も自分の意思決定のうち意識的で合理的な側面だけを伝える。さらに、意識的な合理的思考を説明する方が、感情を説明しようとするよりもはるかに容易なのである。

　ほとんどのマネジャーは、自分自身の意思決定や消費者の意思決定において、感情が重要な役割を果たすことに異論はないだろう（これは彼らの信奉理論である）。しかし、実際には、理性に偏った見方にこだわる（これが実際の使用理論である）。

マネジャーやリサーチャーによる顧客情報の収集、分析の仕方は、あたかも意思決定が意識的なプロセス（とりわけ合理的な判断）に起因しており、感情は意思決定の中でほんのわずかな役割しか担っていないことを前提としている。このアプローチはマネジャーが持つバイアスの表れであり、そのバイアス自体が、意思決定はできるだけ感情を取り入れず、できるかぎり合理性に基づいて行われるべきである、という強い感情を反映したものである。このバイアスのせいで、信頼するに足らないデータ分析結果が次々に生み出される。

　調査において合理性を重視することは半分正しく、半分誤りでもある。第1章で見たように、意思決定のプロセスにおいては、多様で複雑な合理性のシステムだけでなく、様々な感情のシステムも働いている[35]。さらに重要なのは、両方が協力関係にあることである。理性と感情は正反対に位置するのではない。両者は時として反発し合うが、相互に依存するパートナーである。ジョセフ・ターナーは以下のように詳細に述べている。

　　複数の選択肢の中から1つを選択するには、各選択肢の相対的な価値を測定することが必要であるが、この価値を測定するという行為は感情と結びついている。感情がそれぞれの選択肢に価値を与え、それによって選択基準が設けられる。このプロセスは意識的である必要はなく、実際には人間を含むあらゆる動物がほとんど意識していない。したがって、合理的であるということは感情的であるということであり、認知と感情とを区別すると、認知プロセスの背後にある神経学的な仕組みを理解できなくなってしまう。我々は、認知を感情と結びつけることなく、その認知を長期に記憶しておくことはできない[36]。

つまり、我々の感情に訴えることのないアイデアは記憶されにくく、それゆえ後で思い出すこともないのである。

　脳にある種のダメージを受けた患者の研究（前述したフィニアス・ゲイジの典型的な事例も含まれる）では、合理性のシステムは健全でも、感情を担う容量がダメージを受けると、賢明な意思決定ができないことが明らかになっている。また、感情のシステムが無事であって、合理性をつかさどる部分がダメージを受けた場合も、同様の結果となる。アントニオ・ダマシオによれば、合理性と感情を二分

して考えることは、研究上は都合のよいことであるが、誤解を招くものである。彼は以下のように述べている。

　理性をもたらす神経組織の下位のレベルは、情動や感情のプロセスと、有機体の生存に必要な身体機能とを調節している組織と同じものである。…情動、感情、生態調節は、そのどれもが、人間の理性において、ある役割を演じている。つまり、我々の有機体の下位の指令が「高い理性」のループの中に存在するということである[37]。

　感情と理性がパートナーシップを築いているという考え方に基づけば、感情と理性の両方を引き出し、両者の共存や相互作用を反映することのできる調査手法が有効であることになる[38]。

ほとんどの思考・感情・学習は無意識に行われている

　多くの研究によれば、思考や感情、学習の95％は無意識の心の中で起きている。つまり、自覚されずに行われているのである[39]。同時に、意識とは、神経システムがほぼ無意識のうちに情報を処理した結果生じるものであるということも重要である[40]。情動というのは、感情を意識的に経験することであるが、これなどは氷山の一角にすぎない。ここで突飛ではあるが、氷山の上に何匹かアザラシがいる状況を想像してみてもらいたい。アザラシたちは、我々が意識して情報を維持できる力の限界を喩えたものである。そこでは、新しいアザラシが現れると、他のアザラシは去らねばならない。

　マーケティングにおいて、消費者の意思決定に関する多くの知識は、言葉を介した方法（電話インタビュー、グループ・ミーティング、アンケートなど）を通じて収集した情報に基づいている。そうした情報は、消費者が自身の経験を振り返ったり、意識した事柄に基づいている。言い換えると、これらの方法を通じて、氷山の一角にあるものを収集しているにすぎない。しかし、神経学の第一人者であるジョセフ・ルドゥーは次のように警告している。「個人の心の内省的な分析に基づいたレポートを科学的データとして使用する際は、細心の注意を払わなければれ

ばならない」[41]

　我々の知識の多くは無意識あるいは暗黙的なものであるため、我々が知っていることすべてを完全に認知することはできない。我々は身近にある情報を統合することによって、驚くべき新しい答えを導き出すことがあるが、それは帰納法や演繹法などの思考方法の基本的な機能である。これらの無意識的な思考プロセスは、今ある「データ」を使用し、新しい答えで構成される意識的な思考を生み出している[42]。たとえば、長い間付き合っている親密なカップルは、お互いのことを深く理解しているため、予期しない事態に対してパートナーがどのように反応するのかという質問に答えることができる。この理解に基づいて、過去の行動から互いの将来の反応を推測することができる。同様に、マネジャーも消費者のことを深く理解していれば、新製品を出す前に消費者の反応を正確に予測することができるようになり得る。既存の知識を統合することによって、マネジャーは、あるマーケティング・プロモーションによって売上目標を達成することができるか否かを、暗黙のうちに知ることができるだろう。また、営業担当者であれば、いつ、どのタイミングで販売契約の締結に持ち込むべきか、直感的にわかるようになるだろう。ただ、なぜそのタイミングなのかを他人に説明するのは難しいかもしれないが。

　大半の知識は暗黙的であるため、それを表出化しようとするには大きな挑戦が伴う。マネジャーがこの挑戦に取り組むには、意識と無意識の両方を包含するメタファーを使うことが有効である。消費者からメタファーを引き出して分析することによって、マーケターは消費者の暗黙知のカーテンを開け、消費者に中を覗いてみることを勧め、さらにそこに見えるものを共有してもらうことができる。その結果、マネジャーは明らかになった知見を活用し、消費者にとっての永続的な価値を生み出すことができるのである。

●────メンタル・モデルの社会的共有は重要である

　ここまで見てきたように、思考はニューロンが活発化する際に起こる。異なるグループのニューロン、つまり思考は、相互に行き来しながら伝達を行っている。ある1つの思考は文字通り他の思考を引き起こすが、再び最初の思考に戻る可能

性もある。複数のニューロンのグループが結合して、メンタル・モデル、あるいは研究者がしばしばスクリプトやスキーマと呼ぶものを構成する。メンタル・モデルは、我々の脳が周囲の世界から吸収する膨大な刺激や情報を解釈するのに役立つ。我々は脳に入ってくる情報のすべてを処理できないため、それらを濾過し、グループ化し、理解しやすい形にするシステムが必要である。

我々のメンタル・モデルは、どの情報に注意を払うべきか、そしてそれに対して何をすべきかを決定し、情報処理の効率化に役立っている。たとえば、人間のメンタル・モデルは、あいまいで複雑な問題に対してどのように取り組むか、ある車のデザインに魅力を感じるかどうか、あるスナック菓子に引かれるのはなぜか、高級ブティックでどのように振る舞うか、などを決定する。メンタル・モデルが存在しない状況などはおそらくないと言える[43]。

さらに、特定の集団——工業用塗料用薬品の購買担当者たちであれ、ヨーロッパにおけるコカ・コーラの消費者たち、ディズニー・ワールドへ子供を連れていく親たちであれ——に属する人々のメンタル・モデルには、重要な共通項が存在する[44]。それらは「コンセンサス・マップ」と呼ばれ、マップ上に示される共通の特徴は、マーケティング戦略に貴重な知見をもたらす[45]。事実、コンセンサス・マップは、消費者に対するマネジャーの洞察の中で最も重要なものであり得る。ZMET調査によって表出化されるコンセンサス・マップ上には、感情と理性の相互作用や、消費者の意識的・無意識的な思考や感覚が映し出される。

お察しの通り、我々は数多くのメンタル・モデルを持っているが、ほとんどのメンタル・モデルは休眠状態にある。それらが経験によって活発化したとしても、普段我々はそれに気づかない。唯一、我々が気づくようになるのは、ある経験がメンタル・モデルやその中核をなす信念に大きく矛盾した時だけである。

メンタル・モデルという概念は、特に社会科学や経営科学において研究されてきた[46]。これらの分野における定量的な手法によって、メンタル・モデル、とりわけ、異なる個人が共通して持っている要素を描写することができるようになった。それに比べ、メンタル・モデル、あるいは、ある市場セグメントに属する人々に共通した思考プロセスの反映としてのコンセンサス・マップを実際に管理する努力は、それほど進んでいない。しかし、マネジャーが、消費者の思考や感情をより深いレベルで理解するために、様々な研究分野から得られた新しい知見

を活用するにつれて、消費者のコンセンサス・マップの形成に対して積極的に働きかけるようになるだろう。

◉ 記憶とは脆弱なものである

　記憶は、過去の経験のスナップ写真のようなもので、時間の経過によって消えてしまったり失われたりすると考えられている。しかし、我々の経験を心－脳－体－社会が行き交う交差点としてとらえれば、記憶とは、我々が出会い、信じ、計画したものの産物とみなすことができる。この産物は意識以前のレベルで形成される。つまり、我々は記憶の生成過程を意識していないのである。記憶は、すでに現像された写真を見るようなものではなく、思い出すたびに再生されるものとしてとらえる必要がある。時には、我々の名前を思い出す場合などのように、再生されるたびに記憶に生じる差は小さく、取るに足らない場合もある。しかし、目撃者の証言に関する研究からも明らかなように、再生される記憶の差が、結果として重大な違いを生むこともある[47]。

　さらに、企業のマーケティング活動は、消費者が記憶を再生させる際に大きな影響を与える。つまり、製品・サービスの開発や流通といったマーケティング活動は、消費者の記憶をつくり出すだけでなく、マーケティング・コミュニケーションを通じて、彼らの製品やサービスの使用体験に関する記憶を変えることもできる。これは、マネジャーの意識と無意識の心が消費者の心に影響を与える重要な一例である。後述するように、記憶は物語に基づいており、普遍的に共有されているアーキタイプやコア・メタファーとともに、消費者がブランドや企業に対して抱く物語や一連の意味づけに影響を与える。消費者に共有されているコンセンサス・マップは、これらの重要な物語の全体像や要旨を表している。

　　　　　　　　　　＊　　＊　　＊

　人間行動に対する洞察を蓄積していくことで、消費者の思考や行動を理解する新しい手法がどのようなものかが次第に見えてくる。意識と無意識とは重要なパートナー関係にあり、消費者の無意識の心が、マネジャーにとって重要となる情

報の大部分を占めている。第Ⅱ部で議論するように、マーケターは、様々な新しい調査手法やテクニックを活用することによって、こうした情報を明らかにすることができる。

HOW CUSTOMERS THINK

第II部

市場の心を理解するために

第3章 顧客の無意識を分析する

> 我々が知っていることの大部分について、我々は知っているということを知らない。通常、我々は意識的に行動しているように思っているが、それは幻想でしかない。
> ——ダニエル・ウェグナー『意識的な意思という幻想』

　物質の温度変化が色によって観察できるフィルタを想像してみよう。そのようなフィルタを通して、焼き立てのパンを15分も見ていれば、所どころがそれぞれ異なる速さで熱を失っていくので、まるで虹のように見えるだろう。形や生地はごく普通のものであっても、このフィルタを通して見るとそのパンはより興味深く見えてくる。今度は、同様のフィルタを使って、消費者の無意識の思考を覗いてみることを想像すると、いかなる花火大会でも見られないような、さらに多くの色が現れるだろう。これらの新しい色は、心の影の部分に潜む宝物——認知的無意識——を表している。こういった色を理解し、利用できるようになることは、マネジャーが消費者の思考プロセスや行動に新しい洞察を加えるうえで、重要な未開発領域を探索することにつながる。実際、消費者行動に影響を与える要素のほとんどはこの領域内に見出すことができ、そのような要素に消費者は知らないうちに遭遇し、影響を受けているのである[1]。最も効果的にこの領域を探索しようと努力する企業が、決定的な競争優位を獲得するのである。
　また同様に、消費者もそうした探索から利益を得るであろう。表面的な調査方法を使用しているマネジャーが直面する限界は、消費者が得られる利益にも限界

をもたらす。その半面、表層だけでなく深層にある思考や感情を探索し、表現することを可能とする調査方法が使用されている時には、消費者も同様に利益を得るのである。

　無意識の心とも呼ばれる「**認知的無意識**」という言葉は、消費者の認識の枠外で働き、意識的な作用とともに、外部世界における経験をつくり出す精神作用のことを指している。本書で使用されている限りにおいて、この用語の意味には精神分析学的な概念への言及はないものの、その概念はまた、無意識的な思考にとって重要であり、それ自体で扱うに値する[2]。無意識的な思考を探索する前に、意識的な思考との関係について議論しよう。

1　人間であるということ

　我々には、他の生物と共通のものが多くある[3]。たとえば、我々の遺伝子の98%はチンパンジーのものと共通である。チンパンジーやその他の種も、我々と同じように、精巧な社会的ヒエラルキーを維持している。たとえば、蟻はカースト制度を持っている。さらには、労働や食糧調達を組織化する制度、利他主義、犠牲行為、負傷者の介護、食糧不足時の分け合いなどの特性、先制攻撃をする、互恵主義の規範に従うといった能力をも有している[4]。

　視覚や聴覚よりも味覚や嗅覚に基づいた、蟻の複雑なコミュニケーション構造は、彼らの複雑な行動様式を調整し、食物の正確な場所や、獲得の是非に関する伝達を可能にする。他の生物も、思考・感情・情動の具合、または因果律を前提としたある種の意思を表現する。後者の例としては、天敵や食物の競争相手をだましたり、つがいの相手を魅惑したりといった自己利益のために、誤った印象を相手に与える行為などがある[5]。このように、我々は他の動物との共通の部分が多くあり、人間の感情に関する見識も、ほとんどは他の生物の研究に由来している[6]。したがって、社会的な活動も、感情や気持ちの存在も、人間に固有のものではない。**むしろ、このような状態や活動への対応能力、これらに関して熟考した判断を下す能力が、我々を特別な存在にするのである。**自己認識と自己反省を

行う人間の性向こそが、他のあらゆる生物と人間とを区別するものである。本書では、この能力を「高位意識」、あるいはまさしく「意識」と呼ぶ。

　人間の場合、意識は発展過程を経る。幼児の認識力は、心とは何か、心とは何をするかを知るにつれて成長する[7]。18ヵ月目を過ぎる頃に、赤ん坊は放棄・恐怖・変化・愛——認識への覚醒に関わりのある事柄——などの人間の基本的な関心事についてわかるようになる[8]。我々の意識は生涯にわたって変化し、同じ一日の中でさえ異なる。我々が働いたり、歩いたり、眠ったり、夢見ている間に、その要素は、見え隠れしている。

　高位意識は重大な目的を達成しようとする場合には有効である。「意識は何のためにあるのか」という問いに対して、ハーバード大学の哲学教授だった故ロバート・ノージックは「それは深く考えて選択することの手助けをするためにある」と答えている[9]。ここで言う選択、およびそこで要求される高位意識は、社会的、技術的変化を通して創造される[10]。高位意識は、新しい状況で学ぶ能力を必要とする、より複雑化する社会に対応する形で進化してきた[11]。消費者にとってこの複雑さへの対応は難しく、時に苦情の原因にさえなる。たとえば、先進国の消費者は、6年連続で最も高い関心事のトップ5に、選択対象としての製品の氾濫を挙げている[12]。消費者は選択肢の多様化を望むものの、それらに対処するための精神的負担が増えることは好まない。

2　高位意識はどこからくるのか

　ハンガリーの料理であるグーラッシュには独特の風味があり、一口食べると、1つのまとまった味がする。けれども、どのようなシェフも、グーラッシュという独特の風味は、調理や食事の過程においてスパイスや食材が混ざり合ってつくり上げられると説明するだろう。食べる人は、こうした段階が存在しているとは考えないかもしれない。彼らは結果だけを味わっているからである。高位意識はグーラッシュに少し似ている。我々はそれを生み出す複雑な過程ではなく、総合的な結果に注目する。その進化における起源や発達の歴史がどのようなものであ

ったとしても、**高位意識は、基礎となる要素（より低位の意識と無意識）から出現し、それらによって定義される**[13]。

　グーラッシュの材料、もしくは高位意識の源泉は、まずそれが認識されるかどうかにかかわらず、他の活動と構成部分の働きを通してのみ生じる。カリフォルニア大学バークレー校の現代哲学の第一人者であるジョン R. サールは、何か無意識であるものに関して、我々は原則として意識のレベルにまで引き上げることができるはずであると指摘している[14]。グーラッシュをじっと見つめても、料理研究家は独特の風味がどのように生じたか、その詳細を述べることはおそらくできないだろう。しかし、すべてを味わい楽しんだ後であれば、たぶんそれを解明できるだろう。あいまいな意識と無意識の情報が我々の意識的な心に現れ、最終的にグーラッシュの中に何があるのかを推測することができる。

3　95対5の法則

　意識が日常生活の中で不可欠なものであることは、様々な理由から明白である。しかし、本書において鍵となる重要な原則の1つに、95対5の法則がある。つまり、すべての認識の少なくとも95％は心の影の部分にあたる認識外で起こり、多くともたった5％だけが高位意識で起こるのである[15]。このことは多くの研究分野において確認されている。ジョン・ホーグランドはこの事実についてうまく説明している。

　　このように、「無意識の思考プロセス」と比べて、意識的な思考プロセスは著しく困難であり、遅い――事実、話すことと比べてもずっと速いというわけではない。さらに、同時に異なる2つの会話をするのが困難であるのと同様に、同時に2つの異なる思考の連なりを意識的に楽しむことは困難だろう。意識はある意味、直線的あるいは連続的な過程であり、（無意識のプロセスにおいて）同時に起こる多くの認識とは対照的である[16]。

ノーベル賞受賞者で、神経科学者のジェラルド・エデルマンと、彼の同僚ジュリオ・トノーニは、「たった1つの意識が成り立つために、異なる結論をもたらす可能性を持つ他の何十億の意識が排除されている」と指摘している[17]。思考が意識的な認識に至るためには、まず無意識にある初歩的で混沌とした状態から現れ出なければならない。意識的な認識に至り得る無意識がほぼ無限に存在する中で、どれを意識下に入れるかを決めるという過程そのものが無意識のものである。精神科医および神経生理学研究所のディレクターであり睡眠研究の第一人者であるJ.アラン・ホブソンは、「外部世界と我々の身体から得られる利用可能なデータの大部分は、決して意識内に立ち入ることはない」と記している。

　我々は入ってくる情報を自動的に処理しており、頭の中で保存したり、捨てたりする膨大な量のデータに関しては全く意識していない。しかし意識は、（時々ではあっても）自動性を超越することが可能な精神活動であるという点において超自動的である[18]。

　意識は我々に無意識の出来事を理解する自由を与えてくれる。再度、エデルマンとトノーニによる説明を引用しよう。「運動神経や認知活動のような精神活動の無意識な局面や、いわゆる無意識の記憶・意志・期待は、意識的な経験を形づくり、方向づけることに根本的な役割を果たす」[19]

　意識は、我々が過去の行動を批評したり、将来に向けて計画を立てたり、新しい状況での選択肢を整理したりすることを助けるべく、進化した。マーケティング・マネジャーやリサーチャーが、消費者の意識的な思考プロセスに焦点をあてることも驚くべきことではない。彼らは、消費者に特定の話題について意識的に考えさせ、消費者とマネジャー双方に都合のよいフォーマットに従って返答するように求める。また、膨大なデータベースを使用し、自らの非常に意識的な解釈を加えながら、直接的もしくは間接的に消費者の行動を観察している。これらの活動は簡単で論理的だと思える限りにおいて、理にかなってはいる。

　しかし、こうした焦点のあて方は、より高い高位意識に存在する間違いなく最も重要な特徴、つまり無意識の心を認識して探検する能力を、無視してしまう[20]。**我々が強く意識する5％の思考プロセスは、この層の下にある、残り95％の精神**

生活を掘り出すことを可能にする。この能力が人間であるということの本質である。我々は気づいていることを熟考することもできるが、実際にはもっと多くの要素が働いているのである。したがって、マネジャーが消費者の意識的な思考プロセスに注目する傾向は理解できるし、自然なことではあるが、消費者行動のほとんどを駆り立てる、無意識的な思考プロセスと感情の世界へのアクセスをできなくしている。

　自転車旅行をする時に、自転車を所有し、乗る方法を知っているということは重要である。しかしながら、**有意義な旅というものは、まず自転車に乗る意欲を必要とするものだ**。同様に、我々の意識が無意識へ有意義な旅をするには、そのような旅へのコミットメントが不可欠である。マネジャーがこのような旅をしないで消費者を理解しようとする時、彼らは実際にはあなたがどのような人間であるかを知らないにもかかわらず、写真やビデオ、一方的な出会いなどからあなたを知っていると主張してくる、善意の他人（第三者）のようである。これらの第三者は自分たち自身の姿を見て、そこに映っている意識的な要素だけを見るのである。

　これほど多くの思考プロセスが無意識なものであることがわかっているのに、マネジャー（そしてリサーチャーは）にはなぜそれがわからないのだろうか。その1つには、子犬が自分の尻尾をぐるぐる追いかけて楽しむように、自分と自分自身の考察に夢中になってしまう（そして、それに惑わされてしまう）からである。ハーバード大学の心理学者、ダニエル・ウェグナーが言うように、「意志の幻影は非常に強く、実際にはそうではあり得ないのに、行為は意図されたものだったという信念を持つように人を駆り立ててしまう。まるで人々が、あらかじめ自分のすべての行動を知っている、理想的な代理人たることを切望しているかのようである」[21]。意識的に何かの行動をとるという経験は、我々が意識的にその行動を生み出したということを意味するわけではない。むしろ、それとは程遠い。

　我々は消費者に、フォーカス・グループの中で自分や他人のアイデアについて考えてコメントしてもらったり、慎重で意識的に開発された質問調査に慎重で意識的な回答を提供してもらう。我々は、特定の定量的モデルと実験的デザインでつくられた「レンズ」を通して、消費者データの総計を分析する。これらの活動を通じて、消費者もマーケターも、研究者とマネジャーによって注意を喚起され

た明示的な問題に惑わされることになる。このアプローチが正しく感じられるのは、アプローチの前提であるメカニズムそのものを利用するからである。その論理は以下のようなものである。すなわち、「仮説に基づいて集められたデータは、その仮説を肯定する」。消費者は、賢い選択や間違った選択につながったバイアスや意思決定方法を特定することにより、満足した経験や不満だった経験から学習する。消費者は尋ねられれば、特にマネジャーが質問や他の手がかりを提供してストーリーづくりを促すような場合には、自らが生まれ持った物語力を駆使して、自分自身のとった行動について合理的に説明することができる。

これらの筋の通った説明が、全く間違っているということではない。重要なことは、それがどれくらい完全であるかということだ。もしもたった3ピースで出来上がるパズルがあり、そのうちの2つを持っているとしたら、おそらく3番目がどれであるかはすぐにわかるだろう。しかし、500ピースのパズルがあり、そのほんのいくつかの重要なピースしか持っていないとしたら、全体図はいつまでたっても謎のままだろう。マーケターが取り組むパズルには、ほんの2、3ピースしかないものもあれば、非常に多くのピースがあるものもある。概して重要なケースがあてはまる後者の場合では、より完全な図をつくるために、高位意識を刺激して無意識により深く食い込んでいく必要がある。我々の高位意識の存在そのものが、高位意識の基盤である無意識を理解する能力を与えてくれる。しかし不幸なことに、我々はしばしば、自分の認識を自覚していることに有頂天となり、それらすべてを可能にする無意識の存在を無視してしまう。

4　無意識の心はどう作動するか

無意識の心がどのように作動するか、その具体例は我々の身近に多く存在している。

- ●食べることに対する社会的文脈は消費者の経験に莫大な影響力を持っている。その経験とは、食べ物がどのような味か、どのような音が快いか、あるいは

耳障りか、そして、何が不愉快で、何が魅力的であると感じるかといったものである。全く同じ夕食でも、親しい友人と一緒にとるのと、全く見知らぬ他人ととるのとでは、異なる味になるだろう。

- 非常に多くの製品が10.00ドルではなく、9.99ドルの価格で販売されている。単に1セント節約できるということを伝えるためだけに、このような価格設定になっているわけではない。

- そうするつもりであると語られた意図と、本当にそうしたかどうかという実際の行動との間の相関関係は、通常低く、しばしば負の関係にさえある。たとえば、新しい台所器具の自宅用テストに参加した消費者の60％以上は、3ヵ月以内に器具を購入する可能性が「ありそうである」か「非常にありそうである」と答えた。製品の市場導入から8ヵ月後、これらの消費者の中で実際に製品を購入した者は、たった12％にすぎなかった。実際に購入しなかった人々に対する追跡調査では、たいていの消費者が自分の行動を説明できないことが明らかになった。

- ブラインド・テストでは、消費者の大多数が、商品Aを商品Bよりも好むと答えるが、消費者がブランド名を知り、パッケージを目にすると、商品Bを強く好むようになる。

- 店頭で売られている医薬品のストア・ブランドとナショナル・ブランドの両方を使用している消費者は、価格を除けばこの2つのブランドが全く同一であると知っていると言う。しかし、症状がひどい場合には、大多数の消費者は、より高価格のブランド品を使用する。さらに、子供か配偶者のための薬を購入する場合は、ほぼ常にナショナル・ブランドを選択する。購入者は無意識のうちに、ナショナル・ブランドの方がよく効くので、自分の愛する人にとってより望ましいと信じている。

- 1000分の1秒しか現れず、意識しては受け取ることができない刺激でも、人

間の将来の行動に影響を及ぼすことができる。たとえば、ヨーロッパの製造業者はある乗り物の速度と進行経路上の障害物との距離を測定するセンサー・システムを検査していた。そのシステムは、乗り物の速度と障害物の距離の組み合わせが一定値に達した瞬間に、乗り物のフロントガラス上に「ブレーキ！」という警告メッセージを表示した。試験運転では、警告が出現する時間（1秒、2〜3秒など）を実験的に変えてみた。興味深いことに、最も速い反応時間は、それに反応したと気づかないくらい速い、識閾以下でメッセージが閃く時であった[22]。

● 消費者は、広告主の誠意を判断する時、無意識のうちに多くの手がかりを選択する。そのうえ、クリエイティブ・スタッフと消費者はどちらもこうした消費者の選択に気づかないままである。たとえば、市場の心についてのある調査において、マヤ・ボルドーは、広告主の誠意を判断する際に、消費者とクリエイティブ・スタッフの両方が無意識のうちに幼生成熟、つまり人と動物の赤ちゃんに対して人が感じる魅力に基づく判断基準を用いていることを発見した。幼生成熟の特徴としては、幼児期や無邪気さ、そして純真さといったことを彷彿させる大きくて丸い目と大きな額などがある。人々は、赤ちゃんは無垢で正直だと思っているので、童顔のスポークスパーソンからのメッセージをより誠実だと感じるのである。しかし、この研究においては、消費者もクリエイティブ・スタッフも、幼生成熟の効果について意識的に気づかなかった。

これらの例は、決まり文句を使って言うなら、無意識のまさしく氷山の一角である。しかし、これらの例は我々に重要な問題を突きつける。マネジャーは、消費者は計算された合理性に従っているという前提を立て、消費者に対するアプローチを考えている[23]。とはいえ、価格や、製品の有効性、消費者が確信して語る購買意図でさえ、消費者が実際にどういう行動をとるかを確実には予測できない。マネジャーは、計算された合理性だけを消費者行動の前提とするのではなく、同じように効果的であるが通常は目に見えない知見も考慮に入れる必要がある。

5 無意識の意思決定から意識的な行動へ

　選択をつかさどる脳の部位は、我々が選択をしたと意識する時点よりもずっと前の段階で活性化されている。すなわち、意思決定は、意識して「なされる」前に、無意識のうちに「起こっている」のである。実際、無意識の判断は、意識的な判断に先立って起こるだけではなく、誘導もする。アイオワ大学の神経科学者であるアントン・ベカラらは、実験研究を通じてこの考えを検証した。被験者として、健常者と、意思決定をつかさどる前部前頭葉に障害を持つ患者が参加した[24]。両方のグループに、有利な2セットのカードと不利な2セットのカード、計4セットのカードを使用して、あるタスクを実行するように依頼した。有利なセットでプレーした場合は全体として勝つように、不利なセットでは全般的に負けるように設定されていた。研究者らは、各グループがそれぞれのセットから引き出したカードの数を記録し、参加者の皮膚体温の変化、ゲームの進行に関する認識、および態度をモニターした。

　この研究は興味深い結果をもたらした。たとえば、4セットすべてを経験したが、まだどの2セットが不利なカードであるかを知る前の時点では、脳に障害のない参加者が不利なセットからカードを引こうかどうか考える時に高い皮膚伝導反応が示された。彼らは、カードを引こうとしているセットが不利なセットであることを意識的には知らなかった。しかし、彼らが不利なセットからカードを取る前に示した高い皮膚伝導反応は、ゲームに対する彼らの無意識的な反応を示していた。前頭葉に障害を持つ患者は、どれが有利なセットでどれが不利なセットかを特定した後でさえ、彼らの皮膚反応には全く違いがなかった。実際、ゲームを続ける中で、彼らはこの事実を無視した。一方で健常者は、ある時点で不利なセットからカードを選ぶことが悪い戦略であると気づいた。彼らは、意識を持って確証することを待たずに、こうした結論に到達した。健常者は、彼らがそれを知覚したか否かに関わりなく、過去の経験から無意識に学んだものを、将来の決定のために利用したのである。

　我々はしばしば、意識的な意思決定に基づいて行動しているように思うが、実

際には行動の方が意識よりもずっと早い段階で行われている。たとえば、以前に毒ヘビが目撃された場所をあなたが歩いていると想像してみよう。突然、あなたは藪の下にぐるぐる巻の物体を見つける。この光景は、扁桃体（特定の感情に関わる脳の皮質下の部位）において無意識な反応をすぐに引き起こす。扁桃体の反応は、瞬間的な防衛行動の引き金となる。すなわち、あなたは立ちすくんだり、または1歩下がるという行動をとる。この急激で複雑な動きは、脳のいくつかの部位や他の運動システムを同時に起動させるが、そうした行動をとったことを我々が認識するのは、それが起こった**後**である[25]。

　人間は海馬と呼ばれる脳の一部にイメージを格納している。ヘビに関連するイメージは、ヘビや園芸用ホース、またはヘビによく似た木の根に過去に接触した際の鮮明な記憶などである。もしあなたがその物体を園芸ホースよりもヘビに似ていると思えば、危険なヘビに対処するための本能的な反応をする。もしその物体が園芸用ホースであると気づいたら、どう反応するかを意識的に判断する前に、あなたの意識は無意識のうちに展開し、様々なイメージを取り出し、比較し、評価する。もしその物体が木の根に似ていたら、あなたは再び歩き始めるだろう。心拍数が少し上がるかもしれないし、筋肉が緊張するかもしれないし、赤面さえするかもしれない。これらの反応はいずれも、意識的な思考を必要としないだろう。もしそうであったなら、人類はドードー鳥と同じように絶滅の運命をたどっただろう。そもそも、ことによると危険を及ぼすかもしれないヘビに遭遇した時、どう反応すべきか考えている時間などないのである。しばしば、無意識の思考プロセスは、意識的な思考プロセスよりも我々をよく守ってくれる。我々が意識して到達する結論（「あのヘビは危険である」）は、すでに我々の無意識の中で起こっているのである。我々のそうした**認識**は、それまでしていたこと（森の中を散歩する）をし続けても、大丈夫である（もしくは、大丈夫でない）という内なる声という形式で現れる。**その内なる声が、我々が意識的に意思決定を行ったのだという幻想をつくり出すのである。**

6 「心脳」という概念：
心とは脳が活動することである

　第2章で見たように、脳は並はずれた器官であるが、依然として謎に満ちた器官である。小さいが重要な部位である大脳皮質について再考してみよう。大脳皮質は、思考、発話、および複雑な動作などをつかさどり、およそ300億のニューロン――思考を構成するブロックのような役目のもの――を持つ。そして、それぞれのニューロンは、お互いに特定の相手と「話す」ことを好む。したがって、これらは会話グループやチャットルームのようなクラスターを形成する。これらのクラスターは、特定の思考やアイデアであるところのコンストラクトを構成する。さらに、これらのクラスターは、お互いに交信し合ったり、おしゃべりをするのが好きである。こうした「会話」には、コンストラクト間を結ぶ論理プロセスが含まれる。これが、同一のアイデアが、異なる人々の間では異なる思考を誘発し、また同一人物でも状況が違えば様々な考えを誘発する理由の1つである。

　脳の大部分は脳自身とコミュニケーションをとっていることが多いが、我々がこうしたコミュニケーションを意識できるのは、ごくまれである[26]。言い換えれば、ニューロン同士、ニューロン群同士の会話は通常静かに進行する。それらは、我々が「見たり」「聞いたり」することのない、沈黙の言語によってなされている。それでは、ニューロン群は何について話しているのだろうか。行動、感情、および思考について話しているのだ。時折、これらの会話の結果が意識まで上がってくることもあり、我々はそれに気づく。またある時は、会話が起こっている「感じ」はしても、我々にはその詳細を理解することはできない。たいていの場合、こうしたことが進行していることを全く知らずにいる。脳の活動は、それを知覚するか否かに関係なく、我々の心を生み出す。心は、思考するための道具から構成される[27]。認知神経学者は、「心とは脳が活動することである」と述べ、この概念を表すために、「心脳」という専門用語を使っている。

7 無意識の心の背後にあるプロセス

　意識とは、認識していることを認識することであり、複雑な社会において我々が健全に機能するための前提条件である[28]。それは、我々の選択能力に影響を与え、マーケターが消費者の行動を理解する能力に影響を与える。マーケターは、従来の調査方法を利用することで、消費者の意識的な思考に関する情報を比較的容易に獲得することができる。たとえば、アンケート調査上に簡単な選択肢を設定することで、消費者がどのパッケージデザインを好むかに関する有益な情報を得ることができる。

　しかし、意識的な思考に基づく調査法からは、深い知見が得られないことがしばしばある。これは、意識的な思考が、人間の認知のたった約5％にすぎないことを思い出せば、驚くべきことではない。ジョージ・ローウェンスタインが言うように、**意識的な心は、無意識的なプロセスが生み出す行動を説明するものだ**。そして、複数の学問領域の専門家たちが指摘するように、この点はまだ十分に広く理解されていない。たとえば、あるグラフィック・ソフトウェア企業の製品開発チームは、顧客の苦情をより理解するために、新しいソフトウェアに不満を持つユーザー10人からなるフォーカス・グループ・インタビューを行った。このチームは、参加者たちが、取扱説明書のわかりにくさやアイコンの紛らわしさへの不満を語るだろうと予想した。そこで、彼らは司会者にこれらの問題に焦点をあてるように依頼した。その結果、フォーカス・グループでは、取扱説明書とアイコンがトラブルの主な原因であると議論された。この企業はこうした点を改善したが、苦情はわずかに減少するだけにとどまった。後に、この商品と関連商品の広告を作成するにあたり、1対1のデプス・インタビュー調査を行った際に、消費者の不満には重大な別の原因があることが明らかになった。意識的な思考に基づく意見交換に焦点をあてたグループ・インタビューは、より重大なこの問題を表面化させることに失敗したのだ。

　無意識のプロセスは非常に役立つ。実際、ヘビに似た物体に関する先述の例が示すように、人が時々直観や勘だというものは、実は我々の無意識の心に蓄積さ

れた、知恵の凝縮の表れなのである。市場においては、あらゆる関連要素を意識的に処理しなければならない場合に比べて、無意識のプロセスによってより効果的・効率的に購買決定を行うことができる。さらに、多くの無意識的プロセス——たとえば、言語や非言語を獲得し使用する能力——は我々が生まれ持ったものである[29]。

　我々は、様々な経験を通じて、無意識の心を構成する多くの要素を習得する[30]。実際、無意識の心の学習スピードは速い。我々は、よい経験や悪い経験を暗黙的な経験則へと昇華させることによって、新しい状況に直面した時に役立てる。そして、意識的に考えることなく、新しい状況に適応し、新しい社会規範を獲得する。また、無意識の心は、能力や他の形の知識——意識して学ぶが、繰り返し使用することで無意識になる——を格納する収蔵庫ともなる。こうした無意識の能力には、歩いたり、靴紐を結んだり、外国語で夢を見たりすることから、消費者が契約書にサインする準備ができたと販売員が察知すること、など様々な種類がある。

　無意識の心において、先天的に生まれ持った要素と後天的に習得した要素とは相互に作用することによって、我々の行動を強力に推進する。たとえば、潜在的な危険に対する反応などは、あまりにも早く起こるので、我々はそれが起こった後にのみ、そうした反応について気づくことになる。または、ある考えごとをしていていったんそれに終止符を打ったつもりでいても、気づくとそのことを考え続けている。さらに、数時間前には「舌の先まで出かかっていて」思い出せなかった名前が、突如として思い出される。我々は、その名前を思い出すために意識的な努力を一切しないために、思い出した瞬間には我々自身驚いてしまう。

8　顧客とマーケターの無意識下での相互作用

　消費者とマネジャーの思考プロセスの相互作用を表した図2−1をもう一度ご覧いただきたい。マネジャーが消費者について考える時、彼らは意識的にも無意識的にも消費者のことを考えている。重要な思考は意識・無意識の双方に存在して

いるからだ。消費者が企業から提供されるものについて考える時も同様である。マネジャーの意識的・無意識的な思考は互いに交わり、消費者の意識的・無意識的な思考と交わり合う。このようにマネジャーの思考は消費者の思考の中に存在し、そのまた逆も成り立つのである。

　次に紹介する2つの例を通じて、マーケターと消費者の間の相互作用を見てみよう。1つ目の例は、無意識のコミュニケーションに関する調査である。この調査では、歯科患者が、痛みを伴う典型的な治療を受けた後に、偽物の鎮痛剤（プラシーボ）を受け取った。歯科医自身がその鎮痛剤を本物だと信じていた場合だけ、それを服用した患者の痛みは緩和した。歯科医が無意識のうちにとっている振る舞いによって、患者は偽薬の効力を信じていたのである。その半面、歯科医が偽薬であることを知っていて、知らないように振る舞った場合は、患者の痛みは緩和しなかった（なお、実験に参加したすべての患者は同一の治療を受けた）。偽薬のことを知っている歯科医がとる無意識の振る舞いのうちの何かが、患者にその薬が偽物であると思わせたのである。患者は意識的には本物の鎮痛剤をもらったと信じながらも、無意識的には非言語的なシグナルを受け取っている。歯科医は無意識的にこうしたシグナルを送っていたのである。

　2つ目の例はある業界団体の支援で行われた実験調査である。この調査では、営業担当者がある製品に対して持つ自信（その性能に対する自信）が彼らの業績拡大につながることがわかった。このこと自体は驚くことではないが、ここでさらに興味深いのは、実際にその製品が最高の品質ではなくとも、営業担当者の自信が非言語的なさりげない方法で、その真実性を伝え、説得力を大いに高めることにつながったという結果である。それが不自然な方法である場合は、説得力の向上につながらなかった。本物の鎮痛剤を使用していると信じ込んでいた歯科医と同様、自分の製品の品質に心から自信を持っている営業担当者は、顧客を自分に有利な方向に引き寄せることができる。営業担当者が無意識のうちに表現した信念は、顧客に意識的・無意識的に受け止められ、購買につながったのである。

9 プラシーボ効果

　マーケティングの多くはプラシーボ効果に関するものである。プラシーボという用語はラテン語で「（私は人を）喜ばせる」という意味であるが、通常の用法では、この言葉は、いんちき・ごまかし・不誠実・でっちあげ、といったネガティブな使われ方をしている。これは残念なことである。というのも、プラシーボ効果は、実際の神経のメカニズムを通じて起こるものであるという意味で、まさしく本物であるからだ。製品やサービスの機能的な品質は、顧客に満足感を与えるためには必要なものであるが、企業の製品やサービスに対する消費者の経験全体に占める重要部分は、消費者がこれらの製品に何を信じ、期待するかということから生まれるのだ。製品の品質が下がると、消費者がその製品に心理的に付加した付加価値も下がる。

　プラシーボ効果はどのように働くのだろうか。我々の信念や期待、そしておそらくは過去の似た経験が、我々の体に生理的な変化をもたらすと考えられるが、それは化学物質によって起こる生理的な変化と、効果や程度の面で同等である。たとえば、脳内で自然に分泌されるエンドルフィンと呼ばれる鎮痛物質は、分子構造上はアヘンからつくられた麻酔と似ていて、モルヒネのような効果をもたらす。偽薬の鎮痛剤が手術後に投与された場合、多くの患者は痛みが緩和したと感じる。これは、偽薬を本物だと信じることによって、脳内の鎮痛成分が自然に分泌されるからである。

　この実験結果や他の研究結果が示すように、多くの人にとっては有益な効果があるとする信念や期待は、実際の薬効成分と同様の生理的作用を引き起こし、同じような効果をもたらすのである。実際、薬物治療の効果に関する多くの研究では、偽薬投与を受けた患者の35%から50%が、本物の薬で治療を受けた場合と同じような回復を見せている。これは患者の自己報告に基づいたものではなく、生理学的な状態を観察した結果である。たとえば、抗うつ剤に関する最近のある研究では、偽薬治療により回復した患者と実際の抗うつ剤治療により回復した患者を比べると（それぞれ38%と52%になる）、脳の同一部位に変化が見られた[31]。偽薬

にも抗うつ剤にもどちらにも反応をしなかった人たちは、この脳の部位における変化は見られなかった。プラシーボ効果は神経科学的に十分真実であり、当たり前のものであり、ネズミのような、「意識のトリック」や高位意識の対象とならないような動物にさえ起こる。これらの研究から、プラシーボ効果はただ単に意識的な期待や信念から作用するのではなく、条件づけなどを通じても作用することがわかる。

　プラシーボ効果が正規の薬物治療と同様の有益な効果を十分にもたらすことは、一般に多くの研究者によって認められている。この効果は加算的なものであり、薬効成分が提供する効果を補完している。たとえば、薬局で売っているような胃腸薬の場合、服用後少なくとも30分間は効果を表さない。しかし、この薬を頻繁に使用している人の多くは服用後12分もすると痛みが緩和すると報告している。この痛みの緩和は現実のものであり、体内での化学的な変化を伴っている。実際の患部治療はその後に起こり、患者の痛みは引き続き緩和される。まず、すぐに痛みが緩和することへの期待が強まり、それゆえ痛みが緩和されるのである。この現象は、服用者の期待、条件づけ、本来の治療効果が連動して起こることを示している。この連動効果は医療分野およびそれ以外の分野においても重大な意味を持っている。しかし、偽薬だけを使用した場合、その効果は次第に減退することがある。正規の治療と連動して行うことによって、偽薬の効果は持続する。

　以上見てきたように、我々の信念がプラシーボ効果を引き起こす。ある実験では、被験者に対して、これから飲むものはもしかすると吐き気をもよおすかもしれません、と説明がされた。すると、その液体を飲んだ被験者の約80％近くが実際に嘔吐してしまった。しかし、嘔吐を止める薬として偽薬が渡されると、彼らの体調はすぐに回復した。お察しの通り、最初に飲んだ液体と、偽薬とは、色こそ異なるが全く同じ物質であった。

　V. S. ラマチャンドランによる実験は、心の力が神経の仕組みに影響を与えることを証明している[32]。これは、「幻想痛」として知られる不思議な現象を研究対象とした実験で、厳密に言えばプラシーボ効果の領域のものではない。幻想痛とは、手足を失った人に共通して現れる現象で、失われたはずの手足が痛むのである。この痛みはとても耐えがたく、様々な形態で起こり得る。たとえば、ある患者の場合、失った手が自分の意志に反してこぶしの形に握り締められていき、指

が手のひらにめり込んでいく、という鮮明なまでの苦痛として現れる。特別な仕組みの鏡を用いた実験では、被験者は損傷のない方の腕を透明の箱に入れ、その腕の動きを、失っている方の腕に反射させた。これによって、失っている腕がもう一方の腕の動きを真似しているように見せかけたのである。

　ロバートは箱の中を覗き見て、健常な方の腕を鏡に映し、失った腕に重ねるように置いて、こぶしをつくり、開こうとした。これを初めて試した時、ロバートはただ視覚的感覚によって、健常な腕と同様、幻影のこぶしが開いているのを感じることができると言った。さらによいことには、痛みも消えた。その幻影は痛みがまた自然発生するまでの数時間、こぶしを開いた状態で残っていた。もし鏡がなければ、彼の幻の腕は40分かそれ以上痛みを伴って痙攣しただろう。ロバートは箱を持ち帰り、同じことを何度も試みた。彼がこの箱を使うまでは、何をしてみてもこぶしを広げることはできなかった。この鏡を使うと、即座にこぶしを広げることができた。我々は何十人もの患者にこの治療を試し、彼らのうちの半分には効果があった[33]。

　ラマチャンドランは、同じ治療を受けた別の患者のことに触れて、こう述べている。「考えてみればみるほど、これは驚くべきことである。ここに手も爪もない人々がいる。彼らはどのようにして存在しない爪を存在しない手のひらにめり込ませて痛みを感じるのだろうか。なぜ鏡は幻想の痙攣を解決できるのだろうか」[34]。著書『脳のなかの幽霊』（角川書店）の中で、ラマチャンドランはこうした疑問に対して神経学的・社会学的な解答を試みている。彼は次のように説明している。

　健常者と脳障害者に対する多くの研究から私が学んだことはすべて、ある重要な問題を突きつける。それは、我々が断片的な情報から自分なりの「現実」をつくり上げていること、自分が「見る」ものがこの世に存在するものの確実な（しかし必ずしも正確ではない）表象であるということ、そして、自分の脳内で起きていることの圧倒的な大部分については全く意識していないということだ[35]。

　プラシーボ効果に関するこうした議論は、消費者の無意識が、商品の機能的便

益以上のとても強力で有益な経験をつくり出す力を有していることを示唆している。たとえば、自分の好みのブランドであると知りながら商品を消費する場合と、ブラインド・テストなどでそうとは知らずに消費する場合に、そこから得られる経験の違いを考えてみればわかるだろう。特にコモディティ商品のようなものに対してブランドやサービス提供者にロイヤルティを抱くことの背景には、このような心の特別な働きがあることがおわかりいただけるだろう。マネジャーの心は最終的に製品やサービスの機能的な便益を生み出す一方で、消費者の心は消費経験に対して重要な価値を付け加える。消費者が追加するこのような付加価値を、取るに足らないものだとするのではなく、これらを理解し、奨励する必要がある。マネジャーによるこうした努力は、消費者がブランドの意味づけをする際の物語づくりのプロセスに関わることにつながるが、詳細については第7章で議論する。

10　無意識の心脳を支えるメカニズム

　消費者の無意識の心の働きの背景にはいくつかのメカニズムが存在する。以下、このことについて詳しく見ていこう。

◉────── プライミング

　あなたがだれかと会話をしていて、その相手が会話の中で「医者」という言葉をさりげなく口にしたとしよう。そしてあなたは、他の文字の間に「n」「u」「r」「s」「e」の文字がばらばらに入ったアルファベットの配列を見せられたとする。会話の相手はあなたに、見たところ無作為に並べられた文字配列の中から何らかの単語を捜すように言う。研究結果によると、このような状況であなたは「看護婦」（nurse）という単語を容易に見つけるだろう。その前の会話に出てきた「医者」（doctor）という単語がこうした思考の呼び水（プライミング）となったのだ。つまり、あなたの関心を、無意識のうちに「看護婦」という単語（たとえば「呪い」（curse）といった音声学上似ている言葉ではなく）に集中させたのである。プラ

イミングは我々の思考に大きな影響を与えるが、我々は通常そのことについて気づいていない。プライミングがある場合には、何のプライミングもない場合と比べると、「医者」という言葉のおかげで「看護婦」という言葉を早く見つけられることに気づかないだろう。

同様に、小売業においては店内に流れる音楽によって、消費者が店内に滞在する時間が増減し、売上業績に影響を及ぼす。ヨーロッパの大手小売業者の協力で行われた実験では、全く音楽がかかっていない場合、買い物時間を短くするような音楽がかかっている場合、買い物時間を長くするような音楽がかかっている場合、という3つの状況下で消費者の店内滞在時間に違いがあるかどうかが調査された。その結果、**自己申告**による顧客の滞在時間は、3つの状況下で違いは見られなかった。しかし、**実際**の滞在時間は予想通り、各状況下で違っていた。ほとんどの参加者は音楽（BGM）が流れていることに気づいてはいたものの、具体的にどのような音楽であったかを説明できる者はいなかった。つまり、店にどのくらい滞在するかといった意思決定は無意識のうちに行われていたことになる。さらに、音楽が流れていたことを覚えていた人と覚えていなかった人を比べると、滞在時間に違いはなかった。つまり、音楽は消費者の意識に届いていなくとも、無意識のうちに彼らの行動に影響したのである。

情報は時として望まざる行動や思考をプライミングしてしまうことがある。たとえば、禁煙キャンペーンは、しばしば喫煙者の喫煙を促進するといった逆効果の結果につながってしまう。こうした裏目の結果が出ることは、いわゆる誘引効果（trigger cues）と呼ばれている。屋外広告では確かに喫煙による健康への害が訴えられたとしても、そこに映っている巨大なタバコの映像を見た喫煙者は無意識のうちに喫煙への渇望を覚えるかもしれない。また、ある麻薬撲滅キャンペーンの広告は、麻薬関連の不快なイメージを映像化し、不健全さと犠牲者を強調した。その広告を見たすべての人は、麻薬経験者であろうと、リハビリ中の中毒者であろうと、意識的にそして確実にその広告のメッセージを理解した。しかし、その映像はリハビリ中の者に対しては、再転落への渇望を高めたにすぎなかった。プライミングについてはこの章の後でまた触れることにする。

●————「そこにない」情報を追加する

　我々の感覚は、環境からの刺激に反応し、我々の周りの世界を理解するうえでの手助けとなる。たとえば、ハーバード大学の物理学者であるジョン・ダウリングによれば、視覚的認知は「再生的かつ創造的である。…我々は3次元の世界に住んでいるが、網膜は世界を2次元で映す。…視覚システムは、網膜へイメージを伝えるだけではなく、視覚的記憶や経験を統合して、世界を整合的に見るようにするのである」[36]。つまり、我々が暗黙のうちに持っている知識や法則を利用することによって3次元化するのである[37]。我々は、無意識のうちに、ある物事に関する判断をつくり出す際、別の刺激に基づいた判断を用いているのである。図3-1はこうした現象を表す一例である。

　この図を数秒見て、そこに何が描かれているか説明してくださいと言うと、小学校5年生から企業の重役まで世代に別にかかわらず、皆ほとんど同じような説明をする。怒った表情をした大きな怪物が、怯えた表情をした小さな怪物を追い回している図だと言うのである。この「物語」はいくつかの要素から構成されていることに注目してほしい。つまり、社会的関係（一方の怪物が他方の怪物を追い回している）、感情（怒りと恐怖）、意図（危害を加えようとすることと、安全を得ようとすること）、そして物理的特性（体の大小、動きの有無）、などである。

　すでにお気づきのことと思うが、これら2匹の怪物は全く同一である。それに気づかないと、我々は様々な視覚的手がかりを使ってこの絵にある物語を推察することになる。この場合、奥に向かって収束している線は廊下あるいはトンネルを示唆し、一方の怪物がもう一方の怪物よりも遠くにいるという目の錯覚（錯視）を引き起こす。日常経験する奥行感覚を通して、2つの物体の大きさが同じに見えて、そのうちの1つが遠くにあるように見える場合、遠くのものは実際には見える大きさよりずっと大きいはずであることを我々は知っている。怪物が廊下の奥にいるように見えると、その怪物が近くにいる怪物よりも大きいはずであると思える。もし収束する線が消えたなら、我々はその2匹の怪物の大きさが同一であると考えるだろう。2匹の怪物が同じ大きさならば、これを見た時に、一方が他方を追い回しているとか、脅しているといったことは推察しないだろう。すな

図3-1●2匹の怪物

From *Mind Sights* by Roger N. Shepard, ©1990 by W. H. Freeman.
Reprinted by Permission of Henry Holt and Company, LLC.

わち、その結果、物語の社会的要素は消え失せることとなる。
　さらに、図3-1 はほかにも興味深い示唆を与えてくれる。我々がその2匹の怪物が全く同じものだと知った後もなお、**依然として一方が他方よりも大きく見えるのである**。我々の無意識のプロセスは、意識的な知識に相反し、それを凌駕する経験を生成し続けるのである。さらに、図中の怪物が実は同じものだと知った後にも、最初に一方の怪物が大きいと判断した人は、「大きい」方の怪物の実際の大きさをきちんととらえるのにより時間がかかるのである。
　怒った表情の大きな怪物と怯えた表情の小さな怪物がいて、どちらかがもう一方を追いかけているというような考えは、無意識の心が、その状況に感情的な意

味を付与したり、登場人物間の関係を定義するような力を持っていることを示唆する。この現象は、後ほど第9章「記憶・メタファー・物語」で詳述するように、ほんの少しの手がかりで物語を創造する我々の先天的・自動的な能力のすごさを物語っている。

　これらはマーケターにとってどのような意味があるのだろうか。物理的・社会的・心理学的状況および消費者の感情の状態——これらはすべて研究者の言うコンテクストを織り成す——がイメージをはじめ音や匂い、その他の知覚情報に関する消費者の解釈に影響を与える[38]。廊下を示唆する線などの視覚的な手がかりによって、我々は実際の図上には存在していない情報（「ある動物が他の動物を追っている」「大きい方が怒っている」など）をつくり出す。我々の脳がどのように音を受け取り、処理するかによって、我々はその音が発生した方向や音源までの距離、音の原因となる事柄などを判断する。これらの判断が、たとえば恐怖を感じるべきか安息を感じるべきか、または怒るべきか楽しむべきか、といった他の判断につながる。しかし、我々はその結果として生成される判断を認識することはあっても、それらが創造される複雑なプロセスを認識することはない。薬の場合におけるプラシーボ効果のように、その対象が鎮痛剤であれ、有名なワイナリーで醸造されたワインであれ、我々の心は、実際にはそうした対象物それ自体がもたらすことがない特質を、非常に活発に創造したり、提供したりしている。

　このプロセスをもう少し詳しく見てみよう。図3−2を見てみると、ほとんどの人は図上に三角形を（ピザやテレビ・ゲームのパックマンのような図形とともに）**見つける**だろう。多くの人はさらに三角形の内側の部分が、外側の部分よりも明るい白色をしていると思うだろう。新しい脳造影技術を利用した研究によれば、我々の脳はまるでその三角形の3辺に相当する線が実際に存在しているかのように処理することがわかっている。

　同様に、消費者は自らが存在すると思い込んでいる製品やサービス経験は、たとえ実際にはそれが存在しないとしても、それらを存在しているものとして記憶する。存在しない情報が、存在するものとみなされるのである。したがって、消費者は自分の好きな飲料を口にしていると認識すると、彼らはその消費経験に対して、口当たりのよさやよい香り、リラックス感などの追加的な価値を付け加える。ブラインド・テストにおいては、ブランド名が参加者の思考に影響しないた

図3-2●パックマン以外に何が見える?

　め、こうした価値は付加されない。マーケターがブランド商品として市場導入する前の段階では、ブラインド・テストは製品開発に役立つ。しかし、こういった開発の初期段階においてマーケターは、パッケージのデザインやブランド名、ロゴといった外観的手がかりが消費経験にどのようなインパクトを与えるかについても調査すべきである。
　ブランドへの意味づけをすることはマーケティング研究者がこれまで考えていたよりもずっととらえどころがない。なぜなら消費者自身がブランドに対する思考や感情を生み出し、そうした思考や感情がブランドへの反応に影響を与えるからである。彼らは自分にとって足りない情報を自分で埋め合わせ、あたかも製品や宣伝資料の中に物理的に存在しているリアルなものとして受け止める。消費者は、図3-2に実際は存在しない線を見るのと同じように、親しみのあるブランドに自分なりの価値を付け加える。これらの価値は実際に経験されたものとして、そのまま脳にきちんと記憶される。消費者の心が（ブランド以上に）そうした情報を提供するがために、彼らにとってそれらはリアルなものとなる。ブランドに関する知識を取り除いてしまえば、それらの付加価値も消失してしまうだろう。

●————「そこにある」情報を捨象する

　我々の心は、情報を捨象してしまうこともある。目に見えるはずの情報が目に入らない。我々は実際よりも多くの情報を受け止めていると思い込みがちである。たとえば、ある調査では、参加者に画像の中心にある振り子が前後に激しく揺れ動く短編のビデオを見せた。最初のバージョンでは、スクリーンに不規則に泥しぶきが現れた。この場合、参加者は振り子の動きを認識しなかった。次のバージョンでは泥しぶきは除かれた。このバージョンを見て初めて、参加者は振り子の動きに気づき、それまで気づいていなかったことに驚いた。

　別の実験では、参加者に、数人のグループがバスケットボールをパスしているビデオを見てもらい、パスの回数を数えてもらった[39]。ビデオではグループの横をゴリラが通り過ぎるのだが、参加者たちはそれには気づかなかった。参加者にビデオを見せる際、パスの回数を数えるように言わなかった場合には、だれもがゴリラに気づいた。最初のバージョンでは、ゴリラは目立つ存在であるにもかかわらず、パスの回数を数えることに集中している人の意識から捨象される。

　我々が経験の詳細を捨象するのは、我々が意識して注意を払える情報の量には限界があるためである。ある課題をうまくこなしたいと思えば、その課題に直接関わりを持たない刺激にとらわれてはいられないのである。しかし、ゴリラが捨象された先ほどの実験において、参加者たちはゴリラの存在を完全に無視していたわけではない。この参加者たちがビデオを見た直後に、多数の動物が写っている写真を見たとすると、彼らの目はまず最初にゴリラに向くことになるだろう。

　情報を捨象するという傾向は、広告そのものは覚えているが、その広告が何という商品のものであったか覚えていないという現象をよく説明している。我々は、ブランドではなく、メッセージが持つその他の要素に注目する。また、ある船舶エンジン製造業者が製品や製造工程の質を紹介するために、複数の造船業者を自社工場に招待した。製造責任者は造船業者に注目してもらいたい点を「学習プログラム」としてまとめておいた。しかし、造船業者は訪問体験を評価する段階において、これらの学習プログラムの要点をほとんど思い出せなかった。調査によると、訪問者の注意はむしろ、従業員向けの表示や、安全対策用・モチベーショ

図3-3◉何が見える?

From *Mind Sights* by Roger N. Shepard, ©1990 by W. H. Freeman.
Reprinted by Permission of Henry Holt and Company, LLC.

ン向上用のポスターに向けられていたことがわかった。そこで、これらのポスターを取り除いたところ、その次の回以降は、学習プログラムの要点は訪問者の頭にきちんと入った。

　第1章でも紹介した図3-3は、情報の捨象現象を図で表している。この図を見る時、ほとんどの人が寝そべっているアヒルか、草をかじっているウサギのどちらかを見つける。双方をいっぺんに見るという人は非常に少ない。
　じっと一方を見てから、気づかなかったもう一方にようやく気づくことになる。この2つの視点は交互に入れ替わる。すなわち、まず片方の動物を見て、次にもう一方を見ることになる。そこに2つの動物が存在していることがわかっていても、ほとんどの人は2つを同時に見ることはない。1つの動物を見るということは無意識的にもう一方の存在を否定することを必要とする。すなわち、そこにあることはわかっていても見ることができないのだ。
　こういったある1つの認識がもう一方を抑圧する現象は、同じブランドでも状況によって異なって見える現象をうまく説明している。ある1つのコンテクストでブランドを見ると、ブランドに関する特定の解釈が表出し、別の解釈は隠れて

しまう。したがって、製品やサービスに対する消費者の認識には、二面性または矛盾が生じる。たとえば、あるコンテクストでは、〈コカ・コーラ〉を爽快さやリラックス感と表現する一方、別のコンテクストではアメリカのシンボル、または世界的なアイコンと説明する人もいるだろう。フェデラル・エクスプレスのパッケージを受け取った人は、実際の配達時間が同じであったとしても、受け取った際の彼ら自身の社会的、心理的な状況によって配達時間が早いか遅いかを判断する。たとえば、パッケージをまだかまだかと待っていたような状況だったとしたら、配達時間は遅いと感じるだろう。

意識と無意識が交差し、物事を交互に知覚する現象は、消費者の意識的な思考には二面性があることや、意識的な考えが無意識に向かう要因は何か、ということを考える必要性を企業に訴える。それができて初めて、企業は製品やサービスのデザイン、その包装パッケージ、広告の設計に有効な刺激を組み込み、消費者の二面性の中に静かに潜む要素を活発化することができる。

＊　＊　＊

　無意識の心は、マーケターが競争優位の獲得につながる足がかりを確立し得る未開拓のフロンティアである。このチャンスに満ち溢れた新天地を征服しない限り、消費者を理解したと主張することはできない。この未開拓分野に埋もれた宝物を掘り出すためには、意識・無意識思考がどのように相互作用し、影響し合っているかを、企業は把握しなければならない。同時に、マーケターは自分たちの無意識の心が、マーケティング・ミックスをはじめ重要な決定に、いかに影響しているかについても理解する必要がある。最後に、マネジャーと消費者双方の意識的・無意識的な思考が相互作用することによって市場の心が形成されるが、これを理解することは難しい作業であることを理解すべきである。心とは脳が行う行為であり、心が作動する仕組みや心が抱える矛盾に、マネジャーは十分な注意を払わなければならない。

第4章 メタファーを介して心脳に語りかける
ZMET調査

> 想像力こそが、心の核心である。メタファーは、その心を育てる糧である。
> メタファーは、合理的な思考を想像的に表現したものである。
>
> ──リチャード E. シトウィック

　マーケティング・マネジャーが利用可能な調査法は、インタビュー、アンケート、エスノグラフィー、プロジェクティブ手法、フォーカス・グループなど、多岐にわたる。各手法には、それぞれ異なる長所と短所がある。本章ではまず、こうした従来の調査法を簡単に紹介した後、消費者が無意識に持つ暗黙知を、意識的な知に転換するメタファーに焦点をあてた新しい調査法を紹介する。次章では、消費者の心に語りかける手法として、さらに2つの新たな調査法を紹介する。

1　従来のマーケティング・リサーチ手法

　いかなるマーケティング調査法も、現実との妥協を強いられるのが常である[1]。人間の思考や行動は、単一の調査法だけではとらえきれないほど複雑であるがゆえに、マーケティング調査担当者は複数の調査法を使おうとする。また、複数の調査法を利用してみて、同様の知見が繰り返し得られるようになると、その得られた知見がより確かなものであると考えるようになる。唯一、フォーカス・グル

ープ・インタビューのように科学的根拠が一切ない手法を除けば、通常よく利用されるマーケティング調査法は、状況に応じて使い分けるべき一長一短がある。

　マーケターは、既存のやり方を向上するだけでなく、新たな手法を試してみることによって、消費者の心の奥底に深く入り込んでいけるような調査法を開発し、利用していくべきである。定量的な手法であれ、定性的な手法であれ、従来の調査法が有効であるのは以下のような場合である。すなわち、マネジャーがブランドや製品カテゴリについてよく知っている場合、顧客あるいは競争業者をめぐる状況がさほど大きく変化しない場合、消費者が自分の考えをはっきりと説明できる場合、過去の経験について尋ねる際に消費者の記憶内容に問題がない場合、などである。たとえば、オピニオン・リーダーの消費者層を対象に、すでに名の知れたブランドについてどう思うか、という調査をする場合、特にマネジャー自身がそのブランドの購買意思決定要素について詳しく知っているならば、従来のアンケート調査法を使用すればいいだろう。また、オピニオン・リーダーたちが実際にどのような言葉を使ってそのブランドに関する考えを表現するか、といったことを調べたければ、フォーカス・グループ・インタビューを使用すればいいだろう。

　具体的なマーケティング戦術に関する問題を調査するには、従来からある調査法が有効である。たとえば、アンケート調査から得た統計分析結果やフォーカス・グループにおける回答者の発言内容などは、特定の製品のパッケージをどうするかといった具体的な問題に対しては有効かもしれない。また、POSデータを解析することにより、どの製品を組み合わせて販促すべきか、あるいはどの販促を中止すべきかを検討することができる。さらに、店舗内観察法を併用すれば、特定の陳列手法の効果を測定することもできるほか、出口調査を組み込んだ実験手法を用いれば、照明や音楽をはじめ、店舗内の環境要素が購買量に及ぼす影響を分析することもできる。また、製品の使用現場を観察することによって、既存の製品や新製品の試作品の使用状況を調べることもできる。

　こうした従来の調査法は、マーケティングの中でも次のような基本的な問題を解決するには役立つ。たとえば、マーケット・セグメント間で、購買頻度と店舗選択に違いがあるか、また、その違いには近年変化が見られるか。競合ブランド間のマーケットシェアはどのように変化してきたか。製品属性の組み合わせAと

Bを比べると、消費者はどちらを好むか。製品成分AとBの味を比べると、消費者はどちらを好むか。

しかし、従来の調査法は次のような、より重要な問題に対しては無力である。たとえば、ブランドについて考える際、消費者はどのような思考枠組を用いるか。消費者が製品属性の組み合わせAよりもBを好むのはなぜか。ある製品が消費者の日常生活においてどのような役割を果たしているか。ある製品を使用してある問題を解決しようとする際、消費者はその問題自体についてどのように思っているか。消費者が「健康が大事」「贅沢な感じ」「資産を管理する」「この企業を信頼している」と口にした場合、本当はどのような意味でそうした言葉を使っているのか。消費者がある製品を使用する際の体験内容を理解するとすれば、どのような軸で考えればいいか。消費者が製品を状況によって使い分けているとすれば、そのような行動に影響を及ぼしている目に見えないニーズは何か。

このような重要な問題に直面した場合、マーケターは、消費者が簡単に表現できる事柄だけを対象とする従来の調査法ではなく、消費者自身が気づいていない事柄をあぶり出してくるような新たな調査法を必要とする。技術の発展に伴い、消費者の目に見えないニーズを理解することは重要となり、こうした調査法の必要性は増大する一方である。言い換えれば、これまでにない新製品や新サービスに対する消費者の反応は、彼ら自身が簡単に口にする表層的な態度や意見によって説明できるものではなく、彼らが心の奥底に抱き、そう容易には言葉で表現することができない思考や感情の影響を受けているのである。製品やサービスが革新的であればあるほど、そうした新製品や新サービスを消費者が受け入れるかどうかの判断において、彼らの無意識の思考や感情の影響が大きくなる。

しかし、従来の調査法が持つ限界は、手法そのものというよりも、それを使用するマーケター自身にある。すなわち、ある調査法の利点、欠点の多くは、**手法それ自体よりも、その利用者**によってもたらされる。特に欠点に関しては、ある問題に対し、それに適した調査法を選択していないという、**目的と手段の不一致によるところが大きい**。マーケターがよく陥りがちな失敗は、ある調査法に内在する長所・短所を無視し、選択した調査法に向いていない事柄に対しても、調査結果を拡大解釈してしまうことである。

私自身、数理社会学を専攻した研究者として、統計分析を必要とするアンケー

ト調査や分析手法は好きである。数理分析の発展によって、顧客や消費者の無意識の心に関して、高度な検証や深い分析を行うことも可能となった[2]。しかし、こうした数理分析から得られる定量的な知見は、消費者が実際に何を考えているのかという定性的な知見と合わせて理解されるべきである。説得力のある定量的な分析は、消費者の思考や感情をより深く理解しようとする定性的な分析を土台として成立する。本章で紹介する複数の学問領域で発展した新たな知見や、定性的な調査法における発展がもたらした知見は、定量的な分析を行う人たちにこそ有益である。

また、観察を中心にした手法に関しても、研究室において行われる場合であれ、消費者の家庭において行われる場合、あるいは小売店舗や顧客の職場、製造工場で行われる場合であれ、それが特に熟練度の高い優れた研究者が行うものであれば、私は高く評価する。しかし同時に、観察手法は、消費者が無意識のうちに持つ思考や感情をすべて表出できるわけではない。無意識の思考は、あまりにも重要であるがゆえに、それを掘り起こすことを目的に開発された新たな調査法を使う必要がある[3]。

2 メタファーを介して、顧客の心に語りかける[4]

第3章で見たように、我々の行動を命令するのは無意識であり、それを実行するのが意識である。また、ジェラルド・エデルマンとジュリオ・トノーニ（*A Universe of Consciousness: How Matter Becomes Imagination*, Basic Books, 2000. の著者）の言葉を借りれば、「我々の精神活動のうち無意識の部分、たとえば、筋肉活動や認知活動、無意識下にある記憶や意図、期待などが、我々の意識上の経験を形成し、規定する重要な役割を果たす」のである[5]。

消費者の無意識がそれほどまでに強力であるにもかかわらず、とらえどころのないものであるならば、マネジャーやリサーチャーは無意識の奥底に潜む宝の山を探し出すことは諦めざるを得ないのだろうか。幸運にも、そうではない。様々な学術分野における研究の進展により、無意識の金脈を掘りあて、消費者が求め

る価値を創造するための手法が開発されている[6]。

　中でも特に興味深い手法は、消費者が用いるメタファーに焦点をあてたものである[7]。この手法では、ある製品やサービスについて消費者にメタファーを用いながら説明してもらうことによって、彼らの無意識の思考や感情を表出し、聞く側、答える側が共同で理解を深めていく。ZMET（Zaltman Metaphor-Elicitation Technique: ザルトマン・メタファー表出法）と呼ばれるこの手法に関する詳細は、本章末の付論で解説した。

　メタファーは、言葉それ自体が持つ以上の認知プロセスを表現する手段であるがゆえに、メタファーに焦点をあてることによって、言葉だけでは表現しきれない、あるいは全くとらえることができない、重要な思考を掘り起こすことができる[8]。こうした理由から、臨床心理学や精神医学の分野では、メタファーを利用して患者の無意識の思考や感情を意識レベルに表出する取り組みが進んでいる。

　メタファーは、消費者の注意を引きつけ、彼らの主観に働きかけ、状況理解を促し、購買決定や購買行動に影響を及ぼす[9]。したがって、消費者の思考や意思決定を理解し、それに働きかけ、さらには彼らが価値を認めるような製品やサービスを提供しようとするならば、彼らが用いるメタファーを理解することが必要となる。

　メタファーに関する多くの研究と同様、本書でも「メタファー」という用語を広く定義し、シミリー（直喩）、アナロジー（類比）、アレゴリー（寓喩）、プロバーブ（ことわざ）などのすべてを含むこととする。これらメタファーはいずれも、ある事象を他の事象になぞらえて表現する。メタファーというと、小説家や詩人などが愛や欲望、痛み、人生など抽象的な事柄を想像力豊かな比喩を用いて表現してきたことをイメージするかもしれない。しかし、メタファーを用いることは人間であればだれもが行っている基本的な表現活動である[10]。実際、メタファーは神経学的に言っても人間の基本的な思考活動である[11]。あるメタファーがどのような意味を有するかは、メタファーを使用する人が置かれた社会状況や文化環境によって異なる。

　近年、消費者を理解する手法としてメタファーを利用する企業は増えてきている[12]。ある企業では、消費者が口にするメタファーを利用して、全く新たな製品ラインの開発につなげている。たとえば、ホールマークに、「記憶」に関する消

費者のメタファーから得られる知見をもとに新規事業部門を創設した。また、あるヨーロッパの化粧品企業は、メタファー分析に基づき、新製品の開発に結びつけた。さらに、バンク・オブ・アメリカ、サムスン、P&G、シェフリン&サマーセット、デュポン、ディアジェオなどの企業も、新製品や新サービス開発に向けてメタファーを利用している。また、グラクソ・ウェルカム、イミュネックス、HP、マクニール・コンシューマ・ヘルスケア、メルセデス・ベンツ、ストーリー・ディベロップメント・スタジオなどの企業もメタファーを利用し、具体的なマーケティングの問題に取り組んでいる。たとえば、ある新しい自動車のデザインについて消費者はどう思うか、高コレステロール、リウマチ、ED（勃起不全）などの症状について消費者自身の実体験はどのようなものであるか、家庭内における医療問題にはどのようなものがあるか、映画やテレビ番組の内容に対して消費者はどのような反応を示すか、といった問題にもメタファー調査が応用されている。こうした企業は、消費者が用いるメタファーを深く分析し、その基本特性を理解することに努めており、ただ単に消費者の口をついて出てくる面白そうなメタファーだけを拾い集めているのではない。そして、メタファーが**どのように**機能するかをしっかりと理解したうえで、広告活動に活用したり、新製品や新サービスの内容に反映させたりしている。すでに、メタファーは広告の至る所に見つけることができる。たとえば、床洗浄剤に付された筋肉隆々の人物や、洗濯機に付された巨人のキャラクター、保険会社のジブラルタ・ロックなどはいずれも、安心感や頑丈性を表現するメタファーである。難しいのは、消費者がメタファーに関して暗黙のうちに抱く思考を形式的に表出化し、消費者の思考におけるメタファーの効果をいかに引き出すことができるかである。

　また、メタファーを用いることによって、特定の思考や感情を効果的に表現できる半面、別の思考や感情を覆い隠すことにもなる[13]。たとえば、ライフタイム・テレビジョンが行った調査に、女性が普段の1日の生活をどのように感じているかを調べたものがある。その調査では、回答者の1人が荒涼とした土地に立つ1本の木の写真を持参した。インタビューの冒頭部分では、彼女はこの写真を用いて、彼女が感じる孤独感や、幼稚園児の子育てにおいて周囲の助けが得られないこと、子育てにおける苦労をわかってもらえないことなどを説明していた。つまり、その木は、その女性の孤独な努力を喩えるメタファーであった。しかし、

インタビューの後半部分で、同じ写真に関して異なる角度から質問を重ねてみると、その木はそれまでとは全く異なることを意味していることが判明した（第1章と第3章で見た、ウサギとアヒルの写真を思い出していただきたい）。この後半部分で明らかになったのは、荒野に立つ1本の木が、彼女が様々な困難に立ち向かう際に感じる達成感や勇気をも表しているということであった。同調査では、また別の女性も木の写真を持参し、孤独さと強靭さの二面性に関して語った。こうした結果をもとに、ライフタイム・テレビジョンは、強い女性である一方、孤独を感じている女性を主題にした番組を制作した。

消費者が口にするメタファーをうまく引き出し、解釈することができれば、彼らが表面的に考えている事柄だけでなく、心の奥底で考えている事柄も掘り起こすことができる[14]。モトローラのマネジャー、ウィニー・シェーファーは、ZMET調査を介して消費者のメタファーを利用することにより、ある製品のポジショニングに役立てることができたことに触れ、「尋ねることすら思いつかなかったような質問をすることができ、消費者からの反応を得ることができた。通常のアンケート調査から得ることなど想像もできないような知見を得ることができた」[15]と語った。デュポンのリサーチャー、グレンダ・グリーンは、ZMET調査を使い、メタファーに焦点をあてることで、従来、消費者からはネガティブな声しか聞けなかったパンティ・ストッキングについて、初めてポジティブな意見を引き出すことができた。このことを、次のように語っている。「従来の調査法からは得られなかったような、詳細かつ緻密で深い知見を得ることができた。…通常のインタビューでは聞き出すことができなかったような、セクシュアルな事柄についても詳細を聞くことができた。さらに、ストッキングに対して単純に愛憎あいまった態度ではなく、さらに複雑な好き嫌いが混在する感情を知ることができた」。その結果、同社および販売会社は、それまで強調してきた有能なキャリア・ウーマンのイメージに、セクシーさや女性の魅力を加えた広告を展開するに至った。ある販売会社は、好き嫌いが混在する感情を表すために、陰陽のシンボルを付したカードを製品に同封し、カードの裏側には、そうした感情に対する理解と女性としての気持ちに触れたメッセージを掲載した[16]。

消費者が口にするメタファーをマネジャーがしっかりと理解することができれば、ブランドに関するより効果的なコミュニケーションを展開することができ、

製品購買の確率を向上することにもつながる。たとえば、アメリカ中西部に本拠を置くある主要銀行のマネジャーは、中小企業の顧客が金融サービスを評価する際に、バイタリティ（体力）にちなんだメタファーを多用することに気づいた。そこで、この銀行は体力に関するメッセージを効果的に伝えるような顧客資料を準備した。また、ある主要な建築設計企業は、住居用および商用建築の顧客を対象にZMET調査を活用し、建築家と顧客の考えを調整することに利用した。

3 「身体化された認知」を探る

　メタファーの中には、身体の動きや、体で感じる感覚、五感による体験などに関するものが多い。こうした一連の「身体化された認知」がメタファーに多いことは特に驚くべきことではない。人類はその発展の初期段階において、我々の環境世界にあるものを理解するために様々なメタファーをつくり出した。我々が身近に体験する事柄の多くは身体と関係が深いのである。その結果、多くのメタファーは我々の感覚器官や運動器官に深く根ざし、外界と脳の働きをつなぐ役割を果たしている。日頃よく口にするメタファーをいくつか見てみよう。

- あなたの言っていることがようやく**耳に入った**（相手の意見を「理解する」ことを表現したメタファー）
- それを**目のあたり**にすることになろう（将来の予測を表現したメタファー）
- あの人物は**鼻持ちならない**（嫌悪感を表すメタファー）
- なんと心の**琴線に触れる**シーンだろう（ある状況の特別さを表すメタファー）
- 彼女は**頭痛の種**だ（腹立たしさを表すメタファー）
- あまり**駆け足**で事を進めるな（少しゆっくり進めることを強調したメタファー）
- 彼女は**行け行けドンドン**だ（モチベーションの高さを表現したメタファー）
- 彼は支払遅延に**陥り**つつある（怠惰であることを表現したメタファー）
- 今日は気分が**上向き**だ（ムードを表現するメタファー）
- 彼は**ふんぞり返っている**（威張った態度を表すメタファー）

- ちょっと**手を貸して**くれないか（手助けを求めるメタファー）
- 私の**目は釘づけ**になった（ある事柄に対する反応を表現したメタファー）
- 彼女はその問題に**首までどっぷり浸かっている**（問題が深刻であることを表現したメタファー）

　我々の抽象的な思考は、我々の感覚器官や運動器官に根ざしていることは、すでに多くの学問領域において明らかにされてきた。すなわち、我々の感覚や身体とは直接関係のない事柄であっても、それを表現するために感覚や身体をメタファーとして用いるのである。このようにメタファーを利用するのは、究極的には我々を取り巻く世界を理解し、その中で生きていくためであり、抽象的な思考や行動をそのようなメタファーを利用して表現しようとするのもその一環である[17]。神経科学者であるアントニオ・ダマシオは、こうした身体化された認知について次のように語っている。

　理性をもたらす神経組織の下位レベルは、情動や感情のプロセスと、有機体の生存に必要な身体機能とを調節している組織と同じものである。また、これら下位のレベルは事実上すべての身体器官と直接的、相互的関係を保っているから、身体は、推論、意思決定、社会的行動、創造性という最高の能力を生み出す作用の連鎖の中に直接置かれていることになる。情動、感情、生体調節は、そのどれもが、人間の理性において、ある役割を演じている。つまり、我々の有機体の下位の指令が、「高い理性」のループの中に存在するということである[18]。

　また、言語学者のジョージ・レイコフと哲学者のマーク・ジョンソンは次のように述べている。

　（生物学的な視点にたてば、）理性が感覚器官や運動器官に根ざし、さらに（理性が）そうした器官と似た構造をしていることは十分にもっともらしいと言える。…したがって、どのようなものであれ、ある事柄を論理立てて説明し、類推しようとする際の構造は、身体運動を制御する構造に準じているのである[19]。

身体的要素をメタファーに使うのは、世界中で見られる人類普遍の特徴である。具体的にどの感覚器官あるいは運動器官を強調するかに差こそあれ、身体的要素をメタファーに利用することは、いかなる文化や社会にも存在する。**コラム4-1**に、身体的要素をメタファーに利用した例、特に多少の差異はあるものの、あらゆる文化圏に見出すことが可能な例を掲載した。認知の身体化は、人間にとって最も根本的であり、無意識のものであるがゆえに、複雑かつ深層の意味を掘り出す役割の重要性を見逃しがちである[20]。

4　社会的通念の構築

　コラム4-1の例が示すように、いかなる文化においても、人々はその人生において同じような根本的な問題や出来事に直面し、基本的には同じような反応を示すものである。たとえば、どのような社会においても、正義や懲罰といった社会通念、経済活動や生産活動といったものに対する社会制度を発展させてきた。共同体や宗教、家族、スポーツ、仕事など、多くの社会的な通念や制度は互いに影響し合いながら発展し、我々の生理機能にも影響を及ぼしてきた[21]。こうした我々の基本的な生活に関わる表現は、その表現方法こそ多少異なることがあるものの、日々の生活の中でよく利用されてきたものである。たとえば、家族や共同体、宗教、スポーツに関する表現を例に挙げてみよう。

家族・共同体
- もうすぐ**家族**が1人増えます（妊娠していることを表すメタファー）
- 彼女は私にとって**姉**のようなものです（つながりの深さを表すメタファー）
- なぜか、我々は**縁**を感じない（深い関係の欠如を表すメタファー）
- 彼女は**蚊帳の外**だ（社会的な排除を表すメタファー）

Column 4-1 ● メタファーのカテゴリ

言語学者のアンドリュー・ゴートリーは、様々なメタファーを、文化を超えて共通したカテゴリに分類した[22]。以下に示すそのカテゴリを見てみると、身体に関わるものが多いほか、外界の自然世界が我々の身体世界に影響を与えることがおわかりいただけるだろう。また、各カテゴリについて、オルソン・ザルトマン・アソシエイツ（OZA）が行ったZMET調査から、具体的な文章例を紹介した。

● 人間に関するメタファー
　死ぬ、生き生きとした、生きる、働きすぎ、心に留める、解剖する、手足、内臓、体、背骨、頭、肩、心臓、傷、手——など。
　たとえば、ライフタイム・テレビジョンが行ったZMET調査では、参加者がぼろぼろになった天井の写真を持参し、次のように語った。「この天井は、私の心の状態を表しています。大きな傷を負っているのです」

● 植物・野菜に関するメタファー
　根を張る、根こそぎ、移植する、植えつける、花が咲く、つぼみ、不毛の、青々とした、枯れた、ひと皮むける、伸びる——など。
　たとえば、GMにおける社内向けZMET調査では、1人のマネジャーが自らの職務責任について、次のように述べた。「私の仕事において重要なことは、新しいアイデアを忍耐強く育て上げることだ。花が咲くのを待ってやることも大事だ」

● スポーツやゲームに関するメタファー
　打ち返す、ボールはそちらのコートにある、キックオフ、ボールを転がす、敵、ゴール、ストライク、ファール、勝つ——など。
　たとえば、あるサービス企業のCEOは、優れた人材を採用することの難しさについて触れ、彼女なりの哲学を次のように語った。「シングル・ヒットしか打てない人材を集めたいわけではない。グランド・スラムをやってのける人材、タッチダウンができる人材が必要なのです」

● 戦争・闘争に関するメタファー
　頭脳戦、交戦、休戦、攻撃、射撃、防戦、抵抗、爆撃、発射、舌戦、アイデアを撃ち落とす、零敗、弾薬、高射砲、両刃の剣、好戦的――など。
　前述のサービス企業のCEOは次のようにも述べた。「我々は自爆してしまったようなものです。いずれにせよ、我々は態勢を立て直し、有望そうな人材には積極的に攻撃を仕掛けるようにしたのです」

● 液体に関するメタファー
　噴き出す、漏れる、注ぐ、吐き出す、溢れる、枯渇する、渦中、奔流、潮流、流れに逆らう、主流、新潮流、堰き止める、排水、水をためる、熱湯――など。
　あるZMET調査に参加したCEOは、次のようなコメントをした。「斬新なアイデアというのは流れの速い潮流のようなもので、うまく利用すれば、より安全な場所に移動できる機会を与えてくれるはずです。だけど、人はその潮流を恐れ、避ける傾向があり、むしろ澱んだ溜池でゆっくりと泳ぐ方を好むものです」

● 歩行・走行に関するメタファー
　走り抜ける、何度も行ったり来たりする、立ち止まる、散歩する、さまよう、横道にそれる、曲がり道、よろめく、休憩する、つまずく、避難する、道を探し当てる、抜け道、迷路――など。
　P&Gの消臭剤〈ファブリーズ〉に関するZMET調査では、歩行や走行に関するメタファーが多く聞かれた。「うれしくて、小躍りしてしまうかもしれません」「これを使う前までは、私が近づくと、皆が後ずさりするような感じがしていました。おそらく、タバコのにおいのせいだと思います」

● 食物・飲物に関するメタファー
　思考のレシピ、しっかり調理できていない、生の、甘い、焼き直し、こぼす、飲み込む、咀嚼する、反芻する、消化する、吐き戻す――など。
　ストーリー・ディベロップメント・スタジオがある映画スクリプトについて行った調査では、多くの食物や飲物に関するメタファーが語られた。「この話は、ポリス・アカデミーの残り物を温め直したようなものですね」「これはまた、吐きそうなぐらい面白くないストーリーだ」

● お金に関するメタファー

　安っぽい、裕福な、返済——など。

　シティバンクが個人金融部門を対象に行ったZMET調査では、参加者は次のように語った。「そこは、まさにお金が湧き出すような場所のような印象です。そこが銀行だからというわけではなく、大理石の床といい、建物の中のにおいといい、まさに上流階級のにおいがしてくるのです」。また、フィナンシャル・プランナーに関するZMET調査では、お金が知恵のメタファーとして表現されることが多かった。「もしフィナンシャル・プランナーが頭がいいというのなら、どうして彼ら自身は金持ちではないのだろう」

● 衣服・服飾に関するメタファー

　生地、原材料、織り成す、値札、仕立てる、でっち上げる、装飾する、詰め物をする——など。

　たとえば、ライフタイム・テレビジョンのZMET調査では、多くの衣服に関するメタファーが使われた。「ジーンズを古いものから新しいものに履き替えるように、思い出をつくり替えるようなことはしない」「虫酸が走るような思いでした。早くその人の口にチャックができれば、と思いました」

● 動作・変形に関するメタファー

　落とす、離す、投げる、渡す、引き取る、交換する、置く、止める、捕まえる、集める、抽出する、見つける、保存する、持つ、ぶらさげる、ぐらつく、手強い、進む——など。

　P&Gが行ったスーパーでの買い物に関するZMET調査では、参加者は次のように語った。「スーパーでの買い物なんて、すべてを丸めて窓から放り投げてやりたいぐらい、面白くない」。また、ブティックでの買い物については、参加者は次のように述べた。「たとえ買うものがなくてもブティックに足を運ぶとわくわくする。気分が盛り上がる」

● 乗り物に関するメタファー

　発車する、地下にもぐる、キャプテン、衝突する、進行する、船出、魚雷、生命線、パイロット、難破する、停泊する——など。

　親子の関係に関するZMET調査では、参加者は次のように語った。「子供の学校用の買い物を1時間もすれば、もう難破寸前の船のような気分になります。気が狂いそうになるのです」「彼と一緒にいると、まるでジェットコースターに乗っているようなものです。いや、ジェットコースターの方が終わりが必ずあるという意味では、まだましかもしれません」

● 天候に関するメタファー

　空気、天気、晴天、暗闇、暗雲、暑い、寒い、雲、凍った、嵐——など。

　あるエレクトロニクス企業がR&D部門のモチベーションに関して行ったZMET調査では、次のような表現が聞かれた。「そのチームリーダーは、熱しやすく冷めやすい。彼がどう反応するかは全く予測がつかないのです」「チームメンバーは、普段は元気一杯なのに、ミーティングが始まった途端に、晴れ間にたちまち暗雲が立ち込めたかのような重い雰囲気になってしまう」「前にいた企業に比べれば、ここは本当に風通しのいい組織です」

● 視覚に関するメタファー

　見る、見過ごす、観察する、探す、透明な、かすんだ、ぼんやりした、見分けのつかない、光がさす、スクリーン、絵、スケッチ、光、明るい、見えない、焦点、近視眼——など。

　視覚は、理解する（「あなたの行っていることが見えてきた」）、優れた人物（「彼女は真のビジョナリーだ」）、態度（「ほら見たことか」）などを表現するメタファーとして利用される。人間の知覚の中でも、視覚ほど多岐にわたってメタファーとして利用されるものはないだろう。

　たとえば、広告の誠実さに関するZMET調査では、参加者は、広告主について次のように語った。「この広告には、正直さが見て取れる」「これなどは、まったくのまやかし（煙と鏡でまどわす奇術のよう）だ」「これは目くらましだ」

● 場所に関するメタファー

　区画、天体、スポット、近く、遠く、入る、去る、占める、いっぱい、からっぽ、退去する、所有する、吸い込まれる、釘づけ、追い出す、領土、境界線——など。

　宗教に関するZMET調査では、次のような表現が使われた。「私の内なる空白を見つける」「空白を埋める」「自分のルーツを捨て去る」「轍にはまってしまう」「宇宙と一体化する」「古いやり方から脱却する」また、ばい菌に関するZMET調査では、次のような表現が聞かれた。「ばい菌は至る所にいる。」「ばい菌は全く境界線というものがない」「すべて除菌してしまうというのは、病院のようになってしまう。人が住む場所ではなくなってしまう」

宗教
- 彼はお笑い界の**神様**だ（プロフェッショナルな地位を表すメタファー）
- あなたは**天使**のようだ（感謝の気持ちを表すメタファー）
- 彼女はまるで**悪魔**だ（性格の特徴を表すメタファー）
- 何かに**とり憑かれて**しまったようだ（コントロールできない様を表したメタファー）
- もう**説教**はやめてくれ（相手の行動を阻止することを表したメタファー）
- 家族は彼の**門出**を祝った（許可を表すメタファー）

スポーツ・遊び
- 彼女は**ホームラン級**のスピーチをした（成功を表すメタファー）
- 彼は従業員から**高得点**を勝ち取った（よい印象を表すメタファー）
- 彼は**空振り**してしまった（失敗を表すメタファー）

　このように、我々は、スポーツ、宗教、家族、法律などをはじめとする社会的な仕組みに関する数々の表現を使い、実際に喩えの元とは関係のない事柄を表現する。さらに、こうした表現の多くは、社会構造、感覚器官、運動器官に関するメタファーを含んでいる。たとえば、軍隊組織では、部隊の頭（Head of State）が命令し、兵隊の足並みは揃う（foot soldiers）、と表現することが多いだろう。また、多くの社会においては、高位（higher up）の方が、低位（lower down）よりも優れている、とされている。

5　ZMET調査の実践例

　ここまで、企業が消費者を深く理解するために、どのようにZMET調査を利用し、メタファーを調査してきたかを見てきた。一方、マネジャー自身が自らの思考をより深く理解するために、メタファーに着目することもある。以下に、その両方の実践例を紹介する。

彼らは私の皮を剝がそうとする

　この調査では、消費者がクレジット・カード会社について思うことや感じることを表す写真や絵を雑誌や新聞などから収集してもらった。インタビューは、回答者が持参した写真や絵をもとに進められた。

　ある回答者は肉切り包丁の写真を持参し、この企業とのやりとりで経験したことを「彼らは私の皮を剝がそうとする」と表現した。インタビューが進むにつれて、彼女のその写真に対するイメージが徐々に明らかになった。当初、彼女はその企業の押しの強さを表現しようとしていたが、インタビューの後半では、その包丁は、その企業から彼女自身を守る武器としての側面を表現することも明らかになった。インタビューの最終ステップで、他の写真と組み合わせてコラージュを作成した際、彼女はその包丁でクレジット・カードを切っているように配置した。そして、何人かの「犠牲者」であるところの消費者が、その包丁を持っていた。彼女によると、それはその企業との戦いに勝った「勝利者」を意味しているということであった。この調査に持参した写真や絵を利用することがなければ、このような心の奥底にある思考や感情は深層に潜んだままであっただろう。

ゴジラは消えてなくなれ

　メタファーは、マネジャーが自らの思考や行動を理解するのにも役立つ。たとえば、ある産業財メーカーが、社内におけるイノベーション体験について、社員を対象にZMET調査を行った（近年、組織内の問題についてZMET調査を行う企業が増えている。特に経営変革や、組織学習、従業員の多様性の問題などに用いる場合が多い）。

　以下は、同調査で行われたインタビューからの抜粋である。会話の中で登場するゴジラの写真は、このインタビューへの準備段階で同社におけるイノベーション体験を表現する写真として、回答者が事前に収集したものの中の1枚である。

　これはゴジラの写真です。ゴジラは、古くからのやり方を守ろうとする人たち

のことを表しています。それはたぶん、経営幹部層のようなものと言えるかもしれません。

——では、社内におけるイノベーションに関して言うと、このゴジラを見た時あなたはどういうことを感じますか？

ゴジラはどこかへ行ってしまうべきだと思います。人々は自分が守るべきものはもっと守り、障害に立ち向かうべきです。この写真は、発明と革新ということを表しています。ゴジラの足元には、「プリンストン」という字が書いてあります。これは、プリンストン大学のバスケットボール・チームに見られる、ゆっくりとした、定石通りのプレー・スタイルを表しています。彼らは、ほとんどの試合で勝っています。つまり、私はゴジラを必ずしも悪い意味にはとっているわけではありません。ただ、イノベーションのプロセスを遅くしてしまうという意味で、障害にはなっていると思います。

——あなた自身がイノベーションに取り組む姿勢という意味では、この写真は何を表しているでしょうか。

私はこのディフェンスのチームの1人です。チームには数多くのメンバーがいる半面、1人ひとりは個性を持っています。

——このゴジラが非常に大きく写っていることはあなたにとって何か意味がありますか。

そうですね。ゴジラは、非常に強くて手ごわい相手だと思います。「これまでのやり方こそがすべて」という従来の考え方を象徴しています。そのようなゴジラを打倒することは困難です。

この回答者にとって、ゴジラは同社の経営幹部層を表すメタファーであり、学習を阻害し、規律主義的で反応が遅く、最終的にはイノベーションに対する障害

となっていることを表している。また、このマネジャーは、各人の意見を尊重し、その表明を奨励するようなチームに属したいと考えている。より深層レベルでは、彼女は現状維持の力学が働いていること、組織におけるスピードが欠けていること、変化に対する抵抗に立ち向かう必要があること、そして、孤独感といったことを表現している。

　同調査では、他のインタビューに参加した多くのマネジャーも同じような気持ちを口にしていたことが明らかになった。彼らが口にしたメタファーから明らかになった調査結果は、経営幹部層を突き動かした。新たな計画や手法に着手するプロセスを簡素化し、マネジャーへの権限委譲を進めた。その後の調査によると、直近8ヵ月間に行われた新提案の数は、その前の2年半の間に行われた数を上回った。

●──────大きな木片を肩に担いだゴリラと交渉する

　顧客企業が産業財メーカーをどのように見ているか、というZMET調査を行った際には、回答者がゴリラの写真を持参した。このプロジェクトでは、まず、顧客企業の購買担当者が自社をどのように見ていると思うか、産業財メーカーのマネジャーに自分が想像するイメージを語ってもらった。次に、実際に顧客企業の購買担当者自身にその産業財メーカーのことをどのように思っているかを語ってもらい、この両者の視点を比較調査した。製品の品質に関する点など、調査結果は重複する点もあったが、他の領域においては両者の意見は大きく異なった。中でも、次に紹介する2人の回答者が持参したゴリラの写真は、他の多くの回答者の考えを代弁するものであった。そのうちの1人にとっては、ゴリラはその産業財メーカーが交渉の場で見せる頑固な姿勢を象徴しており、もう1人にとっては、購買担当者のニーズに対する理解が足りないことを表していた。対照的に、産業財メーカーのマネジャーが、顧客企業の購買担当者が自分たちをどのように見ているかを表すものとして持参した写真は、握手をしている人々の写真や、患者と話をする医者の写真、庭を手入れする人の写真、母子が一緒にケーキをつくっている写真など、ポジティブなものが多かった。こうした調査結果に基づき、自社のマネジャーと顧客企業の購買担当者のイメージのギャップを埋める努力に着手

したほか、ZMET調査から明らかになった重要な問題に焦点をあてたアンケート調査を行った。この産業財メーカーは、その後も定期的にZMET調査を行い、自社に対する顧客企業の購買担当者のイメージをモニターしている。

GMのバリュー・キュー・リサーチ

　GMは、同社の「バリュー・キュー・リサーチ」と呼ぶ取り組みの中でZMET調査を行い、製品、広告、ディーラー店舗のデザインなどに活用している。最近の調査では、消費者を対象に「楽観的であることはどういうことか」が調べられた。この調査では、回答者の1人が、シャンペン・グラスの写真を持参した。その回答者によれば、シャンペン・グラスは、そのシンプルでオープンなデザインが、1日が始まろうとする時に感じる思いなど多くのことを表している、ということであった。GMのデザイナーは、自動車デザインに楽観主義を反映させるにあたり、こうした知見を参考にした。同社のデザイン・チームのメンバーは次のように語る。「言葉だけを使った調査からはこうしたアイデアを得るのは無理だっただろう。ビジュアルという我々と同じ手段を用いて消費者に語ってもらうことが、彼らの心に直接訴えるようなデザインを目指すためには重要だ」

　GMが行った別のZMET調査では、消費者に「フレンドリーな時計とはどのような時計か」を尋ねた。回答者は、時刻のわかりやすい時計や、過酷な使用に耐える時計などの写真を持参した。こうした時計に共通する特徴としては、文字盤が大きいこと、数字が見やすいこと、ローテクであること、工業的な感じがしないこと、などがあった。また、楽しそうに見える時計を選んだ回答者も多かった。楽しそうな時計の特徴は、そういう色であったり、無邪気で、滑稽な形をしていることや、文字盤が丸いことのほか、思わずにっこりしてしまうようなデザイン、ほっとするようなデザイン、見ると一言何か言ってみたくなるようなデザインにあった。

　また、デザイン・チームは、デザインを少し変えるだけで、それを見た消費者の口から出てくるメタファーの種類が驚くほど大きく異なることも発見した。人間と同じで、時計でも、意地悪な表情とフレンドリーな表情の違いは紙一重であった。「だから、小さなデザインの変更が消費者のメタファーに大きな影響を与

えるのはなぜか、その理由を深く理解するために、バリュー・キュー・リサーチでは、フォーカス・グループではなく1対1のZMET調査を行うのだ」と、GMのブランド・キャラクター・テーマ研究所の心理学者でありマネジャーであるジェフリー・ハートレー博士は語る。

　GMの場合、時計という自動車以外の製品例について消費者に質問することによって、「フレンドリーである」とはどういうことかを広く理解することができるとともに、最終的には自動車にとっても潜在的に関係の深い意味を探ることができた。このように、オルソン・ザルトマン・アソシエイツ (OZA) が行うほとんどのZMET調査では、回答者に対し、調査対象となる製品やサービスが掲載された写真ではなく、製品やサービス、その使用体験に関して抱いた考えや思いを表す写真を持参するように依頼している。たとえば、「あなたにとってミッキーマウスとは何か」という調査を行った際には、回答者にはミッキーマウスやディズニー関連の写真を持参しないようにお願いした。こうしたやり方によって、回答者は調査課題についてより深く考えをめぐらすほか、より貴重なアイデアを提供してくれるようになる。

6　メンタル・モデルを表すメタファー

　メタファーは記憶中に単語として存在しているわけではなく、心象イメージの一部である抽象概念のネットワークとして存在する[23]。このうち、複数の人々の間に共通して存在するネットワークを、**コンセンサス・マップ**と呼ぶ。図4-1は、〈シボレー〉の最も成功した広告政策の1つである「ライク・ア・ロック」（岩のように）キャンペーンについて消費者の反応を調査したプロジェクトにおいて、複数の消費者に共通して見られた〈シボレー〉に関する抽象概念をコンセンサス・マップとしてまとめたものである。同社は、消費者を対象としたZMET調査に基づいてこの広告政策のデザインを試み、シボレー・トラックの熱狂的な所有者が〈シボレー〉に対して持っている思いがどのようにつながっているかを突きとめた。そして、その調査結果に基づいた広告展開をすることによって、よ

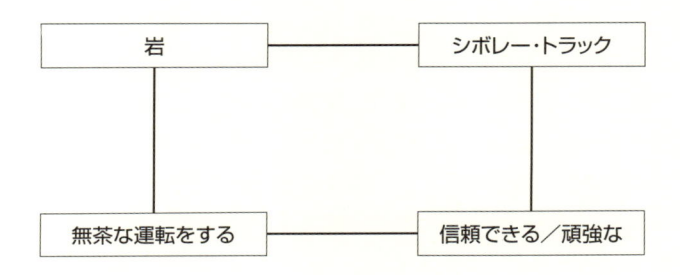

図4-1 ● シボレー・トラックのメタファー構造

```
┌──────────┐         ┌──────────────┐
│   岩     │─────────│ シボレー・トラック │
└──────────┘         └──────────────┘
     │                      │
     │                      │
┌──────────────┐     ┌──────────────┐
│ 無茶な運転をする │─────│ 信頼できる／頑強な │
└──────────────┘     └──────────────┘
```

り広いトラック購買者層においても同様のイメージを構築した（図4-1を参照）。「ライク・ア・ロック」という言葉は、消費者の心の中に次のような4つの概念間のつながりを想起させる。「岩」－「無茶な運転をする」、「シボレー」－「信頼できる」、「シボレー」－「岩」、「無茶な運転をする」－「信頼できる」というものである。消費者の頭の中では、シボレー・トラックと岩のイメージがつながっており、〈シボレー〉に対して、多少無茶な運転をしても大丈夫という、岩のような特徴が想起され、それが、信頼性や頑丈性といった概念につながっている。広告などのマーケティング活動によって、こうした概念間のつながりが消費者の心の中に形成される。また、こうした概念間のつながりは、シボレー・トラックのロゴにも体現されている。このように、マーケターと消費者はメタファーを介したコミュニケーションを通じて互いに影響し合うのである。

　企業がメタファーを介して消費者の思考をとらえ、影響を与えた例としては、ほかにフォルジャーズ・コーヒーのテレビ広告、「コーヒー・ダンサー」が挙げられる。このテレビ広告では若い女性が登場するのだが、朝早くに目覚め、1杯のコーヒーを楽しんでいると、だんだんと機敏になっていき、その後エネルギッ

シュなダンス・リハーサルに参加するシーンを映している。女性の動きを反映するかのように、背景に流れる音楽はゆっくりと始まり、次第にテンポが速くなる。この広告を対象にした調査からは、「フォルジャーズ・コーヒー」－「ダンス」、「ダンス」－「エネルギー」、「フォルジャーズ・コーヒー」－「機敏であること」、「エネルギー」－「機敏であること」などの概念間につながりがあることが明らかになった。さらに、この広告はエネルギーとダンスとのつながりを前面に打ち出すことによって、機敏さという概念を強調している。広告代理店のクリエイティブ・スタッフは、消費者がコーヒーを飲むことについて思うことや感じることを調べたZMET調査の分析結果をもとにこうした広告を制作した。

　明らかなことは、社会的な経験と身体的な経験が相互に影響し合いながら、我々の心の中にメタファーを生成する、ということである。図4-2 は、喫煙することおよび家庭における煙草の臭いを消すことについて消費者の思いを調べた結果をまとめたものであるが、社会的経験および身体的経験がどのようにメタファー生成に影響を及ぼすか、さらに、自らが抱える問題を消費者が表現しようとするか、マーケターがその問題を解決するための製品に関する情報をどのように提供すればよいか、に関する示唆を与えてくれる。

　このフレームワークは、消費者が自らの喫煙経験や、家庭において煙草の臭いを消す消臭製品を使ってみた使用経験について語った際に用いたメタファーを分析した結果に基づいている。この調査に参加した回答者の1人が語った言葉はこのことをよく表している。同調査に参加した他の回答者と同様、この回答者は煙草の臭いを単に匂いという知覚上の問題としてだけではなく、1人の人間、家庭の主婦として、あるいは母親としてのイメージの問題としてとらえていた。

　この回答者によれば、煙草の臭いは彼女の子供の衣服や、自宅の家具、自家用車の内部に付着する。「私の子供が友達の家に遊びに行く時など、私自身が見られているような気がする」と彼女は言う。つまり、煙草の臭いは彼女にとって、社会的な問題（他人に拒否されるかもしれない）につながっており、図4-2 の左上の第1セルにあたる。インタビューを進めると、彼女は「子供たちが私の家に遊びに来ていて、その親が子供を迎えに来た時には、（煙草の臭いに）我慢できずに私の家から出て行こうとしていることがわかる」とも言った。これも、社会的な問題（我慢できない）を表していると同時に、身体的な動き（迎えに来る、家か

図4-2● 社会的経験と身体的経験の相互作用

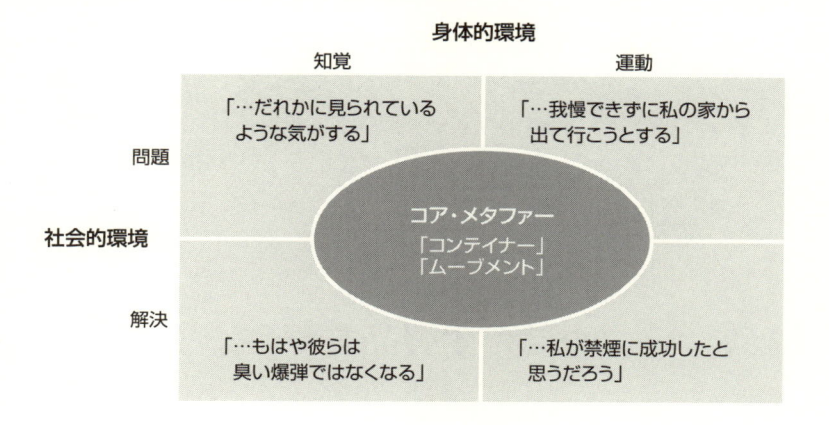

```
                        身体的環境
              知覚                    運動
       ┌──────────────────┬──────────────────┐
       │「…だれかに見られている │「…我慢できずに私の家から│
  問題 │   ような気がする」   │   出て行こうとする」   │
       │         ╭──────────────╮         │
社会的 │        │  コア・メタファー │        │
 環境  │        │  「コンテイナー」 │        │
       │        │  「ムーブメント」 │        │
       │         ╰──────────────╯         │
  解決 │「…もはや彼らは     │「…私が禁煙に成功したと│
       │   臭い爆弾ではなくなる」│   思うだろう」     │
       └──────────────────┴──────────────────┘
```

ら出て行こうとする）にもつながっている（右上の第2セル）。さらに、インタビューの中で彼女は、消臭製品の使用経験について言及した際に、「この製品があるおかげで、私の子供が友達の家に遊びに行っても、もはや彼らは『臭い爆弾』ではなくなります」と述べた（左下の第3セル）。そして、「これで、彼らは私が禁煙に成功したと思うだろう」という表現に見られるような、子供に煙草の臭いが付いていない状況は、右下の第4セルで示されている。さらに、この回答者は自動車の座席にもこの消臭剤を振りかけたと語り、これで友人を車に同乗させても、恥ずかしい思いをせずにすむと言った。また、「臭いを消し去ることができるおかげで、彼らは私がもう喫煙していないと思うだろう」という表現も第4セルの例である。

　この回答者の一連の表現は、「コンテイナー」（容器）というメタファーを直接的、間接的に表している。たとえば、この回答者が用いた「臭い爆弾」という表現や、彼女の説明に出てきた自宅、他人の家、自家用車、衣服、座席（煙草の臭いを吸ってしまうという意味で）は、いずれも何かを入れる容器と考えることができる。そこで、この調査では、4つのセルに分類された一連の表現に共通の、よ

り根本にある概念として「コンテイナー」という概念がコア・メタファーとして存在すると分析した。ほかにもコア・メタファーとしては、「ムーブメント」（動き）が挙げられる。たとえば、「歩く臭い爆弾」という表現や、「爆弾が破裂する」、「その中身が飛び散る」、「（彼女の子供が）友達の家に遊びに行く」、「親が子供を迎えに来て、早く帰りたくて我慢できずにいる」、「友人が車に同乗する」、「煙草を絶つ」、などの表現は、いずれも何かが動く、変化するという意味で「ムーブメント」というコア・メタファーを表している。

7 顧客ニーズを満たす製品をつくる

　メタファーは、消費者が抱くイメージの中心にあり、マーケターにとって重要である。特に、消費者の想像を超えるような非連続的なイノベーションに関連する潜在的なニーズを探る場合など、従来の言語ベースの調査法が効果的でない場合に、消費者が使うメタファーを理解することは有効である。前述のように、消費者のメタファーに関する情報を入手することで、コミュニケーション手段として利用することができる。さらに、潜在的なニーズを満たす新しくて効果的な手段として、新たな製品やサービスの提供にもつながる。消費者のメタファーと、それを利用したマーケティング・コミュニケーションがうまく作用することによって、企業が新たに提供しようとしている製品が自分たちのニーズをどのように満たしてくれるかを、イメージできるようになる。

　つまり、メタファーは、企業と消費者が互いを理解しながら、イメージを膨らませていくための重要な手段である。消費者の潜在的なニーズは、メタファーを介して具体的な製品アイデアの可能性としてマーケターに伝わり、マーケターはそうしたニーズを解釈し、具体的な新製品や、既存製品の拡張につなげる。同様に、消費者は企業が提供する製品をメタファーとして、つまり、自らが抱える問題に対する解決策として、受け止める。

　企業が広告メッセージの中でどのようなメタファーを使うかによって、消費者がそのメッセージをどのように解釈し、製品の価値を理解するかに影響を及ぼす。

したがって、企業はメタファーの選択に細心の注意を払わなければならない[24]。同様に、正しいメタファーを選べば、消費者は広告上には文字や映像として直接描かれていない情報についても理解することができる。たとえば、飲料製品の広告にコアラが描かれていたとしたら、多くの消費者はその飲料は温めて飲むものだと考える。一方、コアラではなく白熊が描かれている場合は、それは冷やして飲むものだと考える。ある調査では、清涼飲料の広告にコアラのキャラクターが使われた場合、消費者に混乱を与えることが明らかになった。

マネジャーにとって、製品の革新性を消費者のニーズにつなげることは難しい仕事である。マネジャーは、ある問題やニーズについて消費者が考える際に用いるメタファーを抽出し、そのメタファーを利用して新製品を開発、あるいは既存製品を改良し、新製品が消費者の問題にどう関係があるのかを表現しなければならない。特に、消費者自身が問題を自覚していない場合や、自覚していたとしても新しい技術がその問題にどう関係しているのかを理解していない場合などは、この作業はより難しくなる。このような場合、メタファーを介することにより、その問題自体を消費者が説明できるように手助けすることが必要となる。スティーブン・コールは、アンケート調査におけるメタファー利用方法の専門家であり、哲学の博士号を持つおそらく唯一のマーケティング・リサーチャーであるが、彼は次のように語る。

　これまで複数の産業において、多くの新製品の成功事例を研究してわかったことは、新製品の企画、開発、市場導入において、マネジャーやエンジニアが消費者のメタファーを活用していることである。また、消費者のメタファーを無視した場合には、大きな失敗が起こるのである[25]。

8　コア・メタファーを見つけ出す

メタファーの対象となる思考や感情と同様、メタファー自体にも、表層的、明示的なものもあれば、より深層的、暗黙的、無意識的なものもある。こうした深

層レベルのコア・メタファーを活用することによって、マネジャーは消費行動に影響を与える重要であるが隠れた要素を見つけることができる。

コラム4-1で見たように、日常のメタファー表現には、いくつかの基本的なメタファー・カテゴリあるいはテーマを見出すことができる。また、コラム4-1の例に挙げたように、各カテゴリに属する表現が、たとえば「コンテイナー」(容器)や「ムーブメント」(動き)に関する深い思考を表している。以下では、さらに2つの例を介して、表層的なメタファーと深層的なメタファーの違いを見ていくことにする。

●──── 消化不良のコア・メタファー:「バランス」

消化不良の治療薬に関するZMET調査では、1人の回答者がドル紙幣の写真を持参し、「リッチな(こってりとした)ものを食べた後は、その代償を払うことになる、ということは自分でもわかっているのです」と語った。また、別の回答者はシェフの写真を持参し、「ほどほどということが大事なのです。自分にとって適量とはどの程度なのか、どういうものがほかのものと食べ合わせがいいかを、知っておく必要があるのです」と語った。この2人の回答者はいずれも、たとえば、「リッチな」「代償を払う」など、富や金に関するメタファーを使用している。その一方、より深層レベルにおいては、こうした表現は「バランス」というコア・メタファーを表している。1人目の回答者の場合、自分自身に甘いことが、後で代償を払うことになるという意味で、**道徳的な**「バランス」に言及している。2人目の場合、食事の量に関して、多すぎず、少なすぎず、という**物質的な**「バランス」や、食べ合わせのいいものを食べるという**システム的な**「バランス」を意味している。

この2人の回答者の消化不良に関する思考には、いずれの場合もバランスという概念が重要な意味を持っている。1人目の回答者は、「ある時には、シーソーに乗っているようでもあります。上がっては、下がる。薬を飲んで状態がよくなったかなと思うと、また悪くなる」と、また別の意味でバランスに言及した。2人目の回答者は、裁判の象徴である天秤の写真について語り、社会的なバランスについて「ある人は自分の好きなものを食べてもかまわないのに、私はそうはい

かないというのは不公平です。公正ではないと思えるのです」と言及した。しかし、いずれの回答者も、表層的には「バランス」あるいは「インバランス」という言葉を口にしていない。むしろ、バランスという概念は、消化不良について彼らが考える事柄を磁石のようにつなげる役割を果たしていると言える。こうした深層にある思考は、表層的なメタファーを介して表現され、より具体的な概念を伝達する。

　この調査では、回答者のほとんどが「バランス」というコア・メタファーに言及した。こうした分析結果に基づき、製薬企業はこのメタファーを自社の広告戦略の中心に据えた。それまでの消化不良治療薬の広告では、薬が効いて楽になるという「リリーフ」（安楽さ）という概念を強調したものが多かったが、この新しい「バランス」という概念はそれを一新した。「バランス」と「安楽さ」とは関連してはいるが、消費者のニーズという点では「バランス」の方がより大きな範囲をカバーしていた。すなわち、消費者は**最終的に**「**バランス**」を保つために、「安楽さ」を獲得・維持できる製品を求めるのであって、その逆ではない。こうした知見によって、競争業者が依然として（**なぜ消費者が安楽を求めるのかを理解することなく**）消化不良からの安楽を強調する一方で、この製薬企業は業界において独自のポジショニングを打ち立てた。

　この広告が放映された直後、この治療薬の売上は大幅に拡大し、同社は成功の要因がメタファーに基づく新たな戦略にあるとした。ここで重要なことは、同社がZMET調査を行ったのが、広告代理店に広告制作を依頼する前であったことである。広告制作の初期段階においてメタファーについて考える機会を持ったことで、同社のマネジャーは消費者が口にする表層的な意見に振り回されることなく、彼らの深層レベルの思考に焦点をあてることができた。

●──電話相談窓口のコア・メタファー：「フォース」と「ムーブメント」

　あるソフトウェア企業が行った、顧客が自社の電話相談窓口に関してどう思っているか、というZMET調査では、また別のコア・メタファーが見出された。この調査では、回答者の1人が「電話相談窓口で必要なサービスを得るのは、壁に

頭を打ちつけるようなものだ」と非難した。逆に、もう1人の回答者は同社の電話相談窓口のことを「彼らの対応は光のごとく迅速だ。まるで、猟犬がウサギを追いかけるかのようだ」と語った。これら2人の回答者は、全く異なる写真を持参し、全く異なる体験について説明しているのだが、いずれの表現も「フォース」（力）と「ムーブメント」（動き）というコア・メタファーを用いている。また、「糖蜜のようなスピードで」「また作業に取りかかれるようにしてくれる」「身動きがとれなくなる」「電話の相手を投げ飛ばしてしまうような」など、別の回答者の表現にも、「フォース」（力）や「ムーブメント」（動き）のメタファーが存在した。「また作業に取りかかれるようにしてくれる」や「電話の相手を投げ飛ばしてしまうような」などは、動きが増大する状況を表現する一方、「糖蜜のようなスピードで」や「身動きがとれなくなる」などは、動きが減少する状況を表現している。特に、後者のような力や動きの欠如という点は、消費者にも十分に認識されていた。消費者は、電話相談することによって、「いち早く作業に戻れるようになる」ことを期待しているのである。

　この例では、「フォース」（力）と「ムーブメント」（動き）というコア・メタファーが、消費者が電話相談窓口について思っていることや感じていること（時には互いに相反する事柄である場合もある）を具体的に表現する際のガイドとなっている。コア・メタファーに焦点をあてることによって、この企業は表層的には相反する顧客のニーズを満たそうとするという、よくありがちな過ちを犯すことなく、顧客のニーズ全体に訴求するようにコミュニケーションやサービスの内容を調整することができた。

　同社のマネジャーは、ZMET調査の結果に基づいて、電話相談窓口の改良に取り組んだ。たとえば、窓口担当者には、顧客との会話の中で「フォース」（力）や「ムーブメント」（動き）に関するメタファーを使用するようにトレーニングした。（たとえば、「では、その問題を一緒に克服しましょう」「早く作業に戻れるようにしましょう」「これで、一件落着ですね」など）。また、製品パッケージや取扱説明書などに掲載する電話相談窓口の電話番号には、雷光のマークを付した。このマークは、「フォース」（力）や「ムーブメント」（動き）を表しており、潜在的購買者に対して、必要な時に迅速で効果的な相談を受けることができることを強調していた。

コア・メタファーを割り出すにあたっては、マネジャーやリサーチャーは、消費者の最も重要な無意識の思考が何であるのかを見極めなければならない。こう言うと難しそうに聞こえるかもしれないが、実はこれは常に我々がやっていることでもある。たとえば、ある人物がどのような人であるか、ある経験がどのような経験であったか、同僚から「一言で」説明してくれないか、と尋ねられたことはだれしもあるだろう。潜在顧客あるいは既存顧客のグループに共通する主要な特徴に基づいて、マネジャーが新たなセグメントを見つけ出そうとする作業も、基本的には同じことである。ここでは、表層的なメタファーに応用し、それを深く分析することでコア・メタファーを見つけ出すことがそれにあたる。コア・メタファーを見つけ出す能力は、訓練を積み、専門家の助けを借りることによって向上させることができる。必ずしも、文学や言語学、心理分析の学位が必要なわけではなく、むしろ、ZMET調査などから得られるメタファー表現を分析する能力を磨くことで獲得できる。

9　コア・メタファーを詳しく検討する

　他の無意識のプロセスと同様、コア・メタファーにも脳神経が作用している[26]。実際、コア・メタファーは木の根っこに見立てるとよい。つまり、木の幹や、枝、葉（葉が表層的なメタファーにあたる）を支える基礎部分である。木のそれぞれの部位は独自の形相をしていても、すべて全体を構成する一部であるという点では相違はない。しかし、根は幹や葉の生成に不可欠なものである。
　企業は、コア・メタファーの有効性を認識し始めている（「　」内に記した概念がコア・メタファー）。

- 製品のポジショニングを考える際に、「バランス」を考慮する
- 企業イメージを構築するにあたり、たとえば、「ナーチャリング・ケアギバー」（面倒見のいい保護者）というメタファーを強調する
- 顧客の重要なニーズ、たとえば、どっぷりと問題に浸かった状態から、リフ

レッシュしてエネルギッシュな状態に「トランスフォーム」（変形）することの重要性を見出す
- 広告戦略のガイドラインとなる。たとえば、朝食シリアルを子供の成長過程に沿う「トランジション」（移行）に関連づける
- 新製品の開発機会を示唆してくれる。たとえば、駐車場や見知らぬ土地を歩いている時に、人との「コネクション」（つながり）の欠如を感じる

10 事例：「顧客のことを第一に考える企業」のコア・メタファー

　ハーバード・ビジネススクールの市場心脳研究所で行った調査では、「顧客のことを第一に考える企業」とはどのような企業か、消費者が思うことや感じることを尋ねた。この調査で回答者が語った言葉を例にとり、そこからいかにしてコア・メタファーを見つけ出すか、その方法について話を進めよう。この調査の回答者は、自ら持参した写真や絵を説明しながらインタビューに答えた。以下に、複数の回答者が口にした言葉を紹介する。写真は、回答者が思考を表現する際の手助けとして重要な役割を果たすが、回答者が用いる言葉と写真の間には必ずしも直接的なつながりがあるわけではない。この調査では、「リソース」（資源）、「ナーチャリング」（育成）、「サポート」（支援）という3つのコア・メタファーが見出された。この後にさらに続けて行った調査では、異なるグループに属する消費者が、この同じ問題についてどのように思い、感じているかを、これらのコア・メタファーが表現していることが明らかになった。

［コア・メタファー1］リソース（資源）

　消費者は企業を「リソース」として見ている。特に、企業に対して、知識の提供や時間の節約という形で資源の提供を期待している。実際、時間などは消費者にとって重要な資源であり、企業の姿勢を見極める際に重要な要素となる。以下に引用した回答者の言葉からも明らかなように、消費者は、企業が時間を最大限

節約することにどれほど貢献してくれるのかを知りたがっている。

　ほとんどの人は働き、家族を養って忙しいのに、何かを買わなければならないとなると、多大な労力を要します。ですから、買い物をするとなると、とにかく簡単に済ませてしまいたい。…あまり頭を使いたくないのです。買い物というのは、それほど努力やエネルギーを費やさなくてもいいものであるべきです。…私の場合、買い物というのは、簡単で、面倒でないものであってほしい。店に入って、必要なものを買い、すぐにその場から去る。努力する必要もなければ、探し回ることもない、そういう買い物がいい。

　この買い物には私は大変満足しています。なぜなら、その商品が謳い文句通りのことをしてくれるだろうと思えるからです。返品する必要はないし、使用するにあたって何か記録しておかなければならないこともない。時間を節約してくれるものなのです。つまり、便利で、時間が節約できるわけです。

　私が買った商品が、よく機能してくれたり、おいしかったりすれば、それに満足して、別のことに移ることができる。そのこと自体についてそれ以上考える必要がなくなる。それ以上、エネルギーを費やす必要がない。それについて怒る必要もない。何か買ったものについて怒ったり、会社に電話したり、クレームをつけたり、いらいらしたり、ストレスを感じたり、というようなことをしたくないのです。

　また、以下の引用が示すように、消費者は自分たちとのやりとりのために企業が時間を費やしてくれることを評価している。

　顧客サービス部門に電話しなければならい場合でも、やりとりしていて気分がいい。彼らは非常に礼儀がいい。ぶっきらぼうに応対したり、会話を早く片づけてしまおう、というところがない。我々のために時間を惜しまない。

　どの顧客も大事であり、顧客が店に足を運んでくれた際に、歓迎されていると

思えるような努力を彼ら（企業）はしている。企業が自分に関心を払っていると心から感じることができ、その瞬間においては自分が最も重要な顧客なのだと思える。もし何か問題が生じた場合でも、彼らは自分のためにそこにいてくれる。彼らが問題の解決にあたってくれている間も、彼らとやりとりをすることができる。彼らは単に私に何かを売りつけようとしているわけではない。彼らを頼っていいのだと感じられる。

［コア・メタファー2］ナーチャリング（育成）

この調査では、多くの回答者が理想の企業に関して、「ナーチャリング」（育成）の概念を口にした。

　企業は親のようなものです。親というのは子供を利用しようとしたりはしません。子供を育てるのです。あるいは、企業は庭師だと言えるかもしれません。庭師と植物、母親と息子あるいは娘、そういう関係のような気がします。親はいつも子供のことを見ています。

　これは、砂浜で母親が子供を抱いている写真です。水辺にいて、これから海に入っていこうとしているところで、彼女が息子の手を握っています。彼女は子供の面倒を見ている、つまり、子供を守っているのです。彼女は子供のことを見守っている。彼女の関心はすべて子供に向かっています。企業で言えば、クライアントや顧客のことに集中している。顧客の面倒を見ている。そこには安心感がある。この子供が安心しているのと同様、顧客のことを考え、顧客の満足や安全に関心を寄せる企業にも安心感を覚えます。

［コア・メタファー3］サポート（支援）

この調査の回答者によれば、顧客のことを第一に考える企業は、必要な時に、状況に応じて、自分を「支援」してくれる。

この写真は、ある女性が男性にビリヤードを教えているところです。特に、一緒になって練習しているところがいいと思います。彼女は玉の突き方を単に見せたり、彼のためにやってみたりしているわけではない。…むしろ、こうして一緒に並んで立ち、彼女は玉の突き方について説明し、実際には彼本人が突いている。このチームワーク、協力体制が好きです。お互いのため、よりよいショットのために、一緒にやっているのです。

＊　　＊　　＊

　メタファーは、視覚、触覚、嗅覚など、様々な種類のイメージを、言語を介することなく呼び起こすとともに表現する。メタファーは、思考や感情の表現の基本であり、メタファーを使う側も、聞く側も、メタファーを使っていること自体や、メタファーがもたらす表現の重要性に気づかないことが多い[27]。

　メタファーには深さによって異なる種類がある。たとえば、「彼女は、出世街道まっしぐらだ」「彼女は出世の階段を早く駆け上っている」などの表現は、それ自体が表層的なメタファーであるが、同時に組織の中で昇進するということには、より深層レベルでは「ムーブメント」（動き）というコア・メタファーが潜むことを示している。我々が使うメタファーは多様であり、互いに関連し合うことにより、複雑な意味を構成し、心の内側にある思考や感情への入り口を提供してくれる。人間の表現における深層レベルのメタファーの多様性と重要性を理解することで、マーケターは消費者の無意識の領域に触れることができ、効果的なコミュニケーション手法を考案し、消費者のニーズを満たす製品を開発することができる。なお、本章の付論として、メタファーが持つ深層の意味を探るためのインタビュー手法であるZMET調査の実践例を紹介した。

付論 ZMET調査の実践法

　第4章では、メタファーの重要性について論じるとともに、メタファーを介して思考や感情を表出化するZMET調査を紹介した。では、具体的にはどのようにして、ZMET調査を実践すればいいのであろうか[1]。

　コラム4-2に、オルソン・ザルトマン・アソシエイツ（OZA）がヒスパニック系アメリカ人の二世たちを対象に行ったZMET調査の実践例を紹介する。同調査では、今日のアメリカ社会において、ヒスパニック系住民であることについて本人たちがどのようなことを思い、何を感じているのかが調べられた。参加者たちは、インタビューの約1週間前に、このトピックについて日頃思っていることや感じていることを表している写真や絵を集めてくるよう依頼された。参加者にはそれぞれ1対1の個別インタビューが行われ、彼らの思考や感情が、日々の行動にどのような影響を与えているのかが探られた。また、彼ら二世の思考や感情が、親の世代である一世や子の世代である三世と比べて、どのように異なるのかについても調べられた。

　参加者が持参した写真や絵は、様々な思考や感情、行動を表現したメタファーであると考えられる。たとえば、コラム4-2に紹介した写真について参加者に尋ねてみると、この写真は、お面をかぶる、正体を隠すという行為や、一体感、助け合い、恐れ、社会に受け入れられている、あるいは受け入れられていないという感覚、アイデンティティ、言語の重要性、恥ずかしい思い、プライドなどの思考を表したものであることがわかった。さらに質問を重ねてみると、様々な社会行事への参加、自分の知っている世の中と知らない世の中、機会、悲嘆、互いに学び合うこと、多様性を認めること、人種としての起源、孤独感など、様々な

思考や感情が表現されていることも明らかになった。

コラム4-2には、参加者の思考や感情を深く掘り起こすための質問を例示した。実際のZMETインタビューの中で交わされた調査者と参加者のやりとりを例にとり、効果的な質問だけでなく、効果的でない質問（その多くは、参加者の思考ではなく、調査者の思考を押しつけるような質問である）を紹介した。

ZMET調査では、コラム4-2に例示したような質問を重ねるステップのほかに、持参した写真や絵について参加者に自由に想像してもらうステップもある。たとえば、コラム4-2の写真について、その枠を取り払ったり、自由に何か人や物を付け加えたりすることができると想定してもらう。そして、写真中の2人がお面をはずすような変化がその写真の中に起こるとすれば、それはどのようなものかと尋ねてみる[2]。こうしたステップから、さらに新たな思考や感情が明らかになる。たとえば、教師や友人、両親がその想像上の写真の中に登場するかもしれない。あるいは、他人が登場し、写真中の2人がお面を強く持たなければならなくなる、といった話も出てくる。さらに、参加者自身がその写真の中にいるとすればどうか、という質問をすることによって、異なる思考や感情が明らかになる。

このように、参加者が持参する写真や絵そのものが、その参加者が持つ思考や感情を表すメタファーの役割を果たすのである。調査者は、効果的な質問や新しい手法を駆使することによって、参加者の心の奥底にある思考や感情を掘り起こすことができる。たとえば、参加者が口にする「お面を引っ**剥がす**」「ベンチから**飛び上がる**」といった表現の背後には、「フォース」（力）や「ムーブメント」（動き）といったコア・メタファーがある。このように、ZMET調査を通じて、ヒスパニック系アメリカ人であるとはどういうことなのか、その思考や感情を深く調査することが可能となる[3]。

1 効果的な質問とそうでない質問

コラム4-2からも明らかなように、ZMET調査では、あくまでも参加者が口にする思考や感情に基づいて**質問を重ねる**ことが重要であり、調査者の解釈を参

加者に**強要してはいけない**[4]。効果的な質問を介して、参加者の思考や感情の扉を参加者自らが開けるように促し、様々な窓から中を覗き込んで、そこに何が見えるかを語ってもらうように努めるのである。効果的な質問とそうでない質問の違いはどこにあるか。前者は、参加者が様々に答えることができる質問であり、時には自分でも驚くような答えが飛び出すこともある。しかし、後者は、調査者の前提や仮説を参加者に押しつけるような質問であり、予想通りの答えを引き出そうとする。参加者がそのような前提や仮説を否定しても、なお続けようとする。つまり、**効果的でない質問とは、あらかじめ用意された答えがあって、それを参加者に追認させようとする**。そうした質問から得られる回答は、**調査者の考えを反映したもの**であって、参加者の考えを表したものではない。たとえ調査者と参加者が似たような考えを持っていたとしても、参加者自身によって語られた内容は、そのニュアンスや参加者自身にとっての意味において異なるはずである。

また、突拍子もない質問をすることによって、参加者を驚かせ、その心に「しゃっくり」を起こさせるような効果がある。参加者はまずびっくりするが、それを利用して、心の奥底に潜む思考や感情をより深く掘り起こすことができる。たとえば、P&Gが紙おむつ部門のマネジャーを対象に行ったZMET調査のトレーニング・プロジェクトでは、「赤ちゃんのウンチについて母親が思うことや感じること」という前代未聞のテーマが設定された。変なテーマであるように思われるかもしれないが、母親が紙おむつを買うという購買行動においては非常に重要なテーマである。

このプロジェクトでは、参加者を驚かせ「心のしゃっくり」を起こす目的で、次のような課題が投げかけられた。

> では、今から簡単な物語をつくってもらいます。家庭で撮影したホームビデオのようなものを想像してもらえばいいかもしれません。その物語には3人の登場人物が出てきます。1人目は、あなたの赤ちゃんです。2人目は、あなた自身です。そして、3人目は、ウンチです。ウンチも登場人物ですから何か考えたり、感じたり、話したり、ということが自由にできるとします。物語の設定や展開、登場人物のやりとりなどは全く自由です。少し考えてみてください。どのようなお話になりますか。

参加者たちは、この課題を聞いて大いに笑ったが、数分もしないうちに、映画の一場面のような物語を語り始めた。そうした物語には、それまでに語っていた様々な思考や感情が反映されていただけでなく、また新たな思考や感情も盛り込まれていた。このプロジェクトは、P&Gのマネジャーを対象にしたZMET調査のトレーニングを目的としていたが、実際のマーケティング活動に展開できるような具体的な洞察ももたらされた。たとえば、夫など他の登場人物が出てくる広告や、製品デザインの改良につながった。

2　参加者の信頼を得るためのトレーニング

　ZMET調査では、参加者にとって非常に個人的な内容の話が語られる。したがって、調査者と参加者の間に信頼関係を築くことが不可欠である。そのために調査者は、インタビューの間合いをうまく使うことや、参加者の答えに我慢強く接することが重要であり、何よりもそのためのトレーニングを積む必要がある。まず調査者は、インタビュー中に参加者が膨大な数の概念を口にしていることを認識しておく必要がある。また、参加者がある事柄から転じて別の事柄を話していく中で、思いがけず感情的になる場合もある。そうした場合には、話の内容が重要な事柄であったとしても、それ以上無理に質問を重ねないようにする必要がある。調査者は、参加者が語る話の内容を尊重し、参加者の感情の起伏に配慮しながら、インタビューを進めていく必要がある。

　さらに、参加者が語る思考や感情の幅の広さ、深さ、その数などは、参加者個人の社会的な立場や経済的な事情とは全く関係がない。したがって、ZMET調査を行うにあたり、話好きかどうか、学力があるかどうか、職歴がどうか、などを参加者の選別基準にするべきではない。フォーカス・グループ・インタビューなどでは、「赤レンガ1つで何ができるか？」といった創造性テストのようなことが選別基準として用いられることがある。しかし、こうしたことを選別基準とすることは、効果的でないばかりでなく、この基準にもれた人こそが重要なターゲット・セグメントであることもあり得る。こうした選別基準は、調査者側の都合

によって使用されていたり、クライアントが観察して楽しい参加者を集めるために使用されていたりする。しかし、こうした基準は、思慮深い人たちを対象から外してしまうことにもなり、結果的にクライアントのためにもならない。

Column 4-2●ZMETインタビュー例

　以下に、OZAが行ったヒスパニック系アメリカ人に関するZMET調査から、実際のインタビューの中で交わされた調査者と参加者のやりとりを紹介する。そして、それぞれの会話について、ほかにどのような質問が効果的か、あるいは効果的でないか、を例示する。

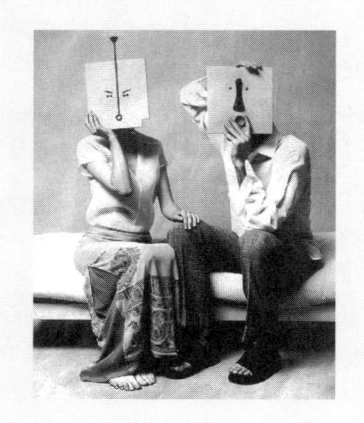

【質問例1】

調査者―では、この写真について説明していただけますか。まず、この写真に何が写っていますか。

参加者―2人の男女、カップルが座っています。女性の方が男性の膝に手を置いていて、夫婦のような印象です。私にとって、この写真はボディ・ランゲージを表しています。2人とも、顔の前に何かお皿のような、お面のようなものをかざしています。お面は表情を表して

いるようではありますが、本当の表情ではありません。自分がいったい何者であるか正体を隠しているような感じです。一緒に座っていますが、膝だけが向き合っていて、顔は向き合ってはいません。顔はお面で隠れています。

調査者—では、この写真は、ヒスパニック系アメリカ人であることについて、あなたが思っていることや感じていることを、どのように表していますか。

参加者—そうですね、この2人は一緒にいますが、相手に受け入れてもらえるかどうか、お互い心配している、そういう感じがします。だから、2人とも顔をお面で覆っている。外国からアメリカにやってきた人たちというのはこういう風に感じるのではないでしょうか。自分が何者なのか、どこから来たのか、を明らかにすることが不安というか、考え方や振る舞い方がアメリカ人と違うということで、自分は受け入れられないのではないか、といったことが心配なのです。しかし、その人たち同士は仲間と一緒にいれば、1人ではない。この写真でも、女性が男性の膝に手を置いているように、2人は一緒にいるのです。とはいっても、不安もあるから、顔をお面で隠しているのです。

調査者—では、お面について、もう少し話を聞かせていただけますか。

参加者—ヒスパニック系の人たち全員がそうだとは言いません。中には自分がヒスパニック系であることについて全く不安を持たない人たちもいますが、私の家族や友達の中には、そうした不安を抱く人たちが多くいます。たとえば、私の学校に最近キューバから転校してきた女の子がいますが、彼女もやはりそうした不安から、自分がどこから来たのかを隠そうとします。周りの皆が英語で話していても、彼女は話そうとしません。英語がそれほどできないか、あるいはアメリカのアクセントで話すことができないからかもしれません。皆からは隠れようとしているような感じです。このお面は、人と話をしたりすることへの不安を表しているような気がします。

効果的な質問例1—では、このお面が風で吹き飛ばされてしまったら、どうでしょうか。

効果的でない質問例1—では、このお面は自分とは違うアメリカ人から隠れようとするためだということですか。
(この質問には、参加者ではなく調査者の解釈が含まれている)

【質問例2】

調査者―では、どうすればこのお面が手に入りますか。お面をかぶっている時にはどのようなことをするのですか。

参加者―アメリカ人や自分とは異なる人種の人たちとは関わらないようにするのです。一歩引いて、皆から遠ざかるのです。自分の家にこもり、レストランに出かけたりはしないのです。出かけたとしても、ヒスパニック系のレストランにしか行かない。アメリカ人が行くようなレストランに行くと、英語を話さなければならない、そのことが心配なのです。他の国から家族でやってきて、だれも英語が話せなければ、注文1つするのにも恥ずかしい思いをするのです。私の父がそうでした。だから、子供の私たちが彼の分も注文していました。

効果的な質問例2―ご自身はどうですか。そのような不安を感じたことや、隠れようとしたことはありますか。

効果的でない質問例2―お面をかぶるということは、スペイン語だけを話すということなのですか。
（この質問には、言語が不安の原因であるという、調査者の仮説が反映されている）

【質問例3】

調査者―では、不安に感じると、その結果どうなりますか。

参加者― その結果、何もしなくなってしまいます。「人生を半分しか生きない」ということになります。私の母はよくそう言っていました。彼らは、難民としてアメリカにやってきました。心を開いて人と話してみなければ、新しいことも学べないということは彼ら自身もわかっています。だけど、不安や恐れからそれができず、一歩引いてしまうのです。

効果的な質問例3―「一歩引く」ということについてもう少し話していただけますか。

効果的でない質問例3―恐れるということは、恥ずかしい思いをすることを避けようということなのですか。

(この質問は、恐れと恥という2つの概念がつながっているという調査者の前提を反映しており、かつ、参加者にその前提を追認させようとしている)

【質問例4】

調査者—「一歩引く」と、どうなりますか。

参加者—アメリカではいろいろなことができるのに、しようとしません。しかしそれでは、何のために祖国を離れてきたのかわからない。自分の周りに様々な機会があるのに、それを活かそうとしなくなるのです。悲しいことです。そうしたヒスパニック系の人たち同士が助け合うような団体や組織があればとよく思います。我々は皆それぞれ異なっていて、全く同じということはないでしょう。ヒスパニック系の人たちだってそうです。だから、ヒスパニック系の人たちも心を開いて、お互いに新しいことを学び合う、その方がいいでしょう。

効果的な質問例4—「人生を半分しか生きない」というのはどのようなものですか。

効果的でない質問例4—アメリカ社会から一歩引くということですね。
(この質問も、参加者の考えではなく、調査者の解釈を押しつけている)

【質問例5】

調査者—「心を開いて」というのは、どういう意味ですか。

参加者—本来、別の国に移住するというのは、エキサイティングなことのはずです。移住する前にはその国についていろいろなことを聞き、その国で自分がどのように変われるか、成長できるか、思いをめぐらし、「もう待ちきれない」という気持ちになります。ですから、移住したら、何でも学んでやろう、何でもやってやろう、という気持ちになるものだと思います。アメリカ人に話しかけて言葉が通じなかったり、英語を正確に話せなかったり、自分の知らないことがあったりしたとしても、ここはアメリカだから仕方がない、気にしない。力強く生き、新しいことを学ぼうとする姿勢のことです。

効果的な質問例5—先ほど、「何のために祖国を離れてきたのかわからなくなる」とおっしゃいましたが、それはどういう意味ですか。

効果的でない質問例5―心を開くと、恐れはなくなりますか。
(参加者が述べていない、調査者が持つ仮説について、参加者を誘導しようとしている)

【質問例6】

調査者―「力強く生き、新しいことを学ぼう」とすれば、どうなりますか。

参加者―力強く生きようとすれば、いろいろなことに挑戦しようとするその姿を他の人が見てくれている。そうすると、様々な機会を手にすることもできる。いろいろなことが向こうからやってくる。それをしっかり受け止めて、ちゃんとやり遂げる。ですから、「力強く生き、新しいことを学ぼう」というのは、自分を助けてくれようとする人たちに対して、「もっと機会をください」と伝えることでもあるのです。

効果的な質問例6―「何でもやってやろう」という気持ちについて、あなたとあなたのご両親とでは何か違いがありますか。

効果的でない質問例6―「力強く生きる」と、「成長する」ということにつながりますか。
(調査者が持つ仮説について、参加者を誘導しようとしている)

【質問例7】

調査者―ヒスパニック系の人たちにとって「心を開く」ことが難しいのはなぜですか。

参加者―アメリカ国民ではないから、あるいは、もともとアメリカ生まれではないから、ということでいろいろな限界を感じているからだと思います。自分は歓迎されているわけではない、抑圧されている、と感じている人もいます。そうすると心を閉ざしてしまいます。この国で生まれたわけではない、他の人とうまくコミュニケーションができない、といったことを負担に感じるようになり、祖国にいれば挑戦したようなことであっても、挑戦しなくなってしまう。

効果的な質問例7―あなたの場合、「いろいろなことが向こうからやって」きたことはありますか。具体的に教えていただけますか。それはうまくできましたか、あるいはうまくできませんでしたか。

効果的でない質問例 7―マイノリティであることが、ヒスパニック系の人たちが心を開くのが難しいと感じる原因なのですか。
(この質問では、表層的な因果関係は明らかになるかもしれないが、深層にある思考や感情を表出化することはできない)

【質問例8】

調査者―あなた自身、これまでに「お面をかぶった」経験や「心を開いた」経験があれば、教えていただけますか。

参加者―子供の頃、ヒスパニック系ではない友達もたくさんいましたが、自宅に招待するのは決まってヒスパニック系の友達だけでした。ヒスパニック系でないアメリカ人の友達が家にやってきて、私の両親と言葉が通じなかったらどうしよう、私の両親が変なことを彼らに言ったら恥ずかしい、と心配していたのです。そんなことがあれば、私の知らないところで笑いものにされたり、他の仲間に言いふらされたりするのではないか、といつも不安でした。今にしてみれば、馬鹿なことを心配していたものだと思いますが、その時はそう感じていたのです。だから、長い間、自分の家がどこにあるのか、友達には教えませんでした。私の両親については、この国に移民してきて大変な苦労をしてきたことに、私は大きな誇りを持っていながらも、友達からは遠ざけておきたいと思ったのです。

効果的な質問例 8―あなた自身、「自分は歓迎されていない」「抑圧されている」と感じたことはありますか。

効果的でない質問例 8―あなた自身は、「心を開いて」いるようですし、「お面をかぶって」いるようには見えませんが、そうですよね。
(この質問は、参加者の考えを表出化するのではなく、調査者の考えを押しつけている。詳細な説明をせず、「はい」か「いいえ」で答えることを強要している)

第5章 先端複合領域から心脳を読み解く

レスポンス・レイテンシー調査とニューロ・イメージング調査

　心は黙して叫ぶ。

　前章では、メタファーが意識と無意識双方の思考や感情を引き出すことに触れた。メタファーに基づく調査法を用いることにより、消費者が何を考え、何を感じているかをとらえることができる。一方、本章で紹介する別の調査法も、消費者が無意識に経験していることを理解するのに役立つ。特に、同じ事柄に対して意識と無意識が異なった認識をしている場合に有効である。マーケティング刺激に対して消費者が無意識のうちに示す反応は、消費者が意識的に答えるアンケート調査などよりも、消費者の実際の思考（そしてその結果として消費者がとる行動）をずっと的確に表すのである[1]。

　消費者の無意識的な認識や反応を探る手法は、ポジティブな感情やネガティブな感情、記憶の記銘や想起といった思考プロセスなど、ある種の思考を定量的に調べる際に非常に役立つ。また、ZMET調査によって明確になった特定の思考をさらに分析する際にも用いることができる。本章では、レスポンス・レイテンシー調査（プライミング法やIAT法など）とニューロ・イメージング調査（fMRIやfDOTなど）の2つの調査法について紹介したい。これらはいずれも、消費者自身が気づいていない反応を分析対象とする場合や、既存の調査法を使うと消費者自身が自らの思考や感情について誤った回答をしてしまう場合に役立つ。また、既存の調査法の1つであるフォーカス・グループの功罪についても最後に触れる。

1　レスポンス・レイテンシー調査

　アンケート調査は、回答者にとってなじみのあることや、今まさに決断しようとしている事柄に関して調査する際には有効な手段である。また、統計的な分析手法を駆使することにより、他の調査法では得にくい、回答者の思考と感情のつながりを明らかにすることも可能である。しかし、直接的なアンケート調査で消費者が答える内容は、実際に消費者が感じていることや、実行しようと考えていること、実際に実行することとは矛盾する場合が多い[2]。このように消費者が自らの行動を予測できないのは、実際に消費行動を選択する時の状況が、アンケートに答え時の状況とは異なっており、実際の消費状況自体を思い描くことが難しいことが挙げられる。

　こうした問題を回避する方法の1つに、回答者のレスポンス・レイテンシー（反応速度）を計る方法がある。レスポンス・レイテンシーとは、被験者が（コンピュータのキーを押すことで）特定の言葉やイメージの組み合わせに反応するのにどれだけ時間がかかるかを測定するものである。反応の速さを計測することで、通常ではわからない、我々の思考や感情に潜む「ノイズ」の有無を調べることができる。心理学では昔からこの手法を用いて、通常のアンケート調査よりも正確に人間の思考や行動をとらえていた。マーケターも最近になってようやく、消費者を理解するのにこの手法を使い始めた。

　レスポンス・レイテンシー調査を用いることで、回答者が意識的に答える明確な思考や感情と、回答者の意識外にある無意識的な思考や感情を識別することができる。どちらの認知的プロセスもマネジャーにとっては重要である。消費者が信じて疑わないことが、必ずしも彼らの行動に結びつくとは限らない。これは、マネジャーの場合に信奉理論と使用理論が異なるのと似ている。明示された思考や感情が無意識のものと矛盾する場合には、無意識の思考や感情が将来の行動に結びつく場合が多い。商品に対する消費者の無意識の思考や感情を理解したいならば、以下の節で説明する様々なレスポンス・レイテンシー手法を用いるとよい。

プライミング

　ある実験で消費者に、ブランド名が書かれた2つの香水瓶をコンピュータの画面上で見せてから、「魅力的な」「セクシーな」「洗練された」「ミステリアスな」「元気な」「インフォーマルな」などの言葉を含む文字列をランダムに見せた。回答者の作業は、単純に、一連の文字列が、ちゃんとした単語（誤字や脱字を含まない）になっているかいないかを素早く判断することであった。一方の香水瓶の写真を見せた後にテストすると、回答者は「元気な」「インフォーマルな」といった言葉より、「魅力的な」「洗練された」といった言葉をちゃんとした単語として素早く識別した。また、もう一方のブランドの瓶を見た後のテストでは、「魅力的な」「洗練された」という言葉より、「インフォーマルな」という言葉を素早く識別した。

　この実験から、消費者がどのようにブランドを比較し、そのブランドが思考をどの程度「プライミングするか」、つまり引き出すのかがわかった。興味深いことに、通常のアンケート手法でも、この2つの香水に対して消費者が持っているイメージの違いは明らかになったが、このプライミング手法から得た結果ほど明確にはならなかった。もし通常のアンケート手法にのみに頼っていたら、この企業は2番目のブランドを、「魅力的な」「洗練された」といったポジショニング戦略を追求する1番目のブランドの競合商品であると、誤った結論を導いたかもしれない。

　また、異なる商品カテゴリでも同様の調査が実施されたことがある。この調査の目的は、ある商品デザインが特定のコンセプトと結びついているかどうかを調べることであった。調査対象となったコンセプトは、前章で述べたZMET調査を用いて導き出されたものであった。消費者には、そのコンセプトに関連する画像と言葉を同時に見せた。すると、企業が検討していた2種類の商品デザインは、非常に異なるコンセプトと関連づけられることがわかった。これにより、企業は自分たちが目指すポジショニング戦略により合致したデザインを選択することができた。同社にとっては、この調査自体が一種の実験的取り組みでもあった。この新手法を用いて40人の消費者を対象に行われた調査結果は、550人を対象に行

われた、より高コストのアンケート調査（これもメタファーを利用した洞察がベースとなっている）の結果と同じであった。また、この新手法からは、アンケート調査では得られなかった重要な洞察も得られ、同社のポジショニング戦略の変更に寄与した。

さらに最近の例では、喫煙行動に関する新しい研究センターの名称を決定するための調査にこの手法が使われた。回答者は、"Life Rater than Tobacco"（タバコより命）、"Make Something History"（喫煙を過去のものに）、"Trytostop"（禁煙しよう）などといった名称案に様々な反応を示した。そしてプライミング手法で得られた消費者の反応は、通常のアンケート調査の結果とは異なっていた。さらに、名称案に対する反応が、喫煙者と非喫煙者とでは異なっていることを明らかにしたのは、このプライミング手法だけであった。このことから、プライミング調査は、消費者が実際にとる行動と関係があり、ネーミング調査にも役立つということがわかった。

●──────インプリシット・アソシエーション・テスト（IAT）

インプリシット・アソシエーション・テスト（IAT）は、プライミング調査法に基づいており、消費者の心の中で2つのコンセプトがどのように関連しているかを調べることができる。たとえば、「花」と「虫」といった関連するコンセプトや、「心地よい」「いらいらする」といったポジティブとネガティブのコンセプトの関連性を見つけ出すのに役立つ。この例では、IATを利用することにより、「花」と「気持ちいい」、「昆虫」と「不愉快」という組み合わせの方が、「花」と「不愉快」、「昆虫」と「気持ちいい」という組み合わせよりも強いつながりを持つことがわかる。消費者が無意識のうちに有するコンセプト間のつながりについて、これまでにも様々な分野でIAT手法を用いた調査が行われてきた。

たとえば、インターネット販売と店舗販売の両方を展開するある小売企業は、IAT法を効果的に利用することによって、インターネット販売と店舗販売とでは、顧客の購買体験が驚くほど異なることに気づいた。これにより同社は戦略を再構築し、ある商品に関しては店舗での購入を促し、別の商品に関してはインターネットでの購入を促すようにした。その結果、同社は注文処理作業を効率化できた

ほか、返品の減少、発送費用の削減、顧客満足度の向上に成功した。

ある耐久消費財の商品デザインに関する調査では、候補に挙がっていたデザインが体現するコンセプトとして最適な言葉は何かが明らかにされた。この調査結果は、当初行われたフォーカス・グループ手法やその後のアンケート調査の結果とは相反していたが、調査結果の妥当性は、実際の消費者の選択行動によって実証された。

●消費者行動の予測に役立つ無意識的態度

心理学では、プライミング法やIAT法を用いて消費者の無意識的態度を調査することにより、消費者の考え方をとらえるだけでなく、実際の行動をより的確に予測することができるとされている。消費者は自分が回答した通りに行動すると真に信じてはいても、実際には自分の行動を覆すような力が作用するかもしれないことは認識していない。その好例として、あるファスト・フード会社が最近行った新商品に関する調査を紹介しよう。同社は、新商品の基本コンセプトとその名称について、まずフォーカス・グループ調査を行い、その後アンケート調査を行った。同時に、プライミング法を用いて候補に挙がった名称に関する調査を行い、IAT手法を用いて商品のコンセプトについて調べた。その結果、レスポンス・レイテンシー調査の結果選ばれた名称やコンセプトは、フォーカス・グループ調査やアンケート調査によって選ばれたものとはかなり異なっていた。そこで、この企業はテスト・マーケティング計画を変更し、それぞれの調査法によって選別された2組の名称とコンセプトをテストした。テスト開始後間もなく、レスポンス・レイテンシー調査によって選ばれた名称とコンセプトの売上の方がよいことが判明した。最終的に同社は、レスポンス・レイテンシー調査によるポジショニングと名称に基づいて、この新商品を全国展開した。

消費者の無意識的思考を対象とする調査手法が、消費者の意識的思考を対象とするアンケート調査などの手法よりも、消費者行動をより的確に判断できる理由は2つある。第1に、消費者自身が意識していないが、彼らの購買判断を強く左右するような態度を調査対象としてとらえることができることである。第2に、消費者の行動に影響を与える社会的要因を明らかにできることである。たとえば、

もし回答者が自分は健康意識が高い人間であると見られたいと考えているとすれば、アンケート調査やフォーカス・グループ調査などの意識調査では、自分はアルコールをほとんど飲まないと回答し、アルコール関連のブランドには低い評価を与えるかもしれない。しかし無意識調査においては、「こういう場合はこのような回答をしなければいけない」という規範的な回答をしなくなる。ある調査において、レスポンス・レイテンシーなどの無意識調査の結果をフォーカス・グループやアンケート調査の結果と比べたところ、前者の調査から推定されたアルコール飲料市場の規模や構成は、後者の調査から推定されたものとは異なっていた。無意識調査では、特定のブランドやアルコール消費全般に関し、消費者はよりポジティブな反応を示した。

　消費者の無意識的思考が彼らの行動を予測するのに適していることを示す好例として、年配者に対する固定観念（ステレオタイプ）を調べた調査を紹介しよう[3]。この調査では、まず回答者が一連の文字列の中から、年配者を表現する言葉（例：フロリダ、賢明な、ビンゴなど）か、より一般的な言葉（例：のどが渇く、清潔な、プライベートなど）のどちらかを5つ解読する作業を行った。そして、この作業を終了した回答者が退室後に廊下（約9.75mの距離）を歩く時間を計測した。**すると、年配者を意味する言葉でプライミングされた回答者は、一般的な言葉でプライミングされた回答者よりも明らかにゆっくりと歩いた。**別の文字解読テストでは、「失礼」を意味する言葉（例：「邪魔する」「割り込む」「厚かましい」など）でプライミングされた回答者は実験者を妨害しやすいことがわかった。ほかにも、助けになるという意味のプライミングを経た回答者が、他人に助けを施しやすくなったり[4]、知性（例：大学教授を思い起こさせるような言葉）をプライミングされた回答者が、トリビアル・パースーツというボードゲームで一時的によい結果を出したりした[5]。

◉ ブランドに対する無意識的連想

　また、無意識調査はブランドの意味を調べたり、消費者がそのブランドをどのように位置づけているかを調べたりするのに非常に役立つ。無意識調査は、意識調査が明らかにした結果を裏づけるだけでなく、ブランドに対する消費者の態度

や好みをより詳細に理解するのにも役立つ。たとえば、果汁飲料ブランドと炭酸飲料ブランドに関する調査では、各ブランドに関する態度に関しては、無意識調査と意識調査の結果は一致するが、実際の商品使用行動に関しては、無意識調査（IAT）の方が意識調査より正確に推測できる場合が多い[6]。

またある調査では、一般に広く使用されている意識調査である自己報告調査（CETSCALE）とIAT調査の両方を用い、アメリカに住むアメリカ人消費者と外国人消費者の自民族中心主義（エスノセントリズム）のレベルを調べた。すると、意識調査においては、アメリカ人も外国人もあまり自民族中心主義を示さず、商品がどこの国製のものであるかは商品評価に関係ないと回答した。しかし、IAT調査では、アメリカ人はカワサキなどの海外ブランドに比べ、ホールマークといったアメリカのブランドに「幸運な」などのポジティブな言葉をより強く関連づけた[7]。

消費者がブランドにどう反応するかは、その時の消費者の気分にも大きく影響される。このことは消費者行動分野で長年にわたり研究が進められてきたことである。〈ベン＆ジェリー〉と〈マールボロ〉のブランドに関してレスポンス・レイテンシー調査を行った事例を見てみよう[8]。お察しの通り、通常、消費者は〈ベン＆ジェリー〉にはポジティブな概念を、〈マールボロ〉にはネガティブな概念を関連づけるのであるが、消費者が悲しんでいる場合には、各ブランドとポジティブな概念およびネガティブな概念の関連づけはより強くなることがわかった。意識調査の結果と無意識調査の結果の相関性も、回答者の気分によって違いが生じることがわかった。消費者の気分がいい時は、意識調査が無意識の思考を推測するのに役立った。しかし消費者が悲しんでいる時には、意識調査は無意識の思考をきちんと推測できなかった。

このように、無意識調査を用いた方が、消費者が製品をどのように評価し、ブランドをどう見ているのか、よりよく理解できるようになる。また、多くの調査結果から明らかになったように、無意識調査の結果は、消費者の実際の行動を的確にとらえている。将来的には、市場調査は消費者の意識、無意識、行動に関する変数を統合的に扱うようになり、消費者の意識と無意識の相互関係、そしてそれが消費者行動に与える影響をより深く理解できるようになるだろう。

2　ニューロ・イメージング調査

　近年の脳科学の発達により、人間の思考に関する新たな課題と発見が生み出された。脳研究に関する革新的な技術は、この発展をさらに加速した。そうした技術の1つに、「ニューロンの構成と機能を画像化するスキャニング技術」であるニューロ・イメージング技術がある[9]。この技術を用いることにより、被験者が様々な心の動きに関与している時の脳の活動を観察することができる[10]。この急速な技術進歩は、消費者行動の研究においても革命をもたらすと考えられている[11]。

●――――fMRI：先端脳画像技術で消費者の感情を測る

　fMRI（機能的磁気共鳴画像法）は、神経の働きに直接的な影響を与えることなく脳の活動状態を調べることができる。最も一般的なものに、血液中の酸素量に基づいて脳の活動部位を調べるBOLD（Blood Oxygen Level Dependent）法がある。この手法は、神経の働きが活発な場所は、そうでない場所よりも血流量が多いという理論に基づいている。

　fMRIの手順はそれほど複雑ではない。まず、メタファーをつかさどる右脳半球など調査対象となる脳部位に関し、通常に機能している状態の脳画像を撮影する。次に、あるコンセプトのメタファーを含む広告を何種類か見せ、その脳部位を意識的に活動させ、脳画像を再度撮影する。そして、2回目に撮った画像から、1回目に撮った画像を取捨する。すると、最終的に画像が残存したところは、調査対象となったメタファーに反応して脳が活性化された部位であると推測できる。また残存画像の違いを分析することにより、どのメタファーにより強く反応したかもわかる。消費者は同じコンセプトに基づく広告を見た場合でも、メタファーを介さずにそれらの広告を比較している場合もある。また、ポジティブな感情やネガティブな感情、記憶に関連する脳部位が広告に反応しているかどうかもチェックできる。こうした技術により、どの広告がより効果的にポジティブな感情や思考を引き起こしたり、新たな記憶として組み込まれたりするかがわかる。

● fDOT：さらに身近になった脳機能の計測技術

　前述のfMRIにはいくつか欠点がある。最大の欠点は、回答者が騒々しくて窮屈な装置の中で横にならなければいけないことである。また、fMRIに使う装置は大きく、高額である。その点、fDOT（機能的光拡散断層撮影法）にはそのような欠点がない。ここではこの手法を、近年発展する脳画像技術の一例として取り上げる。この手法では、被験者が画像撮影中にある程度動くことができるほか、実験室以外でも利用することができる。また、機器も静かで、それほど費用もかからない。fDOTが記録できる神経活動は脳の表面から1cmまでであるが、観察したい皮質部分の活動を調べるには十分である。

　では、fDOTはどのような仕組みになっているのか。懐中電灯を手のひらにあてたことがある人なら、光が人間の細胞組織を突き抜けて、ある程度先まで照らすことを知っているだろう。これからわかるように、生物組織は赤外線に近い光をあてると透けて見えるが、これを脳の表面にあてることにより、その部分の血液の流れを見ることができる。また、酸素を豊富に含んだ血液とあまり酸素を含まない血液中の酸素量の差を調べることにより、脳の活動状況を間接的に調べることができる。

　手順としては、まず調べたい脳のすぐ上にレーザーをあてる。基本的にfMRIと似ていて、被験者が認知的活動をしている時としていない時の状態を比較することになる。たとえば、まずスキャニング前に被験者にいくつかの絵を見せた後、スキャニング中にそれぞれの絵を想像するように指示したとする。すると、絵をイメージした時に映像をつかさどる脳部位がどの程度反応したか知ることができる。具体的には、各回答者の反応の強弱を分析したり、別の絵を用いた場合の反応と比較したりする。

　fDOTのような新しい手法によって得られた調査結果を、fMRIなどの確立した手法で得られた調査結果と比較することによって、新手法の有効性が実証できれば、同じ実験をより低コストかつ簡便に実行することができるだけでなく、より多くの被験者に対して調査を行うことができる。これは、マーケティング分野に応用するうえで望ましいことである。

●────ニューロ・イメージング調査の可能性

　ニューロ・イメージング調査により、通常の市場調査の質の向上と応用範囲の拡大が図れるほか、マーケティング刺激に対する消費者の反応も、よりよくとらえることができるようになる。前者について言えば、ニューロ・イメージング手法は、特定の思考や感情を調べるのに用いるアンケート調査（特に、標準化された質問票や自社独自のアンケート票など）の有効性を判断するのに役立つ。ニューロ・イメージング調査の結果を用いることにより、アンケート調査の精度を上げ、消費者の思考をさらに正確に理解することができるようになる。つまり、ニューロ・イメージング手法は既存の調査法を強化するために利用することができる。後者について言えば、この手法を利用することにより、広告の制作やポジショニング戦略の構築に重要なコア・メタファーやアーキタイプを見出すことができる。また、そうして候補に挙がったコア・メタファーの中で、どれが消費者の注目を最も集め、彼らの記憶に残るのかを分析することもできる。

　私は、ビジュアル・イメージを専門とする認知神経科学者の権威で、ハーバード大学の心理学教授であるスティーブン・コスリンとともに、先述したニューロ・イメージングの第2の可能性を検証するための研究を行った。つまり、ニューロ・イメージング手法を用いて、マーケティング刺激に対する消費者の反応を調べたのである。この研究では、ある小売店舗環境について、消費者が訪れた場合のシナリオを説明したテープを3パターン用意し、それを聴く被験者の脳の反応を調べた。そしてその結果を、同じ小売店舗に関する消費者の反応について意識的調査法を用いて調べた結果と比較した。最適なシナリオが見つかった場合はそのまま実行に移すことを念頭に置いていたため、意識的調査法の方が詳細で包括的な分析結果を導出したものの、分析から導出された結論はいずれの調査法の場合も同じであった。その結果、両方の実験でともに最適と判断されたシナリオが実験店舗で実施された。

　この実験対象となった店舗では、総売上が9％から40％向上した。このことから、ニューロ・イメージング手法は、調査結果を実際にどのように実施すべきかという具体的な詳細に関しては限界を持つものの、有効な調査結果を導き出すこ

とが示された。この調査では、ポジティブな感情やネガティブな感情、情報の蓄積や想起、視覚皮質の活動が活発になったことがわかり、与えられた店舗環境シナリオを消費者が実際にイメージできていることが判明した。こうした結果に基づいて我々は、ニューロ・イメージング手法は予算をかけずに複数のコンセプトを評価し、最善のコンセプトを選択するのに適しており、エスノグラフィーや個別インタビュー、アンケートなどの手法は、その選択したコンセプトを実際にどう実施するかに関する調査に適していると結論づけた。

また、コスリンの研究チームは、fMRIを用いて、広告に対する消費者の評価を調べたこともある。ある調査では、完成した広告とアニマティックス（最終制作の前段階で使われる簡単なアニメーション）に対する消費者の反応を比較した。この比較が重要なのは、アニマティックスの段階から完成品の段階に移行する際に非常に大きな費用がかかるからである。もし広告やその他ビジュアルの効果に関し、"完成品を制作する前に"信頼性の高い顧客評価を調査することができれば、企業はかなりの費用を削減することができる。

ある実験では3組のアニマティックスと広告完成品について調査が行われた。その結果、完成品を見て反応した脳部位の95％が、**アニマティックスを見た時にも反応していた**。ニューロ・イメージング手法を用いた調査が、広告制作や広告評価のどの段階で有効であるかは、今後も研究していく余地がある。しかし、こうした研究が進展することにより、新製品に関するアイデアや、商品ポジショニングの代案、そして商品、パッケージ、店舗デザインの開発や評価において、ニューロ・イメージング手法がより効果的な手段となるだろう。

●──調査を適用する際の注意点

アリゾナ州立大学の生産管理および産業組織心理学者であるウィリアム・ウタルが指摘するように、心理学調査でニューロ・イメージング手法を使う際に注意点として指摘されていることは、マーケティング調査においてもあてはまる[12]。また、マーケターはこの手法に制約があることも認識しなければならない[13]。たとえば、あるマーケティング刺激に対して脳の特定部位が明確に反応することを突き止めることができる、と言えば非常に魅力的に聞こえはするが、それは骨相学

の主張（19世紀前半に欧米で流行した、頭蓋骨を外から視診・触診するだけでその人の性格や素質を知ることができるとする説）と相通ずるものがある。マーケターというのは、脳のある「一部」が反応していると、それが効果的な広告、または魅力的なパッケージや新製品コンセプトに反応しているのだと思いたくなってしまうものである。

　しかし、脳はそれほど単純なものではない。脳の活動状況だけを見て、その思考内容を特定することはできない。ある思考や感情に関連する脳部位が活動していることがわかるにすぎないのである。ほかにどの部位が反応しているか、あるいは反応していないか、あるいはその部位が反応した前と後で他のどの部位が反応しているかを調べることで、思考の性質を推察することはできるが、具体的な思考や感情を特定できるわけではない。しかしいずれは、ニューロ・イメージング手法が、消費者へよりよい製品とサービスを提供するのに役立つ手法となる可能性は大きい。

3　フォーカス・グループの問題点

　消費者の心や脳を調べるのに、フォーカス・グループを使うマネジャーは多い。その使用頻度は近年減少し、この手法に対する批判が上がっているにもかかわらず、依然としてマーケティングの現場では、最も頻繁に使用されている手法である。批判の理由としては、この手法自体に問題があることと、その使用方法に問題がある場合の両方がある。たとえば、広告専門家のロバート・モレスは、「フォーカス・グループの結果を、意思決定基準として使用することは絶対に避けるべきだ」と言う[14]。マサチューセッツ工科大学スローン経営大学院でマーケティングを教えるジョン R. ハウザー教授も、「2時間で5〜10の課題について8人に調査するとすれば、1つの課題につき参加者1人が話す時間は1〜2分である。このような制約の中では表層的な情報しか得られない」と語っている[15]。また、個別インタビューの方がフォーカス・グループより低コストで済む。このような批判に対して、フォーカス・グループ会社の中には、より革新的なアプローチを

採り入れることにより、より適切な実行を目指したり、クライアントが調査結果を誤用しないよう注意を促したりするところも出てきている[16]。

多くのマネジャーやリサーチャーは、フォーカス・グループがあまりにも頻繁に利用され、しかも間違った方法で使用されていることを知りつつも、市場調査の現場ではその使用を続けている。それはなぜか。理由は単純である。フォーカス・グループは実行するのが簡単で、費用がそれほどかからないからである。他の調査方法と同様、フォーカス・グループもすべての状況に有効であるのではなく、その使用に適した状況というものがある[17]。たとえば、既存の商品デザインのよい点や、商品の使いやすさを評価するような場合には有効である。しかし、一般的な通説に反し、新製品の開発や評価、広告のテスト、ブランド・イメージ調査といったものには適していない[18]。消費者の深層レベルの思考や感情についてもわからない。実際、フォーカス・グループは、自然科学や社会科学、人文科学などいずれの分野においても学問的根拠を欠くという点で、決定的な欠陥を持つ。

フォーカス・グループに関して最も気になるのは、いかなる学問領域においてもその有効性が科学的に検証されていないということである。あえて言えば、グループ・セラピー論が理論的には最も近いのかもしれない。しかし、グループ・セラピーの構造や技法は、フォーカス・グループで実際に使用されているものとは明らかに異なっている。高質なグループ・セラピーは、同じメンバーが何度も顔を合わせてミーティングをするほか、熟練したセラピストが個別面談を行うが、フォーカス・グループではこういったことはしない。フロリダ国際大学で教育指導学および教育政策学の教授を務めるバレリー J. ジャネシックによると、1つのトピックに関し3〜4人でグループ・ミーティングを行って効果的な結果を得るには、事前に個別インタビューを行うことが重要であるという[19]。

定性調査の権威であるハーバート・ルービンとアイリーン・ルービンによると、個人的な思考や感情を他人と共有するためには、いかなるグループでも信頼関係の構築が不可欠であるが、フォーカス・グループでは進行役と参加者が信頼関係を築くことはできないと指摘する[20]。定性調査の専門家であるスティーブン・テイラーとロバート・ボグダンは、フォーカス・グループを「回答者の生活のプライベートな部分を調べる必要がない場合にのみ」使用すべきだと主張している[21]。しかし、マーケターが知りたいことは往々にして、消費者のプライベートな部分

に関することである。したがって、消費者の生活の深部を知りたければ、フォーカス・グループではなく個別インタビューを行うべきである[22]。

　実際、フォーカス・グループは、いくつもの学問領域における重要な知見に反している。

- フォーカス・グループの最大の制約は、複数の概念がどのように関連しているか、つまり、社会的に共有されているメンタルモデルを明らかにすることができないことである。うまくいったとしても、複数の概念をリスト化できる程度で、概念同士がどのように関連しているか、そのダイナミクスを理解するには至らない。

- リバプール大学生物科学部の心理学教授であるロビン・ダンバーは、グループで話し合う時、最適な人数規模は3人であることを実証した。理想としては、進行役が1人で、参加者が2人または多くて3人という規模である。ダンバーは、「会話に参加できる人数の上限は明らかに4人である」と述べている[23]。

- このダンバーの見解は、様々な分野の専門家たちに対して行われた調査によって明らかとなった。この調査によると、ある問題解決にとって重要な要因を列挙し尽くすのに、3人以上の専門家は必要ないという。また、3人目の専門家の貢献度は非常に小さいとも言われている。このことは、医学からエンジニアリングに至る広範な分野で実証されている。そして、消費者1人ひとりは、それぞれ自らの消費活動に関する専門家であると言える。

- フォーカス・グループの参加者1人が話している時間、つまり1人当たりの持ち時間は、平均10〜12分である。見知らぬ人同士が対談する場合、10分以内にある課題について相互理解に達することは難しい。したがって、1人の参加者につき10分程度費やしたとしても、参加者同士が深層レベルの思考について話し合うようなことはない。特に、フォーカス・グループの現場でよく見られるように、特定の個人が会話を独占したり、相手のご機嫌を取ろう

としたり、プライバシーを守ろうとしたりするような場合には、なおさらである[24]。

- 1人平均10分しか持ち時間がないフォーカス・グループにおいて、しかも何人かは他の人よりも長く話をすることが多い会話の中から、実際に話された言葉通りの内容以上の何かを読み取ることはできない。たとえ、その10分間が1つの課題についてのみ語られた場合であっても同じである[25]。複数の参加者が10分間ずつ語ったとしても、そこから得られるものはせいぜい同様の概念を言い換えた言葉の羅列であって、調査目的である深い洞察はほとんど得られないだろう[26]。

- アビー・グリフィンとジョン・ハウザーは、"The Voice of the Customer"と題した論文の中で、1時間ほどの個別インタビューがフォーカス・グループよりもずっと優れていることを実証した[27]。彼らの検証データによると、個別インタビューを数名に行うことで、フォーカス・グループを何度か行った場合と同等の顧客ニーズが明らかになるという。たとえば、8人に対して個別インタビューをすることは、8つのフォーカス・グループ（なんと64〜80人の顧客に相当する！）を行った場合と同じ効果がある。つまり、個別インタビューの方がフォーカス・グループより費用対効果が高い。

- また、グリフィンとハウザーは、フォーカス・グループで得た情報を最大限に活かすためには、企業は専門のアナリストを数名雇い、インタビュー原稿やビデオ内容を解釈する必要があると指摘している。透過ミラーの後ろからセッションを観察するだけでは十分ではない。それではグループシンクと呼ばれる集団的浅慮の影響を排除できないだけでなく、参加者のコメントを深く理解することはできない。

4　マーケターに課された知恵と責任

　消費者の無意識の心を理解することが重要であるという考え方は、今に始まったものではない。たとえばマーケターは、統計分析を用いて、異なる製品属性の相対価値を推測することにより、直接的な質問に対しては消費者がうまく説明できない内容を明確にすることができる。また、熟練したリサーチャーが観察調査法を行うことにより、通常なら現れてこない顧客ニーズなどの知見を引き出すことができる。たとえば、ある調査では、顧客が買い物をした後に店を出た際に、競合商品を比較したかどうか、商品選択の際に価格を検討したかどうかと尋ねてみると、ほとんどの人は「はい」と答えた。これだけみると、顧客は特定ブランドの選択を店内における購買段階で行っているように思える。しかし、観察調査法を用いてみると、実はその商品が置いてある場所にはわずか5秒ほどしか立ち止まっておらず、90%の人は最終的に購入に至った商品しか手に取っていなかったことも明らかになった[28]。このように、直接観察法によって、消費者自身は店内で購買意思決定を行ったと信じていたとしても、実際は店舗に入る以前に、ブランド選択をしていたことが判明した。

　新しい調査法は、認知的な無意識と、その無意識と意識との関連性を調べることに焦点をあてている。こうした新手法は、人間の思考と行動に関する様々な学問領域の知見に基づいており、他の表層的アプローチに比べて、より深い洞察を導き出すことができる。また、これらの学問領域は、そこで得た洞察をマネジャーがどのように活用すべきかについても示唆を与えてくれる。

　こうした進展は、ピーター・ドラッカーの言う「知識社会」への移行を促進し、マネジャーは今まで以上に顧客をよく理解することができるようになる。さらにこうした知識は実際のビジネスに応用可能である。つまり、マネジャーは、こうした新手法を利用することにより、広告などを通じて顧客とのコミュニケーションを図る方法を改善し、商品やサービスを開発し提供する方法を向上することができる。しかし、ここには罠が潜んでいる。それは、フランシス・ベーコンの言う「知識は力なり」という決まり文句に潜む罠だ[29]。この表現をたいていの人は

知識の乱用を意味する言葉として理解している。多くの消費者はすでにマーケターのことを疑いの目で見ており、企業側の利益のためだけに消費者に影響を与えようとしていることに憤慨している[30]。

　マーケターは、「知識は力なり」の罠に陥ることを恐れるあまり、新しい知見や本書で紹介している手法を活用したがらないかもしれない。しかし、ベーコンは本来、人間らしさを尊重するために知識を使う必要性を強調しようとしたのである。ベーコンが表現しようとしたように、知識社会で生み出される知的生産物は、マーケティング・マネジャーがそれを有効に活用することで、顧客と社会一般に広く有益なものとなり得るのである。

　こうした利点を実現するには、マーケターが様々な学問分野の知識を統合し、責任を持ってそれを利用しなければならない。つまり、消費者のことを第一に考え、顧客のために活用しなければならない。これは善悪の判断に基づき、自らの良心に耳を傾ける勇気があればできることだ。消費者のことをよりよく理解することにより、それを賢明に、社会的責任を持って使用する義務がある。

　知識に関する善し悪しは、知識そのものやその入手方法によって決まるのではなく、その活用方法によって決まる。**実際、本書で紹介するアイデアを不愉快に感じた読者もいるかもしれないが、いずれも実際には様々な分野で人々の健康やよりよい生活に貢献してきたアイデアなのである。そしてそうしたポジティブな効果は、マーケターが本書で書かれた知見を活用する場合にも期待できるものである**。こうした新しい知識を正しく使用することによって、企業は顧客に対し持続的な価値を提供できる。新たな知識が乱用される可能性を警戒する必要はあっても、**乱用それ自体を恐れるあまりに新しい発見に足を踏み入れないというのはよくない**。新たな知識の利用を回避するだけでは、消費者によりよい製品とサービスを提供し、より質の高い生活を提案することはできない。

　こうした知識の乱用の可能性を、消費者はどう見ているだろうか。そのためには、消費者自身が情報提供にどの程度協力的であるかを見ればよい。自らが提供した情報をマーケターが自分たちのために使うのだとわかっていれば、消費者は自らも認識していない深層的な思考や感情を臆することなく話してくれる。ハーバード・ビジネス・スクールの市場心脳研究所が行った調査によると、消費者にとって信頼できる優秀な企業とは、企業ニーズと顧客ニーズの両方を満たすマー

ケティングを行っている企業である。また消費者は、自分たちの表層的な意見だけではなく、深層的な思考や感情も理解しようとする企業を信頼し、重視する。ある消費者は、多くの企業が市場調査に関して行っていることに関する失望を以下のように述べている。

　顧客企業に、素晴らしい手づくりのケーキをプレゼントとしているのに、企業の態度といったらひどいものだ。表面のクリームを舐めるだけで、その下に何があるか知りもしないし、知ろうともしないから、何を見逃しているのかもわかっていない。そして、顧客である私に特に興味はないし、あったとしても表面のクリームが欲しいだけだと言ってくる。

　消費者から得た情報を企業がよりよい消費経験に役立てるために使うとわかっていれば、その手法が個別インタビューであれ、アンケート調査であれ、ニューロ・イメージング法であれ、消費者は様々な情報を提供してくれる。たとえば、ZMET調査では通常、消費者自身が調査に参加する前には想像もしなかったような多くの思考や感情が明らかになる[31]。時には、とても感動的でプライベートな話までしてくれる[32]。ZMET調査のインタビューは、最初にインタビュアーが次のような説明をしてから始められる。「インタビューの終了後、ご自分がお話しになった内容を私どもの調査目的に使われたくないと思われた場合は、録音したカセットテープ、私がとったメモ、ご持参いただいた写真や絵をすべてお持ち帰りいただいて結構です。その理由を説明していただく必要はありません。もちろん、その場合でも謝礼はお支払いいたします」[33]。そしてインタビュー終了後、どのような目的でインタビュー内容が使われるのかを説明する。これまで、世界中で行われた200以上のZMETプロジェクトにおいて、8000人以上の参加者がインタビューを受けたことになるが、インタビュー終了後に実際に情報を持って帰った人は2人だけである。そしてそのうちの1人は、数日後に持ち帰った情報を送り返してくれた。このような態度は、インタビューする側とされる側に信頼関係と思いやりが築かれていることを表しているだけでなく、消費者が企業に自分たちのことをさらに理解してもらい、よりよい製品とサービスを提供してほしいと願っていることを示している。

最後に、消費者の無意識の考えを調査し、消費者をより深く理解し、満足させるために使用することと、知り得た知識を消費者に気づかれないように利用することとの間には明確な線引きをしておく必要がある。企業と顧客は意識的にも無意識的にも、約束を取り交わしているのである。約束をしてもそれが守られることがなければ、そうした約束の効果は長続きしない。たとえば、プラシーボ効果が長く持続しないことからわかるように、正式な処方が施されなければ、信念や期待だけに頼った無意識の効果は長続きしない。ヴァンス・パッカードが著した *The Hidden Persuaders* (Random House, 1957)——この本自体が、騙すということに関して非常に間違った解釈をしている——に対して、1958年にレイモンド・バウアーが批評した表現を借りれば、「私たちは、今や人間の行動が完全にコントロールでき、私たち自身がそうしたコントロールに気づかないためにその犠牲になるしかない、というような幼稚な不安感」[34]を払拭すべきである。こうした不安は、1958年にバウアーが口にした当時と同様、現在も存在するが、また当時と同様、それは根拠のないものである。ニューロ・イメージング調査やZMET調査、その他の新たな調査法が発展してもなお、マネジャーは消費者の心をコントロールすることはできないし、意識的にも無意識的にも消費者を洗脳して無駄な買い物をさせることなどできないのである[35]。

＊　　＊　　＊

　様々な学問分野における新たな発展によって、マーケターは消費者の無意識の思考や感情をより深く理解できるようになる。次章で述べるように、生理学的反応手法や様々な社会科学分野における発展のおかげで、消費者は自分たちの「声」を発信する機会を多く持つようになり、それを企業に正確に伝えることができるようになる。学習プロセスの深い理解により、教育者がよりよい教育方法を提供できるようになったのと同様、マーケターは消費者をより深く理解することにより、消費者によりよい働きかけができるようになる。教師同様、マーケターはそうした機会を提供することしかできない。また、その機会を受け止めるかどうか、それをどう使うのかを決定することができるのは、生徒同様、消費者の側にある。

第6章 思考の本質に迫る
コンセンサス・マップの概念

我々が思考している時、頭の中では何が起こっているのか。

　マーケターは、消費者の思考が彼ら自身の嗜好や商品選択に影響を与えることを知っている[1]。しかし前述したように、思考はたいてい深層レベルで起こって我々に影響を及ぼし、我々が気づかないうちに消えていく[2]。また、マネジャーも自らの思考を予測したり、表出させたりすることがなかなかできない。
　ZMET調査を用いると、重要だが理解しにくい消費者行動の要因を引き出すことができる。この調査法から導出されるコンセンサス・マップは、消費者の無意識の心を覗き込むのに役立つ。この章では、このコンセサス・マップについて議論を進める。

1　思考とはいったい何か

　コンセンサス・マップは、ある特定の問題や、商品、サービス、それらを提供する企業に関して、多くの消費者が共通して持っている思考を束ねて図式化したものである。したがって、まず最初に、思考とは何か、その性質について深く掘り下げて理解することが重要である。思考とはいったい何なのか。それはあまり

に私たちの生活の根幹に関わるものであるがゆえに、説明しにくいものである[3]。**アイデア**や**コンセプト**といった同義語を用いて説明を試みることはできるが、それでは十分な定義とは言えない。

もしマネジャーが消費者の思考や行動を理解し、それに働きかけ、持続的な顧客価値を提供したいと考えるならば、思考とは何かを熟知する必要がある。まず心に留めておかなければいけないのは、個々の思考は単体として独立して存在するものではないということである。個々の思考は消費者の心の中で互いに結びつき、消費者の行動と連動して作用する[4]。ある意味で、思考は行動の一種としてとらえることもできる。具体的には、ニューロ・イメージング装置を使うことによって初めて見ることのできる電気化学的な行動であると言える。

顧客の思考の中身なら、彼らの行動をよく観察すればわかると主張するマネジャーがいる。しかし、それはマネジャー自身のとらえ方によって、消費者のどのような思考が彼らのどういった行動となって表れているかを解釈しているにすぎない。そうした解釈が正しいこともあるが、たいていは間違っている[5]。たとえば、アメリカ西海岸を本拠とするあるスーパー・マーケットのチェーンが、店内における顧客行動を観察した。その観察に基づいて、マネジャーは顧客が有名ブランドの食品ではなく自社のストア・ブランドを選ぶ理由は価格にあると結論づけた。しかし、買い物を終えた顧客にその商品にいくら払ったか聞いてみると、ほとんどの人は覚えておらず、より高額なブランドがどれであったかも答えられなかった。つまり、マネジャーの思考は顧客の思考を正確に反映してはいなかったのである。この企業は、マネジャーの思考をベースにした価格づけを行ったことで、この間違いに気づくまでの間、本来であれば得られる利益をふいにしていたのだ。

確かに顧客を観察することによって重要な知見が得られることはあるが、同時に、**顧客自身**が自分の行動をどう解釈しているかも考慮しなければならない[6]。マネジャーが自分の思考に基づいて顧客の思考を解釈するやり方では、重要なマーケティング上の判断を誤ってしまうことがある[7]。マクニール・コンシューマー・ヘルスケアの社長であるウィリアム・マッコムは、この問題点について次のように明快に語っている。「我々は消費者が何を考えているかを知るべきなのに、彼らと自分たちとは同じだと思い込み、我々が消費者の代わりに考え、消費者の

行動を理解できると信じてしまう」

　消費者のどの思考が行動に結びついているかを理解することができれば、よりクリエイティブなマーケティング・コミュニケーションを使って、より効果的に彼らの行動を方向づけることができる。たとえば、歯科医紹介サービス会社のフューチャー・ドンティックスは、ZMET調査を用いて、患者が半年ごとに歯医者に行かないのはなぜか、その理由を調べた。その結果、患者の多くが、半年ごとに歯科検診に行かなければならないというのは歯医者が営業目的のためにでっちあげたものだと考えていることがわかった。この調査に協力した患者は、半年という期間が実際にはきちんとした医学的検証に基づいていることを知らなかったのである。フューチャー・ドンティックスは、患者の行動の背後にある思考を把握できたことに基づき、6ヵ月ごとの検診がなぜ大切かを説明するパンフレットをつくり、定期的な検診が大切であることを歯科医が患者にしっかりと伝えるようアドバイスした。その結果、統計的なデータこそないものの、これらのアドバイスを実行した歯科医師や受付担当者からは、非常に効果的だったという報告を受けた。

　消費者の思考や行動の「何」(what)の裏にある「なぜ」(why)を理解することは、消費者に正しい選択を促す鍵となる。ガロ・ワインのマーケティング担当副社長、イアン・ダグラスは、顧客の思考と行動がどのように関わり合っているかを示すマップを作成した。同社は、マーケティング戦略を立てる際、このマップを青写真として使っている。アトランタを本拠とする広告コンサルタントのロバート・サマーズは、戦略の策定や広告クリエイティブの実行には、「なぜ」という要素が随所に反映されていなければいけないという。つまり、顧客がなぜそのような行動をするのか、そして、広告がその「なぜ」をどのように反映しているのかを、明確に説明できていなければならない。トロントに本拠を置くインナー・ビューズは、消費者とマネジャー双方の無意識の心を分析対象とし、メタファーを駆使した調査を専門とする調査会社である。同社のベティー・ヒューズは、コンセンサス・マップを「マーケティング戦略の水晶玉」と呼んでいる。それを覗き込めば、消費者がマーケティングにどう反応するのか予測可能になるからである。

2 コンストラクト：ラベルで把握する思考

　思考は、神経活動が活発化して起こる認知的プロセスにおいて生じる[8]。ワシントン大学の哲学・神経科学・心理学プログラムのジェス J. プリンツによると、思考は、ある事柄を説明するのに「代役」の役割を果たすコンセプトを必要とする[9]。思考がこの「代役」を必要とするからこそ、深層に隠れた思考や思考間のつながりを引き出すのにメタファー（ある事柄を別の事柄で表現する方法）を使用することが効果的なのである。

　マーケターは、消費者が言ったことや書いたこと（たとえば「私は新しいブランドに乗り換えるつもりはない」という言葉）、あるいは彼らがとった行動（たとえば、特定のブランドを必死に探したり、好きなブランドを見た時に皮膚伝導性が上昇するなどの生理的反応が無意識のうちに起こったりすること）に基づいて、消費者の思考を推測しようとする。マネジャーやリサーチャーは、こうした言動を裏づけていると思われる思考を推量し、たとえば「ブランド・ロイヤルティ」といったラベルや名前を付ける。認知科学では、このようなラベルを**コンストラクト**と呼ぶ。コンストラクトは、消費者の実際の思考や行動をそのまま表したものではなく、彼らの思考や行動をマーケターが**解釈して表現した**ものである。これを用いて具体的な思考や行動に関する議論ができるようになる。つまり、コンストラクトはとらえにくい現象をわかりやすく把握するための手段だと言える。

　では、コンストラクトとはどういうものか。第5章で、顧客のことを第一に考える企業とはどのような企業かを消費者に説明してもらったZMET調査に触れたくだりで、このことについて少し説明した。コンストラクトの例として、援助、育児、資源などを挙げたが、ほかにも、この調査から分析されたコンストラクトとしては、**表6-1**のようなものがある。

　たとえば、「信頼性」というコンストラクトは、具体的には、「企業が私にとってよいことが彼らにとってもよいことだと知っているから、信頼できる」、または「何か困ったことがあったらすぐに対処してくれる。何も質問されないし、何も面倒なことはない」という引用文が表している思考を解釈し、ラベルを貼った

表6-1 ●「顧客のことを第一に考える企業」のコンストラクト例

コンストラクト	定義
発展性	顧客と企業の関係が常に進化する。その関係が長期にわたりダイナミックに変化していくだろうという予想や、企業と顧客が互いに学び、それぞれの行動を適応させていくような「双方向」の状態。
従業員の扱い	企業が従業員をどのように扱うかについての顧客の認識。賃金や報奨、その他の従業員制度を含む。
信頼できる	企業の製品やサービスが信頼できて、一貫性がある。何かあった時に、信用できるような企業。いつも顧客のために行動してくれる。
正直さ	製品に関する情報がわかりやすく、誠実である。わざと情報を隠したりしない。
イノベーション／クリエイティビリティ	顧客のニーズや関心を満足させるような製品やサービスを常に追求する。他社とは違ったことをする、従来の考え方を覆すような能力を持つ。現状に固執するのではなく、新しいアイデアに対して柔軟である。
道徳者	企業行動の倫理的な側面を考えている。社会的な善悪を理解している。
積極的な行動	将来を見極め、問題が起こる前に先んじて行動する。あらゆる可能性を吟味し、それに備える。
おもてなし	顧客のことを思い、顧客が安心できるように全力を尽くす。自分は必要とされている、温かく迎えられている、大事にされている、と顧客が感じる。

出典：ハーバード・ビジネススクール　市場心脳研究所

ものである。また、「信頼性」というコンストラクトは、企業を信頼できないという以下のような思考や感情も含む。「この写真には廃屋が写っています。これはあるHMO（健康保険機関）に対して私が感じていることです。本当に必要な時に彼らが助けてくれるかわからないのです。義理の妹の時は助けてくれなかった。妹は彼らを頼りにしていたのに、何もしてくれなかったのです」。また、この調査では、「正直さ」も重要なコンストラクトの1つであり、次のような引用文に代表される思考にラベルを貼ったものである。

　顧客のことを第一に考える企業は正直なはずです。問題や困難がたくさんある

とわかっている時は、あらかじめそれを教えておいてほしい。前もって言ってくれていれば、何かあったとしてもそれを受け入れやすいから。

　コンストラクトとは、マーケターやリサーチャーが、消費者の心の中で起こっているだろうと思うことを表現したものである。よって実際の消費者の思考そのものではなく、消費者の思考を解釈してうまく表現したラベルのようなものである。いわば、消費者の思考を手っ取り早く要約する道具である。しかし、こうしたラベルづけが、マーケターが調査結果から最終的に導き出す結論に影響を与えることもある。たとえば「ブランド・ロイヤルティ」というコンストラクトを考えてみよう。これには顧客がある商品を繰り返し買うという習慣的、受動的な行動を表す場合もあれば、特定のブランドを懸命に探す、またはそのブランドを見つけるまで何も買わないといった献身的、能動的な行動を表す場合もある。したがって、マーケターはコンストラクトがどのように定義されているのかをきちんと知っておく必要がある。また、コンストラクトをつくる際に使用された１次データに目を通しておく必要もある。広告代理店のクリエイティブ・スタッフや商品開発の担当者も、回答者が持参した写真や実際に用いた言葉遣いに触れておくことで、消費者の思考プロセスに関する洞察を深めることができる。彼らはそうしたデータから、マーケターが見落としたニュアンスを拾うことができるかもしれない。

　調査を進める過程において、回答者の表現内容から読み取ることのできるコンストラクトについてしばしば熱い議論が重ねられる。特に、コンストラクトの定義を広く設定すべきか、狭く設定すべきか、といった議論は絶えない。たとえば、「道徳的責任」というコンストラクトには、物質的環境と社会的環境の双方を含むべきか、それともそれぞれの環境を別のコンストラクトで表すべきか、といった議論である。ほかにも、「信頼性」というコンストラクトには、ポジティブな事柄とネガティブな事柄の両方をまとめて包含すべきか、それともそれぞれを区別して「信頼性」と「不信感」という別のコンストラクトにすべきか、などの問題をめぐって議論が起こる。これらコンストラクトの定義に関する諸問題は、最終的にコンセンサス・マップを作成する前に解決しておく必要がある。

　コンストラクトの定義範囲をどのように設定するかは、その後マネジャーが調

査結果をどのように解釈するかに影響を与え、意思決定や行動計画を方向づけることになる。ハーバード大学の気鋭の心理学者であるジェローム・ケーガンは、あまりに抽象的、あいまいにコンストラクトを定義することに対して警告を発している[10]。たとえば、「衝動買い」「恐怖」「顧客満足」「ブランド・ロイヤルティ」などといったコンストラクトは、状況や対象者によって意味が異なる。たとえば「恐怖」というコンストラクトをとってみても、自分には体臭があるのではないかいう恐怖と、事故に遭うかもしれないという恐怖、パーティの途中で食べ物などがなくなってしまうのではないかという恐怖とでは、全く異なる意味を持つ。同様に「リフレッシング」というコンストラクトも、ミネラルウォーターを飲んでいる時、激しい運動をした後にシャワーを浴びている時、公園でクラシック音楽を聴いている時、暖かい春の日に窓を開けた時とでは、それぞれ異なった意味を持つ。「ケア」というコンストラクトについても、スーパーで顧客が受けるもの、自動車ディーラーで受けるもの、顧客担当窓口に電話した際に受けるものとでは違う。つまり前述したように、哲学、神経科学、認知科学、社会学の最近の考えに共通する最大のポイントは、思考や行動が起きる際のコンテクストこそが重要だということである[11]。同じ経験内容を表した言葉でも、物質的あるいは環境的コンテクストが異なれば、違った意味を持つ。それは、商品が使用された時の状況だけでなく、調査が行われた時の状況も含む。

　前述のケーガンは、「人間の心理的な活動は、脳の生理的な状態の制約の中で起こる。それはちょうど、動物の行動範囲が彼らを囲う柵に制約されていることと似ていて、個々の動物の動きをすべて制御するわけではない」[12]と主張する。同じコンストラクトや柵でも、それが置かれた背景や状況によって違った意味を持つ。たとえば「バーゲン」といっても、一緒に買い物に行く人、買い物に行く店、その店がある国、買い物をする人の気分のほか、買い物の対象となる商品やサービス、そして前回購入した時の経験などが影響する[13]。また、ある思考は状況によって異なった結果につながるだけでなく、異なった原因によってもたらされているかもしれず、そのため、思考はそれぞれのコンストラクトにおいて、違う性格を持つのである。たとえば、ヨーロッパで行われた研究では、消費者はコーヒーを飲むことと水を飲むことに関して、「バランス」「変化」「元気が出る」「生き返る」などといった同じ言葉を使って表現した。しかし、これらの思考が

表現されている写真や引用文をみると、同じラベルで表現されてはいても、実は非常に異なるプロセスを経た思考であることがわかる。コーヒーを飲んで生き返った気分になるのと、水を飲んで生き返った気分になるのとでは、意味が異なるのである。消費者が全く同じ言葉で表現していても、コーヒーと水とでは違う意味を持っていることを理解することで、あるコーヒー製造業者はコーヒーの消費量を効果的に拡大することができた。そしてミネラルウォーター消費の増大によるコーヒー消費の減退を食い止めることに成功したのである。

3 社会は心と脳に入り込む

　思考はどこで生まれるのか。その答えは明白に思える。つまり、脳内の神経活動によって起こる思考プロセスの中で生まれるのである。実際、スティーブン・コスリンはじめ多くの認知神経科学者が指摘するように、意識的思考も無意識的思考も脳の活動によって生まれる。しかし、その説明だけではもの足りない。脳はしばしば、社会環境の影響を受けながら思考を生成するのである[14]。
　まず、我々の自己意識について考えてみよう。もちろん、消費者の自己意識は、商品や企業、広告キャンペーンに対する彼らの思考に影響を与える。では、自己とは正確には何を指すのか。我々の自己意識とは、多分に個人的なものである。実際、我々自身について自分だけが知り得ている事柄は、自己意識をおいてほかにない。では、我々が我々であることを決定づけているものは何か。それには生物学的な身体特徴や人生経験といった様々な要素が影響している。さらに、両親、付き合いの輪、地元のコミュニティ、成長につれて培った社会規範などで成り立っている社会、私たちを取り巻く文化、教育、政治、職業などをはじめとする様々な制度がある。そしてごく個人的な思い出でさえ、多くは社会との関わりの中に存在する。
　個々の消費者のユニークさは、表層レベルの調査法によっても表出する。多くの企業は、高度なデータマイニング手法を駆使して、個々の顧客のユニークさに焦点をあてた分析を行うことにより、複数のマーケット・セグメントを割り出し、

各セグメントに合わせて商品差別化を図ろうとする。もちろん、**消費者層のユニークさに応じて商品やサービスをカスタマイズすることはできるが、カスタマイゼーションはコストがかかる戦略であると同時に**、あまり重要でない製品属性に関する差別化を競い合う結果になりやすい。しかし、深層レベルの分析を行えば、ある事柄に関して消費者が考えたり感じたりしていることはある程度似通っていて、そう大きく異ならないことがわかる。たとえば、世界中で商品を販売している、ある消費者パッケージ会社は、ある調査を通じて、消費者の買い物経験は国が変わっても非常に似かよっていることを見出した。また別の多国籍企業は、文化が全く異なれば顧客が欲しがる製品も大きく異なると思い込んでいたが、実際には同じような製品を嗜好することを発見した。こうした発見は、より効率的かつ効果的な商品開発やマーケティング・コミュニケーションにつながった。表層レベルの調査法によって浮き彫りになる、消費者間で異なる思考や行動は、多くの場合、深層レベルでは消費者間に共通した特性を有している。こうした深層レベルで共有される特徴は、消費者行動に大きな影響を与え、時間が経ってもほとんど変化しない。したがって、マーケット・セグメントをどうするか、または、どのような商品やサービスを提供するかという決定は、こうした深層レベルにおいて消費者間に見出される共通項を基準に行うべきである。たとえば、ドレーク・スティムソンによれば、P&Gは、従来の表層レベルの消費者分析を深層レベルの分析に転換することにより、〈ファブリーズ〉の初年度売上見込みを2倍に拡大することができたという[15]。

　これまでマーケティングの現場では、市場を細分化することで、マーケット・セグメンテーションを精緻化することに努力が払われてきた。学問分野としての専門性が高まるにつれて、マーケット・セグメンテーションの高度化が進み、マネジャーは消費者間の深層レベルにおける類似点ではなく、表層レベルに見られる相違点に焦点をあてるようになってしまった。もちろん、消費者はそれぞれ似通う点と異なる点を両方併せ持つが、類似点にこそ、消費者の思考を理解し、購買行動に影響を与える鍵がある。**深く掘れば掘るほど、異なる消費者が、ある物事に関して重要な思考や感情を共有していることがわかる。こうした類似点こそが、消費者行動に大きな影響を与えている。**

　消費者間に共通して存在し、変化しにくい普遍の思考や感情は**ヒューマン・ユ**

ニバーサルと呼ばれるが、それは何に由来するのだろうか。その一部は、人類共通の神経生物学的構造に由来していると考えられる。また、異なる文化においても人間が直面する問題には共通したものが多いということにも由来すると言われる。たとえば、どのように家庭を築くか、何のために日々努力をするかなどといった問題や課題は、どこに住んでいようともだれもが共通して抱えている[16,17]。

4 コンセンサス・マップ：図式化した思考の束

　先述したように、ある状況やコンテクストに関する消費者の思考や感情のうち、彼らに共通している部分を深く掘れば掘るほど、彼らに共通する重要なコンストラクトを見出すことができる。たとえば、ある調査では女性に1日の生活を描写してもらった。生活保護を受ける人からバリバリのキャリアウーマンまで、様々な立場の女性を調査したところ、共通の思考や感情がかなり多く見られた。その表現方法こそ異なってはいても、1日をどのように描写しているかという重要な点において共通するコンストラクトはいくつも見られた。同様に我々がオルソン・ザルトマン・アソシエイツ（OZA）で行った調査では、フランス、日本、インド、エジプト、アメリカなどの消費者は一様に、買い物を旅行に喩えて表現することがわかった。文化的背景は異なっていても、買い物プロセスを、旅行における道標や、行き先、苛立ち、驚き、成功、失敗、自己達成感になぞらえて認識していた。

　商品やサービスに関するニーズ、消費経験に関する思考や感情だけでなく、複数のコンストラクトがどのように関連し合っているかについても、消費者間で共通していることがわかる。したがって、思考を「束ねる」ことで、思考のシステムを図式化し、そこに意味を読み取ることができる。

　コンストラクトを人に喩えて考えてみると、個々のコンストラクトは、他のコンストラクトとのコミュニケーションがなければ退屈してしまうだろう。実際、それぞれのコンストラクトは、切り離してしまうとあまり意味をなさない。他のコンストラクトとの「会話」を通じて初めて意味を持つからである。この点を理

解するために、2つの喩えを使って説明してみよう。

　まず、コンストラクトを人に喩えてみよう。人はだれと関わるかによって態度が変わる。職場ではプロフェッショナルな振る舞いをするし、家庭ではもっとカジュアルに振る舞う。見知らぬ人に接する時と、長年の友人に接する時では態度は変わる。このような違いは、たいして意味がない場合もあるが、たいていは非常に重要な意味を持つ。より多くの人と接すれば接するほど、そしてその人たちが多様であればあるほど、自分たちの行動も複雑になる。コンストラクトも同様である。他のコンストラクトと接すれば接するほど、そのコンストラクトは多面性を持つようになる。たとえば、「逃避」というコンストラクトは単体ではあまり深い意味を持たない。しかし他のコンストラクトと結びつくと、いろいろな意味を持つ。具体的には、「逃避」には物理的なものと感情的なものがあるが、「安堵」や「仕事」と結びつくと、ストレスからの逃避という意味を持ち、物質的な危険からの逃避ではなくなる。また、「家庭」「貧困」「恥ずかしい」「スナック菓子」などのコンストラクトと関連させると、「逃避」はよりいっそう複雑な意味を持つようになる[18]。

　もう1つの喩えは、楽器である。楽器は、他の楽器と一緒になって素晴らしい音楽を奏でる。ギターはオーケストラの一部として他の楽器と関わる。他の楽器より目立つこともあれば、控えめなこともある。また同じ曲中においても音量が変わることもある。ギターのソロもあるかもしれない。違う曲を演奏する時には、他の楽器とまた違う関わり方をするだろう。さらに、（耳慣れた人には）指揮者や音響装置によっても演奏は異なるかもしれない。ロックバンドでギターが他の楽器に合わせる時は、もちろんオーケストラでクラシック・ギターが他の楽器に合わせる時とは異なる。したがって、演奏がどのような状況にあるか、そのコンテクストが重要であり、観客のその時の気分だけでなく、それ以前の経験も関係してくる[19]。

　コンストラクトが他のコンストラクトとネットワークを形成するというこの考え方は、経営にとっても非常に重要な意味を持つ。つまり、**単体のコンストラクトではなく、コンストラクト間の関係が消費者行動に影響を与えるのである**。たとえば、自動車を購入した経験のあまりない人が自動車ディーラーのショールームに足を踏み入れる場合を考えてみよう。彼は半信半疑な気持ちになり、彼の心

の中では「不安」と「専門知識」というコンストラクトが結びつく可能性がある（便宜上、ここでは「不安」という言葉が「非常に不安」や「全く不安でない」などの異なるレベルの不安を含むとする。「専門知識」も同様に、消費者の知識が多い場合と少ない場合の両方を含むとする。調査に従事するマーケターは、1つのコンストラクトに対極を含ませるのか、あるいはそれぞれ別のものとして2つのコンストラクトを用いるのかなどを決定する必要がある）。あるいは、自動車ディーラーで嫌な経験をしたという友人の話が思い出され、自分の知識のなさからとても不安になり、気が引けてしまうかもしれない。

　一度こうした思考や感情が呼び起こされると（プライミングに関する説明を思い出してほしい）、消費者はショールームに置いてある様々なものに気づき始め、車の購買経験がどのようなものであるか自ら思い描いていた内容を確認し始める。たとえば、ショールームによくいる、押しの強そうな営業マンたち、小部屋に置いてある販売表彰トロフィーの類、食べかけのピザ、使い捨てコーヒーカップ、特別プロモーションの案内などである。こうしたものから、自分を天敵に狙われる獲物に見立てて想像したり、人間が脅威を感じた際に必然的に示す「戦うか逃げるか」という思いを抱くかもしれない。こうした場合、彼はそのショールームには長居せず、結果的に車を買う可能性は低くなる。

　また、2つのコンストラクトが連動すると、別のコンストラクトが呼び起こされることもある。先述したショールームの例であれば、「不安」と「専門知識」が連動し、「助けが必要」というコンストラクトがこの消費者の頭に浮かぶかもしれない。すると彼は、だれか信頼できる第三者に車の購入に関する助言を求めるだろう。それは、『コンシューマー・リポート』誌のような車購入ガイドブックかもしれないし、インターネット上の情報かもしれない。**つまり、コンストラクト間のつながりは、実際の行動に結びつき始めるのである。**ただし、コンストラクトを単にリスト化したものが役に立たないというわけではない。たとえば、ホールマークのCKO（知識経営責任者）であるトム・ブレイスフォードは、「顧客のことを第一に考える企業」を表す20以上のコンストラクトのリストを作成した。ホールマークはこれを用いて、小売店に対し、最終消費者が彼らのことをどう思っているかについてアドバイスすることができた。

　特定の消費者層に共通して見られるコンストラクトの相互関係を表したものが、

図6-1 ◉「顧客のことを第一に考える企業」のサブマップ

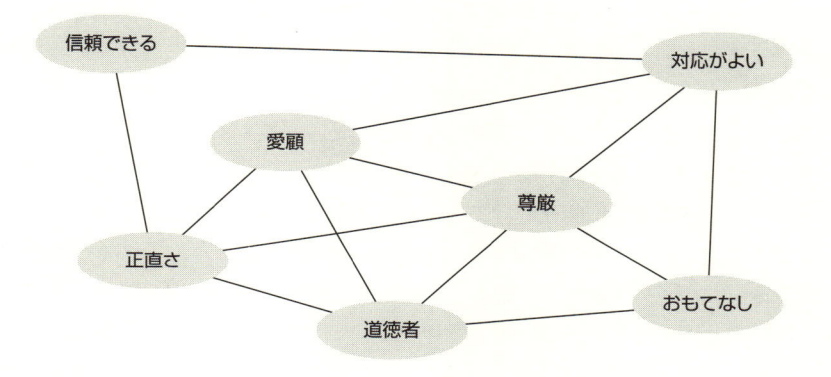

(図:「信頼できる」「対応がよい」「愛顧」「尊厳」「正直さ」「道徳者」「おもてなし」のコンストラクトがネットワーク状に結ばれたサブマップ)

出典:ハーバード・ビジネススクール　市場心脳研究所

コンセンサス・マップである。コンセンサス・マップを通じて、その消費者層がどのような思考や感情を共有しているか、またどのような共通のつながりを持っているかを見ることができる。

　図6-1は、「顧客のことを第一に考える企業」調査の分析結果をコンセンサス・マップにまとめたものである（厳密に言うと、この図は、同じトピックに関するさらに大きなコンセンサス・マップから作成した**サブマップ**である）。この図を見ると、何が主要なコンストラクトで、それが互いにどのように関わり合っているかがわかる。換言すると、コンセンサス・マップは、あるトピックについて、たいていの消費者が共有する思考の束を表したものである。ZMET調査から導出されるコンストラクトの総数は各プロジェクトによって異なるものの、分析結果として作成されるコンセンサス・マップは、通常、調査に参加する消費者が答える重要なアイデアの約90％を含む（イーストマン・コダック、デュポン、GMなどが行った検証結果によると、ZMET調査によって導出されたアイデアのうち、実行可能かつマネジャーに有益であると判断されたアイデアは、他の従来手法を用いた時の2倍であった。この調査で比較対象として用いられた従来手法は、フォーカス・グループやアンケ

第6章 ◉ 思考の本質に迫る　173

ートなどで、約3万人を調査対象としていた）。第5章で見たように、8人の参加者に対し個別インタビューを1時間ずつ行った場合と、8グループ、計65人の参加者に対しフォーカス・グループを行った場合とでは、調査結果から導出されるアイデアの総数が同じであると言われている[20]。様々な学問分野における近年の発展を反映したインタビュー手法を用いることにより、小人数の参加者から多くの重要な知見を得ることができ、効果的であることは当然である[21]。

　図6-1において、コンストラクト同士がつながっている部分は、消費者がコンストラクトをどのように関連づけているかを表している。たとえば、消費者が企業をどう思っているのかを理解するためには、「尊厳」というコンストラクトを理解することが重要である。「尊厳」というコンストラクトは他のコンストラクトに影響を及ぼす存在である。消費者の心でこのコンストラクトが活発化すると（たとえば広告や、営業マンの態度、友人の体験談などを通して）、他のコンストラクトを数多く刺激する（正確に言うと、この調査では「尊厳」というコンストラクトは、全部で12の他のコンストラクトにつながっていた）。それに対し、「おもてなし」というコンストラクトはより少数のコンストラクトにつながっていた。コンストラクトとその相互関係は重要であるが、具体的にどのコンストラクトがどの程度重要で、相互関係の強さがどの程度であるかを計量化することはZMET調査ではできない。そうしたことを計測するには、ZMET調査から明らかになったコンストラクトに関するアンケート調査を行う必要がある。アンケート調査では、他の多くのコンストラクトと強く関連するコンストラクトについて調べることが多い。または、特定の戦略目標や競合他社に対するポジショニングを念頭に、特定のコンストラクトについて集中的に調べることもある。

　「顧客のことを第一に考える企業」調査に参加した数社は、図6-1 から得られた知見を活用することにより、消費者が「尊厳」というコンストラクトを、直接的または間接的に他のどのコンストラクトと関連づけているかを調べる分析にも参画した。その過程では、1次データを分析し、「尊厳」に関するサブマップ（図6-2）が作成された。ある大手金融サービス会社は、このサブマップを用いて、同社に対して顧客がすでに抱いているポジティブな評価をよりいっそう強化することができた。また同社は、サブマップから得た知見に基づき、自社のプライドや新金融サービスを前面に打ち出す効果的なコミュニケーションを展開すること

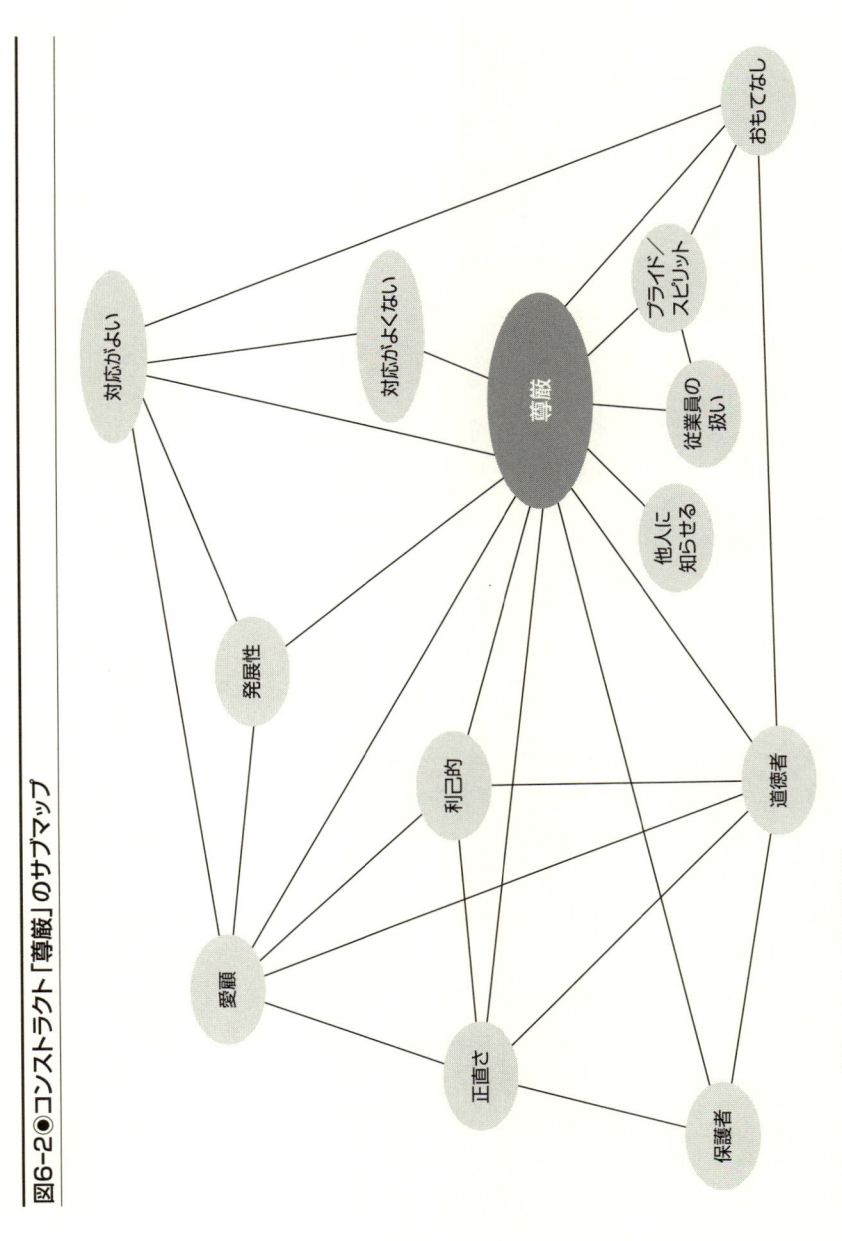

図6-2●コンストラクト「尊厳」のサブマップ

出典：ハーバード・ビジネススクール 市場心脳研究所

ができた。消費者の心の中で「尊厳」のポジティブ面あるいはネガティブ面が活発化すると、図中の他のコンストラクトがそれに反応する。同様に、他のコンストラクトが反応すると、「尊厳」もそれに呼応する。つまり、コンストラクトは互いに影響を及ぼし合うのである。

　ほかにもこのサブマップは、「尊厳」と他のコンストラクト間の相互関係について興味深い示唆を与えてくれる。消費者は、企業が自分たちのことを尊厳を持って扱ってくれるかどうか判断する際、その会社が従業員をどのように扱っているか、利己的でないかどうか、プライドやスピリットに溢れているか、発展性があるかなどを考慮する。ある大手カメラ製造企業がアメリカ国外で企業イメージに関するアンケート調査を行ったところ、「従業員の扱い」というコンストラクトを無視してしまっていたことが判明した。後でわかったことだが、同社の従業員に対する態度について消費者は疑問を持っていた。そこで、その後の企業広告では、同社が従業員を大切にしていることを強調した。そして再度アンケート調査を行ったところ、「従業員の扱い」だけでなく、「尊厳」や「プライド／スピリット」というコンストラクトの評価も向上していた。

＊　　＊　　＊

　思考はニューロンの活動によって起こる。**同時に活発化するニューロンはつながり合い、ニューロン群となって思考を形成する。**また、さらに重要なのは、異なるニューロン群がつながることにより、思考のシステムをつくるということである。コンストラクトとは、リサーチャーやマネジャーが、消費者の思考について議論するために付けた名前やラベルのことであり、その相互関係は、ZMET調査の分析過程でコンセンサス・マップとしてまとめられる。思考は脳内の神経活動を介して生成されるが、多くは社会環境の影響を受けながら形成される。

　さらに、我々の脳の構造や機能は皆似ていて（少なくとも生まれた時は）、我々は人生を通じて同じような問題や課題に遭遇するため、思考や感情には共通した部分がある。このような共通項は、1つの言語にたくさんの方言があるように、表面的には異なる言葉で表現されることがある。しかし、非常に異なる文化に住む消費者でも、相違点より類似点の方が多い。

多種多様な顧客をターゲットとする企業こそ、様々な消費者に共通して見られる普遍的な要素、ヒューマン・ユニバーサルを理解することが重要である。そのためには、各マーケット・セグメント間の共通点を洗い出し、「共通に見られる価値、目標、行動が、消費者層の間で異なる言葉で表現されているとすれば、その違いを尊重すべきかどうか」と自問してみることが重要である。コンセンサス・マップを使うことによって、このような共通点を洗い出し、その関連性を理解することができる。こうした知見を持つことで、マネジャーは、消費者のコンセンサス・マップを再構築し、顧客満足の向上や、ブランド・ロイヤルティの強化、売上の拡大に結びつけることができる。

第7章 市場の心を理解する
コンセンサス・マップの活用

  コンセンサス・マップは、革新的なマネジャーが創造的なリーダーシップを発揮し実践する、戦略立案の場を提供してくれる。

 企業は、コンセンサス・マップをマーケティング戦略を立案する場として見ることができる。たとえば、イミュネックスは、内科医の意思決定に関するコンセンサス・マップに基づいて、慢性関節リウマチ治療薬〈エンブレル〉の開発を行った。また、シェフリン&サマーセットは、コンセンサス・マップをもとに既存の清涼飲料水ブランドのポジショニングを変更した。一方、P&G、AT&T、IBM、サムスンなどは、コンセンサス・マップを活用して新製品コンセプトの開発を行った。また、コカ・コーラ、バンク・オブ・アメリカ、J. W. トンプソン、フィデリティ投信などは、コンセンサス・マップを用いてコミュニケーションの戦略的開発を実行した。このようなことが可能なのは、コンセンサス・マップに描かれたコンストラクトの関連性を見ることで、消費者がある事柄をどうとらえているかがわかるからである。マップを活用することにより、マーケット・セグメントに属する顧客層が最も強く感じている共通のコンストラクトを知ることができる。すなわち、コンセンサス・マップは市場の心の「生体構造」を表していると言える。
 前述したように、リサーチャーが回答者と1対1で向き合う深層インタビューを行い、コンセンサス・マップをつくる場合、対象となるマーケット・セグメン

トから少数の消費者を調べるだけで、セグメント全体を反映するような、十分な数のコンストラクトおよびそのつながりを明らかにすることができる[1]。マネジメント・コンサルティング会社のワースリン・ワールドワイドでCEOを務めるリチャード・ワースリンは「わずかな人数に詳細なインタビューをするだけで、かなりの人に共通するアイデアが出てくるので、いつも驚いている」と述べている。また、他の企業のマネジャーやリサーチャーもそれぞれ、「12〜15人に2時間ほどの個別インタビューを行うと、そのマーケット・セグメント層を反映するコンセンサス・マップをつくることができる」とコメントしている[2]。

　リサーチャーがコンセンサス・マップを作成したら、今度はマネジャーがそれを慎重に解読する必要がある。マップは、企業が過去または現在行っているマーケティング戦略の効果を反映している可能性があるからだ。たとえば、ある大手ソフトウェア会社が行った調査では、コンセンサス・マップを見ると、この会社が企業ブランドレベルにおいては「卓越した専門性」を持っていると評価されていることがわかった。実際、この「卓越した専門性」が消費者の商品評価や株価にさえも影響を及ぼしていた。しかし同時に、「消費者が抱える問題への対応」というコンストラクトは、同じように強くは現れなかった。つまり、消費者はこの企業を顧客対応のよい会社としては見ていなかったのだ。この結果から、「顧客対応」に関する方針を見直し、様々な変革を行った。9ヵ月後にもう一度コンセンサス・マップをつくってみたところ、「消費者が抱える問題への対応」は、ポジティブなコンストラクトとして明確に現れた。そしていくつかの製品ラインでシェアを増やすことができたのである。

1　戦略上重要な質問事項

　コンセンサス・マップを解読する際には、以下の質問に答えてみよう。

- どのコンストラクトをより詳しく分析するか
- どのコンストラクトに焦点をあてて、顧客に伝えるか

- これらのコンストラクトを、顧客に対してネガティブなやり方で伝えていないか。あるいは、これらコンストラクトを活発化するようなシグナルを積極的に送っているか、それとも何もしていないか
- 競合他社に比べて、各コンストラクトにおける自社のスコアはどのくらいか
- コンストラクトのつながりの質（ポジティブにせよ、ネガティブにせよ）およびそのつながりの強さはどの程度か
- 社内で、各コンストラクトとそのつながりに責任のある人はだれか
- 望ましいコンストラクトに悪影響を与えている他のコンストラクトに対して何を行っているか

　このような質問に答えることで、現行のマーケティング戦略の是非について、消費者の思考に基づいた評価をすることができる。また、既存のマーケティング戦略で見直しが必要な箇所を選び出すこともできる。
　インタビューで得た消費者の生の声をリサーチャーがまとめたコンセンサス・マップは、マーケティング分析や実行において役立つ。しかし、消費者が口にするメタファーや、彼らが語る生の言葉そのものは、さらに重要である。こうした**生データ**は消費者の思考をより深く理解するのに役立つほか、消費者が持つ商品やサービス知識から、よりいっそうの知見を得ることもできるからである。
　図7－1～図7－4 は、ハーバード・ビジネススクールの市場心脳研究所が「プライバシー」に関する調査を行った際に作成したコンセンサス・マップと、その基になった1次データである。**図7－1** は、重要なコンストラクトとそれらのつながりを示したコンセンサス・マップを示しており、ほとんどの人が、話し方に違いこそあれ、こうしたコンストラクトとその相互関係を挙げた。ジョンソン＆ジョンソン、アメリカン・センチュリー、GM、ホールマーク、ゼネラル・ミルズ、コカ・コーラなどの調査協力企業が特に興味を持った5つのコンストラクトを太字で記した。
　図7－2 と**図7－3** は、コンセンサス・マップとコンストラクトの生データを表示した電子版調査レポートの画面例である。画面のコンストラクトをクリックすると、コンストラクトの定義、そのコンストラクトを表現した引用文、回答者がメタファーとして用いた写真や絵などの生データが表示される。図7－2 と図7－

図7-1 ● 「プライバシー」のコンセンサス・マップ

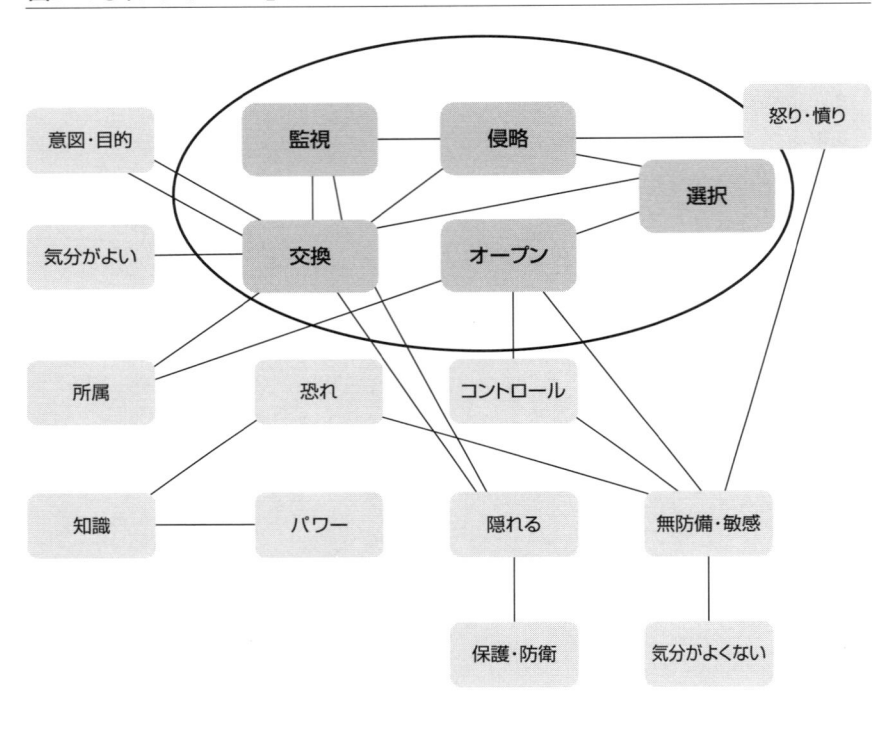

3では、「監視」と「侵略」という2つのコンストラクトの基となる生データを示した。

前述したように、コンストラクト間のつながりは、単体のコンストラクトよりずっと重要な意味を持つ。図7-2 や図7-3 に示された線は、コンストラクト間のつながりを意味し、信念、気分、感情などに、質感と意味を持たせる消費者の思考プロセスを表している。線をクリックすると、2つのコンストラクトがどう関わっているかを説明するメタファーや引用文を見ることができる。これはコンストラクト間の「会話」のようなものである。図7-4 にその例を表示した。

コンストラクト間のつながりを理解することは、たとえばマーケット・セグメ

図7-2 ◉「監視」の意味

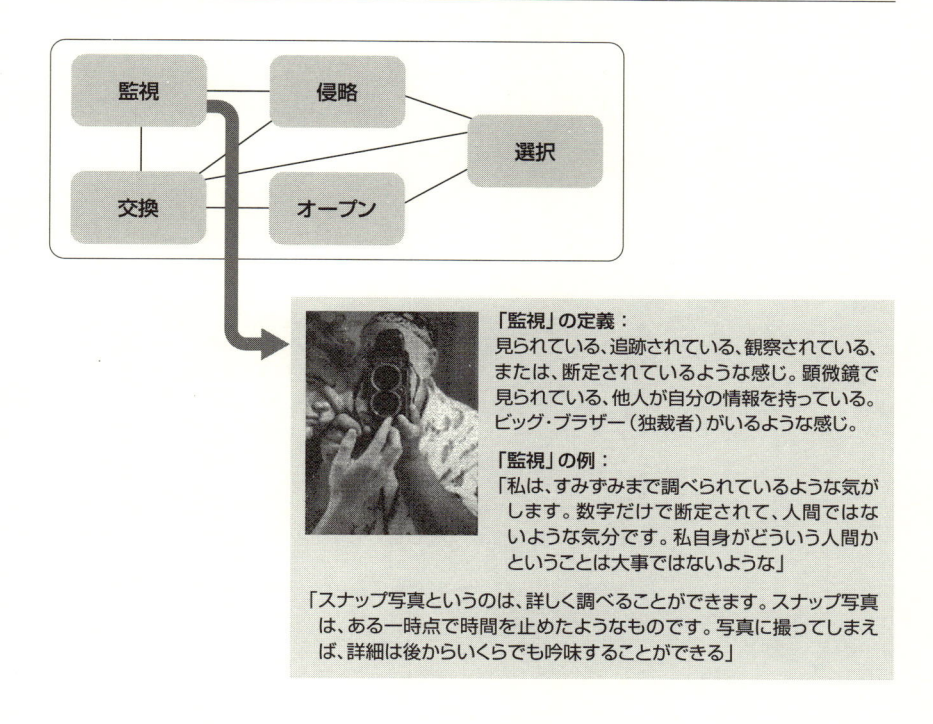

```
監視 ── 侵略
 │ ╲ ╱ │
 │  ╳  │── 選択
 │ ╱ ╲ │
交換 ── オープン
```

「監視」の定義：
見られている、追跡されている、観察されている、または、断定されているような感じ。顕微鏡で見られている、他人が自分の情報を持っている。ビッグ・ブラザー（独裁者）がいるような感じ。

「監視」の例：
「私は、すみずみまで調べられているような気がします。数字だけで断定されて、人間ではないような気分です。私自身がどういう人間かということは大事ではないような」

「スナップ写真というのは、詳しく調べることができます。スナップ写真は、ある一時点で時間を止めたようなものです。写真に撮ってしまえば、詳細は後からいくらでも吟味することができる」

ンテーションの手段として非常に有効である。本来、**セグメンテーションは、消費者の思考プロセスが似ていることを基準に彼らをグループ化すべき**であって、**単体のコンストラクトを基準にしたり、ましてや購買行動に関する思考プロセスを間接的に表す代理変数にすぎない人口統計や購買量などを基準にすべきではない**。たとえば、アメリカのある大手エレクトロニクス企業は、思考プロセスの共通性に基づいて消費者をセグメント化することで、今までよりずっと効果的なマーケティング戦略を立てることができた。以前はフォーカス・グループやアンケートによって見つけた変数をもとにセグメント化を行っていた。しかし、フォーカス・グループではこうした重要なコンストラクト間のつながりは明らかになら

図7-3◉「侵略」の意味

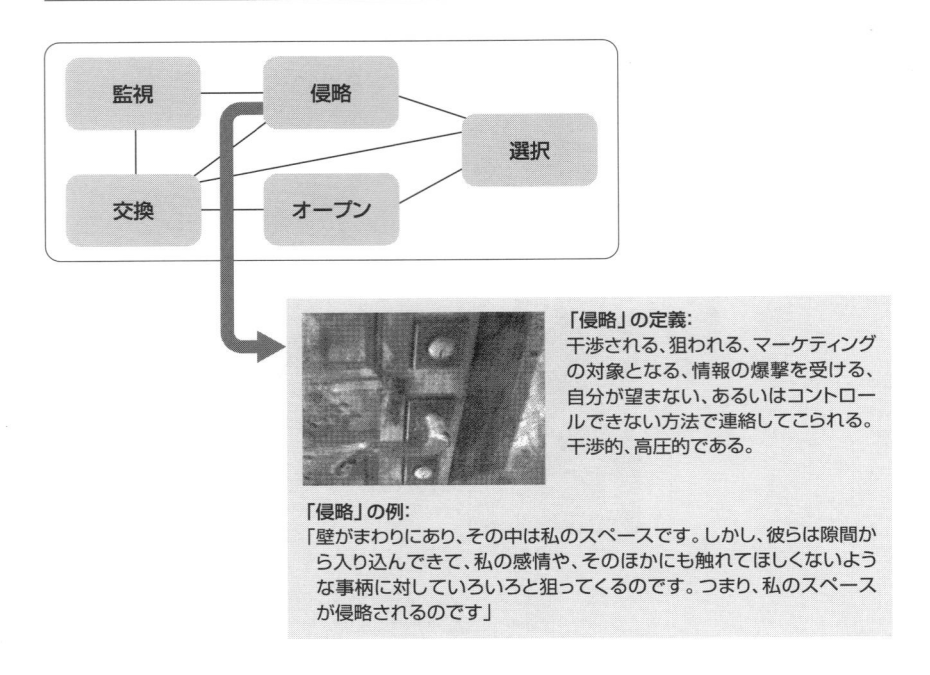

```
┌─────────────────────────────────────────┐
│   監視  ──  侵略                          │
│    │  ╲╱  │╲                             │
│    │  ╱╲  │ ╲    選択                    │
│   交換 ── オープン                        │
└─────────────────────────────────────────┘
```

「侵略」の定義:
干渉される、狙われる、マーケティングの対象となる、情報の爆撃を受ける、自分が望まない、あるいはコントロールできない方法で連絡してこられる。干渉的、高圧的である。

「侵略」の例:
「壁がまわりにあり、その中は私のスペースです。しかし、彼らは隙間から入り込んできて、私の感情や、そのほかにも触れてほしくないような事柄に対していろいろと狙ってくるのです。つまり、私のスペースが侵略されるのです」

なかった。また、アンケートからはコンストラクトに関して貴重な洞察を得ることはできても、コンストラクト同士を「接着」している思考プロセスまでは解明することができなかった。これに対して、メタファーを引き出すZMET調査では、より少数の有効なセグメントを見つけ出すことが可能となった。その結果、この企業は製造費、広告費を削減したほか、売上予測を20%上回ることができた。

図7-4◉「監視」と「侵略」のリンク

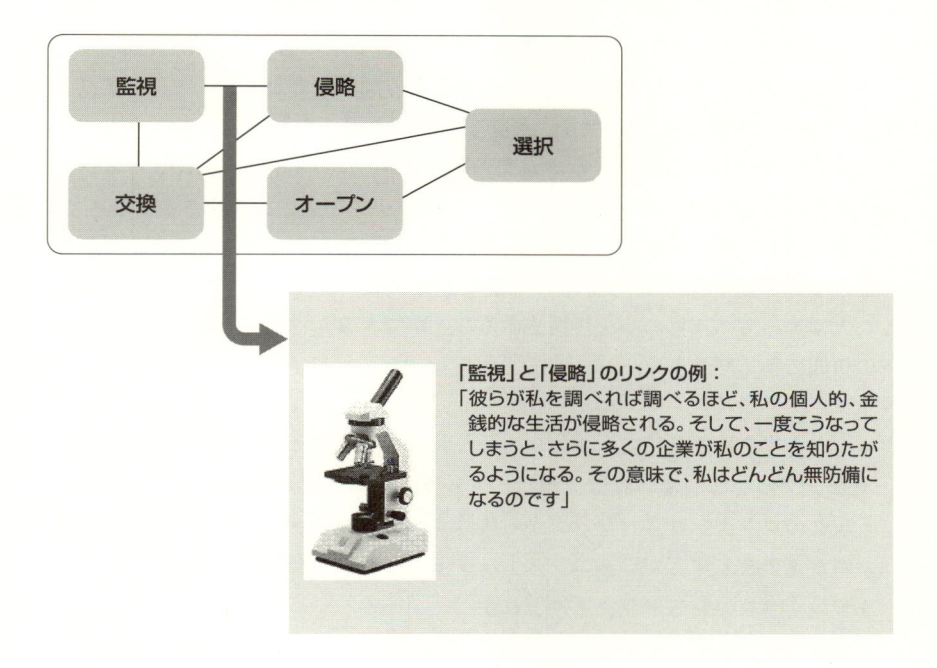

「監視」と「侵略」のリンクの例：
「彼らが私を調べれば調べるほど、私の個人的、金銭的な生活が侵略される。そして、一度こうなってしまうと、さらに多くの企業が私のことを知りたがるようになる。その意味で、私はどんどん無防備になるのです」

2　市場の心を再構築する

　コンセンサス・マップは必ずしも、変化しないわけではない。ただし、「気分がいい」といった基本的な事柄に関するマップは、気分をよくする具体的な方法に関するサブマップに比べれば、変化しにくいと言える。すなわち、「家」（ホームデポ、あるいはイケヤなどの企業にとって重要）が持つ意味など、人間にとって非常に基本となる事柄については、数年で変化するものではない。しかし、それ

に関連する事柄は変化するかもしれない。たとえば、「家の掃除」（デュポンなどにとって重要）、「家庭用フィットネス機器」（ノーチラスなどにとって重要）、「家電製品」（サムスンなどにとって重要）などに関する消費者の思考は変化し得る。

コンセンサス・マップを用いると、消費者との関わり方を「リエンジニアリング」（再構築）できるようになり、商品を今までと違った目で見てもらうよう消費者を方向づけることができる。人間の脳（必然的に心も）は成人になってもずっと可塑性を持ち続けるため、マーケターはマップを変化させることによって[3]、消費者の思考に新しいコンストラクトを想起させ、既存のコンストラクトに新たな関連づけを施す[4]ことができる。つまり、コンセンサス・マップに変化を加えることによって、市場の心を再構築することができる。これを実行する際は、以下の質問に答えてみよう。

- 今から半年後あるいは1年後、自分たちにとってどういうマップが理想的か
- マップのどこが変われば、現状のマーケティング戦略の狙いと一致するか。現在のコンセンサス・マップから排除すべきコンストラクトはどれか。消費者が重要視しすぎているコンストラクトはどれか。抑制すべきか
- 強調すべきコンストラクトはどれか
- 競合他社との差別化を図るためには、他にどのようなコンストラクトが必要か
- 新しいコンストラクトをどのような形で加えることができるか。既存のコンストラクトの中で、どれと結びつけるべきか
- コンストラクト間のつながりで強化すべき部分はどれか。たとえば、「交換」と「オープン」（図7-1）のつながりを強化したい場合、どうしたらよいか
- コンストラクト間で新たに関連づけできる組み合わせはどれか。たとえば、図6-2の「対応がよい」と「道徳者」、「正直さ」と「おもてなし」は直接的つながりがないが、つくった方がいいのか。それとも間接的なつながりで十分なのか
- 既存のつながりで排除していいもの、または弱めてもいいものはどれか

コンセンサス・マップは道路地図のように、市場の心のある場所から別の場所へ移る道筋を示してくれる。旅行者にとって地図が不可欠なように、マネジャー

にとってコンセンサス・マップは戦略立案の道具として不可欠である。道路地図を見れば、人口が集中している場所（コンストラクト）がわかる。また、集中している場所同士を結ぶ主要道路や主要でない道路（神経群をつなぐ神経回路）もわかる。旅行者は地図を見ながら、どうしたら市の中心部を避けられるか、目的地までどれくらいかかるか、何を持参すべきかなどを考える。同様に、マネジャーはコンセンサス・マップを利用して、マーケティング活動を成功に導く機会や、障害となる点を把握することができる。

3　コンセンサス・マップを用いる①：ある金融サービス会社の企業ブランド

　アメリカの東海岸に拠点を置くある金融サービス会社は、図6-2の詳細版のコンセンサス・マップを用いて、富裕層に対するマーケティング戦略を評価した（前述したように、顧客は自分たちが企業から大切にされているという事実を見せられると、自分の尊厳を認められたと感じる）。最初の評価では、顧客は、「正直さ」と「保護の提供」の点でこの企業を肯定的に評価していた。しかし、顧客の要求に対する対応がない、発展性がない、プライドに欠ける、従業員の扱いがよくないという意見もあった。また、こうした意見は、過去14ヵ月間に取引をやめてしまった顧客に多かった。調査前の時点で同社のマネジャーが各コンストラクトの「スコア」を予測したのだが、顧客が実際に付けた点数に比べると、**22％から60％過大評価していた**。明らかにマネジャーが考える企業像（マネジャー像も含めて）は、顧客が考える企業像と異なっていた。

　顧客が同社を説明するために持参したいくつかの写真は、このことをうまく説明していた。あるクライアントはエベレスト山の写真を見せ、それが同社の顧客への対応の悪さを表現していると述べ、「何人登ろうと、どのように状況が悪化しようと、びくともしない。…力強くて頑強ではあるが、個別の要求やニーズには答えてくれない。どの登山者に対しても『こっちを変えられるものならやってみろ』といった態度だ」と説明した。別のクライアントは奴隷が古くて大きな船を漕いでいる写真を持参し、同社のアカウント・マネジャーが取引を始めた頃だ

け非常に熱心にクライアント・サービスをする傾向を反映しているとした。「こういう人たちは、旅が終わる時にはもういなくなっている」と彼は言い、マネジャーが長期的なコミットメントをしないことに懸念を示した。

　同社は、顧客担当マネジャーが自社をどう見ているかを調べ、それが顧客にどう影響しているかを追調査した。この結果を踏まえて、シニア・エグゼクティブは顧客担当マネジャーをもっと褒めるようにした。顧客担当マネジャーも顧客への対応を改め、顧客に説明をする際の言葉遣いを変えた。さらに、顧客用資料や従業員募集などのパンフレットも新しいデザインのものにした。パンフレットには、社員教育制度など会社が従業員に提供しているキャリア機会に関する説明が掲載された。こうした変革を強調することで、顧客担当マネジャーを大切にしている姿勢を表明した。

　この結果、顧客担当マネジャーは顧客をもっと大切に扱うようになった。数ヵ月後に再度調査を行ったところ、改善努力をした点はすべて飛躍的に向上していた。この事例を通じて、コンセンサス・マップの威力が証明されたほか、社内における人間関係が企業ブランドに影響することがわかった。

　この企業はどのようにコンセンサス・マップを企業変革に利用したのだろうか。彼らはまずマップを分析した。そして、顧客の心の中に「信頼性」と「尊厳」が直接つながりを持つようにするにはどうすればいいかを考えた。同社にこのつながりが欠けていることは、競合他社に関する調査結果と比べてみるとさらに明らかになった。そして、この「信頼性」と「尊厳」のつながりを強化することで、最大のライバル会社との差別化を図ることができることに気づいた。また、顧客の心の中に他のコンストラクト間のつながりも創造しようと試みた。こうした努力の結果、再度調査した際には、コンストラクト間に新たなつながりが確立されて、競争力の向上に貢献していることが明らかになった。

4　コンセンサス・マップを用いる②：「個人資産」に関する顧客の思考

　35歳から45歳の男女は、個人資産の形成に非常に興味を持っている。彼らが目

表7-1 ●「個人資産管理」のコンストラクト例

コンストラクト	定義
自信	自らの目標を達成できるかどうか、その確実性（不確実性）
規律	自らの目標を実現するにあたり、定石を踏襲できるかどうか
運	自らのコントロールが及ばない事柄。宝くじに当たる、保険のきかない財産を失ってしまうなど
知識	自らの資産計画を立て、実行する専門知識
受益者	自らの目標の達成あるいは失敗によって直接的に影響を受ける人々

標達成に向かう過程では、一定のコンストラクトが重要となる。**表7-1**は、ある機関が特定した、そうしたコンストラクトの一部である。

図7-5は、資産目標の達成に関するコンセンサス・マップの一部を切り出したサブマップで、表7-1に示したコンストラクト間の相互関係を表している。

このマーケット・セグメント層に属する人たちは、ここに示されたコンストラクトやそのつながりの多くを共有するが、具体的にどのような経験をしているかは人によって異なる可能性がある。たとえば、自立している人は自分の資産目標達成に自信があるだろう。人生は時に、「ピッチャーが投げるカーブ・ボールのように」意表を突くことが起こるが、あまり心配する必要はないと思っている。自分は個人資産に関して十分な情報を持っていると感じており、資産に関する意思決定においても特にだれかの助けを必要とはしていない。図7-5を見ると、資産運用に関する知識があると思っている人の方が、自信を持って決断を下していることがわかる。また、知識と自信のある人はリスクをとる傾向にある。リスクをとった結果として他人に迷惑がかからないような場合はなおさらだ。逆に、そうした知識が乏しいと思っている人は、先が読めないものに対する自信がなく、

図7-5● 「資産管理目標を実現すること」に関するサブマップ

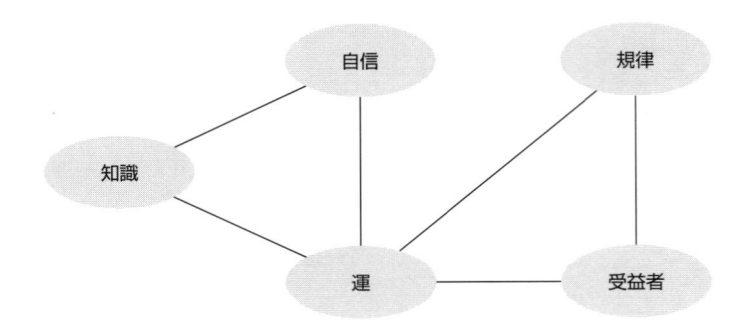

```
        自信            規律
    知識
              運      受益者
```

不安を感じている。そのため、資産運用に関しても自己規律が必要だと感じている。ある消費者は次のように述べている。

> 自分に何が起こるか、経済に何が起こるか、私はコントロールできません。だから何が起きても子供を守れるよう、慎重にお金を貯めなければと思っています。でも、そのせいで今そのお金を子供に使ってあげられないことに罪悪感を持つことがあります。それに正直なところ、自分が稼いだお金で自分も楽しみたいと思う時だってあるのです。

もっと自信のある人は、運についてこう考えるだろう。

> 運というものはあると思います。でも幸運は自分でつかみ取るものだとも思うので、必死になって定期的に貯金をするつもりはありません。それに、そんなに不幸なことなんて滅多に起こらないし、起きたとしても別に大した問題ではありません。今は、どうせ私1人だけの生活ですから。

両者とも関連づけ方は異なっているが、運、規律、受益者というコンストラクトについて語り、コンストラクト間の関連性に言及している。この調査では、顧客は企業から提供された情報を、図7-5のようなレンズを通してフィルターにかけていることが明らかになった。そしてこのレンズは、顧客層によって異なった色だった。個人資産目標の達成能力に自信がない人は、フィナンシャル・プランナーをナレッジ・バンク（知識源）として見ているようであった。その場合、企業はマーケティング・コミュニケーションを工夫することにより、自社のフィナンシャル・プランナーが資産運用能力に優れていることを強調することが可能である。また、資産運用に豊富な経験を持つ人には、自社のフィナンシャル・プランナーを、リスク測定力や資産運用力を高めるための追加的な情報源として位置づけることができる。たとえば、資産運用の専門家でさえお互いに情報共有したりアドバイスし合ったりしていることを強調できる。

　ではこの場合、どのようにして市場の心を再構築できるだろうか。資産運用に自信のない人に対しては、リスク管理に関する不安を取り除いてあげることができる。逆に自信満々の人には、資産運用についてまだまだ学ぶことがあることを強調し、危機感を持たせることができる。自己規律に欠けていると感じている人には、資産管理プランをオプションとして勧めることができる。

　マネジャーは、コンセンサス・マップおよび関連データを分析することにより、マップの再構築につながるようなアイデアを生み、それを検証するための仮説を立てることができる。たとえば、先ほどの金融サービス会社は、「楽しい」というコンストラクトがコンセンサス・マップ上に欠けていることに気づいた。そこで、顧客は、きちんとガイドさえすれば、資産運用を威圧的で面倒臭いものではなく、もっと魅力ある楽しいものとして見るようになるのではないかという仮説を立てた。この企業はこの仮説を検証する実験を行ってみた。資産管理用のゲーム・ソフトウェアを作成し、それを体験してもらうことによって、消費者が「自信」や「規律」といったコンストラクトと「楽しい」というコンストラクトの間に関連づけることを促したのである。実験は大成功であった。1年以上経ってから新しいコンセンサス・マップを作成してみると、「楽しい」というコンストラクトが重要なコンストラクトとして現れていた。

5 コンセンサス・マップの相互作用

　消費者の心の中には、何千ものコンストラクトが存在し、ゆえに何千ものコンセンサス・マップが存在する。「イノベーションとは何か」などといった抽象的な事柄に関するマップもあれば、「洗剤のいらない洗濯機」といった非常に具体的な事柄に関するマップもある。また、ある話を聞くと別の話が思い出されるように、あるコンセンサス・マップ（それ自体が一種の物語のようなもの）が稼働すると、別のコンセンサス・マップも稼働したりする。このような「ドミノ効果」が起こる理由は、複数のコンセンサス・マップが同一のコンストラクトを共有している場合があるからである。共通のコンストラクトは、各家のドアベルが配線でつながっているようなものだ。ある家のベルを鳴らすとその家だけでなく、隣の家のベルが鳴るかもしれない。さらにはもっと離れた家のベルまで鳴るかもしれない。このようにコンセンサス・マップにおいても、「ボタン」を1つ押すと、

図7-6●リエントラント・マッピング：ステップ1

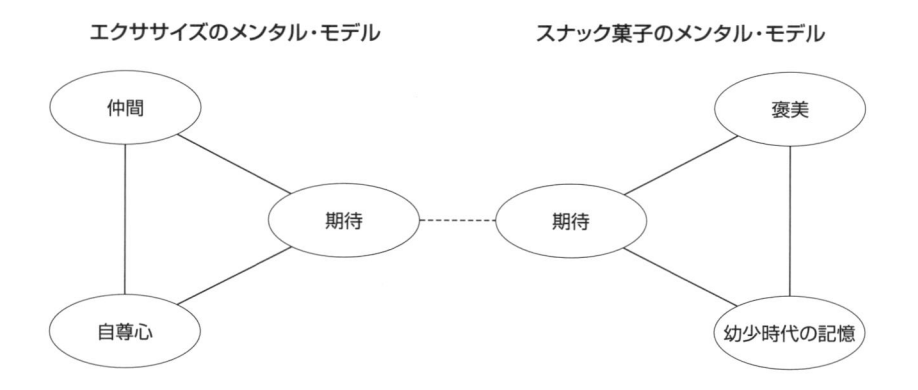

エクササイズのメンタル・モデル　　　　スナック菓子のメンタル・モデル

（仲間／期待／自尊心）――――（褒美／期待／幼少時代の記憶）

数箇所で反応が起こり、その反応はマップを超えて起こり得る。

たとえば、「期待」というコンストラクトが、複数のコンセンサス・マップに現れる場合がある。エクササイズに関する消費者の思考を表すコンセンサス・マップ上では、友人と運動することを期待するかもしれないし、運動後のリラックス感と達成感を期待するかもしれない。また、「期待」というコンストラクトは、スナック菓子を食べるというコンセンサス・マップにも現れるかもしれない。たとえば、何か大変なことをやり遂げた時（運動など）ご褒美としてお菓子を食べるという行為を期待するかもしれない。また、好きなスナック菓子を食べる状況を考えることそれ自体に大きな価値を見出す時もある。スナック菓子を消費するという一連の経験において、食べる前の「期待」は重要な要素である。

もちろん、期待するという**経験**は、エクササイズに関連するものか、スナック菓子を食べることに関連するものかで異なる。この違いは各マップにある他のコンストラクトとのつながり方の違いによるものである。しかし論理的には、「期待」というコンストラクトを共有している以上、たとえ異なるマップであっても、期待の「ベル」が鳴らされたら反応する。ノーベル賞受賞者で神経科学者である

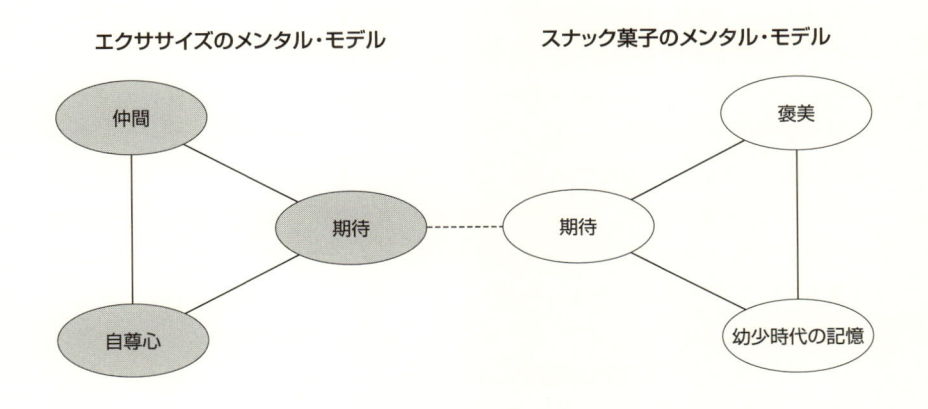

図7-7●リエントラント・マッピング：ステップ2

エクササイズのメンタル・モデル　　**スナック菓子のメンタル・モデル**

仲間 — 期待 — 自尊心　　　褒美 — 期待 — 幼少時代の記憶

（エクササイズ側の「期待」とスナック菓子側の「期待」が点線で結ばれている）

図7-8 ● リエントラント・マッピング：ステップ3

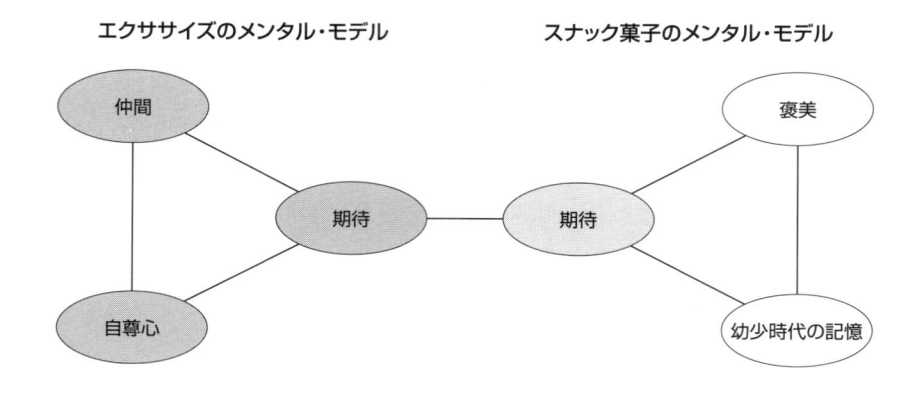

エクササイズのメンタル・モデル　　スナック菓子のメンタル・モデル

（仲間―期待―自尊心／期待―褒美・幼少時代の記憶）

　ジェラルド・エデルマンは、このプロセスを「リエントラント・マッピング」[5]と呼んでいる。この場合、エクササイズに関する思考が、マップ上の「期待」というコンストラクトと他のコンストラクトを活発化させる。「期待」を表す神経群が作用すると、「期待」を含む他のマップも作用するのである（**図7-6** 参照）。

　図7-6 には2つのコンセンサス・マップが描かれている。どちらのマップも「期待」というコンストラクトを含み、点線で示されたように、お互いのマップが相互作用する可能性がある。**図7-7** のように、エクササイズ・マップが稼働すると、**図7-8** に描写されているように、スナック菓子マップの「期待」コンストラクトが刺激される。それぞれのマップの「期待」の色の濃さが違うのは、それぞれ異なるコンストラクトと関連しているのを示すためである。もし、スナック菓子マップの「期待」が強かったり、両方のマップがほかにも共通したコンストラクトを持つ場合は、**図7-9** のように、スナック菓子マップとエクササイズ・マップの両方が全体的に稼働するかもしれない。たとえば、どちらのマップも「褒美」「無節制」「エネルギー」または「罪悪感」といったコンストラクトを共有しているような場合である。

図7-9● リエントラント・マッピング：ステップ4

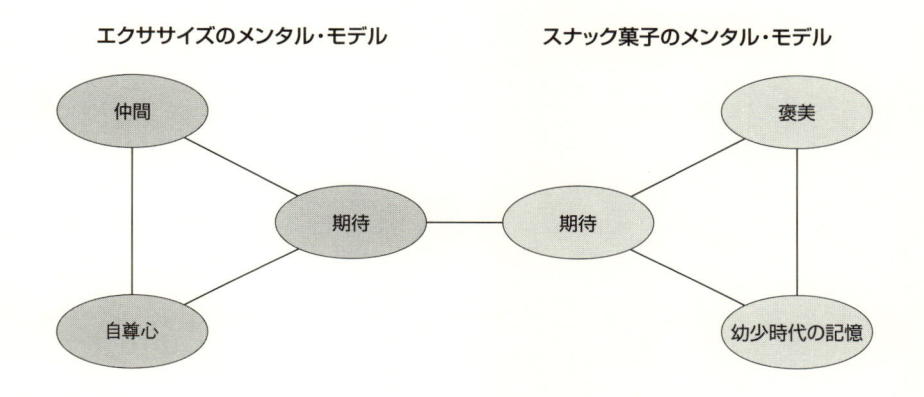

エクササイズのメンタル・モデル

- 仲間
- 期待
- 自尊心

スナック菓子のメンタル・モデル

- 褒美
- 期待
- 幼少時代の記憶

＊　＊　＊

　コンセンサス・マップは、ターゲット・セグメントに属する顧客がある事柄に対してどのような共通の思考の枠組みを持ち、どのようなレンズで見ているのかを映し出す。このマップは消費経験を通じて変化する。企業のマーケティング活動もそういった変化を起こす要因の1つだ。コンセンサス・マップのコンストラクトを変化させようとする場合、それが同じマップ上の他のコンストラクトにどのように影響を及ぼすかを考える必要がある。また、関連がないと思っていても、実は商品やサービスの購買に影響を与えるかもしれない別のマップ上にあるコンストラクトへの影響を考える必要もある。消費者が共有するメンタル・モデルとも言えるコンセンサス・マップを積極的に再構築したい場合、マーケターはマップをきちんと理解したうえで、どういうマップに変化させたいのかを明確にする必要がある。そして、そうしたマップに変化をもたらすようなマーケティング活動について、どのようにすればそれが実行可能かを判断すべきである。

HOW CUSTOMERS THINK

第III部
分野を超えた新たな知識に挑む

第8章 壊れやすい記憶

人生を生きるには記憶の書き換えも必要である。

　私たちは、記憶が我々自身のものだと思っている。記憶は現実を忠実に反映しており、我々の意識のコントロール下にあって、それを「引き出そう」「思い起こそう」と思った時だけ我々に影響を及ぼすものだと思っている。しかし、近年の心理学、生物学、社会学、そして神経科学の研究により、記憶に関するこのような思い込みはたいした根拠がないことが明らかになった。記憶は変化しやすい脆弱なものなのである。記憶は、時を経て薄れたり、消えたりするだけではなく、新たな経験を通じてそれを思い起こすたびに変容するものなのである。
　「記憶はスナップ写真のように、じっと探されるのを待ちながら、1つのところに留まっているのではない。記憶は、手で触れられるようなものではなく、むしろ雲や蒸気のように頭の中をふわふわ漂っているのである」と、ワシントン大学心理学教授、エリザベス F. ロフタスと、*The Spirituality of Imperfection*（Bantam Dell, 1994／不完全の精神性）の著者、キャサリン・ケッチャムは述べている[1]。
　では、記憶とは何だろうか。それは「過去を思い出し、現状を認識し、将来を想像する際に生じる、壊れやすいが強力なものである」とハーバード大学心理学教授で、記憶研究の第一人者であるダニエル・シャクターは述べている[2]。記憶は、我々の経験を歪曲したり、不正確に表現することもあるが、それでも我々にかなりの影響を及ぼしている。シャクターはこう続ける。「たとえ記憶が鮮明で、

主観的にはっきりしていると思える場合でさえも、それが客観的に正確であるとは限らない。鮮明な記憶は真実であることが多いとしても、主観的にははっきりとした記憶の多くが実際はひどく粗野で不明確であることは注目に値する」[3]。

シャクターが「暗示の罪」と呼ぶ現象に関する研究によると、アンケート、インタビュー、グループ・ディスカッションなど消費者を理解するための調査手法それ自体が、消費者の記憶の内容を変えてしまうという。マーケターは、自分たちの製品やサービスについて消費者が持つ記憶に働きかけたいと望むならば、記憶がどのようにつくり出されるかを理解しなければならない。**消費者の記憶は、彼らが住み、生活している社会的、文化的世界の中で形成される**[4]。したがって、社会と文化は記憶の内容に関して大きな影響力を持っている。カリフォルニア大学ロサンゼルス校社会学部教授および南カリフォルニア精神分析研究所員であるジェフリー・プラガーは、「消費者がつくり出す記憶というものは、その人の感情や身体的刺激を代弁するためにつくられる物語の断片である」と述べている[5]。そうした記憶は、一見したところ、すでに存在する「写真」を引っ張り出してきたように見えるかもしれないが、実際には、現在の経験を説明するために新たに撮影した「写真」と言った方が正しい。

マーケター自身、消費者の頭の中に製品やサービスに関する鮮明な記憶をつくり出そうと努力している。たとえば、広告を通じて、消費者が製品に関する感情や思考を蓄積し、想起することを促している。また、試供品を配布したり、広告を展開することによって、消費者の記憶の中に製品のイメージ（後に商品を買おうかどうかと迷った時に想起するイメージ）を刻み込もうとする。

もちろん、マーケターはこうしたテクニックについてすでに多くの知識を備えている。しかし、マーケターが消費者の記憶に与え得る潜在的な影響力は、広告や試供品を通じて与えることができる影響力よりも実際にははるかに大きい。具体的には、マーケターは、消費者の記憶の形式や構造、正確さに影響を与えることができる[6]。**実際、マーケターは、記憶と深く関わるメタファーを利用することによって、消費者が記憶をつくる過程に大きな影響を与えることができる**。しかし、多くのマーケターは自分たちの持つ真の影響力にはまだ気づいていない。

ブラジルで行われたあるマーケティング調査では、記憶の内容が、新しい経験によって歪曲されることがわかった。この未発表研究は、企業の購買担当者を対

象とした調査であった。まず、ある供給業者に対して忠誠度の高い購買担当者が、その供給業者のサービス内容に満足していることを確認したうえで、これまでにその供給業者から悪いサービスを受けたことがあったかどうか思い出すように指示した。調査中、質問者は、回答者が供給業者を褒めるたびに眉をひそめたり、供給業者に満足していると述べるたびにおおげさに驚いて見せたりすることによって、回答者が供給業者を褒めることをしなくなるように仕向けた。そうすると、その供給業者に関する肯定的な言葉は次第に数少なくなり、より否定的な感情が頻繁に表現されるようになった。回答者は、質問者からこうした言語的、非言語的なフィードバックを受けた結果、供給業者との長期的な関係についてより否定的な記憶を持つようになった。彼らは、自分の記憶の内容が変化したことに気づいていないが、供給業者に対する彼らの信頼感は確実に悪化した。

1 記憶はどのように作用するか

　記憶の本質を把握するには、マネジャーは「記憶」という経験を構成する3つの認知的要素を理解する必要がある。また、記憶にはいくつかの種類があることや、消費者が記憶をどのように記銘し、想起するのかについても理解しなければならない[7]。

●———記憶を構成する3つの要素

　記憶は、物理的に言うと脳細胞上で電気化学的に刻み込まれる。神経科学では、この刻み込まれたものはエングラムと呼ばれる。我々が情報に遭遇し、それを吸収する場合、その情報はまず**短期的な記憶**として脳神経に入る。そうした記憶は一瞬にして消失したり、通り過ぎてしまう場合もあれば、あるいは長期記憶を担う別の脳神経に送り込まれ、そこに刻み込まれる場合もある。もちろん、我々が遭遇するすべてのものが記憶され、後に想起の対象となるわけではない。しかし、もしある事実や出来事が、我々に何らかの感情を抱かせるほどの重要性を持って

いる場合、我々はそれらを**長期記憶**として貯蔵する傾向にある。後に見るように、ある事実や出来事が記憶として貯蔵されるかどうかは、別の要素の影響も受けながら決まる。

一度貯蔵されたエングラムは、何らかの**キュー**（合図）あるいは**刺激**を受けることによって活発化する。あなたの好きな洋服店のセールを知らせる折り込みチラシが新聞から抜け落ちた時や、親友に映画を薦められた時、ドラッグストアのレジに並んでいて電池の店頭ディスプレイを目にした時などがキューの具体例である。セールの広告はその前年に特別価格で買ったおしゃれな靴やブリーフケースを思い起こさせるかもしれない。友人が薦める映画は、以前に同じ友人の薦めで観た別の映画が楽しかったことを想起させる。電池の店頭ディスプレイは、先週出席した結婚式の場でカメラの電池が切れてしまったことを思い出させる。

キューの中には、わかりやすいものもあるが、無意識のうちに作用するようなわかりにくいものもある。通常、我々はほとんどのキューについて意識していない。しかし、こうした刺激こそ、消費者の購買意図につながるような記憶を喚起する手段として、マーケターが使い得る重要な道具の1つである。

次章で見るように、メタファーは2つの記憶構造の関係性を表したものである[8]。つまり、メタファーこそが、隠れた思考や感情を引き出す強力な方法であり、どのメタファーを使うかが、製品のデザインやマーケティングのコミュニケーションにおいて非常に重要である。

エクスペリエンス・エンジニアリング社は「キュー・マネジメント」を効果的に実践している。ルー・カーボンが率いる同社は、消費者の心の中に肯定的な記憶を生成するような店舗環境やサービス提供環境をデザインしている。**コラム8-1**は、彼らが手がけた1つの事例として、ある病院の緊急医療室の改革を紹介している。ご想像の通り、病院における記憶ほど印象深い経験はない。そこで受けた治療の医学的な質のみならず、病院における体験そのものが患者の回復に強く影響し得る。したがって、医療機関における患者の**トータル**な経験を積極的に管理することによって、病院の評判が上昇するだけでなく、大きな社会的価値を生む。

エングラムやキューに加え、消費者が抱くゴール（目標や目的）も記憶に影響を与える。特に、目標や目的は、人々がどのようなキューに気づくか、その結果、

Column 8-1 ● 大学病院における患者経験マネジメント

課題

1997年、ジョージア州オーガスタの大学病院は、緊急医療室における患者経験のマネジメント・デザインに取り組んだ。当時、患者の満足度は徐々に低下する一方で、市内の緊急病院間の競争は激化していた。

実践

緊急医療室(ER)の患者経験マネジメントは、職能横断的なタスクフォースを組織することから始まった。経営マネジメント層、医療スタッフ、施設スタッフ、警備スタッフのそれぞれの代表者が患者経験マネジメント・チームに参画し、患者の経験に影響を与えるあらゆる感情的要素を定義した。そして、患者やその家族が安心でき、思いやりのある病院だと感じるような関係を構築するにはどうすればいいかを検討した。このチームは、患者・家族と病院の間のこうした関係を強化する要素として、以下のような内容をはじめ、100以上にのぼるキューを特定した。

- **標識の設置**

    大学のキャンパスから病院まで、あらゆる経路で来院することができるように、様々な場所に標識を設置した。たとえば、「病院まで3マイル」といった標識は、この地域を初めて訪れた人を安心させた。

- **家具の再配置**

    患者やその家族は、直線状に並べられた椅子を見るたびに、「長時間待たされる」と感じていた。そこで、椅子をテーブルのまわりに円状に配置することで、長く待たされるという意識を和らげ、会話ができるような設定にしながらも、ある程度は個人のプライバシーを守れるような、開放的な雰囲気を目指した。

- **警備員の応対の改善**

    改革前は机の後ろに威圧的な様相で立っていた警備員は、改革後は登録手続を手助けする愛想のよい案内係の役割を担った。

- **親しみやすい言語表記**

    院内の移動をしやすくするために「ケア・ポイント」を設置した。たとえば、従来、緊急治療室の受付は「トリアージ・ステーション」(負傷程度に応じて治療優先順位を決め

る場所）という難解な名称で呼ばれていたが、これは「ケア・ポイント1－受付」に改められた。また、「小児科緊急室」は「ケア・ポイント3」とされ、アイスキャンディ・マークの標識が掲げられた。

● 「緊急治療室管制官」の設置

改革前は、患者がいったん治療室に運び込まれると、その時点で登録担当スタッフや家族は治療室から閉め出され、中で何が起こっているのかは知らされなかった。改革後は、「緊急治療室管制官」という新たな役職が設置され、患者の様態を定期的に家族に知らせた。

こうした取り組みが個別に患者の経験を急激に向上させたわけではなかった。むしろ、取り組みの1つひとつがまず従来の否定的な経験を排除し、その積み重ねによって、病院に対する安心感や共感度が向上した。

否定的なキューを取り除くことの効果

経験マネジメント・デザインに取り組むことによって、標準化された経験ではなく、顧客ロイヤルティの向上につながるような経験を顧客に提供できる。通常、そのようなデザインを作成し、実行に移すには、数ヵ月間の期間を要する。しかし、顧客の経験における否定的な要素に焦点をあて、それを排除するだけでも、その成果はすぐに現れる。

大学病院の緊急医療室長、ジョージ・アン・フィリップスは、職能横断的なタスクフォースが経験マネジメントに取り組んだことが、「大きな改革につながった。以前と同じように世界を見ることはもう二度とできない」と述べている。たとえば、プロジェクト・チームのメンバー（医師、看護師そして事務スタッフなど）は否定的なキューの洗い出し作業に没頭するあまり、週末を一部返上して、遺体安置室における遺族の経験内容の変革にも取り組んだ。何をどのように変えたのだろうか。従来、遺体が安置室に運ばれると、遺族は殺風景なその場所で遺体と向き合うことを強いられた。しかし、改革後は、プライバシーを保護するためにカーテンが取りつけられ、煌々とした蛍光灯はやさしい白熱灯に変えられ、椅子が設置され、部屋は新しい壁紙で模様替えされた。

結果

否定的なキューの排除に取り組み始めてから1ヵ月のうちに、緊急治療室が受けた苦情の数は3分の1減少した。経験マネジメント・デザインの実行後、同部門の「総合的な治療の質」のポイントは13％上昇し、同病院内で最も改善された部門として表彰された。同病院は2003年中の完了を目指し、500万ドルを投じて経験マネジメントに基づく改革を進めている。

どのエングラムが活発化し、彼らの意識にのぼるかに影響を与える。イギリスにおいて1年がかりで行われた研究では、女性が子供を連れて食料品の買い物に出かける際、賢い買い物の仕方を子供に教えるために出かけた場合の方が、別の理由で子供を連れて出かけた場合よりも、嫌な思いをした経験を記憶することは少なく、またそのような経験があってもそれをそれほど否定的にはとらえないことがわかった。また別の研究では、一番最近バーに行った時のことを話すように参加者に依頼したところ、インタビューの目的として伝える内容が異なると、彼らの「一番最近バーに行った話」の内容も異なることが明らかになった。つまり、参加者は、その時々の目的に応じた経験を探してくるのである。たとえば、のどの渇きを潤すことがバーに行く目的だと伝えた場合は、消費者は温かい飲み物を飲んだ経験よりも、冷たい飲み物を飲んだ経験を思い出す。友人とのくつろいだひと時を過ごすことが目的だとした場合には、消費者はより多彩なバー体験を思い出した。

記憶の種類

　学習と記憶は密接な関わりを持つプロセスである。学習を通じて、我々は新しい情報を得る。**記憶**を通じて、我々はその新しい情報を後で取り出す時のために保存しておくことができる。人間の脳は、複雑なデータベースのように記憶をデータの小片として保存し、検索する。通常、心理学者は記憶を3つのカテゴリに分類する。すなわち、**意味記憶**、**エピソード記憶**、**手続き記憶**である。これら3種類の記憶はいずれも重要であるが、ここではまず意味記憶とエピソード記憶に焦点をあてる。

　意味記憶は我々の周りにある言語や記号の意味を思い出そうとする時に起こる。たとえば、アメリカの消費者のほとんどは、スオッシュ・マークを見て「ナイキ」を思い出すだろう。あるいは、映画「ジョーズ」のサウンドトラックを聞くと、海面から突き出た鮫のひれを想像するだろう。我々は、自分が好きなオレンジジュースのブランドを認識したり、特定の車やハンドバッグを思いついたり、時間を認識したり、広告の謳い文句を識別したりする時に、意味記憶を使っている。

　エピソード記憶は出来事の時間、場所、状況に関する記憶である。たとえば、

我々の多くは、子供の頃ハロウィンの仮装をして近所を練り歩いたことや、あるいは10代の時に初恋の相手に出会ったことを鮮明に記憶している。また、子供と一緒にディズニー・ワールドに行ったことは、その後何十年にわたり親の心に思い出として刻まれているだろう。大人になってからも、自身の子供の成長における主要な転換点、たとえば、子供が小学校に初めて登校した日のことや、あるいはペットが死んだ日のことなどをよく覚えているものである。

意味記憶が我々の経験のうちの「何を」「どのように」に関する記憶であるのに対し、エピソード記憶は「いつ」「どこで」「だれと」などに関する記憶である。エピソード記憶は、様々な環境において他人とやりとりしたことの記憶であり、それは我々の自己の形成を促進する役割を担っている。消費者は市場においてどの商品を選択するかという形で自己を表現する。しかし、マーケターは、広告や新商品名の効果を測る際に、記憶が有するこのような側面に焦点をあてることはほとんどない。

手続き記憶は、後天的に学習した能力を含む。幼少時に、我々はトイレの使い方や、靴紐の結び方、自転車の乗り方を覚える。大人になってからも、車の運転方法、選挙の投票方法、確定申告の作成方法などを覚える。手続き記憶は、我々が生活をするのに必要な「ノウハウ」のようなものである。消費者としては、賢い買い物の方法などの「スクリプト」（台本）が手続き記憶の例である。スクリプトには、たとえば、いつ値切るべきか、新鮮な野菜や肉はどこで手に入るか、売場担当者を呼ぶにはだれに話しかければよいのかなど、自分なりの法則が含まれる。

●───記憶の無自覚性

記憶には顕在記憶と潜在記憶がある。**顕在記憶**は、自発的に想起することができる記憶である。アンケート調査やフォーカス・グループは、消費経験の様々な側面（サービスの質、スタッフの好感度など）を聞くことで、消費者の顕在記憶を引き出している。**潜在記憶**は、我々の思考や行動に強い影響を与えているにもかかわらず、すぐに、あるいは自発的に想起することのできない記憶である。潜在記憶は、人間の進化過程としてはより早い段階に形成された脳の構造に依存して

いる。

　ごく最近まで、記憶に関する研究は顕在記憶を対象として発展してきた。それは、**顕在記憶**が**潜在記憶**を引き起こすという前提が置かれていたからであった。しかし近年、記憶は、それを記銘する過程を本人が自覚しているかどうかという基準に基づいて、いくつかの種類に分類されるようになった。我々にとって最も影響力の大きい記憶、つまり消費者の行動を最も左右する記憶は、往々にして我々の無意識の奥深くに埋もれているのである[9]。このような記憶を活発化させるプライミングのようなプロセスは、しばしば無意識のうちに起こる。

　前章で見た通り、プライミングは無意識の思考に重要な影響を与える。プライミングを通じて、1つのキューあるいは刺激が、別のキューに対する認識や注意を喚起する。たとえば、若い淑女とも年寄りの老婆とも見てとれるような絵を思い起こしていただきたい。その絵を見る直前に、若さや老いに関連する言葉を見せられると、その絵に何が描かれているかの判断は影響を受ける。

　似た例として、たとえば、以下に並べた言葉をご覧いただきたい。

高貴な	王妃	宮廷
城	豪奢な	王子
王冠	臣民	紫
ティアラ	王	馬車
治世	道化師	宝石
召使い	君主	馬上槍試合
王位	王家	

　では、本書をいったん閉じて、上に並べた言葉を思い出す限り書いてみよう。あるいはこれらの言葉をだれかに読み上げ、思い出す限りの言葉をその人に列記してもらおう。これはある実験で実際に行われた作業である。研究者の1人がリストを読み上げ、被験者は覚えている限りの言葉をすべて書き記した。そして、覚えていたそれぞれの言葉について、どの程度自信があるかについても尋ねた。

　被験者たちは、実際にリストにあった言葉と同様、リストにはなかった言葉（たとえば、「女王」という言葉はリストにはない）についても自信があると答えた。

「女王」という言葉がリストにはないにもかかわらず、被験者の3分の2は「聞いた」として列挙した。「王」「王子」「王妃」のような関連性のある言葉が、「女王」という言葉もあると思わせてしまったのである。すなわち、関連性のある言葉がプライミング効果として、無意識のうちに「女王」を想起させたのである。

広告における特定の製品の名前やイメージは、その製品やサービスの重要な特徴について消費者が覚えていることを想起させる。たとえば、雑誌の広告に写っている壁掛け時計のようなシンプルなものでも、その広告を記憶するうえでは強力なインパクトを与える。サービス・カウンターの光景が写っている広告に壁掛け時計が写っている場合は、壁掛け時計が写っていない場合と比べると、迅速なサービスというイメージを2倍程度強く想起させる。壁掛け時計が、時間あるいはサービスのスピードに関する思考を無意識のうちに喚起するのである。広告自体はサービスのスピードについて明示的に言及していないにもかかわらず、消費者はこのサービス企業を評価する際、スピードを評価基準として使用する。マーク・トウェインの喩えを拝借すれば、的確なマーケティングが与える刺激と、おおよそ的確なマーケティングが与える刺激との違いは、稲妻が放つ光と蛍が放つ光の違いに匹敵する。

2　記憶の貯蔵と想起

思い出すことと忘れることとは、結合双生児のようなものである。すなわち、一方にとって他方はなくてはならない[10]。我々は、すべての重要な思考を意識して持ち続けることはできない。そうしようとすると、すぐに気が狂いそうになったり、非生産的になったりする。たとえば、車を買おうとしている場合に、以前に買い物に出かけた雑貨屋のことや、従兄弟の誕生日パーティのこと、エスター叔母さんの名物アップルパイのことなどの記憶が頭の中をめぐっていたとしたらどうだろうか。ある事柄に関する記憶がなければ、その事柄について忘れるということもないし、それを忘れることがなければ、目の前にある意思決定に集中できない。

記憶の貯蔵あるいは記銘は、記憶の想起と、実質的には分離不可能である。記憶の**記銘プロセス**では、我々が見、聞き、嗅ぎ、味わい、触れ、考え、感じたことがエングラムとして我々の脳細胞に送られる。我々がある出来事や事実をどのように記銘したかは、後にそれを思い起こすかどうかを大きく左右する。想起しようとする意思が強くとも、実際に想起できるとは限らない。ある情報を長期記憶として貯蔵するには、徹底的に深く記銘する必要がある。このプロセスは脳の様々なレベルにおいて（その多くは、無意識のうちに）起こる。

　記憶の記銘に関する最も有力な理論の１つが、「処理のレベル」に関する理論である。この理論によれば、我々は刺激を様々なレベルで分析する。浅いレベルでは、紅葉の色などを認識する場合のように、物理的あるいは感覚的な特徴を認識する。深いレベルにおいては、我々はその物理的あるいは感覚的な特徴がどういう意味を持っているかを分析する。たとえば、もしあなたがアメリカのニューイングランド地方に住んでいるとすれば、橙色の葉を見れば夏の終わりを告げるものだと認識する。キューを浅いレベルで処理した場合、その結果物としてのエングラムは長期保存されない。もし、我々がその刺激を深いレベルで処理した場合、そのエングラムは長期保存され、それを思い出しやすくなる。

　表8-1 は、情報が長期記憶に結びつくかどうかを左右する様々な要因を挙げている。たとえば、我々の経験に関する新しい記憶は、すでに存在する記憶と関連づけられると、より強化される[11]。日曜大工の熟練者は、初心者と比べると、作業道具に対する思いが強いため、道具の詳細についてよく覚えるだろう。

　いったん記憶が記銘されれば、我々は**想起プロセス**を通じてそれを引き出す。脳は様々な想起プロセスを行う。たとえば、自家製アップルパイの写真を見ると、あなたは大好きな叔母が日曜日の夕食時につくってくれたパイを思い出すかもしれない。パイがキューとなって、あなたの叔母に関する記憶を呼び起こすのである。このような**連想的な想起**は、刺激が関連記憶を無意識のうちに喚起することによって起こる。あなたが、最近クリーニング屋に行った時、ワインの試飲に参加した時、あるいはバナナを食べた時のことを思い出そうとした場合は、あなたは**意識的に**記憶を想起しようとしている。こうした**意図的な想起**は自発的に行われる。それは、コンピュータのハード・ディスク・ドライブからファイルを検索するのに似ている。

表8-1 ● 記憶の想起に影響を与える要素

要素	定義	例
自分にとって意味がある	製品やサービスが消費者の自己概念に合致している	「これは、まさに私らしいドレスです」
ムードに合っている	うれしい（悲しい）気分の時には、うれしい（悲しい）消費体験を記憶し、想起する	「私の祖母は、いつもネスレのチョコレートチップでクッキーをつくっていました」
感情とつながっている	ある出来事や製品に、強い感情が絡んでいる	「それは私にとって単に初めて運転した車だというだけではないのです。私が成長したと父が認めたことを示すシンボルだったのです」
行動を伴う	製品や出来事のおかげで、望ましい行動結果が得られる	「その薬を飲めば、胸焼けからすぐに解放されることが約束されているのです」
既存の概念と一貫性がある	製品や出来事が既存のコンセンサス・マップの中に組み込まれる	「ダウニー（柔軟剤）を使うことで、子供の衣服の手入れがうまくできれば、子育てもうまくやっているように思える」
重大な結果をもたらす	製品説明が誤解を招き、消費者に不利益が生じる	「これらのコードを誤ってつないでしまい、大変な目に遭いました」
他とは異なる経験である	製品や出来事が初めて経験するようなものである	「このソーダを飲むと、舌の上で花火が上がったような感じがする」
驚くような経験である	製品や出来事が消費者の考えや期待の域を超える	「そのシェフにとってのマイルドな味は、私にとっては我慢できないほど辛い味なのです」
物語に発展する	製品や出来事が、記憶の中にある他の事柄を想起させる	「そのおかげで明るい場所で読書ができるようになり、虐待されていることが忘れられた」
頻繁に起こる	製品や出来事が反復的である	「私の子供はいつもそのフレーズを歌っている」

連想的想起の場合も意図的な想起の場合も、キューも含めたコンテクストが重要である。「符号化特殊性原理」(Encoding Specificity Hypothesis) によると、現在の経験を取り巻くコンテクストが、我々が記憶を記銘したもともとのコンテクストとどれほど似ているかによって、その記憶をどれほど簡単に**想起**できるかを左右する。

　また、別の研究によると、想起の際に与えられる情報量が多ければ多いほど（たとえば、ただアップルパイだけの写真ではなく、にこにこした老婆がアップルパイを出している姿の写真など）、もともとの記憶からより詳細な情報を想起できる。たとえば、あなたは叔母のことや彼女がつくるパイのことだけでなく、彼女がそれを毎週日曜日につくっていたことも思い出すかもしれない。

　知覚キューは、過去の経験のコンテクストを喚起するのに重要な役割を果たし、記憶の想起を促進する。たとえば、オーブンで焼けたパイの匂いを嗅ぐと、パイを食べた日曜日の集まりについてさらに詳細を思い出すかもしれない。知覚キューが多ければ多いほど、過去の特定の経験に関するコンテクストが甦る。嗅覚や他の知覚キューは、感情をつかさどる脳の辺縁系を活発化し、鮮明な記憶を呼び起こす[12]。

　実際、視覚、聴覚、嗅覚、触覚など知覚を刺激するイメージは、記憶に現実味を付加し、それを思い出した際の経験は驚くほど鮮明なものになる[13]。たとえば、TV広告の中で、だれかが淹れたてのコーヒーの匂いを嗅いでいる姿を見せることによって、視聴者に同じような感覚を喚起することができる。たとえば、あるアパレル会社は、バーガンディー（濃いえんじ色）やハンター・グリーン（濃い緑色）のような色が伝統や帰属意識に関する記憶を喚起することを知り、そうした色を利用したスーツの販売に成功している。

　記憶が記銘された後、想起されるまでの間にはどういうことが起こるのだろうか。記憶を記銘する際には脳の海馬が活発になり、新しい情報と既存の知識との融合化を促進する。神経生物学の研究によると、記憶が記銘されると、次に記憶の固定化が起こる。この固定化のプロセスを経て、新しく学習した情報は、なくなりやすい短期記憶からより強固な長期記憶へと変換される。特に、この変換過程において、記憶に歪みが生じやすい。変換にかかる期間の長短は、記憶の対象となる情報の性質による。つまり、より複雑な情報は処理をするのに時間がかか

る。数秒の場合もあれば、数分、数時間、あるいは数日かかることもある。そして、記憶された情報は新皮質に貯蔵され、脳全体に配給される。

　マネジャーは、消費者にとって個人的な重要性の高い製品特徴を強調することによって、記憶の長期記憶化を促進することができる。しかし、同時に、消費者が記憶の記銘や想起をする際のムード（精神状態）についても注意しなければならない。広告が流される番組の内容や広告が掲載される雑誌の内容などは、その内容によって引き起こされたムードを通じて、広告に対する視聴者の反応に影響を及ぼす。

　もし、広告が消費者に対して特定のムードをつくることができれば、そうしたムードと一貫性のある店舗環境を整えたり、そのムードに呼応した新しい広告や、製品パッケージ、店頭ディスプレイを作成することによって、そのムードをさらに強化することができる。さらに、マネジャーは、次に挙げるような方法を通じて、もともとの広告に関する記憶を消費者が想起するようなコンテクストをつくることもできる。

- たとえば、乾燥機から出したばかりの衣料の匂いなど、消費者の関心をコンテクストに関連の強いキューに集中させる。

- シャンパンなどの飲み物であれば、卒業式などの重要なイベントや、結婚記念日や誕生日などの繰り返し起こるイベントとリンクさせる。

- たとえば、「初めて乗ったビュイックを思い出してください」といったメッセージによって、消費者自身の過去の思い出に訴える。

- あまりに具体性の高いキューではなく、より一般的なキューを活用する。たとえば、「あなたが11歳の時に家族と行ったピクニックを思い出してみてください」と言うよりは、「家族で行ったピクニックを思い出してみてください」と言った方が、より包括的であり、より効果的である。

　マーケティング・コンサルタントのアン・シスルトンは、記憶の記銘と想起は、

図8-1 ● 記憶の旅

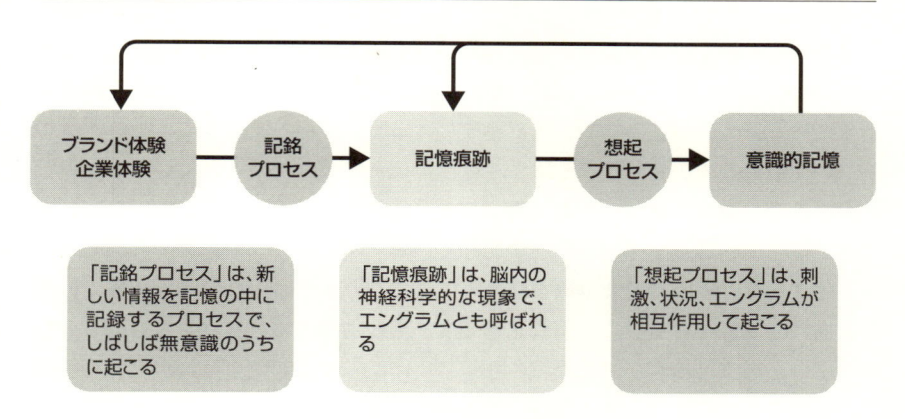

```
ブランド体験  →  記銘    →  記憶痕跡  →  想起    →  意識的記憶
企業体験        プロセス              プロセス
     ↑_____|   ↑_____|
```

- 「記銘プロセス」は、新しい情報を記憶の中に記録するプロセスで、しばしば無意識のうちに起こる
- 「記憶痕跡」は、脳内の神経科学的な現象で、エングラムとも呼ばれる
- 「想起プロセス」は、刺激、状況、エングラムが相互作用して起こる

出典：アン・シスルトン

図8-2 ● 記憶の記銘に影響を与える要素

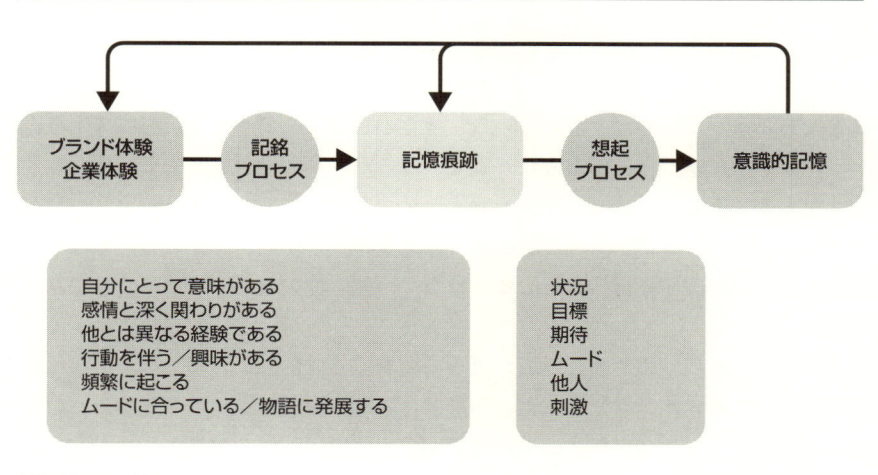

```
ブランド体験  →  記銘    →  記憶痕跡  →  想起    →  意識的記憶
企業体験        プロセス              プロセス
     ↑_____|   ↑_____|
```

- 自分にとって意味がある
- 感情と深く関わりがある
- 他とは異なる経験である
- 行動を伴う／興味がある
- 頻繁に起こる
- ムードに合っている／物語に発展する

- 状況
- 目標
- 期待
- ムード
- 他人
- 刺激

出典：アン・シスルトン

第8章 ● 壊れやすい記憶

特別な出来事が次々に起こる旅のようなものであると言う。彼女は、コカ・コーラに対して、図8-1と図8-2を用いて、記憶を有効活用し、より長く記憶に残るブランド経験をつくり出すためにはどうすればいいかアドバイスした。図8-1が示すように、過去の経験を思い出すという作業は、過去の記憶を引き出してくるだけでなく、現在の経験にも影響を与えるものである。そして、それが次の新しい記憶の旅の出発点になる。もし、この記憶の旅がスムーズにいけば、消費者はその製品あるいはサービスを購入する可能性がより高くなる。図8-1は、購買意欲が生成されるまでの過程を説明している。ポジティブな過去の経験を思い起こすことは、現在の消費経験を高めることになり、それが結果として将来の消費に向けた記憶となる。この過程を通じて、その消費者は将来もまた同じものを買いたいと思う可能性が高くなる。しかし、図8-2に示したように、その可能性は、記憶の記銘に影響を与える様々な要因に左右される。

3　記憶の再構築

　ここ10年ほどの研究の進展によって、記憶に対する我々の認識は変わった。我々はよく記憶をアルバムに保存された写真のようなもの、またはボウルの中に入ったキャンディのようなもの、つまり我々が望みさえすればいつでも取り出すことできるようなものだと考えている。多くの企業は、こうした記憶に関する古いメタファーに基づき、消費者が一度受け取ったメッセージをそのまま再度取り出すことができるかのように考え、マーケティング・コミュニケーションや消費者とのコンタクト・ポイントをデザインしてきた。しかし、記憶の専門家は今や、記憶を脳内に存在する構造物としてではなく、順応性の高いプロセスとして見ている。

　我々は、様々な記憶の断片あるいはその塊を脳に貯蔵しておき、後で想起する段階でそれらを再集結させる。この想起と再集結の際に、記憶は変化する。したがって記憶とは、以前に起こった出来事を完全に復元したレプリカではなく、むしろ現在置かれた環境の中にあるキューやそれらキューを知覚する理由に呼応し

て変化するものである。したがって、**記憶とは、消費者の過去の経験や、現在のムード、自己意識などを含む現在のコンテクストにおいて形成される消費者の認識である**[14]。このことを、ダニエル・シャクターは次のように語る。

　かつて、過去の経験を思い出すことは、単に過去の出来事について貯蔵された記録を引き出してくることにすぎないと考えられていた。しかし、近年の研究によって、この長い間信じられてきた神話は覆された。ある過去の経験を思い出すといった単純な作業（たとえば、先週の土曜日の夜に何をしたか、初デートにどこへ行ったか）でも、現在という環境からの影響や、過去に関する情報の影響を受けながら行われる[15]。

　同様に、消費者が顧客サービス担当者の応対をどのように思い出すかは、その経験を思い出させるキュー自体がポジティブなものか、ネガティブなものかによって左右される。たとえば、友人がある店におけるポジティブな経験についてあなたに話したとしよう。すると、あなたは同じ店で自分が受けた応対がそれほど不愉快ではなかったと思うかもしれない。逆に、友人がその店におけるネガティブな経験を話したとすると、実際に受けた応対よりも悪い扱いを受けたと思うかもしれない。もし、我々があるレストランで夕食をした際、実際には何の問題もなかった場合でも、友人がそのレストランでひどい経験をしたという話を聞くと、自分がそこで夕食を食べた経験は「平均以下である」と想起するかもしれない。逆に、友人がそのレストランで人生最高の食事をしたと語ったとすると、我々自身の経験も「平均以上である」と想起するかもしれない。

　このように、我々が記憶から引き出してくる経験の内容は、キューの違いによって左右されるが、**我々はその際に記憶自体が変化していることには気づかない**。過去のある経験について今思い出している内容は、先週あるいは去年同じ経験を思い出した際の内容と全く同じであるように思える。O. J. シンプソンの裁判に関する記憶の変化を長期的に追跡調査したリンダ・レヴィーンらの研究結果は、このことを如実に示している。1995年に判決が出された際、調査対象となった人たちは喜びや怒り、あるいは驚きの感情を表現した。しかし、その5年後に同じ質問を同じ回答者に尋ねてみたところ、全く違った感情を表現した。現時点におけ

る彼らの感情を一様に反映していたのである。回答者たちは同じ事柄について現在抱いている感情が当初抱いていた感情とは異なることに気づいていなかった[16]。

　つまり、我々は、ある特定の経験を思い出そうとするたびに、異なるキューや目標に応じてそれを思い出そうとしている。ある1つの経験を思い出すたびに、違った組み合わせのニューロンが活発化している。初めて活発化したニューロン群とすでに20回ほど活発化したニューロン群の間にほとんど違いがない場合もある。そのような場合、記憶は「真」であり、普遍である。こうした安定的な状態は、自分の名前を思い出す場合のように、自身と関連の深い事柄や普段繰り返し行っている事柄に起こる。

　キューやゴールに加え、想像も記憶の再構築において重要な役割を果たしている。実際、記憶と想像の両方が、我々の知識や思考をともにつくり出している[17]。マーケターは、消費者の記憶と想像が協働し、時には重要な結果をもたらすプロセスに積極的に関わっている。たとえば、もしマーケターが過去の経験についてそのポジティブな側面を語ったとすれば、消費者がその製品や買い物について**思い出す経験内容は、実際にその人が経験した内容とは異なったものになる**。この現象はバックワード・フレーミングとして知られている。逆に、**フォーワード・フレーミング**によって、マーケターは**将来起こり得る**経験に対する期待を消費者に抱かせる。こうした期待の影響によって、実際に将来起こる経験の内容や、その経験の記憶も変わってしまう。

　ほとんどのマーケティング・コミュニケーションはフォーワード・フレーミングに焦点をあてている。たとえば、雑誌広告や、商品知識のあるセールスマンによるアドバイス、クチコミなどがフォーワード・フレーミングの例である。これらのフォーワード・フレーミングによって、消費者は製品あるいは購買経験に対し、具体的な品質を求め、期待するようになる。たとえば、もしあなたが新しい携帯電話に関する広告を見たことがあり、その携帯電話の性能について友人たちが絶賛していたとしたら、その携帯電話を目にした際にそれら優れた性能に気づく可能性は高くなるだろう。

　したがって、フォーワード・フレーミングは、自社製品のプラス面を際立たせ、目立たせる効果を持つ（あるいは、フォーワード・フレーミングを比較広告に用いることで、競合他社製品のマイナス面を強調することができる）。その製品の特質を際

立たせることで、消費者の意識にのぼり、消費者が製品を見た際にはその特質の価値を認める可能性が大きくなる。このように製品の特質を評価してくれる場合、その特質について知らない場合よりも、消費者の経験はずっとよいものとなる（もちろん、その製品が謳い文句通りに機能を果たさない場合は除くが）。そして、製品に関するよい経験をすれば、消費者は同じ製品を再購入する可能性も高まる。

バックワード・フレーミングは、新しい情報に基づいて過去の経験を**意識的に**再評価することとは別個のものである。たとえば、もしあなたが芝刈り機を購入したが、うまく使いこなせない場合、あなたは製造企業に対して不満を持つだろう。しかし、あなたが取扱説明書を注意して読まなかったことや、あるいは、その芝刈り機が落葉を掃除することを想定したつくりにはなっていないことなどがわかれば、その製品に対するあなたの評価は違ったものとなるだろう。芝刈り機に関する新たな情報（たとえば、落葉清掃用オプションが購入可能であることなど）を得た場合や、あるいは製品を使用することによって予想外の便益が得られた場合、その製品について再評価を行うだろう。

こうした記憶プロセスの脆弱性によって、実際には起こり得ない出来事であっても、実際に起こったものとして記憶してしまうことがある。だれかによる提案や偏った信念が起因して、誤った記憶がつくり出されることはこれまでにも研究されてきた[18]。しかし、近年まで、このような誤った記憶が消費者の意思決定にどのような影響を与えるかはあまり研究されてこなかった。たとえば、マーケターは消費者の記憶の再構築プロセスに働きかけることによって、誤った記憶を植えつけることができるのだろうか。

キャスリン・ブラウン・ラトゥールによると、マーケターが実際にはなかった事実を記憶として植えつけることは**可能である**という。ブラウン・ラトゥールは、消費者が製品を実際に使用した**後**に、広告を見せることによってその使用経験に関する記憶を変えることができるか、一連の綿密な実験計画によって検証した[19]。この実験の参加者は、まず緑色の包装紙に包まれたキャンディを手渡された。そのキャンディを食べ終えた後、彼らは青色の包装紙に包まれたキャンディの広告を見せられた。そして、実際に食べたキャンディの包装紙が何色であったかと問われると、参加者の半数は「青」と答えた。さらに、広告の印刷の質があまりよくないこと、また、広告に使われている色が必ずしも実際の色を正確には反映し

ていないかもしれないことを参加者にあらかじめ伝えておいた場合にも、こうした記憶の歪みは起きた。別の実験では、参加者たちは酢と塩が入ったオレンジジュース（決しておいしいとは言えない代物である！）を飲まされた。しかし、その後に、そのジュースが「さわやかな」飲み物であると謳う広告を見せられると、参加者たちはその飲料経験を「さわやかな飲み心地である」と記憶した[20]。

　こうした研究成果から、広告が記憶に対して影響力を持つということは明らかになった。しかし、実際には起こらなかったことを起こったこととして記憶させるほど広告が影響力を持つかどうかという点に疑問が残った。そこで、ブラウン・ラトゥールは、ディズニーランドを訪れたすべての子供たちはバッグス・バニーと握手する機会があるという広告を参加者たちに見せた。実際には、バッグス・バニーはワーナー・ブラザーズのキャラクターであり、ディズニー・リゾートで目にすることはあり得ない。しかし、この広告を見た人の16％が、幼少時にディズニーランドを訪れた際にバッグス・バニーに会ったと語った。比較対照として、広告を見なかった人たちは、だれもバックス・バニーに会ったとは言わなかった。すなわち、**広告は誤った記憶をつくり得るのである**[21]。消費者の多くは、広告に基づいてではなく、その製品に関する直接的な経験に基づいて購買意思決定をしていると主張する。しかし、広告は明らかに消費者の記憶を変化させることができ、したがってその行動に影響を与えることができるのである。

　近年、神経心理学や神経生物学の分野において、記憶の再構築に関する画期的な研究成果が発表されてきた。PETスキャンやfMRIなどの技術により、記憶の再構築プロセスに関する視覚的証拠が得られるようになった。誤った記憶をつくり出す場合と、正しい記憶をつくり出す場合とを比べると、多少の違いはあるにせよ、脳内の全く同じような領域が活発化していることが明らかになっている[22]。

4　記憶におけるムードの役割

　コラム8-2に示すように、感情やムードに関する生理的プロセスは、記憶の記銘および想起に影響を及ぼす。これらの生理的プロセスがどのような影響を及

ぼすかは、製品あるいは広告が配置されるコンテクスト（たとえば、雑誌広告が掲載される前後のページに何があるか、テレビ広告の前後に放映される番組の内容が何かなど）に関係がある。マーケティング・コミュニケーションのコンテクストは、感情やムードに影響を与え、それら感情やムードは消費者がコミュニケーションの内容を理解したり、記憶したりするプロセスに影響を与えるのである。

　ここで、ひとつ注意を喚起しておきたい。それは、必ずしもすべての記憶がその想起プロセスにおいて再構築されるわけではないということである。記憶には、安定性もある程度必要である。この安定性のおかげで、買い物をするたびにいちいち意識的に商品についての記憶を想起し、その価値を見極めてから決定を下す必要がなくなる。しかし、それでも記憶がある程度変化するということは重要である。マーケターは、知らず知らずのうちに（あるいは意図的に）、記憶を再構築するという脳の癖を利用しているのである。

＊　　＊　　＊

　ここ10年間で、記憶に関する研究は大きな進展を遂げた。消費者の記憶は、いつまでも変わらないスナップ写真のようなものだというメタファーではもはや表現しきれない。消費者が、ある製品やサービス、あるいは企業に関する過去の経験を思い出す際、過去や現在の状況、環境、そしてムードなどすべてが影響を及ぼす。消費者がマーケターとの関わりを通じて記憶を紡ぎ、そうしてつくり出された記憶は、消費者がどのようなことを新たに記憶していくかにも影響を与える。マーケティングに関わるリサーチャーやマネジャーは、以下に挙げた点に留意すべきである。

- 記憶は単に消費者の過去を記録したものではない。すなわち、記憶は消費者の過去、現在、将来をつなぐものである
- 記憶は脆弱で変わりやすい
- 記憶は選り好みの産物である。すなわち、消費者がすでに知っている事柄が、彼らがどういう記憶を記銘し、想起するかを左右する
- 記憶システムは限定的な情報量しか保持することができない。すなわち、状

況に応じて必要な情報しか想起することができない
- 記憶は一般的な情報、具体的な情報の双方を貯蔵する

マーケターは、消費者が記憶を形成する環境を整えることによって、自社のブランドや製品について何を想起してもらうかを管理することができる。記憶に関する研究成果によって、マーケターは、調査の中で消費者が語る記憶を解釈し、分析する新しい視点を手に入れたのである。

Column 8-2 ● ムードと記憶

　ムードとは、それほど強くない、全体的な気分のことを指す[23]。我々は、自分たちがどのようなムード状態にあるか気づかないことが多いが、ムードは我々の思考に深く影響を及ぼす。ムードは、外部からの刺激と身体的な電気化学的なシステムとの相互作用によって生じ、記憶を変化させる影響を持つ。

　ムードが記憶に及ぼす影響については数多くの研究が行われてきた。ある主要な理論によると、ムードは、そのムードや感情に関する記憶のネットワークを活発化するとされる[24]。もし、我々が幸せなムードにある場合、幸せな気分に関連する感情のネットワークが活発化される。いい気分のムードにある場合は、気分のよさに関連する思考が喚起される。ポジティブなムードが思考に及ぼす影響を明らかにした最近の神経心理学の理論は、記憶に関しても深い示唆を与える[25]。この理論によると、ポジティブなムードが問題解決や記憶に与える影響は、脳において神経伝達物質ドーパミンが放出されることと関連があるという。ある褒賞がポジティブなムードを喚起すると、脳において放出されるドーパミンの量は増加する。ドーパミンが増加すると、より柔軟で創造的な思考を誘発し、特定の記憶を思い出すことを促進する。

　ムードや記憶に関する研究の多くは2つの現象に焦点をあてている。すなわち、ムードに依存する記憶と、ムードと一致する記憶である。この2つの記憶プロセスはいずれも、ムードが記憶の再構築に影響を与えるプロセスである。

ムードに依存する記憶
　記憶を記銘する際のムードと、想起する際のムードが同じであれば、消費者はその記憶を

容易に取り出してくることができる。たとえば、もしある製品の属性を初めて聞いた時に消費者がポジティブなムードにあった場合、後にまたポジティブなムードにあれば、それらの属性をより正確に思い起こすことができる。しかし、このようにムードの一致によって記憶の想起が向上するのは、消費者が意識的にそのポジティブなムードを認識し、そのムードをつくり出す原因となっている出来事についても認識している場合に限られる。ムードと関連キューが同時発生するだけでは、記憶の想起を十分に強化させることにはならない。

たとえば、あるモーテル・チェーンに滞在する人々の幸せな姿を見せるだけではだめで、広告を見ている人々に、そのモーテル・チェーンが彼らの幸せなムードの創出に貢献していると思わせない限り、そうした連想にはつながらない。

ムードと一致する記憶

消費者は、ある特定のムードにある場合、そのムードに一致する情報に対して敏感になる。たとえば、消費者がポジティブなムードにある場合、彼らが直面する製品あるいは経験のポジティブな側面により気づくようになる。幸せなムードを感じている人の場合、悲しみや怒りを駆り立てるような出来事よりも幸せな出来事を認識し、想起することが多い。

このようなムードと記憶の一致はどのようにして起こるのだろうか。答えは驚くほど簡単である。すなわち、ネガティブなムードからポジティブなムードに移行するには、大きな認知的努力が必要となるからである。たとえば、不満に感じている顧客を前にして、単に苦情を聞いてあげるだけでは、彼らを喜ばすことができないことは、このことからも明白だろう。

ムードと記憶の一致は、記憶の想起にも影響を及ぼす。記憶を記銘した際にどのようなムードにあったかということに関わりなく、その人が現在どのようなムードにあるかということと、その人が思い出そうとしている物事とが一致していることによって、その記憶の想起は向上する。たとえば、あるコメディを初めて見た時にはポジティブなムードでなかった場合でも、今現在の時点でポジティブなムードにあれば、そのコメディのタイトルを思い出すことは容易である。ムードと記憶の一致によって記憶の想起が容易になる効果は、無意識の記憶の場合に強いだろう。

ムードに依存する記憶、およびムードと一致する記憶の効果は、小売環境において顕著に見られる。ある研究では、参加者が、ポジティブな意見とネガティブな意見を同数掲載したレストラン・ガイドを目にした。幸せなムードでそのガイドを見ていた人は、不機嫌なムードでそれを見た人よりも、レストランをより肯定的に評価した。この研究結果は、テレビ広告が放映される番組の内容が、ブランドの想起に影響を及ぼすことを示唆している。つまり、ポジティブな内容の番組の方が、ネガティブな内容の番組よりも、記憶の記銘と想起を促進する。マーケターは、広告スポンサーとなる番組の内容についてよく考慮する必要がある。

別の研究では、ショッピングモールの買い物客にちょっとしたプレゼントを渡すことによって、幸せなムードをつくり出した。その後に、プレゼントとは全く関係のない調査だと銘打ったアンケート調査を行ったところ、プレゼントをもらった消費者（幸せなムードにある人たち）は、プレゼントをもらわなかった消費者（幸せでないムードにある人たち）よりも、自分の車やテレビに関する満足度が高い傾向が見られた。

　前述した神経心理学の理論と同様、近年に行われた実験では、ポジティブなムードはブランド名の想起を促進することが明らかになっている[26]。また、ポジティブなムードは、あるブランドが他のブランドとどのように関わっているかという連想的な思考も促進するかもしれないと考えられている。このような連想的な思考は、複数のブランドをクラスター化、グループ化したりすることを促進し、その結果として生成される複合的なネットワークが、将来的にはそのブランドを想起する可能性を拡大する。そして、消費者がブランドを思い出す可能性が高くなればなるほど、そのブランドを買う可能性も高くなる。

出典：本項の作成には、エマーソン大学のナンシー・プチネリ教授の協力を得た。

第9章 記憶・メタファー・物語

記憶は物語をつくる。　　　── ポール・ジョン・イーキン『記憶、脳、信念』

　前章で見たように、メタファーや記憶は、物語と同様、何らかの表象（representation）を伴う。メタファーはある事柄を他の事柄に喩えて表象したものであり、我々の思考に影響を及ぼす。また、記憶は過去の経験を表象したものである。物語は過去、現在、そして未来の出来事を表象したものと言える。これら3つはすべて、真実と虚構、思考と感情の両方を含んでおり、また、互いに重なり合う。記憶は物語でもあり、物語は記憶によって構成される。そして、いずれもメタファーによって表現されることが多い。消費者は、記憶、メタファー、物語を重ね合わせることにより、特定の企業やブランドに意味を見出したり、自分とのつながりを見つけたりすることができるようになる。

　本章では、記憶の背景にある社会的文脈を明らかにするとともに、記憶、メタファー、物語がどのように関連し合っているかを探る。マーケターはメタファーを用いることで、自らのブランドに関する消費者の記憶を変容させたり、新しい意味づけや物語を構築することができる。前章で見たように、メタファーは2つの異なる記憶の橋渡しをする[1]。この橋は、両方通行のものであり、対岸に相当する記憶は、互いに影響し合うことによって双方とも変容する。また、社会的文脈を通じて、消費者間にメタファーについての共通理解が生まれ、そうしたメタファーの利用が促進される。

論文 "Knowledge and Memory : The Real Story"（知識と記憶：真実の物語）の著者、ロジャー C. シャンクとR. P. アベルソンによれば、記憶は物語を語るという行為（ストーリーテリング）と密接な関連を持つ。**物語を語ることは、記憶することでもある**、と彼らは主張する。これは第 7 章で考察した重要な点である。すなわち、「我々は物事を物語化することによって記憶する。物語を語るということを、我々は何気なく行っているわけではない。それは、何かを記憶しようとすれば、必ず行わなければならない不可欠な行為なのである。我々がつくり出す物語は、自分たちが持っている記憶そのものなのである」[2]。

　消費者は自分のことについて話す際、物語を通じて語る。その物語は、即興劇のようなものであり、話の展開はその時々に受ける様々な刺激やいろいろな登場人物の意図に応じて変わる。この物語に登場する小道具や衣装は、消費者が欲望し、購買し、使用する製品やサービスである。物語の舞台は、消費者が暮らす社会の価値観である[3]。この中で、マーケターは小道具や衣装を提供する役割を担う。また、舞台の黒子として、消費者が記憶を生成し、自己を確立するサポートをする。考えてみると、消費者の自己の確立過程においてマーケティングが持つ大きな影響力こそが、マーケティングに対して消費者が複雑な思いを抱くことの一因となっているのかもしれない。企業はマーケティングを通じて、消費者に物語の題材を提供し、その題材に関する新たな物語を語りかける。こうして、マーケターは消費者とともに、彼らの記憶の生成に一役買っている。こうしたマーケターとのやりとりを通じて、消費者は何かを覚えたり、思い出したりするたびに、記憶を形づくっているのである。すなわち、すでに議論したように、マーケターと消費者の無意識と意識は互いに影響し合うのである。マーケティングは、消費者がある消費経験をいかに容易に思い出せるかを左右するだけでなく、その経験が満足のいくものとして記憶するか、不満足なものとして記憶するか、その記憶内容にも影響を持つ。

　マーケティング・メモリー社のキャスリン・ブラウン・ラトゥール博士が行った研究をここで紹介しよう。この調査では、ある映画について否定的な評価を持つ映画ファンに、映画評論家による肯定的なレビューを見せ、もともとその映画をどのように評価していたかを尋ねた。被験者たちには、評論家によるレビューを読んだ**後**ではなく、読む**前**に持っていた意見を答えることが強調された。また、

調査が記憶に関するものであることも伝えられた。調査結果によれば、肯定的なレビューを目にした後では、被験者たちはもともと肯定的な評価をしていたと答えた。しかも、彼ら自身、自らの当初の評価に関する記憶を自ら変えてしまっていることには全く気づいていなかった。彼らは、レビューを目にする前の評価と、目にした後の評価とが、全く同じものであるとも答えていた。はじめに肯定的な評価をした被験者に、続けて否定的なレビューを読ませた逆も、同様の結果となった。

1 記憶と心－脳－体－社会のパラダイム

　記憶というものは、極めて個人的なものである。記憶は、その瞬間のエングラムやキュー、ゴールなどが相互作用することによって、我々の頭の中で生成される。と同時に、記憶は非常に社会的なものでもある[4]。たとえば、子供の頃に食べたおやつの思い出は、その原料を育てた農家やパン屋さんに始まり、その食べ物を手渡してくれたお店の人まで、多くの人たちのつながりによって可能となる。そして我々は、広告を目にすることによってそうしたことを思い出す。広告もまた、別のだれかによって作成されたものである。たとえば、ミッキーマウスと握手したという記憶は、家族旅行をすることや、子供にこういった思い出を持ってもらいたいという親心などの社会的慣習があって初めて可能となる。結局のところ、**記憶とは社会的な事柄なのである**。Context Is Everything: The Nature of Memory（W. H. Freeman & Co, 1999／コンテクストがすべて：記憶の性質）の著者、スーザン・エンゲルは、こうした記憶の社会的側面を以下のように説明している。

　　記憶のプロセスを、内的プロセスと外的プロセスが化学反応を起こすようなものだと考えてみれば、非常に複雑でダイナミックなものとして理解できるだろう。内と外とのダイナミックな相互作用を通じて、我々が「記憶」として認識しているものが生成される[5]。

2　生物と文化の共進化

　第2章で見たように、心、脳、および社会は相互に影響し合う関係にある。E. O. ウィルソンは、このことを「遺伝子と文化の共進化」という言葉で表現した[6]。我々が物事をどう記憶するか、また、そもそも何を記憶しようとするのか、に関する判断は、生物的な要因と文化的な要因の両方に左右される。我々の生物的な側面と文化的な側面は、自然淘汰の中でともに進化し、それぞれが影響し合っている[7]。時には一方が先んじたり、他方より遅れて進化することもあるが、常に影響し合い、連動しながら進化する。遺伝子的な変化はゆるやかに進行するが、それは我々が生物として学習したことや記憶したことが、文化的な要素や社会的な事柄にうまく対応できるように、十分な柔軟性を保ちながら進化してきたのである。すでに見たように、どの文化圏で幼児期を過ごすかは、脳の「配線」、つまり神経回路に大きな影響を及ぼす。幼少期に耳にする様々な物語は、我々の思考枠組やメンタル・モデルとなり、後に自分たちが買う商品やブランドにも影響する。特に、そうした商品やブランドにまつわる物語が、記憶に埋め込まれた深い文化的意味に共鳴するものであればなおさらのことである。

3　社会的記憶とは何か

　すでにお察しかもしれないが、文化的な物事やイベント、儀式などは、記憶の記銘や検索、再生を促進する。これらを「社会的記憶」と呼ぶことにしよう。言い換えれば、重要な記憶の中には、我々の内部にだけでなく、外部にも蓄積されるものもあると考えることができる。外部に保存される記憶としては、以下のような例が挙げられる。

　●社会規範

- 儀式や儀礼
- 声楽や音楽
- アイコン
- 言語
- 身体の動き、姿勢、ジェスチャー
- 建造物
- 社会制度
- 彫刻物
- 知覚刺激
- 公文書

　つまり、社会的記憶は我々の生活の至る所に存在するのである[8]。しかし、これらはただ単に我々が社会的に共有する理解を「収納する」入れ物としての役割を果たすのではない。そうした共通理解を形成する役割も担っているのである。社会的記憶は、間違った場所に保存されてしまう場合や失われてしまう場合もあり、または頻繁に使用されることで変化したり、使われなくなって忘れ去られる場合もある。

　たとえば、社会的記憶の観点から、〈コカ・コーラ〉の広告を見てみよう。たとえば、パーティで音楽に合わせてダンスする女の子を描写するコーラの広告を目にすると、脳内で１つのニューロン群が活性化し、〈コカ・コーラ〉に関する特定の経験が生成される。また、白熊とアザラシの赤ちゃんがコーラを分け合っている広告を見ると、別のニューロン群が刺激され、また別の経験がつくり出される。これらの広告に描写される２つの社会設定は、広告を見る個々人にとって異なる意味を持ち、その結果、〈コカ・コーラ〉に関する記憶も異なった形で保存される。

4　内部記憶と外部記憶の統合

　社会的記憶は、ある文化において共通理解されている事柄を貯蔵する格納庫と

しての役割にとどまらず、それ自体がエングラムやキュー、またはゴールとしての役割を果たす。したがって、記憶するというプロセスそれ自体において重要な役割を担う。実際、我々の内部記憶は、こうした外部記憶がなければ貧弱なものとなり、その逆もまた真である。たとえば、社会との接点を持たない子供は、脳の発達や機能において重大かつ取り返しのつかない欠陥を負ってしまう。同様に、脳の記憶をつかさどる部位に深刻な障害を持つ人は、社会関係を維持する能力を失ってしまう。したがって、他の人為的に分類された概念と同様、内部記憶と外部記憶との区別は人為的なものにすぎず、実際に2種類の記憶が独立して存在しているわけではない。どちらの種類の記憶も他方を形づくり、また他方によって形づくられるのであり、それぞれ単独ではほとんど意味はない。以下に、前述した社会的記憶をいくつか詳しく見てみよう。

社会規範

　社会規範は、指針としての役目を持つ。それは、我々が世界平和を望むというような「切望」や、子供に対する接し方というような「行動」などに関する指針である。

　たとえば、栄養摂取に関する社会規範は、子供がコーラ類を飲むことを母親がどの程度禁止するかを左右する。こうした規範は、母親同士や、母から子への世代間で伝達され、強化される。同様に、子供たち自身も子供たちなりの規範を持っている。そして、母親と子供の規範が衝突した際には、それを解決するための規範が家族内に存在する。栄養に関する規範は、消費者の購買行動に大きな影響を与える。ある食べ物を購買対象として検討するかどうかに影響を与え、検討するとすればどの程度時間をかけるか、どれくらいの量を購入するのか、どのメーカーのものを選択するか、などにも影響を与える。こうした規範は、子供のおやつとしては、いつ何を与えるべきか、そしてどこまでを限度とするか、などを含めて、消費者がその商品を購入するかどうかを左右する。たとえば、栄養に関する規範によって、〈コカ・コーラ〉に関する過去の記憶が引き出された場合、そこに母親自身が若かりし頃に友人とコーラを分け合った記憶が含まれていれば、その母親が家族のためにコーラを購入する可能性は高くなるだろう。

知覚システム

　我々は、様々な知覚を介して外的な環境を理解し、記憶として内的に表現する。すなわち、知覚システムは記憶の記銘、検索、再生において重要な役割を果たす。知覚が記憶とどのように関連し合うかはその時の社会的状況によって異なる[9]。人々が触覚や嗅覚を通して世界をどのように認識しているかは、文化によっても異なる。

　外的なキューとしての匂いが記憶にどのように関連するかに関しては様々な研究が行われてきた[10]。たとえば、ある調査では、消費者にとって馴染みの薄いブランドでも、心地よい匂いとそのブランドを関連づけることによって、馴染みのある他のブランドよりもよく思い出せるようになった[11]。心地よい匂いは、そのブランドに関する記憶を際立たせる特別な「記憶マーカー」として機能するのである。さらに、たとえばレモンの香りなどは、注意力を喚起し、情報処理能力を高めるという。したがって、マーケターがあるブランドを新しい顧客セグメントに売り出そうとする際には、こうした匂いを活用することが効果的であるかもしれない。また、男性と女性では匂いに対する反応や、匂いに関する記憶の仕方も異なる[12]。さらに、匂いは我々の意識の外でも作用するといい、こうした現象は「見えない香り」と呼ばれる。

　音、特に音楽も、重要な社会的記憶として機能する[13]。音楽は、家族や場所、物事に関する記憶を呼び覚ます[14]。ハーバード大学の民族音楽学者であるケイ・シェルメイによると、音楽はコミュニティという感覚や、過去や未来の世代に対する所属意識を形成する。

　　音楽は、長く忘れ去っていた過去や無意識のうちに獲得していた情報を喚起し、取得し、思い出すための装置として機能し、その内容や演奏を通じて過去を現在にいざなうのである[15]。

　他の芸術と同様、音楽には生物学的な要素もある。つまり、同じような思考回路を持つ人々が、音楽を通じて互いに情報を発信し、そこに共通の意味を見つけ、

特定の出来事に対して同じように反応する。音楽は、特定の概念や感情に関する記憶を呼び起こす。音楽はこれまでにも広告において広く利用されてきたが、消費者が思考や感情を記憶し、それを取り出すことを促進するための手法として、体系的に研究されてはいない。

儀式や儀礼

我々は、儀式や儀礼を通して、祝祭日に敬意を払い、誕生日や結婚記念日を祝い、様々な式典に参加する[16]。ダイヤモンドや宝石、卒業記念の贈答品などの広告は、こうした社会的記憶の喚起を狙っている。スーパーで買い物をする人の行動には、本人が子育てに関して持っている規範に基づく価値観が反映されている。店舗内のキューは、社会規範に関する消費者の記憶を喚起し、これらのキューを彼らがどのように解釈するかに影響を与える。たとえば、子供たちの好きなシリアルを買って帰らなかったら子供たちはどう反応するだろうかと思った瞬間、子供たちに対して甘いものをどの程度までなら容認していいか、特別におやつを許すとしたらそれはどのような場合か、といったことに関する規範が喚起される。マーケターが興味を持つのは、シリアル売り場という特定の場所における、ある消費者の購買行動だが、彼らがその場でどのような行動をどの程度示すかは、むしろ店舗の外にある社会の規範に影響を受けながら決まるのである。

アイコン

ブランド名やパッケージ、ロゴ、その他のシンボルは消費者にとってのアイコンとなる。アイコンとは、何かを象徴するイメージである。消費者の外的世界に根ざすアイコンは、外的世界における経験をもとに意味をつくり出すだけではなく、個人的な意味を伝達する役割も果たす[17]。たとえば、あるZMET調査では、ベルギーに住む若い女性が、祖父のお葬式の場で参列者に話したという個人的な話を語ってくれた。亡くなった彼女の祖父は、長年にわたり糖尿病のため厳しい食事制限を受けていたが、彼女がまだ幼い頃に祖父を訪れた際には、祖父と彼女は秘密の計画を実行したという。それは、祖母が忙しい頃を見計らっては2人で

カフェに繰り出し、禁断のコーラをこっそり飲むことであった。そして、彼女が成人した今となっては、〈コカ・コーラ〉は、彼女と祖父との間柄を象徴するイメージとなった。つまり、内緒で何度も一緒に飲んだコーラによって、祖父との関係は特別なものになった。彼女にとって〈コカ・コーラ〉というブランドは、一体感や秘密性という特別な記憶を宿したアイコンとなったわけである。

5 社会的記憶の威力

　我々は、無意識のうちに他者の行動を観察し、模倣することによって、多くの**意味知識**（自らの経験についての「何」や「なぜ」）を獲得している（これは、有名人を採用した広告が非常に効果的であることの1つの理由でもある）。そのほかにも、我々は学校教育や職業経験などを通じても意味知識を身につける。したがって、他者の存在や社会の制度は、我々の意味記憶やエピソード記憶の形成に影響を及ぼすゲートキーパー（門番）の役割を果たす。自転車の乗り方や、チューインガムの膨らまし方、歌うこと、原子を2つに分割すること、ロケットを打ち上げること、船を操縦することなどはすべて、そもそもこうしたことができる社会、こうしたことを記憶しようと思わせるような社会秩序があって初めて可能になる。同様に、サプライズの誕生日パーティや、宗教的な式典、初めて行くロックコンサート、あるいは子供がホームセンターの見本用トイレで用を足してしまったことなどの出来事に、何らかの意味づけをして記憶に留めているのも、それらが自分にとって重要な出来事だったと思わせるような社会があってこそである。そうした意味で、Tシャツなどのお土産品や写真などの品々も、社会的記憶を宿していると言えよう。

　記憶がいったん形成されると、その内容は他者や制度、文化を通じて変容し、社会的記憶として蓄積されるようになる。社会的記憶は、言語、ダンス、音楽、神話、物語、儀式、祭日、芸術、記念切手、映画、教育機関などの中に宿る。そして、意味記憶とエピソード記憶を創造したり、維持したりするために用いられる。共有された価値観や信念を通して、その社会では何が正しく、人は何を覚え

ておくべきかが定義される。したがって、社会が変化するにつれて、その社会で必要とされる記憶も変化する。

記憶が社会的側面を持つことは、マーケティング分野では顧客関係性マネジメント（Customer Relationship Management：CRM）に重要な示唆を与えてくれる。CRMに関する従来の研究では、記憶が重要であることや、顧客の記憶がマーケターと顧客との関係を通じて創造されることなどはあまり考慮されてこなかった。しかし、記憶が本来どういうもので、顧客の記憶をどう管理すべきかということを理解せずに、CRMを通じて顧客から信用を得ることはできないし、利益を上げることもできない。顧客関係を担当する者は、顧客が自社とのやりとりに関する記憶をどのように保存、検索、再生するか、その過程を把握する必要がある。顧客にとって、企業とのやりとりは、担当者と交渉するといった直接的な場合もあれば、クチコミなどを介した間接的な場合もある。そして、顧客にとって、企業との新しいやりとりが増えるたびに、過去のやりとりに関する記憶も、大なり小なり変化する。つまり、企業にとって、顧客とのやりとりはどの1回をとってみても、ブランドの構築につながることもあれば、その破壊につながることもある。

6　メタファーとしての記憶

我々は、新しいことを過去の経験と関連づけることによって理解することが多い。新たなことに挑む時、既知の知識を活かして未知の物事を把握しようとする。実際、人間の脳はすでにある情報を自動的に取り出し、新しい経験に編み込んでいく仕組みになっている。たとえば、食べたことのない料理を試食した後、我々は「鶏肉のような味がする」と言うことがある。この表現はあまりにも頻繁に使われるため、もはやジョークと化している。たとえその料理が鶏肉とは全く関係ないもの（ガラガラヘビ、カエルの足、昆虫など）だったとしても、人はその新しい体験を把握し、説明するために、関連する最も身近な記憶——たとえば、よく知っている鶏肉の味——を思い出すのである。

こうした意味で、記憶とメタファーには多くの共通点がある。つまり、記憶と

メタファーはいずれも、あるものを別のものに置き換えて表現したものである。第8章で述べたように、記憶する人の目標や目的の影響を受けながら、エングラムとキューが相互作用する過程で記憶は形成される。また、我々が何かを思い出すたびに過去の経験内容を無意識のうちに変えてしまうという意味で、記憶とは創造的なものでもある。いわば、記憶を通じて、過去を再創造しているわけであり、「**無意識のメタファー**」とでも呼ぶことができよう。我々は自分の記憶内容が変化してしまっていることには普段気づかないままでいるため、過去に起こった実際の出来事を忠実に思い起こしたと誤解してしまう。

　実際には経験していないことでも、過去に経験した**似たような**出来事と関連づけて思い出す場合もある。そうした記憶は、事実としては間違っているが、比喩としては正確なものである。そうした記憶は、一見無関係に思われるいくつかの個別の出来事の間に見られる共通項を表現している[18]。

　マーケティング分野では、消費者の幻想に関する調査において、こうした記憶に関する研究が行われている。ある調査では、消費者に、ある店や商品について今まで最も不愉快だった経験を話すように依頼した。この調査に参加した人はすべて、過去に地方公共団体の消費者保護機関に何らかの苦情を訴えた経験を持っていた。しかし、最も不愉快な経験を思い出した際に、彼らの多くは、その出来事が起こった当時はまだ存在していなかった店や商品の名前を挙げた。参加者たちは自らの体験について話すことを通じて、過去に実際に経験した複数の出来事を、実際には経験していない出来事に置き換えて話したのだ。しかも、参加者たちは、自分たちの記憶が完全に正しいと思い込んでいた[19]。

　マーケターの側にそうした意図があろうとなかろうと、**消費者はマーケティングの影響を受けながら、過去に経験したことをそれとは異なる新しい経験に置き換えながら記憶していく**。したがって、マーケターと顧客の両方が、メタファーを通じて過去の経験内容を一緒に改造していくのである。マーケターは、顧客が購買過程で出くわす企業とのやりとりに関する経験内容をどのように再構築するかに影響を及ぼす。そうした過程を通じて、記憶はますます複雑になっていく。

7 物語としての記憶

　すでに見てきたように、記憶は物語をベースにして形成される。すなわち、記憶はエングラムとして保存されている過去の出来事を、キューやゴールなどを含む新しい出来事を説明したり解釈したりする手助けとして使用する[20]。物語とは、エピソード記憶や意味記憶が含まれる複数の経験について語ったものである。マーケターは、消費者がブランドに関する物語をつくり上げるために、買い物の前、最中、そして後の段階を通じて様々な情報や経験を与えたりする。こうした事実は、脳、記憶、そして信念に関する近年の研究によって、こうした事実がより明確になってきた[21]。インディアナ大学の英語科教授であるポール・ジョン・イーキンは論文"Autobiography, Identity, and the Fictions of Memory"（自伝、アイデンティティ、記憶の虚構）の中でこう述べている。

　　振り返ってみると、私は常々、記憶を自伝に下ろした錨のようなものとしてとらえてきたのだと思う。記憶は、真実の中核を成すもので、自伝におけるフィクションと、通常我々がフィクションと呼んでいるものとを区別するものだと考えていた。しかし、記憶に関する近年の研究によって、こうした考えは根本から揺らぐようになった。記憶は、好むと好まざるとにかかわらず、フィクションの一要素にすぎないのである[22]。

　物語の持つ威力の1つに、物語をつくるという行為自体に我々が滅多に気づかないということがある[23]。精神分析家でニューヨーク大学教員のドネル B. スターンは次のように述べている。「自分の人生を語る行為は…どう考えても、夢を自分でつくろうとすることや、さらに言えば、次の瞬間に経験することを自分でつくろうとすることと同様、自由意志に基づくものではあり得ない…我々の人生に関する物語は、我々がつくろうとしてつくれるものではなく、ただそこに存在するのみである」[24]
　物語には、我々の信念および世界に関する知識の両方が蓄積されている[25]。「蓄

積」(store) という単語と「**物語**」(story) という単語が似ているのも、単なる偶然ではない。記憶についてのほとんどの研究は、信念と知識とを明確に区別するが、両方とも、記憶のある部分、つまり物語の一部を構成している[26]。信念とは、何かについて我々が思い出したり、真実であると考えたりすることである。たとえば、購入したばかりの自動車について、それはよい買い物だったと納得することなどがそうである。本書ですでに見たように、市場調査の80％以上は追認的なものであり、それによって新しい洞察が明らかになるというよりも、すでに調査者が持っている信念や本当だと考えている事柄を確認するものである[27]。調査結果が自らの仮説と食い違った場合、マネジャーはその調査方法に問題があると考える。マネジャーは「間違っているかどうか」を考えるのではなく、何かが間違っておりそれが「**何であるか**」を追及しようとする。しかし実際には、微々たるものであるかもしれないが、彼らの信念が間違っているという可能性もある。**知識は信念とは違い、真実の基盤となる情報である**（たとえば、競合他社の自動車ディーラーが示す価格など）。物語という観点から見ると、知識とは、新しくてよくわからない出来事や状況を認識し、適切に反応することを可能にするものである。

　映画脚本家のロバート・マッキーはこう言っている。「現実に起こったことは『事実』ではあっても、『真実』ではない。真実とは、私たちが何が起こったと**考えるかである**」[28]。消費者が「事実」だけに基づいて判断するならば、ノーブランド品やあまり知られていないサービス企業も、全国的に知られたブランド品や有名サービス企業も、さほど違いはないはずである。しかし、消費者の実際の購買行動を見る限り、彼らが実際に信じる「真実」は、商品に関する「事実」からは大きく乖離している。通常、消費者は有名ブランド品をノーブランド品よりも好み、むしろそちらを買ってしまう。

　成功しているブランドは、様々な約束を盛り込んだ物語を消費者に提供する。たとえば〈コカ・コーラ〉は、消費者にリフレッシュを約束した物語を提供する。〈マリブ・ラム〉は、日常のちょっとしたイライラから逃れるという約束を提供する。フィデリティ投信は、資産管理に関する良質なアドバイスの提供を約束する。他のブランド、たとえば〈タンカレー・ジン〉やBMWは、憧憬ブランドである。そうしたブランドを通じて消費者は、自分がどのような人間であるのか、どんな人間になれるのかという**憧れを反映した物語**を語る。ブランドが提供する

物語が、自分がどのような人間であるかということに関するものであれ、何が経験できるのかということに関するものであれ、その物語の中では、実際の商品それ自体よりも、その商品に対して消費者が持つイメージの方が先行する。つまり、物語の内容は、商品自体が実際に持つ特色を超えてしまうのである。トラディショナル・ヨットの社長であるグレッグ・クラークはこのことをうまく表現している。「人々は〈アメリカン・タグ〉ブランドのヨットを他社製ヨットよりも好む。なぜなら、〈アメリカン・タグ〉は彼らの夢を実現する道を最もうまく提供しているからだ。もちろん、ヨットそれ自体も素晴らしいが、彼らが抱く夢こそがこのヨットをさらによいものにする。この２つが一緒になることで、〈アメリカン・タグ〉は、他社が真似することのできないものとなる」

　同様に、〈シボレー・コルベット〉の所有者は、単に１台の車もしくは１つのブランドを所有しているだけではない。車を所有しているという法的な事実は、たとえば、警察に止められた時などの状況では役に立つかもしれない。しかし、その車を法的に所有しているということ自体は、それを運転することで得られる経験と比べれば全く重要なことではない。ある〈コルベット〉所有者の言葉を借りれば、彼らが〈コルベット〉を買う理由は、「その光り輝く赤いスポーツカーを乗り回すことで、カッコよい、セクシーな気分になれるからである。人々の注目を集め、声をかけられることがなんとも気持ちいいからである」。実際にその車に乗った経験や、運転したらどんな感じだろうかという想像に対して、〈コルベット〉所有者は価値を見出し、それにまつわる物語を思い描くのである。ともすると自動車を所有することは無味乾燥なものとなることもあるが、〈コルベット〉の場合は、所有者にとって非常に情熱的なものとなる。

　GMが以前に行った「ビュイック顧客経験」プログラムは、同社がこのブランドに関する新たな物語をどのように構築しようとしたかを表す好例である（コラム9−1参照）。このプロジェクトを通してGMは、消費者が自動車ディーラーについてどのように感じているか、なぜそのように感じているのか、また、どのように感じたいと思っているのか、について調査した。そして、この研究から得た知見を活用することによって、消費者が〈ビュイック〉のディーラーで車を購入する時の店舗体験を改善した。

　信念と知識は、意識と無意識の両方のレベルにおいて相互作用する。しかし、

Column 9-1 ● ビュイックにおける顧客経験マネジメント

課題

　1995年、GMは全社的なブランド・マネジメントの見直しに着手した。過去数年間、GMのビュイック部門は新規顧客の獲得に苦戦しており、利益貢献額も伸び悩んでいた。GMおよびビュイック部門のトップ・マネジメントは、新しい市場を広範に開拓するためには、〈ビュイック〉のブランド・イメージを進化させる必要性を感じていた。

　ビュイック部門は、顧客経験マネジメントの手法を活用することにより、〈ビュイック〉の目指すブランド属性を定義し、それを顧客経験の一部に組み込むにはどうすればいいかを検討した。ビュイック部門のトップマネジメントやディーラー担当マネジャー、販売実績の優秀なディーラーから構成されるタスクフォースが組織され、その後2年間にわたって〈ビュイック〉の販売現場の改革と顧客経験の構築に取り組んだ。

改革の実行

　「ビュイック・フラッグシップ・エクスペリエンス」と名づけられたこの改革プログラムでは、明確なゴールが掲げられた。それは、〈オールズモビル〉や〈シボレー〉など他のGMブランドは扱わず、〈ビュイック〉ブランドのみを販売する店舗において、特別かつ徹底した顧客経験を実現することであった。すなわち、顧客がビュイック車を購入するだけでなく、購入した後もアフターサービスにたびたび訪問したくなるような場をつくることであり、〈ビュイック〉の真髄が経験できる、〈ビュイック〉のためだけの場を提供することが目指された。この目標達成のためには、顧客が〈ビュイック〉車を購買し、所有することによって得られる情緒的便益を明確に理解する必要があった。

　タスクフォースのメンバーは、エクスペリエンス・エンジニアリングと共同で調査を行い、数多くのディーラーを訪れ、店舗環境や販売過程を分析した。メンバーは、何度もディーラーに足を運び、店舗に設置したカメラやメンバーのネクタイや腕時計に取りつけた小型カメラを使って顧客の行動を録画し、顧客への個別インタビューを重ねることによって、〈ビュイック〉車の購買経験を顧客の視点から見たり感じたりすることに努めた。こうした調査活動によって明らかになった事実を、〈ビュイック〉のブランド属性やその他の調査結果に照らし合わせて、比較検討した。この段階では、事前に定義したブランド属性および顧客の観察調査から導出された結果をもとに、〈ビュイック〉のブランド経験がもたらす情緒的便益として最も重要かつ独自性の高いものは何かを見極めることに焦点があてられた。調査の結

果、顧客は〈ビュイック〉を購入することによって、このブランドの仲間入りをしたという帰属意識や、大事な顧客として扱ってもらったという認知感、安らぎが得られたという安堵感、を得られることを重視していることが明らかになった。

　ビュイック部門の販売サービス・マネジャー、ラリー・ハイスは、次のように述べている。「顧客経験を管理することは、〈ビュイック〉車が単にショールームの床に鎮座する金属の固まりではなく、それ以上の価値を持つという観点から見ても、ブランド・マネジメント上、最も重要なことである。それは、自動車をどのように展示するか、入店してくるお客様をどのように扱うか、を決めることである。こうした努力をブランドにぴったり合わせて行うことができれば、とてつもない効果が生み出される」

「フラッグシップ・エクスペリエンス」の設計

　タスクフォースは、調査結果を実行に移すべく、顧客にとっての帰属意識、認知感、安堵感に焦点をあてた包括的な顧客経験プログラムを設計した。具体的には、同プログラムに参加したディーラーの中でも特に業績の高い独立系ディーラーを対象に「フラッグシップ店舗」を設定し、建物やファサードに関する大掛かりなものから、業務プロセスに関する細かなものまで、大小数百にのぼる改善項目を実行した。以下に、具体例をいくつか紹介しよう。

- 〈ビュイック〉への帰属意識を喚起するために、すべてのフラッグシップ店舗にはコミュニティや歓迎の意を表すシンボルとして世界中で用いられているカリヨン・ベル・タワーが設置された。同タワーの1階部分には、24時間利用可能なコンピュータが設置され、地元のコミュニティ情報や〈ビュイック〉製品の情報が提供された。

- 安堵感や認知感を促進するために、店舗には公園のようなセットが装備され、刈りたての芝生の匂いがしたりや鳥のさえずりが聞こえるようにした。

- 顧客が来店すると、ユニフォーム姿の案内係がまず挨拶し、店舗内の適切な場所に案内した。案内係は、顧客1人ひとりを識別できるように訓練され、店舗に設置された曲がりくねったレンガ道を常に巡回し、顧客の来店に備えた。

- ショールームでは、販売担当員の控室として使われていた部屋が、くつろいだリビングルームのような部屋に改装され、家具と暖炉やふわふわの椅子が置かれた。

- 控えめな販売手法を採用し、経験豊かな販売担当者が顧客に呼ばれた時だけショールー

ムに現れることにした。顧客は、展示車にさりげなく設置されたコンピュータを使うことで、必要な情報を入手することができるようになった。

● 顧客はポケットベルを使って営業マンを呼ぶことができたが、店舗内で呼び出し音が響かないように、すべてサイレント設定にされた。

● 地域の人々がミーティングやグループ会議、地元のイベントなどに使用できるように、コミュニティ・ルームが提供された。

以上のように店舗設備に関する改善項目は100以上にのぼったが、販売担当者に対しても、顧客に認知感や帰属意識を与えるための仕草や言葉遣いを研修することで、販売店舗というステージにおける「キャスト」（役者）としての振る舞いが徹底された。

結果

「フラッグシップ・エクスペリエンス」プログラムは、6つの独立系ディーラーで実施された。対象となったディーラーの総売上高は、計画実行の初年度には9〜40％増加した。顧客満足度も、すべての対象ディーラーにおいて向上した。

前述のラリー・ハイスは、「フラッグシップ・エクスペリエンス・プログラムによって、〈ビュイック〉のディーラーを真に差別化する機会を得ることができた。これは、単に感情的で、抽象的な、とらえどころのないプログラムではない。これは、収入源を生み出す戦略なのである。うまく実行すれば、顧客は何度も繰り返し来てくれるようになり、他の顧客にも勧めてくれる。そうして利益をもたらしてくれる」と述べている。

出所：エクスペリエンス・エンジニアリング　GM・ビュイック部門

それぞれに異なった神経活動が展開される。ハワード・アイヘンバウムとJ.アレキサンダー・ボドキンは、論文"Belief and Knowledge as Forms of Memory"（記憶の形態としての信念と知識）の中で、次のように説明した。

　　知識駆動型の記憶処理は、新しい経験が中核となって、目新しい情報を組み合わせ、記憶体系を組み立てたり、修正したりする、という点で「ボトムアップ」方式である。…対照的に、信念駆動型の記憶処理は、スキーマが中核となり、新たな経験を解釈して確信を得たり、その確信に矛盾しない行動を見極める、という点で「トップダウン」方式である[29]。

　記憶の形成過程において知識と信念が相互作用することや、また、それぞれがボトムアップとトップダウンの記憶処理をすることからもわかるように、消費者は線形的だけでなく、非線形的にも物事を考える。すなわち、消費者が商品やサービスを買うかどうか判断する際には、商品が提供し得る機能的便益（たとえば、投資商品のリスク性向など）と情緒的便益（たとえば、愛する家族のための保障など）の双方を考慮に入れる。

　さらに、消費者はそれら2種類の便益について、どちらか1つを考えてからもう1つを考えるというように順番に分析するのではなく、同時に分析する。この現象は、神経クラスターが情報をやりとりしながら、情報への反応もするという、いまだ解明中の神経プロセスを反映したものである。喩えて言えば、電話で2人の人間が同時に話しながらも、互いに相手の発言を聞きながら意味の通った返答をするといった状況に似ている。伝統的なインタビュー手法であるラダリング法は、製品やサービスの属性とそれら属性がもたらす機能的な結果、そして、そうした機能的結果がそもそもなぜ重要だと思われているかに関する心理的および感情的な理由を明確化するのに役立つ。しかし、こうした従来の方法は、属性、価値、結果の相互作用が、実際にはより複雑で、非線形的であり、影響力が強いことを見落としてしまう。さらに、ある人にとっては単純な属性とされるものが、他の人にとっては重要な価値をもたらすこともある。たとえば、ある消費者にとっては単なる心地よい香りにすぎないものが、他の消費者にとっては恐怖（または歓喜）として感じられるかもしれない。

こうした過程を活用するには、マーケターは消費者とのコミュニケーションにおいて、常に製品の機能的便益と情緒的便益とを密接に関連づけながら（その関連が非常に微妙なものであったとしても）提示するべきである。タイヤのトレッド（溝のパターン）がもたらす便益を伝えるのであれば、幼児の写真と組み合わせて提示した方が、大人の写真と組み合わせたり、単にトレッドに関する説明を掲載するよりも、安全に関する思考や感情をより強く呼び起こすことができるだろう。消費者は、タイヤと幼児の両方に同時に気づくこともある。その場合は、トレッドと安全性との関連は両方向から強化される。あるいは、タイヤもしくは幼児のいずれかに先に気づくかもしれない。その場合は、トレッドと安全性とが結びつけば、安全について考えれば考えるほど、ますますトレッドについても考えるようになる。このように、店舗の特徴や、商品のパッケージ、あるいは郵送する支払請求書などの細部に至るまで、消費者とコミュニケーションをとる際には常に、機能的便益と情緒的便益が相互作用することに注意しなければならない。

8　記憶と既知

　我々は、新しく得た情報が既知の事柄や個人的な事柄と関連がある場合は、容易に記憶できる。そして、何らかの感情につなげる（つまり関連づける）ことができれば、さらに記憶しやすくなる[30]。我々にとって馴染みの深い事柄は、我々が何に注目したり、覚えたり、感じたりするかに強く影響する。矛盾や驚きに直面した時でさえも、我々は何が起こっているのかを把握するために、既知の事柄や未知の事柄を比較している[31]。たとえば、ユーモアの多くは、我々が抱いている前提や期待を裏切る要素を含んでいる。ユーモアによって笑ったり、後になって思い出し笑いをしたりする背景には、我々の既知の事柄に対する裏切りがある。また、我々が「これは面白い！」と感心するような理論やアイデアは、我々が長年の間抱いてきた前提に疑問を投げかけるようなものである[32]。また、ある経験が記憶しやすいかどうかを判断する基準が、ある物語を面白いと思うかどうかを判断する基準と同じであることは、単なる偶然ではない。

コラム9-2に、我々が「新しい」ことを理解するために、「古い」既知の事柄をいかに無意識のうちに使用しているかを示す例を紹介した。
　記憶が「物語をベースにしている」といっても、記憶が「昔々あるところに…」という形式をとるわけではない。むしろ、ある経験やその場面を、情報の束として記憶している、ということである。また、記憶する過程において、我々は情報を新たに付け加えてもいる。第3章で紹介した2匹の怪物が廊下を走っている絵を思い出してほしい。あの絵を見た時に、2匹の怪物は大きさが異なっている、一方は怒っていてもう一方は怯えている、一方が他方を追いかけている、などと考える傾向は、我々が物語をつくり出し、それを思い出す時に、情報を追加したり削除したりするということを示している。図9-1は、2匹の怪物の絵から、視界の奥行きを与える簡単な手がかり（廊下の背景）を取り除いたものである。図9-2は廊下が表示された状態である。図9-1を見た場合には、図9-2を見た場合ほど容易には物語をつくることはできないだろう。廊下という簡単な手がかりがあることで、怪物の大きさや、怒り、恐怖、追跡、そして逃亡などの情報を付け加えることができ、より具体的な物語をつくり出すことができるのである。マーケティングにあてはめれば、企業は廊下に相当するキューを消費者に提供し、消費者はそこで何が起きているのかを理解するために様々な情報を付け加える。
　重要なことは、**我々が記憶していることが、物語る行為、つまり我々の信念を再現する行為の構成要素となる**。物語るという行為は、言葉を介して行うこともできれば、絵で表現したり（先例の怪物の絵のように）、音楽や踊りといった他の様々な形式をとる場合もある。マーケターは、消費者がブランドやニーズにまつわる物語をつくり出す際にどのような思考や感情を構成要素として使用するのかを知っておかなければならない。マーケターは、自社にとって好ましい物語を消費者につくってもらえるように、効果的なキューを慎重に選択し、デザインするべきなのである。たとえば、図9-1の2匹の怪物を、廊下ではなくシーソーの上に乗せてしまったとしたら、はるかに面白みに欠ける物語が生み出されてしまうかもしれない。マーケターが付加し得るキューには、たとえば、製品の属性や、製品価値に関する説明、パッケージデザイン、店舗におけるBGM、従業員の服装、ウェブサイトの雰囲気など、様々なものがある。独自性がありながら親しみのあるキューを付け加えることで、マーケターと消費者が一緒になって物語を生

Column 9-2◉ある惑星の動物

　私が教鞭をとるハーバード・ビジネススクールの「顧客行動研究」コースでは、初日に次のような課題を出す。それは、ある科学者が新しい惑星を発見したという設定で、そこに住んでいるであろう動物を自由に想像して、絵を描かせる、というものである。全員がノートに絵を描き終えると、数人の学生に彼らが描いた動物を披露してもらう。約20名ほどの学生が自分が想像した動物を黒板に描いてくれる。そこに描かれる動物は、みみずのような単純な線形のようなものから、6つの目を持つ複雑なものまで、実に様々である。一見したところ、これらの動物は地球上に存在するいかなる動物にも似ていない。

　しかし、学生たちが自分の描いた絵を説明し始めると、新惑星の動物として描かれたものは、地球上の動物に類似している点が多々あることに気づく。いびつに書きなぐられた線でさえ、何らかの対称性を持った形になっている。また、目・耳・鼻・舌・触角など見慣れた感覚器官も描かれている。そうした器官は2つ一組のセットになっていたり、目は口や鼻の近くに置かれていたり、手足は偶数あって、運動手段として描かれていたりする。

　この時点で、学生たちは私が「生物」ではなく「動物」を描くように指示したことを指摘する。そこで、「生物を描く」という課題だったとしたら、どのようなものを描いたかという議論に移る。すると、もっと違った生物を描いたかもしれない、という話になる。しかし、後者の場合でさえ、新惑星の生物として描かれるものは、我々が「生きているもの」と認識するものの制約を受ける。まずその新惑星の気候条件を考えてから、その環境はそこに住むものの身体組織にどのような影響を与えるかなどと考える者はほとんどいない。靴や肘、はたまたレーズンの形をしたものなど突飛な形をした生物を描く者はめったにいない。この課題は、本コースを通じて問い続ける問題意識を喚起してくれる。それは、以下のようなものである。

- 我々は、未知の挑戦に直面した時に、いかに素早く既知の事柄に頼ってしまうか。
- 馴染み深いものが、いかに無意識のうちに我々の思考に影響を与えているか。
- あるものを表現しようとする時に、別のものに置き換えて表現することが我々にとっていかに自然なことであるか。
- 斬新なアイデアを創造しようとする時に、既知のものと全く無関係なアイデアを思いつくことがいかに難しいか。

図9-1 ● 2匹の怪物：背景のない絵

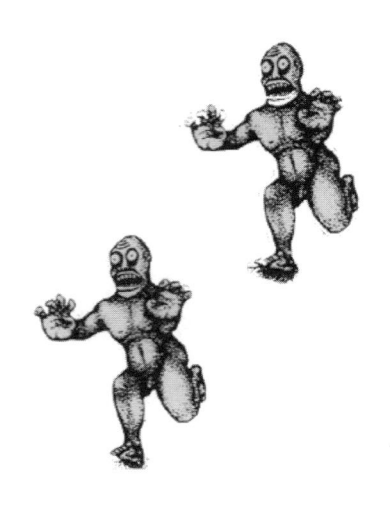

Adapted from *Mind Sights* by Roger N. Shepard, ©1990 by W. H. Freeman.
Reprinted by Permission of Henry Holt and Company, LLC.

み出すことができれば、それは購買につながりやすくなる。

*　　*　　*

　本章で見てきたように、記憶とは、個人的なものであると同時に社会的なものでもある。我々は記憶を個人的に体験する一方で、記憶の内容は社会規範やアイコンなど我々の周りの至るところに蓄積されている。我々が記憶していることとは、個人的に意味のある社会的、文化的なイベントを表象したもの、つまりメタファーにほかならない。こうした記憶は物語という形式で伝達され、社会的に蓄

図9-2●2匹の怪物：背景のある絵

From *Mind Sights* by Roger N. Shepard, ©1990 by W. H. Freeman.
Reprinted by Permission of Henry Holt and Company, LLC.

積される。先に述べたように、**蓄積**（store）と**物語**（story）という単語が似ていることは偶然ではない。

　メタファーは様々な物語や記憶をつなぎ合わせる。たとえば、シボレー・トラックは岩のようだ、というメタファーは、アメリカの消費者に、シボレー・トラックの持つ意味と岩の持つ意味を思い起こさせる。メタファーを介してこの2つの意味が想起され、つなぎ合わされることによって、新しい意味や物語、つまり、新しい記憶がつくり出されるのである。

第10章 物語とブランド

　　物語とは人生のメタファーである。

　ブランドが物語のようなものであるという発想は新しいものではない[1]。ノースウェスタン大学およびアリゾナ大学の心理学者、シドニー・レヴィは以下のように説明している。

　　マーケティングとして行われていることの大半は、物語を供給し消費することである。この事実はあまりに広く浸透しているがために見落とされがちである。また、あまりに当たり前に、あらゆる経験に浸透しきってしまっている…物語は売買の対象となり、商業メディアの一部となり、様々な製品やサービスを提供する手段となっている[2]。

　物語を語ることは記憶やメタファーの根幹に関わることであるがゆえに、我々はそのプロセスを深く理解する必要がある。コンセンサス・マップ（第6章および第7章で紹介）は、消費者がマーケティングの刺激に対して注意を払い、それを処理し、それに反応する際に用いるフィルターを図解したものである。物語はこれらのマップを言葉で語ったものである。マネジャーがブランドについて消費者に話しかけることによって、消費者のコンセンサス・マップは活発化する。マネジャーが新たな物語を語ることによって、消費者のコンセンサス・マップは変

容し始める。

　しかし、このようなブランドに関する物語を消費者が全く無抵抗に受け入れるわけではない。むしろ、ハーバード・ビジネススクールのスーザン・フォーニエが、消費者とブランドの関係およびブランドの意味に関する研究で明らかにしたように、ブランドの意味はマネジャーと消費者が共同でつくり出すものである[3]。ロンドンに拠点を置くフォース・ルーム社のウェンディー・ゴードンもこう警告している。「最も肝に銘じておかなければならないのは、**ブランドは他者の心の中にしか存在しない**ということだ。私の思い描くブランドとあなたの思い描くブランドは同じではないのだ」[4]（強調部分は原文の通り）

1　すべてのブランドには物語がある

　P&Gの上級副社長兼企画本部長、ラリー・ハストンは、ブランド形成における物語の役割について詳しい。彼は、次のように述べている。

　　すべてのブランドには物語がある。消費者が店を訪れ、商品を求める際、自分自身に語りかける物語がある。その人がロイヤルティの高い顧客である場合の物語は、消費者が自覚しない無意識なものもあるが、ある商品を初めて試すような場合の物語は、消費者自身が自覚する意識的なものである。たとえば、ある母親がジュースに手を伸ばす時、彼女の物語は、「うちの子供たちの大好物だし、健康にいいわ」といったものになるかもしれない。ブランドが溢れる日常生活においては、様々な物語の瞬間がある。この母親はクチコミで友人にこう伝えるかもしれない。「私は自分の子供たちになるべくソフトドリンクを飲ませないように育ててきたわ。この新しいジュース？　子供たちは大好きで、健康にいいの。いつもこれを冷蔵庫に入れておいて、子供たちに飲みたいだけ飲ませているわ。このジュースにはビタミンが多く含まれているから」

　クチコミや購入の際に語られる物語に加えて、多くのブランドには誕生の物語がある。HP、アップル、マイクロソフト、コカ・コーラなどの誕生に関する物語

を聞いたことがあるだろう。多くの場合、ブランド誕生の物語に登場する人物、特に主役は一個人である——そしてこれらの人物はそれぞれに物語を持っている。ウォルト・ディズニーやラルフ・ローレン、あるいはココ・シャネルの物語は、ブランドを豊かなものとし、より人間味のある、親しみやすいものとしている。ほとんどのケースにおいて、これらの人物は物語に登場するヒーローのような人生をたどっている。それらは苦難、敗北、再生、そして勝利といった具合に展開する物語である。ヒーローの物語は、すべての文化に共通する普遍的なアーキタイプ（元型）である。そしてもちろん、古典的な広告のアプローチの１つとして、ヒーローに関する広告をつくるという手法がある。もちろん、これを陳腐な方法ではなく斬新な方法で行わなければならないという課題は残る。正統性があることや創始者自身の言葉があることが、ブランドの物語を語るうえで重要である[5]。

ハストンは、P&G内に、ブランド・マネジャーを対象としたブート・キャンプ（基礎訓練プログラム）を創設し、物語を映像で表現するなどの研修活動を通じて、物語づくりの基礎を教えている。こうした訓練は、マネジャーが顧客とP&G製品との間により有意義な関係を構築する際の助けとなっている。

ほかにも、物語を活かそうとする試みは数多い。たとえば、ローランド・クーレンはストーリー・ディベロップメント・スタジオを起業し、映画脚本やテレビ番組、小説などの内容を、制作過程の様々な段階で評価する試みを進めている。同社では、映画の観客やテレビの視聴者、小説の読者が作品を評価する際に用いるメタファーだけではなく、脚本家や演出家、プロデューサーが作品について抱いているディープ・メタファーについても調査している。同社は、ZMET調査を活用することによって、脚本家が真に描きたいものを表現する手助けをし、実際に表現したものが彼らの求めているものをどの程度実現できているかについてアドバイスする。また、同じ方法論を用いて、制作途中の作品を想定した観客層に見せることで彼らの反応を調査し、その結果を完成品の内容に反映させるにはどうすればいいか、といったアドバイスも提供している。

2　物語とアーキタイプ

　多くの消費者の記憶は、アーキタイプ（元型）である。アーキタイプとは、様々な経験を通じて存在する、重要かつ普遍的な共通項をとらえたイメージのことである。たとえば、以下の文章を読んで、瞬間的にどのようなことが想像されるだろうか。

野菜を1つ想像してみてください。

　多くのアメリカ人にとって、瞬時に頭に浮かぶ野菜とは「ニンジン」である。それを日常的に食べていようがいまいが、それが好きであろうがなかろうが、多くの人々にとって野菜といえばニンジンが思い浮かぶ。いわば、ニンジンはすべての野菜を代表している。実際には、具体的な物語の展開は異なるにせよ、どんな社会にも、「英雄」「悪党」「賢人」「貧乏人」といった多くのアーキタイプが共通して存在する[6]。このようなアーキタイプは、寓話、おとぎ話、小説、そして日常生活（消費生活も含む）において登場する。アーキタイプは、人生における困難を受け止め、うまく振る舞い、自己を理解する助けとなる。驚くべきことではないが、消費者の具体的な経験内容はそれぞれ異なっているにもかかわらず、広告者はしばしばアーキタイプを用いて、商品に関する経験を普遍的に表現しようとする[7]。たとえば、金融商品の広告では、祖父母が賢者として描かれることが多い（実際には、祖父母の賢者としての役割は個々の状況に応じて大きく異なるであろうが…）。

　消費者がつくり出す物語に対して何らかの形で働きかけようとするならば、**アーキタイプに基づいて物語をつくるべきで、ステレオタイプに基づいてつくるべきではない**。アーキタイプに基づいてつくられる物語は、**普遍的な**テーマ、すなわち、個別の設定の背景にあるコア・メタファーやディープ・メタファーを備え

ている[8]。ステレオタイプに基づいた物語は、設定自体に重きが置かれてしまい、より深遠で普遍的な価値は希薄になってしまう。広告やブランドに込められたメッセージが、明確なアーキタイプやコア・メタファーを備えたものであれば、消費者の置かれた状況が個々に異なっていても、彼らはそこに一貫した意味を見出すことができる。商品に関する物語がアーキタイプに基づくものであれば、異なる文化やサブカルチャーを超えて、その意味は伝わるだろう。一方、商品の機能的便益を強調しただけである場合や、心理的・社会的便益に焦点をあててもそれが表層的なものである場合には、不発に終わる。たとえば、主婦がある家庭用品を使用する時に感じる喜びだけに焦点をあてて表現しようとすれば、その描写が実際の使用場面をいかに正確に描写していようとも、ステレオタイプに基づいた物語になってしまう。しかし、まず主婦が家事に失敗してしまったような状況を描写し、その商品を選ぶことでその問題が解決できるというような話の展開にすれば、そこにはヒーローの物語に普遍的に見られるような、より深くかつ身近な経験を描くことができる。

　コラム10-1は、アーキタイプについて、我々の社会でどのように使われているかを紹介している。このコラムは、文学研究家でオルソン・ザルトマン・アソシエイツのコンサルタントであるジャナン・ハビブ博士の執筆によるもので、特に文学におけるアーキタイプに焦点をあてて紹介している。

3　コア・メタファーとしてのアーキタイプ

　しばしば、アーキタイプとコア・メタファーは同一である[9]。第4章で見たように、コア・メタファーとは、一見したところ異なる複数の表層的メタファーの根底に共通して存在する概念を表現したものである。たとえば、「バランス」（あるいは「アンバランス」）という概念は、次のいずれの言葉においてもその根底に共通して表現されている。「立ち直ったぞ」（I'm back on track again.）、「それはムカつく」（That puts me off.）、「今食べてしまうと、後でその代償を払うことになる」（If I eat this now, then I'll pay for it later.）、「そのオファーはあまりにも一方的

Column 10-1● 文学におけるアーキタイプ

　アーキタイプとは、洗練されたものでもユニークなものでもなく、むしろ原始的、一般的、普遍的な特徴を持ったアイデアやキャラクター、行動、モノ、状況、出来事あるいは環境のことを指す。アーキタイプに関する理論は人類学や心理学、文学など、様々な専門領域をまたぎ学際的に発展してきた。

　人類学者は、神話を大きく分けて、以下の2つに分類する。すなわち、どのような神話でも、次の2つのパターンのうちのどちらかに分類される。

①**季節神話**
　季節が移り変わるように、人生の移り変わりを描写した物語である。誕生や若さは春に、成長は夏に、達成や成熟は秋に、そして死は冬に喩えられる。四季が連続して移ろうように、人生のサイクルも連続して描写される。冬の後に春が来るように、死は復活につながるとされる。

②**英雄神話**
　尋常ではない出生をし、偉大な人物や神を父に持ち、自身も才能に恵まれたヒーローを描いた物語である。ヒーローは、窮地に追いやられたり、追放されたりし、自分に課せられた多くの試練を乗り越えることによって自己を証明し、それによって世を救うという偉業を達成し、そして、謎の死を遂げる。多くの場合、死んだと思われていたヒーローが実際には死んでいなかったり、いつの日か復活すると信じられていたりする。

ある学説では、神話の典型パターンが、以下の5つの項目に沿って整理されている。

①**主題**
　誕生、成長、愛、罪、救済、死など、普遍的な事柄が扱われる。

②**テーマ**
　理性と想像、自由意志と運命、外見と実態、個人と社会の間の対立など、普遍的な主題に対して、個人がいかに対処すべきかに焦点があてられる。

③**状況**
　親子間の緊張、兄弟間のライバル関係、近親相姦の欲望、父性の探求、異性関係の愛憎、

都会に初めて来た田舎の青年など、普遍的な主題に対して、個人が他者とどう向き合うかに重点が置かれる。

④登場人物

ホラ吹き、道化、英雄、悪魔、反逆者、放浪者、魔女、乙女、魔法使いなど。一般的な男と女も含まれる。

⑤イメージ

特定の動物、鳥、自然現象、など。火、空、大地、雨、水、方向（上下など）、色、影（明暗など）が含まれる。色は、たとえば生と死、追憶と忘却、成長と退化、幸福と恐怖、覚醒と睡眠などを表すこともある。

別の学説では、神話の典型パターンが、人生サイクルとアーキタイプの2つのグループに分けられる。

①人生サイクル

  神聖な家族：母なる大地と父なる空
  神聖な家族：命あるものとの交尾
  生成：誕生
  生成：純潔から経験への堕落
  生成：課題
  生成：旅と冒険
  生成：父性の探求
  生成：死と復活

典型的なキャラクター、たとえば英雄や悪役、道化、悪魔、浮浪者、分身、いけにえ、誘惑する女、などが人生のサイクルに繰り返し現れる。

②アーキタイプ

アーキタイプは、それを通じてそれ以外のものを表現するという意味において、ステレオタイプよりも複雑である。なぜ特定のアーキタイプが、特定の概念を表現することになるのかについては、人類学や心理学を紐解かなくても、次の例を見ることで理解することができるだろう。

 ●上下

重力の法則はすべてを支配する。上に行くということは下に行くことよりも難しい。よって、上に上がるという概念は、成果や卓越さを表す。上に上がるということから連想されるイメージ、たとえば飛んでいる鳥、放たれた矢、星、山、成長する木、塔など

は、我々が到達したいと考えているもの、簡単に言えば、何かよいものを表している。下というのはその反対を表す。たとえば、我々は悪癖や破産に「陥る」と表現する。また、地獄は、失脚、空虚、そして混沌の象徴である。

● 血

血は、生命、強さ、継承に関する尊厳、魔法、死（出血多量の場合）、誓いを立てることなどを表す。血は、死、誕生、思春期、または健康に関する多くの思考と結びついている。

● 原野／大地と空／雨

これらは女性と男性を表している。空（男性）は雨を肥料としてもたらす。大地（女）はその肥料を受け取り作物や子供を生み出す。

● 明／暗

これらは特定の心の状態を象徴する。たとえば、明るさに関するメタファーは、照明、解明、図解、輝き、そして安堵などを表現する。暗さは、亡骸、幽霊、不幸、未知、悪魔を連想させるものだけではなく、新しい人生の始まり（たとえば、子宮の中は暗い）も連想させる。時に、物理的な暗さや盲目は、内なる明るさや未来への展望を象徴することもある。

● 火

火はたえず動き、変化している。火は上昇、太陽、空、そして神、男性などの概念と結びついている。

● 女性

歴史的に、女性は、子育てをする母親、魔女、あるいは売春婦などとして描かれてきた。最近の文学では多様化が進み、女性のアイデンティティも多様性を帯びてきた。たとえば、女性を欲望の対象であると同時に子育てをするものとして描写されることもある。

● 二面性、あるいは第2の自分

二面性は様々な形で登場する。すなわち、友人、双子の兄弟、追跡者、誘惑する者、愛すべき者、揺れ動く心、そして純真な少女と魔性の女といった正反対のイメージなどである。二面性は、二元性と単一性を同時に反映したものである。それは相互補完的なアイデンティティ、正反対、あるいは自己に反するものを表すこともある。

出所：オルソン・ザルトマン・アソシエイツ ジャナン・ハビブ博士

だ」(That offer is awfully one-sided.)。つまり、「バランス」(あるいは「アンバランス」)というメタファーは、一見したところ互いに無関係な複数の表層的なメタファーに共通した概念を表現しているコア・メタファーである。

たとえば、「ジャーニー」(旅)と「トランスフォーメーション」(変化)という2つのコア・メタファーの例を見てみよう。この例は、コア・メタファーとアーキタイプが重なり合ってもいることをうまく表してもいる。

● 買い物のジャーニー(旅)

消費者は、自らの買い物を、典型的な旅に喩えて説明することが多い。その旅では、消費者はちょっと寄り道をして、驚きや興奮を経験したり、トラブルに巻き込まれたりすることがある。この旅を通して、消費者は、誘惑に負けたり(いわば、ヒーローからの堕落である)、店長と対決したり(物語としては困難や危険といった要素が必要である)、限られた資金をやりくりしたり(これも物語の展開には必要な要素である)、そしてバーゲン品や家族へのお土産を手にして家路につく(勝利を収めたヒーローが凱旋する)など、典型的な旅に含まれる要素を経験する。買い物の旅を通じて様々な出来事に繰り返し遭遇し、経験を積むにしたがって、彼らはより経験の浅い消費者にとって頼れるアドバイザーとなる(ヒーローとは、地域のリーダーとして期待され、その努力に見合った尊敬を集めるものである)。たとえばGMは、インターネットを活用することにより、同社が消費者にとって信頼できるアドバイザーの役割を果たそうとしているというイメージをつくり出そうとしている。また、フィデリティ投信は資産運用を旅になぞらえ、機会に溢れた旅もあれば、危険が潜んだ旅もあると表現し、いずれの場合であっても、信頼できるガイドから慎重なアドバイスを得ることによって、投資家自身がヒーローになれる、と説明する。

● 幼年期のトランスフォーメーション(変化)

トランスフォーメーションとは、ある状態から別の状態に移るということである。それぞれの状態は、望ましい場合もあれば、望ましくない場合もある。たとえば、子供は、たとえば初めて歩いた時、他者を操ることができると気づいた時、初めて歯が抜けた時、初めて学校に行った時など、成長過程

における様々なマイルストーン（道標）を経験しながら変化する。アーキタイプの観点からすると、こうした変化は、子と親にとっての葛藤や敗北、そして勝利を含んだ旅になぞらえることもできる。幼年期のトランスフォーメーションの旅には様々なマイルストーンがある。まず、食べ物は、子供の日常生活においても成長過程においても重要な役割を果たす。特定の食事（たとえば朝食やおやつ）や食品ブランド（たとえば〈チェリオ〉ブランドのシリアルなど）は、子供たちが成長過程において経験するマイルストーンと密接な関係がある。朝食は特定のトランスフォーメーションを演出するための舞台となり、〈チェリオ〉はその小道具となる。〈チェリオ〉のようなブランドが抱える課題は、子供たちが大きくなり、マイルストーンを通過していく中で——そのいくつかは食事の際に起こるだろう——親としてほろ苦い思いをする場合にでも、そこにいつまでも変わらない「不変のもの」として存在するブランドであるという一種の安堵感を与えるような物語をいかにつくり出すことができるか、といったものである。

コア・メタファーがそうであるように、アーキタイプも社会的記憶として文化に深く根を下ろしている。それは、その文化に暮らす人々の心に様々に刷り込まれている[10]。さらに、それらはその文化に関する情報を含み、人々はそれを物語として活用する。たとえば、赤頭巾ちゃんの話は典型的な旅の形式をとっている。赤頭巾ちゃんの話は、世界に少なくとも48の異なるバージョンが存在し、それぞれが時代背景や、社会環境、そして語り手の狙いに応じて異なった物語になっている。しかし、すべてのバージョンにおいて、善人が賢人からのアドバイスを無視し、誘惑に負け、災いに遭って命を落としそうになり、予期せざる人物の登場によって救出される物語となっている[11]。ある調査で、フランス、日本、アメリカなど異なる地域に住む消費者を対象に、自らの買い物について語ってもらったことがある。その場合も、明示的には赤頭巾ちゃんの話になぞらえて説明がされることはなかったが、多くの場合、赤頭巾ちゃんの話と似たような展開の話が再現された。企業は、こうした物語を全部あるいはその一部だけを切り取って活用することができる。たとえば、GMは、同社のオンスター・コミュニケーション・システムを赤頭巾ちゃんに登場するきこりになぞらえ、様々な危険な場面

表10-1 ◉「ロール・モデルとしての母親」の物語

回答者が持参した絵・写真	回答者の説明
フルーツや野菜など食材や調味料が色鮮やかに整然と並んでいる写真	「子供はすべてを私から学ぶのです。話し方や、顔の表情、言葉遣いなどを真似するのです。だから、子供が何かよいことをしてくれると、それはそれで大変嬉しいのですが、逆に悪い言葉を口にしたりすると、『あら、私と同じような口調で言ってるわ』と、自分が彼らの思考や感情に大きな影響を与えていることを実感するのです」
白色の背景に1セント硬貨が5枚浮かんでおり、回っているように見える	「私は人種の問題に対する意識が高く、私の子供たちはその影響を受けています。彼らは2人とも人種差別をしないように育っていて、私はそれを誇りに思っているのです。子供たちが世界のあらゆる場所に行き、様々な人たちと出会い、そこで人種差別をしない、ということが私にとっては非常に大事なのです」
小さな少年が草の上に寝そべって、大きな虫眼鏡で何かの葉を見ている。彼の目が彼の顔の他の部分よりも、虫眼鏡を通して大きく写っている	「私が子供たちのロール・モデルであるわけですから、私は理想を高く持っています。よい人間であるということは、大変なことです。でも、そうすることで、私自身もよりよい人間になったように思います。子供たちにそうなってほしいですから。それが、子供たちに引き継いであげたい財産のようなものなのです」
2人の少女が学校にいる光景。1人は色白で金髪の少女で、足を組んで座り、膝の上に本を置き、笑っている。もう1人の少女は色黒で髪をおさげにしていて、1人目の少女の耳元で何かを囁いている	「子供たちはいつでも私のことを見ています。私はいつも顕微鏡で見られているようなものですから、自分の行動には十分に気をつけるようにしています」 「たとえば、私が運転をしていて、他の車が割り込んできたとしましょう。仕返しをすることもできますが、そこで大きく深呼吸してから、こう言うのです。『ああ、ああいう人は何かあったのでしょうね。きっと、怒っていないといられないような何かが』」

（その一部は運転手自身の不注意から生じる）から救ってくれるサービスとして描いている。大人の中には、ミッキーマウスが自分にとっては幼少の頃から、辛い出来事があるたびに、それを乗り越えられるように助けてくれる救世主のようなものだと、熱く語る人もいる。

　ホールマークでは、記憶やメタファー、物語を駆使することにより、よりポジティブな消費者経験を実現し、企業ビジョンを明確に伝えようとする取り組みが進んでいる。同社は、特定の顧客セグメントのニーズをより効果的に満たすために、母性に関する思考や感情がどのように記憶から引き出され、女性の生き方に影響を与えているかについて深く理解するためにZMET調査を行った。言うまで

もなく、こうした複雑で抽象的なテーマについて、参加者は様々な話をしてくれた。実際、この調査に参加した母親たちはそれぞれ、自分にしかあてはまらないような話をしたのだが、より深いレベルにおいては共通した事柄について話していた。そうした共通項でくくれる話の1つに、「ロール・モデルとしての母親」という話があり、これはリーダーシップに関する物語で頻出するアーキタイプである。

表10-1に、このZMET調査に参加した人たちが、母親であることに関する思いや気持ちを表したものとして持参した写真や絵を紹介した。この表には、彼女たちがそれぞれの写真や絵を選んだ理由がまとめてある。写真や絵という視覚的イメージを活用することで、参加者たちは自身のエピソード記憶や意味記憶、手続き記憶など様々な記憶をたどりながら、自分の気持ちや思いを吐露できるようになる。写真や絵を選んだ理由として、選んだ本人自身は1つの事柄にしか気づいていない場合でも、インタビューが進み、質問が体系的に重ねられていく中で、当初は明らかではなかったような事柄も顕在化する。

ホールマークのマネジャーは、この調査から得た洞察とそれまでの自身の経験を統合することで、参加者のコメントの中からいくつかの共通した物語を見つけ出した。それぞれの物語は、母親であることの現実に即した新製品やサービスの開発に役立てられた。

4 記憶、物語、そして自己

我々が何を覚えているのか、どのように覚えているのか、そして**なぜ**覚えているのかは、我々の自己意識、つまり我々が個人としてどんな人物であると思っているか、に大きく依存する。我々は多くの自己を持ち、それぞれ異なる対象を、異なる理由で、異なる方法によって記憶する機会を与えてくれる。このように1人の消費者にも複数の異なる自己が存在することは、ブランドや企業に関して個々人に関連の深い物語をつくり出す大きな機会をマーケターに与えてくれる[12]。

認知心理学および記憶研究の第一人者であるアーリック・ナイサーは、このこ

とをうまく表現している[13]。ナイサーによれば、我々にはまず**生態的自己**（ecological self）、すなわち特定の物理的設定において自分がどのような人間であるか、がある。たとえば、「ここでいつも買い物をする…」という言葉は、マーケティングの観点から見た生態的自己を表している。また、**対人的自己**（interpersonal self）、すなわち、他人と交流する際に我々がどのような人間であるか、も存在する。たとえば、「私は常によいサービスを要求する」という言葉は、その人の対人的自己を表している。この2つの自己は互いに際立って異なる自己であり、すべての個人において幼年期から存在している。

　我々はさらに別の自己も持っている。たとえば、**拡張自己**（extended self）を通じて、過去を思い出したり、将来を予測したりしながら、現在目の前で起こっている出来事を経験する。たとえば、自分が子供の時に楽しんだ同じ経験を子供たちにもさせてやりたいとディズニー・ワールドへの旅行を計画したりする。このように、子供の頃の思い出を自分の子供に重ねることによって追体験する時に、拡張自己を表現している。さらに我々は、ある出来事や経験に対して、他人とは違う自分だけの反応をするといった**私的自己**（private self）を持っている。たとえば、「あなたは信じられないかもしれないけれど、私は…」と他人に言ったりする場合、私的自己を表現している。

　最後に、我々には**概念的自己**（conceptual self）がある。概念的自己とは、自分の中にもう1つの自己が存在することを自覚することであり、おそらく本章で紹介する自己の中でも最も内省的な自己である。たとえば、製品やサービスを、あたかも自分自身の内面が鏡に映し出されたものであるかのように扱うことがある。消費者は、概念的自己に合致しない商品やサービスよりも、合致したものを受け入れると言われる。たとえば、安っぽい家具を目にした時に、そのような安っぽさの象徴を自分と結びつけたくないという理由から拒絶することがある。また、概念的自己は、他人の自己を自分の自己と似たものにしようという意味において、他者に投影することで、自己を複製しようとする。「ものの価値を教えるために、たまには子供たちを連れて買い物に行く」というようなことを言う母親がいたり、「私があなたなら、ピンクを選ぶわ」というアドバイスを積極的に行ったりする人が多いのも、こうした理由からである。

　これら多様な自己──生態的自己、対人的自己、拡張自己、私的自己、そして

第10章◉物語とブランド

概念的自己——は、互いに組み合わさり、様々な記憶を保存する容器としての役割を担っている。製品やサービスに関する記憶にも、こうした複数の自己が絡んでいる。マーケターは、製品やサービスを提供する状況に応じて、どの自己が関連しやすいのかを理解しておく必要がある。製品やサービスを使用する状況を描写した物語には、それに相応しい自己が反映されていなければならない。あるいは、1人の消費者の中には複数の自己が存在することを反映した物語にしておく必要がある。たとえば、ヨーロッパにおけるネスレの高級チョコレートの広告は、自分への褒美という概念的自己を描写する一方、他人への贈り物という生態的自己や対人的自己を描写してもいる。

5　広告への示唆

　第3章で見たように、人間の脳は自身との会話にほとんどの時間を割いている。こうした脳自身の「会話」の1つは、物語の作成——様々な脳構造を通じて思考や感情を引き出し、組み合わせる活動——に携わっている[14]。物語をつくるために、脳は刺激（製品デザイン、購買設定、マーケティング・コミュニケーション、またはその他のキュー）を視床から大脳皮質と扁桃体に送る。大脳皮質が思考をつかさどるのに対して、扁桃体（視床と連携している）は、感情や無意識をつかさどる（図10−1を参照）。

　大脳皮質は扁桃体の反応である感情を制御する。しかし、物語を語る場合は、扁桃体から上がってくる感情は大脳皮質にも影響を与える。このようにして、思考と感情は、キャンプファイアーを囲んで子供たちが怪談を語り合う時のように、互いを刺激し、形成し合う。焚き火がはじける音や、深まりゆく闇夜、辺りに聞こえる謎めいた音などが怪談の物語性に様々な効果を追加するように、マーケティング刺激も、消費者がつくり出すブランドの物語に様々な意味を付加する。しかし、図10−1に示した構造には重要な「何か」が欠如している。その「何か」を考察するために、ここでコンセンサス・マップについて再考する。

　図10−2は、ネスレの〈クランチ・バー〉に関するコンセンサス・マップであ

図10-1●大脳辺縁系の仕組み

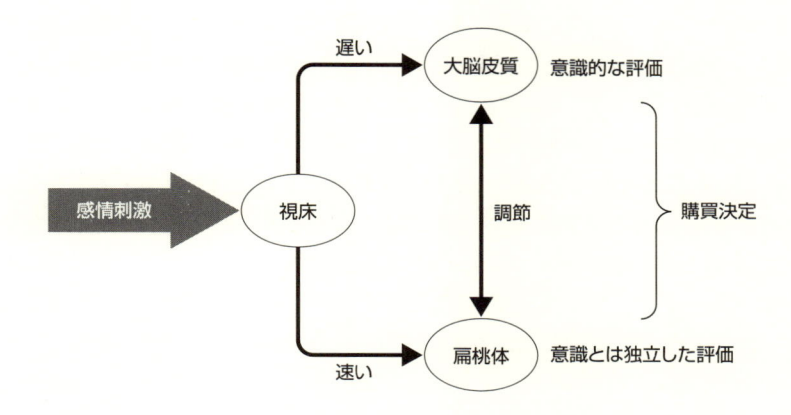

感情刺激 → 視床
視床 →（遅い）→ 大脳皮質　意識的な評価
視床 →（速い）→ 扁桃体　意識とは独立した評価
大脳皮質 ⇔ 扁桃体　調節
｝購買決定

図10-2●ネスレ〈クランチ・バー〉のサブマップ

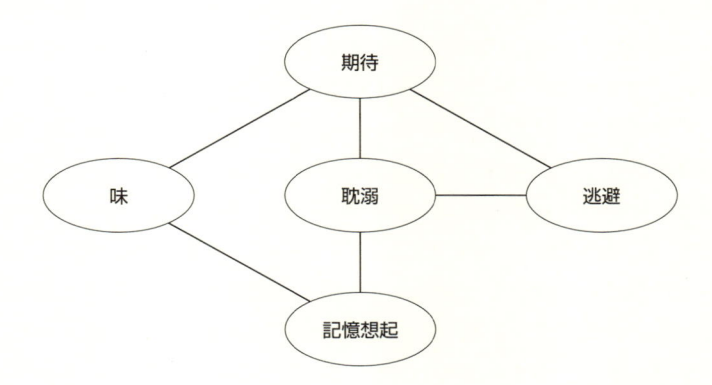

期待／味／耽溺／逃避／記憶想起

る。これは、同社や同ブランド、様々な消費設定について、ある市場セグメントに属する消費者が共有している物語を図解したものである。

図10-2は、消費者の生活におけるネスレ〈クランチ・バー〉の役割について、そのほんの一部を図示したものである。同図には、消費者にとっての大事な思い出や、その場所に関する記憶、そして知覚に関する情報が掲載されている。その意味で、コンセンサス・マップは、消費者がつくり出す物語を図解したものである。マップ上に示された1つひとつのコンストラクトは、消費者の思考を表しており、消費者がつくる物語において重要な「登場人物」としての役割を果たす。複数のコンストラクトの間のつながりが、〈クランチ・バー〉について消費者が語る物語──〈クランチ・バー〉に関して消費者が持っている記憶──を表現したものとなる。すでに議論したように、こうした物語は、メタファーを介して消費者に体験談を語ってもらうことによってあぶり出すことができる。消費者の心の奥底にある思考の真の姿は、思考をつながりでとらえることによって顕在化する。複数のコンストラクトがつながってできた思考のクラスターは、ディープ・メタファーやアーキタイプを表現する場合も多い。たとえば、ネスレのコンセンサス・マップでは、「期待」「思い出」「逃亡」といった重要なコンストラクト間にある共通項は、いずれも「タイム」（時間）というディープ・メタファーであった。すなわち、「期待」とは将来の出来事、「思い出」は過去の出来事、「逃亡」は現在の出来事に関する思考である。コンストラクト間の共通項に焦点をあてることで、その背後にある意味が明らかになる。

また、コンセンサス・マップは、図10-3に示したように重要な役割を果たしている。それは、マーケティング刺激が、視床に到達し、さらにそこから大脳皮質と扁桃体に到達するよりも前に、まずコンセンサス・マップというフィルターを経由する、ということである。

つまり、コンセンサス・マップはフィルターでありルーターである。我々は、何かに注意を払う時、コンセンサス・マップ上に登場するコンストラクトに関する情報に焦点をあてて注意を払っている。また、コンセンサス・マップ上の1つのコンストラクト──つまり思考──が活性化されると、同じマップ上の他の思考、あるいは関連するマップ上の思考が刺激される。新しい思考が活性化すると、さらに他の思考が刺激される。たとえば、ネスレ〈クランチ・バー〉のコンセン

図10-3 ● マーケティング刺激はコンセンサス・マップのフィルターを通して伝わる

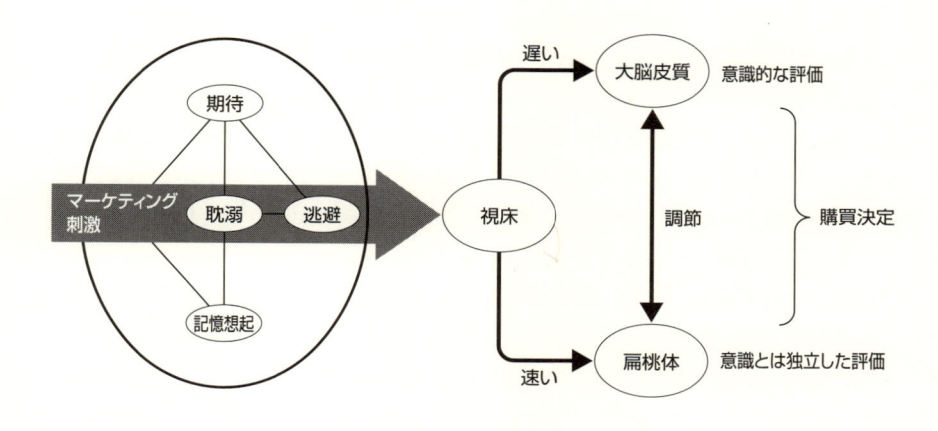

（図：マーケティング刺激 → 期待・耽溺・逃避・記憶想起 → 視床 → 遅い：大脳皮質（意識的な評価）／速い：扁桃体（意識とは独立した評価）、調節、購買決定）

サス・マップ上で、「期待」が活性化されると、「耽溺」が活発化する。このようにして、脳は物語全体を活性化する。我々は、こうして脳内で喚起された物語の一部分に関しては自覚するが、その他の部分に関しては、無意識のまま気づかずにいる。第4章の付論で解説したZMET調査法を活用することによって、消費者が持つ物語の意識的および無意識的な要素を顕在化し、それらをコンセンサス・マップとして図式化することが可能になる。

　物語を語るという行為の背景にある脳神経学的プロセスを理解することは、マーケターにとって重要である。従来マーケターは、広告に対する消費者の反応を理解しようとして、以下のような質問をしてきた。

- 人々はこの広告のどこが好きで、どこが嫌いか
- この広告に対する消費者の態度はどのようなものか
- この広告のどの部分を覚えているか
- この広告から、このブランドの何を知ったのか
- このブランドに対する消費者の態度はどのようなものか

●この広告によって、消費者はこのブランドを購買する気になったか

こうした質問は、貴重な情報をもたらしてくれるかもしれない。しかし、いずれの質問にも、消費者が抱くブランド物語の中に、マーケターにとって都合のいい話を広告を介して「注入できる」というマーケター自身の思い込みが反映されてしまっている。しかし、これらの質問はどれも、**消費者自身が広告に反応しながらつくり出した物語を明らかにすることはできない**。また、消費者がつくる物語が、**マーケターが伝えようとした物語**と合致しているかどうかを検証することもできない。さらに、消費者が広告のメッセージを正確に反芻できるというだけでは、消費者がそのメッセージを意味があると感じているか、信じているか、あるいは理解しているか、わからない。

消費者は、広告に基づいてブランドに関する物語をつくる際に、自らの記憶の要素を総動員する。すなわち、そのブランドに関する過去の経験や、そのブランドに対して現在抱いている思考や感情、そのブランドに興味を持つ理由、マーケティング以外の情報源から得たそのブランドに関する情報などを総動員する。これらすべての要素は、消費者が広告に接した時や、他の理由でブランドのことを考える際に、コンセンサス・マップ上で活性化する。したがって、マーケターは、いかにこれらの要素が相互に作用し、コンセンサス・マップ上に思考や感情の束を形成しているか、に関する質問をするべきなのである（序章において、コンセンサス・マップが、人間の思考や感情を形成するニューロンの束のつながりを図解したものであると議論したことを思い出していただきたい）。

また、今日の消費生活において物語が果たす役割については、*After Image*（HarperColins, 2001）の著者、ジョン・グラントが示唆に富む見解を展開している。**コラム10-2**にその内容を紹介した。

それでは、マーケターが物語を活用することによって、消費者をより深く理解し、より効果的に奉仕するにはどうすればいいのであろうか。ペンシルバニア州立大学のストロング寄付講座教授であり、オルソン・ザルトマン・アソシエイツ（OZA）のパートナーである、ジェリー・オルソンは、物語やメタファーを利用することにより、広告の有効性を評価し、必要な変更を提案する手法を考案した。従来の方法とは対照的に、オルソンが考案した手法には、以下のような質問が含

Column 10-2◉神話・物語とマーケティング

　物語は、様々な情報を使いやすい形式に圧縮したものである。物語は人間の生活における典型的なジレンマを題材とする。たとえば、我々の日常を断片に切り取ったものとして、物語とビデオ・プレーヤーの取扱説明書とを比較してみるとよい。情報の伝達機能という視点で見た場合、物語がいかに効率的であるかわかるだろう。

　神話という言葉は、先祖の知恵を子孫に伝えるということを意味している。知恵とは、様々な状況に対して「どう対処するかを知る」ことである。しかし、すべての神話が原始的なものであるとは限らない。現代の神話には、セーフ・セックス、ポリティカル・コレクトネス（政治的に妥当な言葉遣い）、「新人類」など、新たな社会的文脈の中でどのように行動すべきかについて自発的につくり出されたものがある。

　現代は、大部分のミーム（文化的に伝達される概念）が、我々の祖先ではなく同時代の人たちに由来するという意味においてユニークである。つまり、我々は「ポスト伝統」あるいは「ポスト慣習」社会に住んでいるのである。古いものよりも新しいものに傾倒することの背景には、教育のほか、爆発的に増大した情報量、技術・社会・商業上の変化のペース、急速な地域別異文化の融合、その他多くの21世紀的な影響など、様々な要因がある。

　その結果、何がどうなるか。我々は、どう生きていいのかよくわからないまま毎日を過ごすようになる。この根本的な不確実性は、男らしく（女らしく）なるためにはどうするべきかといった重要な事柄はもとより、朝食に何を食べ、何を着るべきか、といった些細な日常生活上の事柄にも影響を与えている。そして、人類学者がしばしば気づくように、こうした「些細な」事柄にこそ、本質的な事柄が反映されている。朝食にフルーツを食べ、カジュアルな服装に身を包みさえすれば、あなたは「新人類」としての第一歩を踏み出したも同然である。

　この大小様々な不確実性は、ブランドを構築するには最適な状況をつくり出している。ブランドは社会的消費の単位である。以前から言われるように、我々自身、モノやサービスを購入することによって、「どのように生きるか」に関する1つの回答を購入しているのである。このあいまいさを利用するブランドは、物語を介することにより、我々の生活にもあてはまる意味を創造している。しかしこれは、ブランドの役割としては従来のものから180度転換したものである。この転換こそ、伝統的なマーケティングと新しいマーケティングの間の争点の1つとなっている。

1950年代に始まり、今でも広く信じられ実践されている、伝統的なブランド・マーケティングのアプローチでは、すでに存在する社会的意味を製品やサービスにくっつけることが重視される。たとえば、このタバコを吸えば、あなたは「カウボーイのように」タフで、個性的になれるといった謳い文句や、この新聞を読めば、あなたは教養があり、リベラルで、ちょっとした反体制的な気分に浸れるといったメッセージなどがそうである。

　以下の図では、こうした論理の流れを示している。

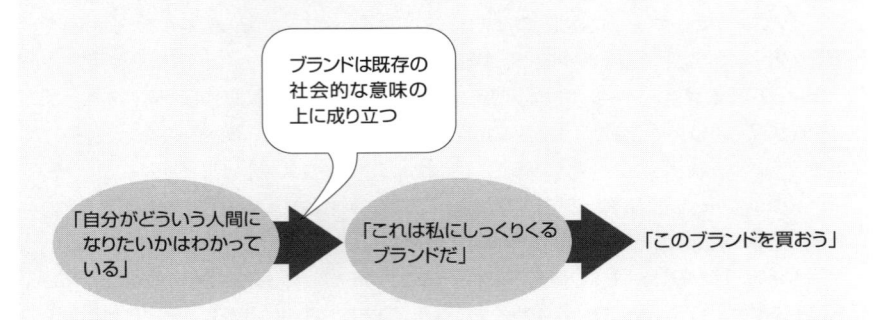

「自分がどういう人間になりたいかはわかっている」 ⇒ 「これは私にしっくりくるブランドだ」 ⇒ 「このブランドを買おう」

（吹き出し：ブランドは既存の社会的な意味の上に成り立つ）

　こうしたマーケティング文脈において、物語が人を引きつけ、社会的意味を伝達する可能性は低い。この場合、物語は単なる広告の道具にすぎないからである。ジョン・グラントは次のように述べている。

　　1980年代と1990年代の初頭にかけて私が手がけた広告のほとんどはこの形式をとった。たとえば、フォルクス・ワーゲンの広告では、カジノで服をなくした男、パトロンに激怒する女といった人物像を描いた。負け犬的なヒーローを描くことで、〈VW GTi〉が貧乏人の〈ポルシェ〉であるということを伝えようとした。

　しかし、我々は従来のように、自分の人生や役割、アイデンティティに疑問を呈さない恵まれた立場には、もはやいないのではないかとますます思うようになった。人生で5回も転職するようになったり、人間関係や住居、社会的役割もこれまで以上に頻繁に変わるようになった。意味のある生き方とは何か、常に模索するようになった。その結果、ブランドが伝統に取って代わるものとして、消費者に影響を及ぼすようになった（次頁の図を参照）。

「自分がどういう人間に
なりたいのか、わからない」 「これは私に今までにない
全く新たな経験を提供
してくれる」 → 「このブランドを買おう」

　こうした変遷を経て、神話を含む物語は重要な役割を果たすようになった。物語はもはや、決まりきった意味を伝達する広告の道具ではなくなったのである。物語それ自体が実存するものとして、意味を持つようになった。だからこそ、ZMET調査のようなアプローチが重要になってきたのである。文化的意味のより深いレベルにおいてマーケティング活動を展開しようとすれば、まずそのレベルの世界を観察することができなければならない。

　たとえば、90年代に最も成功した新製品（正確には市場に再導入された製品であるが）であるフォルクス・ワーゲンの〈ビートル〉を考えてみよう。この車に関しては、テクノロジー企業で働く者やオタクが乗る車だという物語が定着している。しかし、それは広告の謳い文句で終わっていない。実際に、この車はサンフランシスコやシアトルのような場所で人気を博しているのである。まさに、そのような人生を送っている人にとって〈ビートル〉は最適な車だというわけである。

　時には、実話がブランドをつくり出すこともある。たとえば、以下のような例がある。

- 映画「トレイン・スポッティング」の成功によって、スコットランドの観光業は大いに賑わった
- スーパー・コンピューター「ディープ・ブルー」の成功によって、IBMはパーソナル・コンピュータにおける信頼を獲得した
- フェイ・ウェルドンの小説『ブルガリ・コネクション』によって、ブルガリの時計が流行した

出所：ジョン・グラントの許可を得て掲載。

まれる。

- このブランドについて、消費者はどのような意味をつくるのか、あるいは見出すのか
- この製品カテゴリについて、消費者はどのような意味を形成するのだろうか
- 我々は、消費者がブランドについて抱く意味のうち、どの程度が広告によって形成されたもので、どの程度が消費者自身の思考枠組によって形成されたものか
- マーケティング戦略が意図した通りの意味を、消費者は形成しているか
- この広告によって、異なる顧客セグメントに属する消費者は異なる物語をつくることができるか、同時に、それら異なる物語に共通するディープ・メタファーが存在するか
- 消費者がつくる物語は、マーケティング戦略が意図したメッセージと合致するか、しないか
- 消費者がブランドに関して意味や物語を形成するのはどの程度容易か。そのために、どれだけの努力を費やしてくれるのであろうか

オルソンの手法は、多くの企業によって、様々な広告目的に応じて採用されている。この手法に基づく調査では、以下に挙げるような点に焦点を置いた分析が行われる。

- ある広告に基づいて消費者が生み出した物語の緻密性や多様性
- 広告が意図するメッセージや戦略的目標と、消費者自身が作成した物語との一致性
- 消費者にとっての物語のつくりやすさ
- 特定のブランドに関する物語が持つ独自性
- 製品カテゴリ、あるいはブランドと物語の関係の深さ

オルソンの手法は、広告の制作段階や代替案の比較段階で利用することができる。たとえば、**広告コンセプトの作成段階**で（すなわち、クリエイティブを制作す

る前の段階で)、消費者の物語に関する調査をすることによって、クリエイティブ・スタッフは、広告に表現されるアイデアやコンセプトに対して消費者がどのように反応するか予測できるようになる。消費者の物語に関する調査は、**広告の開発段階**、すなわち、広告に使用するキャッチフレーズやシンボルなどのコンテンツを考える段階においても役立つ。また、**広告の制作段階**、すなわち、モックアップやラフカット、ストーリーボード、アニマティクスなどの試作品をつくる段階においても有効である。さらに、消費者の物語に関する調査は、競合相手の広告を評価する際にも利用できる。

　この手法は、文学研究や神経科学などの複数の理論に基づいている。そのうち特に重要な2つの理論を紹介する。第1は、第9章で議論したように、ブランドの価値は消費者の心の中に存在しているのであり、製品としてのブランドやブランドに関する広告の中に存在するわけではない、ということである。つまり、ブランドの意味を創造するのは、マネジャーではなく消費者だということである。ブランドの意味は、消費者のコンセンサス・マップとブランド経験(ブランドの属性や性能、広告などに触れる機会)とが相互作用することによって生み出される。マーケターは、アイコンやメタファー、キャッチフレーズなどの素材を提供することによって、消費者がつくり出す意味内容に働きかけることができる。しかし、消費者の意味創造それ自体を**コントロールする**ことはできない。

　第2は、ブランドの意味が消費者の記憶の中に様々な形で存在している、ということである。意味の中には、「表層的」なものもある。それらは、消費者が容易に自覚することができる。表層的な意味には、ブランドの物理的属性(たとえば、「カミンズ社の船舶用エンジンは定期保守がしやすいように設計してある」)や製品使用による**機能的便益**(「このエンジンを使えば、修理費用が安く済む」)が含まれる。しかし、消費者がブランドに対して持つ意味には、より深く、個人的なものもある。たとえば、ブランドの**心理的便益**(「このエンジンがあれば、荒波の中でも安心していられる」)や**社会的便益**(「エンジン音が会話を妨害しない」)といったものが含まれる。さらに、よりいっそう深い意味として、消費者の価値観や人生の目標など(「このエンジンのおかげで、どこにでも行ける。つまり、これは私に自由と独立を与えてくれる」)がある。

　コラム10-3に、世界的なブランド、〈コカ・コーラ〉に関して消費者が抱く

物語を描いた。その中で、**キャラクタライゼーション、キャラクター、イベント、アーキタイプ**、そして**コントローリング・アイデア**など、マーケターにとって効果的に物語をつくるために必要不可欠な概念を紹介・描写している。

＊　　＊　　＊

　消費者は、ブランドに関する物語をつくり出し、そうした物語は記憶の中に保存される。これらの物語は、企業がとったマーケティング活動や、他の消費者から受けた影響、そしてもちろん消費者自身の新たな経験あるいは過去の経験を再評価することによって変化する。

　消費者は、マーケターが提供する製品情報や販促活動などをはじめ、様々な「データ」を利用して物語をつくり出す。消費者がつくり出す物語は、彼らの経験を表したメタファーとしての役割も果たす。これらのメタファーは、バランス、ジャーニー、トランスフォーメーションなどの普遍的なテーマを反映した、非常に深い意味を持つこともある。その半面、たとえば、「その会社に身ぐるみはがされた」(got ripped off)、「救いの手が差し伸べられた」(received a helping hand)、「私のやる気に火をつけた」(It lit a fire under me)といった具体的な言い回しで表現されることもある。

　消費者が語る物語には、個人的な差異がある一方で、その底辺には**共通項**があることが多い。コンセンサス・マップを作成することで、物語に含まれる本質的な思考や感情をとらえ、それらが記憶の中でいかに絡み合っているかを理解することができる。コンセンサス・マップに表れた共通項が、ブランドに関して消費者が**典型的に抱く**物語を象徴している。マーケターは、消費者の表面的なメタファーやコア・メタファーを顕在化させることによって、彼らが持つ物語を理解し、消費者の記憶の奥底にある無意識的だが本質的な思考に光をあてることができるようになる。

Column 10-3 ● コカ・コーラのブランド物語

　キャラクタライゼーションとは、マーケティング・コミュニケーションあるいはクチコミを通じて、そして消費者自身の心の中で、製品やブランドがどのように一貫性を持って表現されているか、を指す概念である。たとえば、いくつかの国において、〈コカ・コーラ〉は二面性を併せ持つものとして表現されている。たとえば、〈コカ・コーラ〉は、アメリカ的でありながら世界共通のものであり、活力を提供しながら穏やかさも提供し、古風でありながらどういうわけか現代的でもあり、若者にも年配者にもふさわしく、1人で楽しむ場合にも大勢で楽しむ場合にも理想的である、というふうに表現される。戦略コンサルタントのジャック・カリューによると、ブランドは一見矛盾しているように見えて、実際にはより高次の概念によって矛盾が解決されるような特徴を持つ場合には、より強固なものになるという。たとえば、〈コカ・コーラ〉が「世界的である」という高次の思考によって、一見対立的な、「アメリカ的であること」と「世界共通であること」というコンストラクトが、消費者の心の中に両立するようになる。

　しかしキャラクタライゼーションは、キャラクターと同義ではない。キャラクタライゼーションとはブランドを描写することであるのに対し、キャラクターとはそのブランドが何をしてくれるのかに関することである。たとえば、〈コカ・コーラ〉のキャラクターは、喉の渇きを潤してくれる、リフレッシュしてくれるなど、製品が我々のために何をしてくれるのかを「選択する」際に浮き彫りになる。つまり、ブランドのキャラクターが、我々のニーズを察知してくれる、ということである。たとえば、「1人でリラックスする」あるいは「皆で騒ぐ」といった二元性のうちの一方を、それぞれの場面に合った形で提供してくれる。つまり、ブランドのキャラクターは、我々が製品を消費するまさにその瞬間に表出するのである。

　複雑で、多くの二元性を持つブランドは、多元的なキャラクターを持っている。したがって、同じブランドであっても、同じ消費者がその時々によって異なったキャラクターを経験することもあれば、異なる消費者が同じ経験をすることもある。もちろん、ブランド自らが、消費者を最も満足させる手段を積極的に「選ぶ」ことはしない。むしろ、「選択」は、消費者の側が自身の欲求に従って行うことであるが、まるでブランドが消費者の心を読み取り、適切な満足を提供してくれているかのように思えるのである。ブランドが複雑になればなるほど、マネジャーがブランドに関してそのキャラクターを伝えようとする際の選択肢の幅は広がる。

この「選択」が、ブランドのキャラクタライゼーションと対立した時に、より高次の概念によって矛盾を解決するディープ・キャラクターが重要となる。伝統的なマーケティング手法では、〈コカ・コーラ〉は、さわやかな、元気が出る、そして社交的であるといった、消費者の大多数がコークを通じて経験するような言葉で特徴づけられていた。しかし、このようなキャラクタライゼーションは、〈コカ・コーラ〉の愛飲者にとっては同様に重要で魅力的なもう一方の側面とは、表面上は対立を引き起こす。

　キャラクタライゼーションとキャラクターは、ブランドの物語を構成する2つの部分にすぎない。さらに、イベントが、ブランドのキャラクターにとって重要な要素となる。企業は、重要なイベントを選択し、広告に描写することで、消費者自身の手によってつくり出してほしいブランド物語の骨組みを提供することができる。

　最後に、すべての物語はコントローリング・アイデア（支配的なアイデア）、すなわちブランドの価値とその価値が存在する理由を伝達するアイデアを備えている。コントローリング・アイデアは、ブランドがその時々によって様々な価値を持っている場合に、より強力になる。コークの場合、その背景にあるコントローリング・アイデアは、「トランスフォーメーション」である。〈コカ・コーラ〉は、消費者のエネルギーが足りないと感じた時に、それを補う（つまり、エネルギーに関してトランスフォーメーションが起こる）。あるいは、脱水状態の時に水分を補給する、緊張している時にはその緊張をほぐす、他人とよりくつろいだ関係を築く、そして公衆の面前に身を置くと同時に自己の中への逃避を可能とさせる、といったことである。繰り返しになるが、こうしたトランスフォーメーションは、製品の特質が消費者のその時々のニーズや欲求と組み合わさることによって生じる。

出所：ザ・コカ・コーラ カンパニーの許可を得て掲載。

HOW
CUSTOMERS
T H I N K

第 IV 部

より独創的、
より深遠な
思考に向けて

第11章 創造的思考のための10の方策

自分でアイデアを創造することと他人のアイデアを模倣することとの間には、ピカソの絵と落書きほどの違いがある。その差は、よく練られた創造力と空虚な思いつきとの差である。

消費者の無意識を探ることは、効果的なマーケティング・コミュニケーションや商品、サービスを開発するための第一歩にすぎない。さらにマーケターは、顧客やマーケティングに関する**自分自身**の無意識をも理解し、全く新しい学際的な考え方をする必要がある。そこでここからは、議論の対象を顧客ではなく、マーケターやマネジャーへと移すことにしよう。

マーケターが新しいアイデアを創造したり、従来の考え方を改善したりするには、以下の4つの課題に挑戦しなければならない。

- 自ら新しいアイデアを創造、発見する
- 出会った新しいアイデアを理解する
- それらのアイデアを批判的に吟味する
- そうしたアイデアを実務の中で創造的に活かす

あなたはこれら4つの課題をクリアすることができるだろうか。もしできるならば、幸いなことにあなたは、ブレークスルーを生み出すのに不可欠な能力——

好奇心や、物事を不思議に思うことのできる度量、新しい知識を獲得しようという意欲——を備えていると言える。マーケティングという分野においては、アイデアを生み出す能力が重要な鍵となるため、この能力を備えているかどうかが、あなたが並外れて優秀なマーケターとなるか、ごくありふれたマーケターで終わるかを左右する。頭の体操をいくつか行ってみるだけでも、古い思考回路を捨てて新しい考え方を身につけることができるようになる。しかし、それだけでは最高レベルの思考に達することはできない。優れたマーケターなら、他の専門分野の最先端の知識をマーケティングに応用できなければならない。

1　4つの前提

「今日ビジネスにおいて秀でるためには、型破りな発想ができなければならない」——こうしたフレーズを何度聞いたことだろう。そして、それに何度納得したことだろう。しかし、まずは以下の4つの前提について考えてみてほしい。

[前提1] 創造的な思考と習慣的な思考とは、同じ認知プロセスに基づいている

創造的思考には、何か特別な、まるで魔法のような認知プロセスが必要だと考えている人が多い。しかし、それを裏づけるような証拠はほとんどない[1]。思考プロセスの中核をなすビジュアル・イメージやメタファーを使うことによって、ほとんどすべての人がこれまで以上に創造力を発揮できるようになる[2]。つまり、創造的に考えるためのツールはだれしも持っているのであって、それを効果的に利用できているかどうかが、人によって異なるにすぎない。もちろん、努力さえすれば、だれもが同じように創造的に考えられるようになるかというと、そのようなことはない。様々な経験を幅広く積んできた人ほど、創造性を発揮することができる。また、様々なアイデアに触れることで、自分の思考プロセスをより容易に顕在化したり、試したり、必要ならば変革したりすることができる。

［前提2］ 組織の環境がマネジャーの創造性に大きな影響を与える

　組織の環境や職場の雰囲気が、マネジャーの創造性発揮にプラスに働くこともあれば、マイナスの影響を及ぼすこともある。実は、我々の想像力そのものよりも、その想像力を発揮する場となる組織環境の方が重要である。我々が創造的なアイデアを発想し、それを形にし、実行に移すことができるかは、環境次第という場合が多い。創造的に考えるためのセミナーに参加したり、本を読んだりしたとしても、独創性を重視する環境を企業が提供できていなければ、そうした努力が実を結ぶことはない。にもかかわらず、創造性を本当の意味で評価している企業は依然として少数である。創造性とは既存の考え方に対する挑戦であり、安心できる慣れ親しんだ方法に対する脅威でもある。たとえば、「自分の会社が創造的な思考をどのように奨励しているか、その取り組みを思い浮かべてみてください。同じような取り組みをしている学校に、自分の子供を通わせたいと思いますか」という質問をすると、80％の人は「ノー」と答える。
　しかし、幸いなことに、社員の創造的な思考を刺激するために企業がとり得る手段はたくさんある。その一例を以下に挙げてみる。

- 広告代理店のJ.W.トンプソンは、社内コンサルティング・グループのスタッフとして、分子生物学や数学、工学、19世紀仏文学など、幅広い専門分野の修士号を持つ人材を積極的に採用している。また、中途採用の社員の業務経験も、投資銀行やブランド・マネジメント、戦略立案、広告制作など多岐にわたっている。このグループには、視点の異なる社員が集まっているため、クライアントが直面する問題に対して斬新な解決策を提案することができる。創造性を育むためのこうした方策は、会社に大きな利益をもたらしている。このグループの創設から3年も経たないうちに、同社の売上は倍増した。

- P&Gの上級副社長兼企画本部長であるラリー・ハストンは毎月、同社内においてベスト・プラクティスとされている仕事の進め方について新たな視点を提供するため、通常業務とは直接的には無関係の分野から最低1つの新しいアイデアを見つけては、社員に紹介している。ハストンは「このアイデア

を実際に実行に移したとすれば、何がどう変わると思うか」という、非常に重要な質問を投げかける。社員からは有用な回答が戻ってくる場合が多い。重要なことは、こうした取り組みによって、社員の世界観が変わること、変化に対してより前向きになること、そして、今まで以上により斬新なアイデアを考えるようになることである。

● マクニール・ヘルスケアの社長であるウィリアム・マッコムは、事業計画を議論する会議において、「従来通り」のアイデアを禁止することにしている。こうした斬新な手法によって、同社の社員たちは「従来通り」のやり方では通用しないような状況に直面した時でも、いち早く慣例から抜け出すことができるようになる。その結果、よりよい解決策を見つけることができると**同時に、相当な時間と資金を節約することにつながっている。**

このような手法は、ブレークスルーを生み出す以外にも、社員の間に「**絶え間ない変革への熱意**」を維持することになる。たとえば、GMの事業開発および知識開発部門のトップであるビンセント・バラッバによると、こうした雰囲気が保たれることによって、マネジャーは新たな改善の可能性がどこにあるかを常に考えるようになるという。また、人とは違う考え方をしたり、既存のアイデアをよりよくしようとしたりもする。たとえ、この「絶え間ない変革への熱意」が明白な結果に結びつかなかったとしても、マネジャーの心理状態を大きく変革する。だれもがよりよい結果を求めるようになり、妥協することを許さなくなるのである。

[前提3] マーケターにとって有益な、消費者に関する知識は、マーケティングという専門分野の外にある

　従来のマーケティング調査法では、消費者に関してほんの一部の知識しか得ることができなかった。一方、社会科学や生物科学、人文科学には、マーケティング分野に比べてはるかに多くの人的資源や財的資源が注ぎ込まれ、知識の集積が図られてきた。幸運なことに、マーケティング分野以外で発展した知識が、そのままマーケティングに応用できることは多く、マーケターに探究心と時間さえあ

れば、それらを自由に利用することができる。したがって、異分野を学ぼうとする意欲と、見落としがちな自分の専門分野との関連性を見つけ出す能力とが、創造的な思考をするためには重要である。

［前提４］様々な専門分野を結びつける共有テーマを見つける

　ピューリッツァー賞受賞作家で科学者でもあるE. O. ウィルソンは、一見関連がなさそうに思われる専門分野に共通した知識の体系を、**統合**（consilience）という言葉を使って説明した[3]。たとえば、多くの美術家が興味を示すトピックに、神経科学者も興味を示すことがある。あるいは、社会学者が関心を示す問題に、言語学者や進化生物学者が興味を示すかもしれない。また、神学に関わるいくつかの重要なテーマは、数学者や物理学者にとっても興味深いものである。さらに、自然科学的な事象を説明した数学モデルが、社会科学的な事象を理解する際にも重要な示唆を与えることもある。面白いことに、複数の専門分野をまたぐテーマであればあるほど、それはマーケターにとって価値あるものとなるのである。J. W. トンプソンのCSO（最高戦略責任者）であるロブ・スケリアは、学際的な領域から新しいアイデアを得る過程を「コンビネーション・セラピー」、または「統合化された重層的問題解決アプローチ」と呼んでいる。

　創造性溢れるマーケターになるためには、建設的な姿勢を持って、あえてアイデアをあえて疑ってみたり、アイデアに対して遊び心を持って接することができなければならない。一見無関係に見える専門分野からの知識と、普段の市場調査や日々の業務から得られる知識とをうまく融合させることが重要である。これが実現できて初めて、平凡な思考から脱却できる。

2　型を破るには

　「型を破る」（breaking-out-of-the-box）というメタファーは、「**古い型から脱却し、自由を得る**」という意味で使われるが、これは実は重大な事実を見逃している。

それは、1つの型を破ると、また別の型に収まってしまう、ということである。したがってマーケターはこのことを自覚したうえで、ただ単に古い型を捨て去り、目的もなく新しいアイデアを探すのではなく、「泥棒ネコ」のごとく、ある型からまた別の型へと、アイデアや知識をかき集めては1つひとつじっくり吟味する必要がある。

スティーブン・ヘッケルが述べているように「将来を予測することが不可能な環境において生き延びるためには、過去の文脈では何の意味も持たなかったシグナルの中に規則性を見つけたり、メタファーを援用したりする能力を持つことが不可欠である。こうした能力を有する人々は、漸次的な改善を追求する活動よりも、非連続的な革新を要求される活動において力を発揮する。**コラム11-1** は、そうした能力を発揮する人々を紹介したものである。

新しい型を重視するマネジャーであっても、古い型に戻りたいと思うこともあるだろう。そうした思いもわからないではない。というのも、長年やってきた既存のやり方には、それなりの理由があるからだ。しかし、我々は慣習の中に安住するばかりに、広範囲に冒険をして価値あるアイデアを手にする機会を逸してしまっている。最初に身につけた方法を改めることはなかなか難しい。したがって、「型を破る」ためには、冒険をしたとしても毎回のように価値を生み出すとは限らないと認識したうえで、様々な冒険に挑むことが大事なのである。

3　創造的に考えるには

「**どう考えるか**」（how we think）は、「**何を考えるか**」（what we think）ということ以上に、我々自身の思考方法の根幹に関わることである。そのため、マーケターは、既存のアイデアの正当性を確認するために莫大な金を投じるだけでなく、そのアイデアに対する自らの考え方を変えるためにさらに莫大な金を投じることになる。そうした無駄を少なくするためにも、創造性に富んだ経営幹部を何人も見てきた私自身の経験に基づいて、「従来の思考パターン」から脱却するための10の行動指針を以下にまとめてみた。

Column 11-1◉雑音から意味を見出す

　1960年代に、IBMの営業担当員ボブ・ヒップは、「セールス・サイクル」というIBMで伝統的に使用されてきた販売プロセスを使わずに、IBM最大のコンピュータ販売契約を獲得したことで伝説となった（この「セールス・サイクル」は、新人社員の入社後18ヵ月間にわたって叩き込まれた）。

　ある日、ヒップは、顧客企業であるボーイングのチーフ・エンジニアに会うため、同社のあるウィチタを訪れた。すると、ボーイングの社内は大騒ぎになっていた。図面や書類を手にしたエンジニアや科学者たちが、時に偏微分方程式の記述されたメモ帳を振り回し、チーフ・エンジニアのオフィスから出たり入ったりしていた。秘書は彼に、緊急事態が発生したため、今日はチーフ・エンジニアに会うことはできない、と伝えた。航空機の重量を測定するシステムが故障し、ウィチタにあるすべての〈B-52〉が離陸できないという状態だったのだ（国の規則により、飛行機は機体の重量測定を受けてからでないと離陸できないことになっていた）。

　ヒップは躊躇することなく、30分だけ時間をくれるようにその秘書に頼んだ。紐と定規、タイヤの圧力ゲージさえあれば〈B-52〉を測定できると話したのだ。秘書はすぐさま彼をチーフ・エンジニアのもとへ通した。ヒップは道具を持って滑走路へ出て、〈B-52〉に近寄った。彼は1つのタイヤポッドを紐で巻いて縦横の長さを測り、次にそのタイヤの平均圧力をゲージで測り、それらを掛け合わせた。これをすべてのポッドで繰り返し、結果を足し合わせることによって、機体の重さを割り出すことに成功した。

　高校で物理を勉強したことがある人ならだれでもわかるように、ヒップも、重さは力と等しく、「力＝圧力×面積」だということを覚えていた。しかし、最先端技術を一切使わず、この簡単な知識だけを使って、目の前の緊急事態を解決することができたのはヒップだけだった。彼は営業販売の仕事中に、何年も前に学校で習った知識から法則性を見出し、それを応用する方法を見つけたのだ。雑音（一見関係のないように思われる情報）の中から意味のある新しい情報を速やかに発見するという能力は、マネジメントやマーケティングにおいても必要不可欠である。

　ボブ・ヒップのような人間は、未知なるものに対しても太刀打ちできる。たとえば、アメリカの軍隊などでも、彼のような創造的な思考能力を持った人間を見つけるために徹底した選考過程がとられている。攻撃機のパイロットや特別部隊の新兵は、一般の人よりも雑音の

中から有益な情報を見つけ出すことに秀でている。

出典：IBMのスティーブン・ヘッケルの協力による。詳細は以下を参照されたい。Stephan Haeckel, "Managing Knowledge in Adaptive Enterprises," (Charles Despres and Daniele Chauvel, eds., Knowledge Horizons: The Present and the Promise of Knowledge Management, Butterworth-Heinemann, 2000 に収録)

　使い古された思考パターンから脱却することを謳ったハウツー本やセミナーの類、あるいはコンサルタントによる提言などは巷に溢れている。しかし、それらとは違って、以下に示した10の行動指針は、地道な研究活動と多数の試行錯誤の中から生まれたものである。

1　現状に安住せず、絶えず変化を求めよ
2　「角の歪んだ牛」を不思議に思え
3　偶然のデータで遊べ
4　終わりを始まりと思え
5　自分を時代遅れにしてしまえ
6　「同じヒヨコ」ばかり可愛がるな
7　冷静に情熱を抱け
8　自らの信念を主張せよ
9　問題の核心を突く質問をせよ
10　結論を早まるな

　疑問に思うものもあるかもしれないが、いったんその疑念は忘れてもらいたい。しかし、だからといってこれらの方策をむやみに受け入れてほしいということではない。ハーバード・ビジネススクールのマックス・ベイザーマン教授の言葉を借りるならば、あなたの状況に合わせて１つひとつの行動指針の価値を見極め、あなた自身のやり方に合わせることが肝心なのである[4]。

[方策1] 現状に安住せず、絶えず変化を求めよ

　現状に満足し、安住してしまうと、イノベーションは起こらない。やり方を変えてみようとか、現状の中の小さな問題を正そうという気が起こらなくなってしまうからだ。安住をよしとせず、絶えず変化することを追求する企業の例を以下に見てみよう。

- モトローラはある顧客調査から、ビジネスパーソンが出張の際に、人気のない駐車場やホテルの廊下で助けを必要とする場合に備えて同社の通信機を携帯していることを知った。そして、この発見は、夜遅くまで働く自社の従業員の安全を守るためにも役立つという議論に発展した。もし同社が従業員の安全を常に配慮している企業でなければ、顧客調査の結果を社員の安全確保の問題に結びつけて考えることはなかっただろう。このように、積極的に考えをめぐらせることで、自社にすでに存在している技術を新たな用途に活用することができたのである。

- P&GはZMET調査を通じて、消費者がどのような家庭用品やパーソナルケア用品が必要だと感じているかにとどまらず、そうしたニーズをどのように処理してほしいと願っているかということまでを知ろうとしている。顧客との個別インタビューから詳細なコンセンサス・マップをつくり（第7章を参照）、類似点を見つけるという手法によって、商品開発力を磨き、新商品開発における成功を収めている。

- ある国際的な電機・家電メーカーのシニア・マネジャーは、絶え間ない変化を追求するために、折を見てはスタッフに対して、事業計画書や社内メモ、その他の報告書において、「ロイヤルティ」「ブランド・エクイティ」「消費者のニーズ」といった表現をあえて使わず、他の言葉を使って表現するように指示している。そうした用語に代わる言葉を探す中で、スタッフは禁句となった用語自体が持つ真の意味を再認識し、その用語が持つ限界や新たな可能性を知ることができる。たとえば、あるマネジャーは、「インセンティブ」

という用語を使わずにインセンティブに関する文書を書こうとした際に、自社の顧客インセンティブ・プログラムが、内面的報酬（買い物をすることでヒーローのような気分になれるなど）を提供できていないことに気づいた。

● ホールマークのある上級副社長は、スタッフが調査結果をまとめる際に、その調査からは明らかにならなかった問題が何かを考えさせ、その中でも最も重要な問題を1つ挙げるように指示している。こうすることによって、膨大な量の統計データをまとめることで誤った自信や安心感を抱いてしまわないようにすることができると考えている。これにより、スタッフは単に調査担当者を批判するのではなく、重要な課題を自ら提起するようになり、その答えを探すために未知の分野に足を踏み入れるようになる。

こうした努力によって、マーケターは慣れ親しんだ思考パターンや、使い古された表現、根拠のない思い込みといったものを再検討するようになる。変化を起こそうという努力を意図的にすることがなければ、たとえば、スターバックスが、従来では考えられなかった「カフェインを摂りながら休息できる都会のオアシス」というコンセプトで大成功を収めることもなかっただろう。

[方策2]「角の歪んだ牛」を不思議に思え

「ジャックが建てた家」（*This Is the House That Jack Built*）という童話を読んだことがあるだろうか。「これはジャックが建てた家。そこにあった麦芽を、食べた鼠を、殺した猫を、悩ました犬を、突き上げた角の歪んだ牛が…」という風に積み上げ式に展開する話である。いったいだれが、なぜ、どのようにその牛の角を歪めたのだろうか。牛はそのことを知っているのだろうか。なぜ歪んでいる角は1本だけなのだろうか。自分だったらどのようにして牛の角を歪めることができるだろうか。そのことを牛はどのように思うだろうか。果たして痛いのだろうか。

このように1つの事柄に関して熟考するプロセスが、ここで紹介する2つ目の方策である。ここでは「どのようにすれば、ありふれた思考パターンや慣習的な方法の中に不規則性をつくり出し、目の前の問題に新しい視点を加えることがで

きるか」という問いかけが鍵となる。我々の脳は「例外」を知覚するようにできており、いったん「例外」を発見するとその原因を追求したくなる性質がある[5]。マネジャーは「例外」に直面すると、すぐにその原因を見つけ、その理由を解説しようとする[6]。それは無理もないことである。たとえば、潰れた缶（もしくは歪んだ角）と潰れていない缶が目の前に並んでいれば、やはり潰れた方が気になるものである。我々の興味は、「例外」の方に向くのである。「いったいなぜ、どうやってそのような状態になったのか」、その理由や背景に関する説明を我々は求めるのである。

　普通では考えられない異常なデータ――たとえば、ある年の売上高だけが例年に比べて高いとか、〈チェリオ〉（朝食用シリアルのブランド）を思いもよらない方法で食べる人がいるなど――は、新たな商品アイデアや広告キャンペーン、マーケティング戦略を構築する際に役立つ。たとえば、ホームデポの幹部は、レジの販売データを調べていた際、ある店舗において通常の商品販売プロモーションでは考えられないような顧客反応があったことに気づいた。この店舗は、普段は同じ地域の他の店舗と同様の売上パターンを示していた。その幹部はこの異常値を偶然だとは考えず、その原因を解明するためにプロモーション期間中にその店舗を訪れてみた。そして、プロモーションの対象商品となっていた家庭用の配管工事キットが、同じくセールの対象となっている浴室周りの商品のすぐ隣で販売されていることに気づいた。さらに調査してみると、セール期間中にこの2つの商品が隣同士で陳列されている時の方が、別々に陳列されている時に比べて、顧客が商品を手に取る確率が明らかに高いことが判明した。2つの商品の製造元がそれぞれ競合する企業でなかったため、以降、この2社は販売プロモーションを連携して行うようになり、その結果、関係者全員が利益を得る結果となっていた。
「例外」を発見する能力は、人類が生存競争に勝つために進化過程の早い段階で身につけた能力である[7]。この能力のおかげで、狩猟の際に弱った獲物を見つけることができ、また、自らが獲物となる危険性も減らすことができた。今でも我々は人の表情の変化には敏感で、そこからその人の感情や次の行動を推し測る。にもかかわらず、マーケティング担当者が消費者調査において、こうした能力を駆使することは稀である。逆に、彼らは既存の法則にあてはまらないデータを邪魔者扱いし、分析の対象から排除しようとする。例外データを排除することで、

すでに確立された法則に基づいた分析に集中することはできる。しかし、このような考え方だけに頼っていると、新しい商品や注目を集めるような広告メッセージを開発するヒントを見逃してしまうだろう。

　マーケティング担当者は、「通常通りのデータ」と「例外的なデータ」の両方に注目する必要がある。たとえば、レンタカー会社のバジェットはある時期まで、消費者はレンタカーに対して、車種の品揃えが豊富であることなど求めてはいないと思い込んでいた。しかし、同じ頃、自家用車の市場では車種の多様性が重視されるようになっていた。バジェットの幹部たちは、広告代理店に指摘されるまで、こうした事実を無視していた。そこで車種の多様性に関するコンセプトを定義し直したところ、その5週間後には、なんと10年ぶりに同社の売上が上昇し始めた。

［方策3］偶然のデータで遊べ

　下の絵を見てもらいたい。何が見えるだろうか？

　答えは、この章の最後にある解答を参照いただきたい。仮に、この絵が何を表したものか正しく答えられたとしても、章末に掲載したように別の状態で見せられた方が、より早く答えに到達できただろう。いずれも絵としては不完全なものであるが、描かれた線の長さの合計は全く同じ、つまり、全く同じ情報量で描かれた絵である。しかし、章末に掲載した真ん中の絵は、**不完全であってもランダムに描かれたものではない。要するに、正しい解釈ができるように描かれた絵になっている。**反対に、前図はランダムに描かれたものである。このように、全く

同じ情報量であっても規則的に配置されていれば、我々は空白になっているスペースを埋めることによって、対象を判別しやすくなる。

残念ながら、消費者が自らに関するデータをマーケターに提供する場合、その提供の仕方は往々にしてランダムなものである。つまり、消費者は心の奥底にある思考や感情を、マーケティング担当者が簡単に理解できるような、都合のいい形式で提供してくれるわけではない。このようにランダムな形で情報を与えられた場合、担当者は「このデータから有益な情報を得るためには、どこにどのような補助線を付け足せばよいのか」と自問しなければならない。そのためには、「積極的にデータと遊ぶ」必要がある。

たとえば、アメリカ東海岸のある病院に勤める1人のスタッフは、様々なデータを集めていろいろと遊んでみた結果、ある「魔法の薬」を発見した。そのスタッフは、廊下の左側にある部屋の患者の方が、逆側の部屋の患者よりも早く退院することに気づいたのであった。部屋の割り振りはランダムに行われていたにもかかわらず、同じ現象は何年も続いていた。他のスタッフもこのことに気づいてはいたが、この現象に興味を持ち、実際にデータを集め、分析してみたのは彼女だけであった。彼女はこの謎めいた現象を解明してみようと、入手可能な病院のデータをすべて調べてみた。集めたデータのどこにもその答えを見つけることはできなかったが、彼女の好奇心はさらに強まった。次に、彼女は病院の外を調べることにした。病院の外を観察してみると、入院期間が短い患者の部屋からは美しい公園が見え、入院期間が長い患者の部屋からは駐車場が果てしなく続く光景が見えた。これをもとに、魅力的な景色を見せることで患者の回復を助ける「イメージ・セラピー」というアイデアを思いついた。その後、イメージ分野を専門とする大手企業がこのアイデアをさらに研究し、新規事業を立ち上げるに至った。

[方策4] 終わりを始まりと思え

マーケティング担当者やリサーチャーは、自らのことを「事件の解決を目指す刑事」だと考えている。つまり、自分のしていることは、市場で起こっているミステリーを解決し、結論を導き出すことだと思っている。このように考えることにはメリットもあるが、同時に自らの可能性を狭めることにもなる。特に、新し

い疑問を発見したり、次々に型を破ったりしなければならないという点においては、「既存の事件を解決する」だけでなく、「新たに事件を起こす」こともしなければならない。つまり、全く新たなミステリーをつくり出すことも重要なのだ。それゆえ、彼らは終わりを始まりとしてとらえなければならない。

　このような思考法はだれにでもできるものではない。本当の刑事というのは事件を解決することを好み、新しい事件に取りかかったり、すでに解決した事件を再び蒸し返したりすることを嫌うものである。事実、「終結させる」ことの方が、「やり直す」ことや「振り出しに戻る」ことよりもポジティブな意味合いが強い。しかし、この「何かを終わらせよう」と考える傾向は、マーケターの創造的な思考力に決定的なダメージを与えている。

　子供が「歪んだ角の牛」と聞いて不思議がるように、マーケターも既存の質問に対する答えを見つけるのではなく、新たな疑問を積極的に探求しなければならない。調査の結果（あるいは、一件落着とされた事件）こそ、新たな疑問を見出すのに格好の材料である。たとえば、マーケターは、以下のようなことを自問してみるとよい。

- ほかにどのような情報があれば、この結果に疑念を抱くだろうか
- この情報が私の仕事と本当に無関係だと言えるか。どうにかして使えないだろうか
- どのような疑問（とそれに対する答え）があれば、この結果は覆されるだろうか
- この調査結果に足りない点、もしくは完全に見逃していることは何か。このデータをさらにどのように料理すればよいか
- この調査結果の裏に隠れた事実をただ１つも見逃さないほど、十二分に検討したか

　それでは、これらの方法はどのような場合に活用できるだろうか。たとえば、顧客のインセンティブ・プログラムがリピーターの増加をもたらしているという証拠が見つかったとしよう。この場合、担当者はただ単にこのプログラムをそのまま続けることもできる。しかし、この証拠を「**始まり**」ととらえ、そのプログ

ラムが持っている魅力がいったい何なのかを解明することもできる。その魅力が解明されれば、より大きな利益、あるいはよりよいプログラムの開発につながるかもしれない。

このように考えることで、大きな利益につながることもある。たとえば、フューチャー・ドンティックスの元マーケティング・ディレクターのクリスティーン・スミスは、フォーカス・グループ調査において、歯医者の待合室に関する意見が不足していることに気づいた。このトピックに関して発言が少ないことを不思議に思った彼女は、ZMET調査を用いてより深く調べてみることにした。そして、待合室における経験——特に、閉ざされたドアの向こう側から漏れてくる恐ろしい音や臭い——が、歯医者に行きたくない大きな理由になっていることがわかった。こうした調査の結果に基づいて、ドアに遮音材を付け足したり、生花を置いたりすることで、待合室をより快適にしようとする歯医者も現れた。その結果、そうした歯科医院では、患者の訪れる頻度は増大した。

[方策5] 自分を時代遅れにしてしまえ

「壊れていないのなら、壊してしまえ」——子供にとってこの原則は全く理にかなっているらしく、小さな子供たちは常にこの原則に従う。子供としてはごく当然の振る舞いで、遺伝子にそうインプットされているのではないかとさえ疑ってしまう。しかし、子供は成長するにつれ、社会活動や集団行動を通して、「壊れていないのなら、下手にいじるな」が原則だと考えるようになる。そもそも、マーケターは多忙であり、日々の仕事の中で解決しなければならない問題が山ほどある。しかし時には、特に問題がないように見える場合でも、既存のアイデアやプロセスについて再考してみることも重要である。

もし、ちゃんと機能しているものは壊せないというなら、次のような方法もある。既存のアイデアやプロセスを時代遅れにしてしまうのだ。つまり、以下のように自問してみよう——「今の私の考えや行動をできる限り早く時代遅れにするためには、どうしたらよいだろうか」と。こう問うことによって、現在の状況に安住することを防げ、進化が促される。結果として、一見無関係に思われるアイデアと既存のプロセスとの間に意義のあるつながりを発見できたりする。

以下の例が示すように、「今のやり方を変えよう」と思うきっかけは、いつ、どこでやってくるかわからない。

- フォードの顧客ロイヤルティ・プログラム担当マネジャーは、病院の待合室で読んだ雑誌記事の中から、すでに順調だった同社のプログラムをさらに魅力的にするきっかけを発見した。その記事には、人類以外の霊長類が他の仲間とどのように絆をつくっているかが記されていた。普通のマーケターであれば興味を示さないトピックだ。しかし、彼は「霊長類の毛づくろいをヒントに、顧客ロイヤルティ・プログラムを改善させることができるのではないか」と考え、車の手入れをすることを、車の身づくろいをするという視点からとらえなおす試みを始めた。その後行われた調査では、フォードに対する顧客のロイヤルティが上昇しつつあるという結果が得られた。

- GMのデザインスタッフ、ジェフリー・ハートレーも似たようなプログラムに取り組んでいる。そのプログラムでは、車のデザイン工程の早い段階で、デザイナーと顧客が交流し、意見を交わしている（コラム11-2を参照）。

[方策6]「同じヒヨコ」ばかり可愛がるな

アイデアというのは、ダイヤモンドとは違う。「永遠」に輝き続けるということはあり得ない（確かによいアイデアの中には長期間通用するものもあるが）。したがって、マネジャーは1つのアイデアそれ自体に固執するのではなく、それを**改善するプロセス**にこそ努力を払うべきである。ホールマークのクリエイティブ・プロセス部門のリードマネジャーであるナンシー・コックスは、アイデアそれ自体にこだわりすぎる事態を避けるため、常に「同じヒヨコばかりを可愛がっていないか」と自問することにしている。我々は1つの新しいアイデアに固執し、それにこだわり続けてしまうことがある。これは子供が同じヒヨコばかりを可愛がり、手放そうとしないようなものであり、それではヒヨコの健康すら損なってしまうことになりかねない。

このように特定のアイデアへの固執が、改善への道を閉ざしてしまうことがあ

Column 11-2 ● 顧客に近づく方法〈GMの事例〉

　ジェフリー・ハートレー（GMのブランド・キャラクター＆テーマリサーチ部門マネジャーで、心理学者でもある）は、GMのデザイナーやマーケターが顧客をより深く理解するために、顧客パネル制度を創設し、顧客と何度も直接対話できる場を設けた。彼は、このような制度を設けたことについて、次のように語っている。

　我々ではなく他の人間が顧客に質問をし、我々自身はその様子をマジックミラー越しに覗くという状況から脱したいと思っていた。そうではなく、我々自身がパネルに参加した顧客を何度も訪れ、質問をする。ごく当たり前の基本的な質問をすることもあるが、中には、1年以上にわたって顧客の好みを観察し続けた我々だからこそ思いつく質問もある。もし、内容の浅い、短時間の対話しか行っていなければ、このような重要な質問をし、深い洞察を得ることはできなかったはずだ。

　顧客のことを熟知し、彼らの視点から世の中を見るというと、それは大それたことのように思える。他人の視点に立って物事を見ることは、よく知っているはずの配偶者の視点からですら、困難な場合が多い。しかし、顧客との対話を繰り返し行うことによって、顧客との間に信頼関係を築き、相互理解を深めることができる。こうしたことは、フォーカス・グループ調査では不可能だったことであるが、特に、顧客の暗黙知に関する情報を得ようとする場合には重要である。我々は、顧客が欲しいものを直接的に聞き出そうとしたりしない。逆に、我々の世界観を伝え、また我々がどのような決断をしなければならないのかを顧客に説明する。こうすることで、顧客は彼らのニーズを我々に伝えやすくなる。

　GMは、サターン・ブランド・キャラクター・スタジオ向けに、こうした顧客パネルを創設した。このパネルの対象となる顧客は、何度にもわたる面接の中で、彼らの価値観やサターンに対する感情的なつながりが審査された。こうしたパネルからわかったことは、サターンの所有者は、コミュニティに対する意識が高く、公共の利益や他者に対する関心が非常に高いということであった。こうした価値観は、運転者である自分だけでなく、同乗者の安全性や乗り心地に対する関心の高さにもつながっていた。また、サターンの顧客は、楽観的な性格を持ちながらも、人生には苦難や挑戦が付きものであることを認識していた。彼らは、精神的に安定しており、自分自身に不安はなく、人生を積極的にとらえていた。さらに、自

分に自信があり、自分をきちんとコントロールできていると感じており、バランスのとれた幸せな生活を望んでいた。

このように、顧客の価値観や特徴を理解することによって、彼らにとってサターンを所有することがどのようなものであるか、より深く理解することができるようになる。パネルのメンバーから、貴重な洞察が飛び出すこともしばしばである。たとえば、次のようなことがあった。

以前に一度、パネルのメンバーと社内のデザイン・スタッフあるいはマーケティング担当者をペアにして、デトロイトのオートショーへ行かせたことがある。そこでは、どの車が魅力的で、なぜ魅力的だと思うのかをお互いに話してもらった。こうした対話（「尋問」ではなく、「対話」だということに注目してもらいたい）もインフォーマルなものであり、双方向に話が行われた。たとえば、デザイン・スタッフが、GM車だけでなく、それ以外の車についても、特定の機能がなぜその車に付いているかを顧客に説明するということもあった。また別のイベントでは、パネルのメンバーに「楽観性」を体現している商品とはどのようなものか、実際に商品を選んでもらった（「楽観性」はサターンの顧客、そしてサターンにとって重要な価値観である）。そして、その商品やイメージについて、顧客とスタッフが1対1で話をした。こうして顧客の声を直接聞くことで、デザイナーやマーケターは商品を楽観的に見せる要因が何であるかを理解することができた。

デザイン・スタッフやマーケティング担当者は、パネルのメンバーと対話を重ねる中で、顧客が持つ最も感情的な記憶について精通するようになる。顧客の話を聞き、彼らのことを知れば知るほど、彼らのニーズに応えようと努力するようになる。あるマネジャーは、次のように説明する。

たとえば、月曜の朝9時に行われる定例会議の中で、顧客調査の結果について説明を受けたとしても、その内容を簡単に忘れたり、無視したりしてしまう。しかし、実際に会ったことがあり、個人的にもつながりのある人から聞いた、感情のこもったエピソードは忘れることはない。机に向かって仕事をしている時にでも、ジョンやエリザベスの顔や声が思い浮かぶ。彼らの望みに反するような判断をせざるを得ないような場合には、心地悪いと感じるようになる。

さらに興味深いのは、パネルのメンバーが発言した内容をめぐって、デザイナーやマネジャーが異なる解釈をすることも多く、お互いが共通の理解に達するまでに時間を要するとい

> う。意見が一致しない場合には、なぜ一致しないのか、その根本原因を探り、もし可能であれば、その解決を図る。このアプローチでは、意見の不一致を前向きに利用することによって、マネジャーが無意識のうちに持っている思考を顕在化させたうえで、そうしたマネジャーの無意識が顧客との接点においてどのような影響を与えているかを明らかにするようにしている。
>
> 出典：GMのジェフリー・ハートレーの協力による。

る。そのアイデアに問題がある場合でも、そのアイデアを擁護しようとしてしまうからだ。そこで、マーケターと消費者とが顔を合わせて意見を交換することが重要となる。このような意見交換の場は、マーケターの感情を動かし、思考を新しい方向へと転換させるきっかけとなる[8]。つまり、同僚からの指摘をごまかすことはできても、消費者の生の声を無視することはできないのだ。たとえば、あるスポーツ用品メーカー内に組織された部門横断的チームは、次の新商品に取り入れる新しいデザインに対してかなり強い思い入れを持っていた。マーケターの中にはそのデザインが消費者に受け入れられないのではないかと意見する者もいたが、そうした声は聞き入れられなかった。そこで、発売前のテストとして、数人のモニターに新商品を1ヵ月間試してもらった後、担当者全員がモニターの個別インタビューを観察した。すると、ほとんどすべての人がデザインに対してネガティブな反応を示した。消費者の反応が明らかに不評であったため、その後すぐに変更が加えられた。ちなみに、デザイン以外の機能的な部分については、消費者の反応はよかった。もしデザイン担当者が特定のデザインに固執せず、魅力的な商品を開発することに専念していたなら、もっと早い段階において商品テストを行っていただろう。そうしていたら、研究開発費を無駄にすることもなく、早期の発売に踏み切れていただろう。

［方策7］冷静に情熱を抱け

　新しいアイデアに対する情熱（または感情）は、創造的な思考を活発にする。

一方、冷静さ（または理性）はその勢いを抑制する。我々は普段気づかないが、創造的思考プロセスというのは「情報」と「冷静」の両方から成り立っている。イーストマン・コダックのあるマネジャーは「私のアイデア発掘法は簡潔だ。激しく心が動かされたアイデアだけを重視する。私の心に火がつかないようなアイデアであれば、同僚にとってもきっとつまらないものだろうから」と語る。

　型を打ち破るためには、情熱が必要不可欠な触媒となる。しかし、マーケターは、時に冷静さを持ってその情熱を抑制しなければならない。コミュニケーション・コンサルタントでマーケティング・プランナーのメアリー・ジャーマンは、「情熱」と「冷静」との間のバランスを保つ能力のことを「di-stance」（距離を置く）と呼んでいる。自らのアイデアにコミットしながらも、一定の距離は保ち続けるということである。この「冷静な情熱」というのは、子供を育てる親が見せる献身的な態度と、懐疑論者が何ごとに対しても見せる冷めきった態度を両極とすれば、その間の絶妙なバランスを必要とする。そして、「冷静な情熱」を持ったマーケターは、アイデアが功を奏す状態とそうでない状態とがそれぞれどういう状態なのかを判別したうえで、現在置かれている状況がいったいどちらなのかを見極めなければならない。IBM先端ビジネス研究所のスティーブン・ヘッケルが言うように、よいアイデアを創造するには、我々の認知的な限界を超える必要があり、それは「普段からあれこれ改善してみようとすることと、時には大掛かりな手術を施すこと」から得られるのだ。

［方策8］自らの信念を主張せよ

　型破りになるためには、孤独になる勇気が必要で、将来主流になると思われるところへは、何の確信も持てなくとも他人に先駆けて飛び込んでいかなければならない。先へ先へと冒険を試みるマーケターは、注意深く準備をしなければならない。なぜなら周囲は自らの手を汚したくないがために、同僚であるあなたがとろうとする大胆な行動がどういう結果に終わるのかを注意深く観察しているからだ。ほかにも、すぐに何かと文句をつけてくる人や、新しいことを拒否し可能性を閉ざそうとする人、新しいアイデアや考え方を毛嫌いする保守的な人などがいる。こういう人々は課題と向き合うことを怠り、決まって「経営陣が反対するだ

ろう」とか「X社がすでに試したが、失敗した」、あるいは「それを実行する資金がない」「時間がない」、そして挙げ句の果てには「（根拠もなく）とにかく絶対に失敗する」などと言うのだ。

　このように「いや、でもね」（Yeah, but）を口癖とし、何に対しても否定的な態度をとる人々というのは、危険を冒すことをよしとしない不健全な組織環境にはびこっている。ここで注意しなければならないのは、こういうタイプの人々は馬鹿ではないということだ。もし彼らが愚かであれば、他人の計画を阻止することはできない。まず彼らは、実際に検討するに値する潜在的な問題点を見つけ出す。そして、その問題点が不可避であり、克服しがたいものだということを、これから変革を起こそうとする人々に対して説得するのだ。ここに、「いや、でもね」タイプの人たちがもたらす最大の危険性がある。彼らの否定的な態度は、今まさに革新を起こそうとしつつも自らの信念に自信を持てないでいる人々の心の中に入り込んでしまう。その結果、変革は阻止される。マクニール・ヘルスケアの社長であるウィリアム・マッコムは、「いや、でもね」タイプの人たちの言い分をいったんは受け止めながらも、その次に、彼ら自身にその問題を解決するためにはどうしたらいいかを考えさせるのだという。こうすることによって、彼らが持つ分析的思考力を有効活用しながら、「でも、こうすれば」（But we could）というようなポジティブに考える能力を身につけさせることができる。

［方策9］問題の核心を突く質問をせよ

　いかなる調査においても、その問題の核心を突く質問をすることによって、マーケターは自らの創造性を刺激することができる。核心を突く質問というのは、人間の行動や社会の仕組みの根本原理を問うような質問である。たとえば、ブランド・ロイヤルティに関する核心を突く質問というのは、「互恵主義（私があなたに何かをあげると、お返しにあなたも私に何かをくれるという信念）は、人々が社会へのコミットメントを持続していこうとすることに、どのように貢献しているか」や、「消費者が自らの個人的な経験を知覚する際に、その人の持っている信念や期待はどのように影響を及ぼしているか」など、問題の本質に迫ろうとする問いかけである。

どのようにすれば核心を突くような質問を考えつくのだろうか。たとえば、「芳香剤や清涼感のある味覚に関する調査結果について、全くの異分野（たとえば、宗教学）に身を置く人が興味を持つとすれば、どのようなことであろうか」といったことを自問することから始めてみるとよい。このような疑問を持つことには2つのメリットがある。1つには、マーケティングに関連のある新分野を発見するのに役立つ。たとえば、コミュニティの形成、持続、衰退に関する研究が問う本質的な問題を理解することによって、マーケティング・ツールとしてのインターネット・コミュニケーションに関する本質的な問題を理解することにつながるかもしれない。したがって、コミュニティの発展やボランティア精神に関する研究に精通することが、新たなコミュニケーション技術の開発に役立つかもしれない。

2つ目のメリットは、問題の核心に迫ろうとすることで、一見関連性の薄い分野の知見をマーケティングに応用する能力が身につくことである。たとえば、ゼネラル・ミルズは、子供の成長を気にかける母親の気持ちに関する本質的な問題を理解することで、いくつかの朝食用食品を開発した。また、ある1つのブランドに関して核心を突く問題を問うことによって、そこから得られる洞察が他のブランドにも重大な意味を持つこともある。

さらに、核心を突く質問をするための別の方法として、様々な領域の専門家を呼んで問題解決のための視点を多角的に集めるということもできる。**コラム11-3**に示したように、レンタカー会社のエイビスは、ルー・カーボン率いるエクスペリエンス・エンジニアリングと共同で、まさしくこのような方法を実行した。

[方策10] 結論を早まるな

自分のアイデアが正しかった場合のことを十分に考えずに早々とアイデアを捨ててしまうこともまた、思考を狭めてしまう。「もしこのアイデアもしくは理論が正しいという証拠が見つかったと仮定すると、果たして自分の仕事に重要な意義をもたらすだろうか」と自問自答することで、マーケターはこのような間違いを避けることができる。もし答えがイエスならば、そのアイデアの妥当性と可能性は検討するに値する。たとえば、神経科学に関する新しい研究論文を読んでい

Column 11-3 ◉ エイビス・レンタカーにおける
　　　　　顧客経験マネジメント

課題

　エイビス・レンタカーは世界中の2700以上の拠点において、ハーツやナショナルと競合している。1990年代初頭、エイビスのブランド・ロイヤルティはこ3社中第3位であり、顧客満足度も年々下がっていた。1995年に、エイビスは経験マネジメントのアプローチを採用し、ニュージャージー州のニューアーク国際空港支店——同社最大級の店舗で、ビジネス上重要なハブ拠点の1つ——に導入した。

改革の実行

　経験マネジメントの基本原則とは、企業が顧客との間に感情面でのつながりを築くことである。顧客とのつながりは、幅広い観察やインタビュー技術を通じて、顧客にとって重要な感情的ニーズが何かを割り出した時に始まると言える。エイビスにとって、このプロセスは驚くべき洞察を提供し、自社のマーケティング戦略に大きな影響を与えた。そしてさらに重要なことに、顧客ロイヤルティの強化につながった。

　経験マネジメントのアプローチを導入するにあたって、まずエイビスは顧客のレンタカー経験を調査することから始めた。顧客の腕時計や服に小型カメラを仕組み、顧客が車を借りる際にどのような経験をしているかを観察したのだ。未来学者や心理学者、文化人類学者などから構成された調査チームは、レンタカー経験のすべての過程を、顧客の行動を実際に見ることによって、感じ取ろうとした。そのために、顧客のボディ・ランゲージや声の抑揚、言葉の選択など、様々な要素を通じて、感情の変化を調査した。また、顧客の感情の移り変わりを知るために、顧客と従業員の両方にデプス・インタビュー調査を行った。

　驚いたことに、顧客の最も重大な情緒的便益は、旅行に伴うストレスや不安を取り除いてもらうことであった。サービスの速さや車の綺麗さ、利便性などは二の次だったのだ。こうした洞察を得たことで、顧客のレンタカー経験を新たにつくり替えるためのヒントがいくつも生まれた。

　たとえば、出発ゲートの場所やフライトの状況をいちいち確認しなければならないことは、顧客が感じるストレスの大きな要因であった。そこで、エイビスはレンタカーの返却場所の入り口に、フライトの出発時間やゲート番号を掲示するビデオモニターを設置した。また、

大きな荷物専用のドア、電話やファクス、パソコンを使えるビジネスセンターなどを設置した。最終的には、数百にのぼる新しいヒントを採用し、顧客のストレスや不安を解消するのに役立てた。

　新しいレンタカー経験を創造するにあたり、従業員に関する改善策も行われた。たとえば、ロイヤルティ・プログラムに関わる各スタッフの役割を変更した。このプログラムが拡大する中で、ロイヤル・ユーザーと同社の主な接点は、従来のようにカウンタースタッフだけでなく、警備員やロービング係（返却された車をチェックし移動させるスタッフ）にも広がっていた。そこで、エイビスは顧客の不安を解消するために、いくつかの施策を講じた。たとえば、警備員の呼び名を「お客様案内係」へと改め、顧客にストレスを与えないような態度や話し方をするように教育した。この新しい「お客様案内係」は、顧客に道を案内することが、従来のように運転免許証や車両の確認をするのと同等、もしくはそれ以上に重要な仕事だと教えられた。さらに、こうしたスタッフのユニフォームやワークステーションも改良され、顧客の情緒的便益を満たすことが目指された。

結果

　このような改革を経て、エイビスのニューアーク空港支店は顧客満足度調査（60以上の空港が対象）において最下位からトップへと躍り出た。また、従業員定着率も9％上昇した。

　同社はこの事例に基づき、同様の改革プログラムを、他の主要支店──これらだけで同社の全売上の65％以上を占めていた──にも導入した。その結果、1998年までに、エイビスは顧客満足度とロイヤルティにおいて業界1位となった。さらに、別の調査（26業界にまたがる147の世界的なブランドの価値を測定）では、「顧客の期待に常に応える力」部門において2年連続で1位となった。

　このプロジェクトの推進役となった上級副社長のロン・マジーニーは、次のように述べている。「我々が得た洞察は非常に重要なものであった。我々がこれまで何年もかけて改善しようとしてきた分野は、お客様にとっては実は重要ではなかったということがわかった。我々が想像もしなかったような、今までにない全く新しいサービスこそが、我々の重要な強みとなり、その結果、お客様に選んでもらえるようになったのだ」

出典：エクスペリエンス・エンジニアリングおよびエイビス・レンタカーの許可のもとに引用。

る時に、「ここに書かれている発見が正しいとすれば、消費者のメンタル・モデルを明らかにしたり、より有効な広告をつくったりするための我々の努力にどのような影響をもたらすだろうか」と自問してみるとよい。新しいアイデアの実用可能性を十分に検討することで、マーケターは結論を早まることを未然に防ぐことができる。

　ある大手国際銀行は、医療分野における薬のプラシーボ効果についての研究に注目した。当初、経営幹部はそうした研究は自社と関連性がなく、科学的根拠も不十分だとして却下していたが、ある部門の副部長は、社内のマネジャーを対象に行われるナレッジ・マネジメント・プログラムの中でその研究内容を演習教材として活用し、「プラシーボ効果が、銀行業界においても、なんらかの有効な利用方法があると仮定してみよう」と提案した。

　面白いことに、実際に議論を進めてみたところ、もしこの研究結果が科学的にも検証されたとすれば、銀行業務に応用できる可能性は大きいかもしれない、という結論に達した。その後、副部長は小さなタスクフォースをつくり、この件をさらに深く調査させた。3ヵ月もしないうちに、銀行はそのタスクフォースが出したいくつかのアイデアを採用した。たとえば、自社のある特定のサービスが競合他社と比較してどのように優れているかを詳細に説明したパンフレットをつくった。これは、薬が効く仕組みを知っているとその効き目が増すというプラシーボ効果を期待して作成された。結果はすぐに現れた。このパンフレットを読んだ顧客の方が、同じサービスを受けながらもその情報を知らなかった顧客に比べて、はるかに高い満足度を示したのである。

　また同じように、コカ・コーラのドイツ支社のマネジャーたちは、それまで彼らが信じていた記憶のメカニズムに関する知識や、従来有効とされてきた広告キャンペーンのノウハウが、最新の記憶研究の結果に相反していることに気づいた。そこで、それらの研究成果が信用できるものなのか、そしてそれらが彼らのビジネスに重大な結果を及ぼすかどうかを検討した。その結果、研究成果に確かな科学的根拠があると判断し、その成果のいくつかを反映したマーケティング・プログラムをドイツ国内で実施したところ、見事に成功した。記憶の再構築に関するメカニズム、記憶の記銘や想起に影響を与えるいくつかの要因を理解することにより、彼らはより効果の高い広告をつくることができたのである。

4 創造的思考のための方策を統合する

　ここまで述べてきた、創造的思考のための10の方策には共通したテーマがいくつかある。それを理解することにより、マーケターはこれらの方策を自らの思考プロセスへと取り込みやすくなる。たとえば、「自分を時代遅れにしてしまえ」や「終わりを始まりと思え」という方策は、**絶え間ない変革が重要である**という点で共通している。これらをあなたの思考プロセスに取り入れるためには、自分を絶え間ない変革へと駆り立てるものは何か、と考えてみるとよい。その答えが何であろうと、これまでのあなたの実務経験においてそれは大いに役立っていることだろう。

　「角の歪んだ牛を不思議に思え」は、**例外的なものや奇妙なものに常に興味を示す**ことの重要性を謳っている。これを実践するには、我々は例外を歓迎しなければならない。例外を発見するにはどうしたらいいか、あるいは、例外を自らつくり出すにはどうしたらいいか、と自問してみる必要があるだろう。一方、「冷静に情熱を抱け」や、「同じヒヨコばかり可愛がるな」（アイデア自体に固執せず、それを**つくり出す**プロセスに力を注げ）、「偶然のデータで遊べ」（様々な専門分野から知識を集めよ）、「自らの信念を主張せよ」という方策は、すべて、**理論的でありながらも直感的であること**にこだわることの重要性を強調している。自分が正しいと確信できるなら、反対する人々の存在に耐えられるだけの頑固さと強さを持たなければならない。そのためには、マーケティングとは無関係の分野で深い知識を持つことが役立つ。マーケティングには関係がなさそうな分野であっても、これは面白そうだ、楽しそうだ、重要そうだと思える分野は何だろうか。そして、その分野が何であるにせよ、それについて何度もじっくりと考える必要がある。

　「問題の核心を突く質問をせよ」と「結論を早まるな」に共通しているのは、そうした姿勢が、マーケティング調査に際して**幅広い認識に基づいた広範な視野を提供してくれる**ということである。調査の視点を広げるには、時折「歪んだ角」に疑問を抱いてみることだ。これらの方策を実践しようと思えば、子供がいたずらをする時のように好奇心を駆り立てられたり、おせっかいにもいろいろ詮索し

てみたくなるのはどういう時か、あるいは、何の問題もなく機能しているように見えるものを壊したくなるのはどういう時か、などと自問してみるとよい。

　全体を通してみると、以上述べてきた方策は「**思考の伝染**」を引き起こす。これらの方策は1人のマネジャーの中にだけ、周囲の環境から切り離されて存在するものではない。むしろマネジャーは、その実践の助けとなる、もしくは妨げるような社会環境の中でこれらの方策を実行していかなければならない。いくつかの企業の事例で見たように、これらの方法を実行に移すことを重視する企業もあるが、それが実際に社員の間に浸透するかどうかは組織環境によるところが大きい。真の意味で革新的に考えることを尊重し、間違いを犯すことを歓迎し（ただ単に許容するだけではない）、無知から知恵が生まれることに理解を示すような環境でなければならない。

　たとえば、ユニリーバの副社長は、スタッフが失敗する可能性の高い意思決定をしたとしても、それを許容する。その意思決定が間違いだった（よい結果が出なかった）と判明した場合、通常その決断を下したマネジャーは悔恨の意を伝えるために副社長のオフィスを訪れる。しかし、副社長はそのような態度をとらせず、その代わり、失敗をした経験を通じて学んだことを1つ以上見つけ出し、それを同僚と共有するように命じる。彼は、失敗による損失コストは授業料だと考えており、それによって得られた知識を考えれば安いものだと言う。GMのビンセント・バラッバは、そのような失敗から得た知識を体系化するための研究センターをつくった。彼は「失敗から学ぼうとしないことは、高い授業料を払いながら学校に通わないことと同じだ」と言う。

＊　　＊　　＊

　良質な思考力というものは、その俊敏さによって決まる。しかし、今日のマーケターのそれは鈍化してしまっている。その原因はいくつかある。たとえば、仕事をする環境が制約の多いものだったり、マーケター自身が「型破りの能力」に欠けていたり、新しいアイデアを見つける方法がわかっていなかったり、新しいヒントを発見したとしても、それをどう活用すればよいかわかっていなかったりするからである。

我々の思考の習性というものは——それが創造的なものであれ古びたものであれ——身体の動きと同様に、神経学的な基盤の上で機能している。したがって、思考の習性は無意識であることが多く、そのために、物事を疑ったり、変えたりすることに抵抗がある。我々はこの性質によって助かっていることがある半面、新しい方法で思考する能力は弱まってしまう。たとえば前述したように、往々にして結論を早まってしまいがちなのは、アイデアの持つ可能性について十分検討する前に、その真偽だけを問題にしてしまう。これでは、実際には可能性があり、有効性の高いアイデアを排除してしまうことになる。

　未知の分野を冒険するには、時間（これはマネジャーの持っている資源の中でも最も貴重なものかもしれない）がかかる。なぜかというと、新しいアイデアというのは、使い勝手のいいようにパッケージ化されているわけではないからだ。まず、マーケターはどこから冒険を始めるかを考えなければならない。たとえば、それが文化人類学であるのか、心理学であるのか、神経科学であるのかという具合である。また、未知の分野を冒険するには、馴染みのない専門用語をマスターすることも必要となる。それらを知らなければ、新しいアイデアを理解したり、伝達したりすることは不可能である。さらに、興味深い洞察を得るためには、様々な可能性を検討するための時間が必要となる。そして最後に、自分たちが目指す目的とは明らかに違うことのために書かれた専門用語や表現方法に耐える我慢強さも必要となる。このように、研究課題やその成果について、複数の専門分野から多元的な視点で検討しようとすることは、時間がかかるものなのである。重要な問題やアイデアというのは、特定の専門分野に属するものではなく、また、特定のコミュニティだけに属するものでもないのだ。

　様々な領域にわたる知識体系を有効に活用するためには、まず、マーケター自身が取り組もうと考えている「問題の核心を突く質問」を定義しなければならない。とりわけ、「自分が取り組んでいる問題のどういう側面が、人文科学や自然科学、芸術を研究する専門家の興味を引くだろうか」と自問しなければならない。この質問に答えることができれば、自らの課題に有効な洞察を与えてくれる専門分野がおのずと明らかになる。

　たとえば、消費者が自分ではうまく表現できないニーズを探し出そうとするならば、「意識はどのようにしてその中身を体現させているのか」というふうに質

問を定義することができるだろう。この質問から出発し、美術史や美術批評の基礎を勉強することから始めれば、それがアート・セラピーへの興味へと発展するかもしれない。さらには、視覚システムや心の研究へと結びつき、最終的には神経科学の分野にまで広がるかもしれない。これらの専門分野に蓄積された研究成果を応用することによって、消費者の心の中に隠れているニーズを明らかにする方法が解明される可能性がある。そして、そのようなニーズを理解することによって、それらに見合う、価値ある商品やサービスを開発できるようになる。

本章で紹介したマーケターは、日常業務とは無関係の専門分野を積極的に探究している。というのも、彼らはそれらの領域について純粋に興味深いと感じているからである。彼らは、全く異なる研究領域を頭の中でランダムに結びつけている。未知のアイデアについて考えをめぐらしたり、探索したりすることを楽しみながら、一見価値のないように思われる好奇心をビジネスにおける成功へと結びつけているのである。他の専門分野を彷徨いながら、その中で見つけた新しい知見という「オモチャ」で遊ぶことによって、好奇心旺盛な心を満足させているのである。

マネジャーに創造的な思考を促そうと考えるならば、企業のトップ自らが手本を示し、こうした方策に真剣に取り組まなければならない。それには、確固たる自信、答えが出せなくともそれを受け入れる積極性、自らの誤りを認める勇気、そして、揺るぎない強い好奇心が必要となる。特に、この最後の「好奇心」こそが、自信が転じて思い上がりになってしまうことを防いでくれる。

286ページの解答

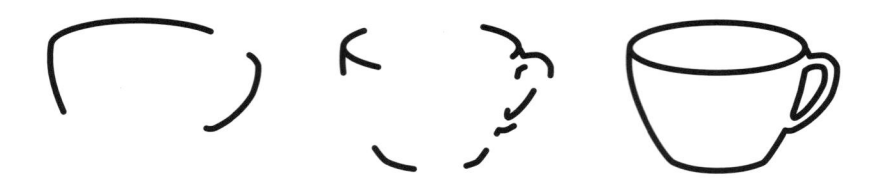

第12章 優れた質問が、優れた答えを生む

質問なくして、答えは生まれない。

　この題辞は、詩人で小説家のガートルード・スタインによる言葉であるが、優れたマーケティング情報を獲得するためには、優れた質問をすることが重要であることを示唆している。まさに、優れた質問が優れた答えを生むのである。質問は、我々が思いがけずに受け取った情報を解釈する助けとなり、その意味を探究する原動力となる。また、質問の内容だけでなく、その順序も重要である。質問の順序が異なれば、答えとしてどのような情報や知識が得られるか、あるいは得られないかも異なってくる。このように、マーケターが発する質問こそが、その答えとして得られる、顧客に関する情報の内容に影響を与える。質問の仕方が違えば、得られる洞察も違ってくるのである。

　しかし、マネジャーの多くは、質問の内容や順序よりも、その回答や結論を重視する。顧客の心の奥底にある思考や感情を顕在化させるためには、質問と解答の両方に同じように注意を傾けなければならない。また、質問と回答とは相互に依存し合うことも理解しておく必要がある。我々が質問の内容をどのようにフレーミングするかが、回答の内容に影響を及ぼすからである。

1　どの質問か、どの調査法か

　マーケティング調査に際して質問を正しく設定する作業は、アートでもありサイエンスでもある——すなわち、暗黙的なセンスと明快な論理的思考の両方が必要となる。また、質問を設定するマネジャーは、**間違った質問をしてしまうリスク**について知っておかなければならない。間違った質問をすると、**調査が終わってから後悔する**ことになる。データをすべて集め終わってから、もっと違った質問をするべきだった、あるいは、もっと重要な点に絞り込んだ質問をするべきだった、と後悔することは、調査法の種類にかかわらずよくあることである。

　また、質問に含まれる些細なニュアンスの違いも、そこから得られる洞察に影響を及ぼす。そうした影響はしばしば、我々が意図しないうちに起こったり、望まざるものであったりする。たとえば、「過去1ヵ月間に使用したすべての商品やサービスの中で、あなたを最もがっかりさせたものは何ですか」という質問をしたとしよう。このように質問すれば、ある特定の出来事に対する特定の不満について詳細にわたる情報を得ることができるだろう。しかし、消費者の消費経験全般に関する不満については有効な洞察を得ることはできないだろう。そうした知見を得るためには、むしろ「商品やサービスがあなたの期待を裏切った場合、あなたはどのように感じますか」と聞くべきだろう。もちろん、最初の質問に比べると、この質問では具体的な出来事に関する詳細な情報は得られない。調査法にそれぞれ一長一短があるように、質問にもそれぞれ一長一短があり、トレードオフを伴うものなのである。

　調査法が異なれば、尋ねる質問のスタイルも異なってくる。したがって、どの調査法を用いるかが、その調査から得られる回答に影響を及ぼすと言える。たとえば、消費者に関する何らかの変化を時間軸に沿って調べたい場合——コンピュータといったすでに確立した商品カテゴリにおいて、顧客満足度がどのように推移しているかを調べる場合など——には、アンケート調査という手法を使うことが多い。すでに確立した商品カテゴリであれば、ほとんどの回答者は商品に関する様々な経験——満足な経験も、不満足な経験も——をしており、商品に関する

知識も豊富に持っているだろう。したがって、アンケートに答える場合に必要となる予備知識を十分に持っていると言える。

しかし、比較的新しい商品カテゴリ——たとえば、インターネット通信のできる携帯電話——に関する消費者の経験について知りたい場合は、アンケート調査よりも個別インタビューを活用した方が、より有効な情報を得ることができるだろう。

アンケート調査であっても、オープンエンド型の質問をすることで、個別インタビューと同じような情報を得られるかもしれない。しかし、アンケート調査の場合は、その中で尋ねることのできる質問数に限りがある。また、さらに詳細を聞きたいと思っても、質問を追加することはできない。また、オープンエンド型の質問が多い調査は、分析作業にコストがかかるうえに、答えるのに時間がかかるため、回答者がすべての質問に答えてくれない可能性も高くなる。

アンケート調査では、ある商品やサービスについて消費者がどのようなことを考えているか、あるいは消費者がすでに持っている態度がどのように変化したかを解明することができる[1]。しかし、今まで見落としていた消費者の考え方や、消費者が新たに持つようになった態度——ともにマーケターにとって重要な情報である——を明らかにすることは難しい。また、アンケート調査が、ある事柄を緻密に検証することに向いているのに対して、(ZMET調査のような) 1対1の個別インタビューは、驚くような情報やニュアンスの深い回答を得るのに適している。

調査法の違いだけでなく、質問を言葉で表現する時の視点の違いも、回答の内容に影響を及ぼす。たとえば、特定のブランドについてあなたはどう思っているかと聞いた場合(これはよくある質問だろう)と、ブランドがあなたのことをどう思っていると思うかと聞いた場合(これはあまり聞いたことのない質問だろう)とでは、そこから得られる情報は著しく異なる。どちらの質問においても、消費者としては言いたいことはたくさんあるだろう。そして、後者(ブランドがあなたをどう思っているか)に対する消費者の考え方が、前者(あなたはそのブランドをどう思っているか)にも強く影響する。

たとえば、ある調査において、メルセデス・ベンツについてどう思っているかを聞いた時、回答者の答えはポジティブなもの——「スタイルが優れている」「快適である」「メンテナンスがよい」など——が多く、ネガティブな回答は少数

であった。しかし、同じ回答者に、メルセデスはあなたのことをどう思っていると思うかと聞いてみると、多くのネガティブな回答が聞かれた。「我々のことなど考えてくれていない」「我々は従順な羊だと思われている」「ドブに捨てるほどお金があると思われている」「何も知らない子供のように扱われている」などの回答が返ってきた。消費者がメルセデスを買うかどうかの判断は、こうした2種類の評価が交じり合った状況で行われる。この調査の担当者が第1の質問しかしなかったとしたら、第2の質問から判明したネガティブな評価を見逃すところであった。また、この第2の質問は、貴重な情報を付加してくれただけではない。第1の質問においては概してポジティブだった消費者の評価は、実際には脆弱なものであることを示してくれたのである。したがってマーケターは、物事を複数の視点から見る重要性を常に考えていなければならない。たとえば、ある男性用シェービングクリームのロイヤル・ユーザーに、「将来、どうしたら今の製品を使わなくなるか」と聞いてみたところ、従来（「なぜずっと使い続けているのか」としか質問していなかった時）とは違う、全く新しい洞察が得られた。

2　質問を効果的にフレーミングするには

以下は、質問をフレーミングする際に役立つガイドラインである。

1. 検討したい問題の核心を突く質問を設定せよ
2. 質問の対象は何か——ブランドか、カテゴリか、消費者が抱える問題か——を判断せよ
3. 抽象的な質問や具体的な質問など、いくつかのバージョンを用意せよ
4. 物事の方向か、その速度か、もしくは両方を知りたいのかを判断せよ
5. 驚く余地を残せ
6. 思い込みを質問に転換せよ
7. 透視能力者を雇え
8. 魔法使いを雇え

以下、それぞれについて詳しく議論を進める。

● 検討したい問題の核心を突く質問を設定せよ

　ある企業が、新しい洗車システムを開発するにあたって潜在的な市場を調査しようとした。その企業は、車を洗うという具体的な事柄について尋ねるだけでなく、何かを洗うという一般的な行為についても聞いてみた。その調査では、「あなたにとって『洗う』ということは何を意味するか」「『きれい』ということは何を意味するか」というような抽象的な質問が投げかけられた。「洗う」ことや「きれい」であることに対する消費者の基本的な考え方を調べることで、車はもちろん、家や服など様々な文脈における彼らの思考や感情を知ることができた。幅広い文脈において現れる態度や認識は、消費者にとって重要なものであり、彼らの思考の奥深くに組み込まれているものである。したがって、そうした思考や感情は、特定の文脈――たとえば、洗車――においても重要な役割を果たす。この企業は、洗車に限定した具体的なアンケート調査を行うこともできたが、それでは「なぜそもそも車をきれいにしようとするのか」、そうした本質的な問題に関する消費者の基本的な考え方を明らかにすることはできなかっただろう。

　似たケースとして、あるミネラルウォーターの大手販売会社は、新ブランドの導入にあたって、問題の核心を突く質問づくりに取り組んだ。質問は、「さわやかな」や「ピュアな」「水」というコンセプトについて消費者がどのようなことを考えているのかを明らかにしようとするものであった。これらのコンセプトは消費者の心の奥底で複雑に絡み合い、消費者の購買行動や、マーケティング・コミュニケーションに対する反応に影響を与える。同社は、これらのコンセプトについて、消費者が持っている思考や感情を深く理解したことにより、各コンセプトと他のコンセプトがどのように関連し合っているかを解明し、その中にミネラルウォーターを効果的にポジショニングすることができた。その結果、さわやかでピュアな味のミネラルウォーターとして、説得力あるメッセージを打ち出すことができた。

　また、それほど費用をかけずとも、物事の本質に迫り、重大な洞察を得る方法として、幅広い研究領域の出版物に目を通したり、専門家の意見を聞いてみたり

するとよい。たとえば、前出のミネラルウォーターの調査において、「さわやかでピュアな味」についてより深く知りたければ、摂食障害に関する研究や、人間の嗅覚（これは味覚とも関連している）、文化的背景（「さわやかさ」や「ピュアさ」という概念が、文化や時代でどのように異なっているか）、宗教儀式（「水」も「ピュアさ」も重要な意味を持っていることが多い）、人類学などに関する研究調査を紐解いてみることで、様々なことを学ぶことができるだろう。実際に、このミネラルウォーターを手がけた企業は、その後の追加調査において、こうした領域の専門家を集めてチームを組織し、質問の設定作業をさらに進めた。

同様に、ホールマークは、日常生活において「思い出」がどのような役割を果たしているかを解明し、関連商品を開発するために、新たな事業部を設立し、専門家によるフォーラムを組織した[2]。このフォーラムには、様々な研究領域から記憶研究の専門家が招集され、同社のマネジャーに対して記憶の仕組みを説明し、同社のマネジャーや消費者が記憶について抱いている誤った認識を訂正する役割を果たした。また、その後の調査において問題の本質に迫るためにはどのような質問をすればいいかをアドバイスした。

最後に、ヨーロッパのあるメーカーの事例を紹介しよう。この企業は、これまでにない全く新たな台所用品のコンセプトを評価するにあたり、物事の核心を突く問題として次のように質問を設定した。それは、台所用品を購買する際に、「ヒーローの冒険」（第10章参照）になぞらえたアイデアを活かすことはできるだろうか、という問いであった。まず、初期調査において、その新商品が解決しようとする問題には、何らかの冒険的な要素があることがわかった。そこで、「ヒーローの冒険」のエッセンスを探究し、それが消費者の経験にどのような影響を与えているかを理解することにより、これまで以上に顧客ニーズを満たす新しいコンセプトへと磨き上げることができた。

質問の対象は何か：
ブランドか、カテゴリか、消費者が抱える問題か

　質問の対象を何にするか、すなわち、ブランドに焦点をあてるのか、あるいはカテゴリに焦点をあてるのか、それとも、そもそも消費者がなぜそれらのブランドやカテゴリを必要とするのか、彼らが直面する問題に焦点をあてるのか、を判断することも重要である。たとえば、歯を白くする歯磨き粉について消費者に尋ねる場合、自社ブランドについて聞くのか、それとも歯を白くする歯磨き粉というカテゴリ全般について聞くのか、歯磨き粉がなぜ必要とされるのか、それともその原因について広く聞くのかを判断する必要がある。いずれの質問も自社のブランドに関連はあるが、どの質問をするかによって、そこから得られる洞察は異なってくる。ブランドに関する全く新たな物語を構築したいならば、消費者が直面する問題の根底に何があるのかに焦点をあてた質問をするのがよいだろう。自社ブランドを消費者がどのように解釈しているのか、また、それを変更する必要があるかどうかを見極めるためには、自社のブランドに焦点をあてた質問がよいだろう。さらに、自社ブランドのポジショニングに関して深く理解するには、カテゴリ全般に焦点をあてた質問が役立つだろう。

　特定のブランドよりもカテゴリ全般について聞く調査においては、カテゴリが満たそうとしている顧客ニーズに焦点をあてるべきである。たとえば、新しい洗車システムを導入しようとしている企業であれば、月に最低1回洗車をする人は、車が汚れた時にどのようなことを感じているのか、車が汚れていることがもたらす問題とは何か、を調べるべきだろう。その新システムがすでに開発済みのものであれば、既存の洗車方法に対する考えや不満を知ろうとするよりも、「きれいである」という抽象的な概念に関する消費者の思考や感情を知ることの方が重要だろう。

　時に、特定のブランドとそのカテゴリに対する消費者の思考や感情が似ていることがある。たとえば、ネスレ〈クランチ・バー〉に関する消費者の認識は一時期、チョコレートバーのカテゴリそのものに関する認識とよく似ていた。このようにブランドとカテゴリの間に一致が見られるような場合は、企業はそれを知っ

ておくべきである。というのも、特定のブランドとそのカテゴリが類似しているということは、そのブランドにユニークな特性がないことでもあり、競争業者の攻撃を受けやすくなる。ただ、いずれの競合ブランドもカテゴリを代表するような特性を持ち合わせていなければ、そのブランドは戦略的な競争優位を持つことになる。

　調査予算が限られている場合、ブランドか、カテゴリか、もしくはその原因やニーズについて焦点をあてるのか、調査担当者は質問の対象について取捨選択を迫られる。一般的に、商品カテゴリ中に競合ブランドが多い場合は、特定のブランドレベルではなく、カテゴリレベルもしくは根本原因やニーズに焦点をあてて消費者の考えを理解することが、役に立つと考えられる。それによって、重要でありながらもまだ十分に活用されていない、消費者の思考や感情が明らかになることが多い。

◉──────抽象的な質問や具体的な質問など、いくつかのバージョンを用意せよ

　市場調査を始めようとすると、まず具体的な質問がパッと思いつくものである。しかし、その質問だけに絞り込んで調査を開始するのではなく、その内容をより抽象化した質問や、もしくは具体化した質問など、いくつか異なるバージョンを検討してみるべきである。たとえば、「車をきれいにすることについてどう思いますか」という質問を思いついたとすると、それだけを聞こうとする前に、「自分の持ち物をきれいにするということについてどう思いますか」というように、内容を抽象化した質問も検討すべきである。あるいは、内容をさらに具体化して、「車をきれいにするうえで、最も楽しいことと最も楽しくないことは何ですか」と聞いてみた方がいい場合もある。このように抽象性や具体性の異なる質問をしてみると、そこから得られる回答の種類は異なるものの、いずれも重要な洞察を与えてくれるだろう。したがってマーケターとしては、どのバージョンの質問をすれば、最も重要な情報を獲得することができるかを、判断しなければならない。マーケターは、最初に思いついた質問に関して、抽象性や具体性の異なるいくつかのレベルに言い換えてみて、調査ではどの質問を実際に聞くか検討してみる必

要がある。これは当たり前のことのようであるが、実行されることは稀である。多くの場合、同じ抽象度あるいは具体度のレベルに留まったまま、言い回しだけを変えたような選択肢を検討しているにすぎない。

　サムスンは新しい電子レンジをデザインするにあたって、このガイドラインに従った。彼らが最初に思いついた質問は、「電子レンジを使う時の経験について教えてください」であった。次にそれを「キッチンで料理をしている時、どのような考えや気持ちが浮かびますか」という抽象的な質問に言い換えてみた。そしてさらに、「料理をする時、どのように電子レンジを使っていますか」という具体的な質問も用意した。それぞれの質問のメリットについて比較検討した結果、答えの予想がつきにくいという理由で、最も抽象的な質問が採用された。当初思いついた質問をそのまま聞いていたとしたら、重要な知見を逃してしまうところであった。また、1対1の個別インタビューにおいて、質問者が抽象的なものからより具体的なものへと質問を移すことは容易だが、その逆は困難である。たとえばノキアは、携帯電話に関する消費者の考えを知りたい場合でも、インタビュー前の段階で、回答者には携帯電話に限定して考えてもらうのではなく、電子機器を使ったコミュニケーション全般について考えをめぐらせてもらうようにしている。そしてインタビューの中で、議論の話題をより限定された携帯電話の方向へと移していくのである。

　同様に、ディズニーも様々なレベルで質問を設定している。同社が行ったZMET調査では、当初、回答者に「ミッキーマウスはあなたの子供たちにとってどのような存在ですか」という質問をしようと予定していた。しかし、この質問をより抽象的にしたものや、より具体的にしたものを検討することにより、異なった洞察を得られる質問を幅広く用意することができた。マーケター自身、異なるバージョンの質問を検討する過程において、自分たちが本当に必要としている情報が何であるかを明確にすることができた。最終的に回答者に聞くことになったのは「ミッキーマウスについて考えたり、聞いたりする時、どのような考えや気持ちが浮かびますか」という質問であった。回答者からはいくつかの驚くべき知見が得られ、それをもとに、ミッキーマウス商品の販売戦略に関して新たな方向性が検討された。当初思いついた質問だけをしていたら、有効な知見を得ることはできなかっただろう。

●―――物事の方向か、その速度か、
　　　　　もしくは両方を知りたいのかを判断せよ

　未知の海域へ船を進める時、風の方向さえ知っていればよいことがある。また別の時には、風の速度さえ知っていれば十分な時もある。そして時には、両方知っていなければならない時もある。マーケティング調査において新しいコンセプトや商品を調査することは、未知の海域を航海することに似ている。何を知ることが最も重要なのかを、まず見極めなければならない。たとえば、コンセプトや商品が魅力的かどうか（風の方向）を知りたいのか、もしくはその商品がどれくらい売れそうか（風の速度）を知りたいのかということである。前者は、製品開発や市場導入の意思決定において重要であり、後者は、生産関連の意思決定において重要である。また、盛り込むべき重要な製品機能（風の方向）については自信があるものの、限られた経営資源の中で製品機能の改善をしなければならない場合であれば、各機能の相対的な重要性（風の速度）について検討しなければならない。

　方向を知りたいのか、それとも速度を知りたいのか、それに応じて必要となる調査法は異なるため、何を知りたいのかを見極めることは重要である。たとえば、ミッドウェスタンUS銀行は、既存の顧客の中から、新しい貯蓄プランに申し込む顧客数を見積もるために、アンケート調査を行った。そのアンケート調査では、新プランのコンセプトを顧客に紹介し、それを評価してもらったうえで、そのプランにすぐに加入する意思があるかどうかを答えてもらった。反応はとてもポジティブで、高い関心を示した顧客セグメントがすぐに加入する可能性はとても高いことがわかった。そこで、同行はこのプランをすぐに導入した。しかし、そのわずか8ヵ月後に、申し込み者数があまりにも少ないという理由から、このプランは廃止されてしまった。つまり、アンケート調査は、顧客がそのプランを気に入ったかどうかという点においては正確な答えを提供してくれたのであるが、そもそも顧客がそのような貯蓄プランを必要としているかどうかに関しては何の情報も提供してくれなかったのである。つまり、後者は顧客の関心の方向を示すものであるが、同行はこれをとらえることができなかった。同行は、あまりにも早い

段階で細かなデータを集めようとしすぎるという典型的な過ちを犯してしまった。**速度の測定尺度を使って方向を見極めようとしたため、誤った結論につながるようなデータを集めてしまった**のである。その結果、新商品は失敗してしまった。

この逆も起こり得る。フォーカス・グループ調査は、顧客の基本的な態度(方向)を知りたい時に使うべきものであるにもかかわらず、売上予測(速さ)を立てるために誤って使ってしまう企業が多い。一般的には、まずは方向に関する答えを見極め、それから速度に関して調べる必要がある。しかし、多くのマネジャーは1つの調査で両方を同時に明らかにしようとする。このアプローチでも時には成功することもあるが、多くの場合は失敗し、両方の情報の質が低下してしまう。

方向と速度に関する質問を正しい順序で調査することによって、企業は極めて貴重なデータを得ることができる。たとえば、前述のミッドウェスタンUS銀行は、当初の失敗を修正するために、まず顧客の方向を探る調査を行った。そして、この新しいデータを用いて、速度に関する調査としてコンジョイント分析を行った。これら消費者に関する深い理解に基づいた調査から得た知見を活用することによって、新たな貯蓄プランが開発され、これは大成功となった。

●─── 驚く余地を残せ

先述したように、多くの市場調査は仮説確認型である。つまり、多くのマネジャーは、新たな仮説を創造するために調査を行っているのではなく、すでに信じている仮説を単に確認するために調査を行っている。その結果、仮説の妥当性を示すものであれ、否定するものであれ、そうした証拠を浮上させる機会を放棄してしまっている。また、マネジャーのこうした姿勢が、消費者に**こちらが予想した通りの答えを言わせてしまう**ことになる。そうした調査では、調査側が思いもしなかったような考えや気持ちについて消費者が語ることはないだろう。それでは、どうすればそうした予想外の回答を得ることができるのだろうか。まずは回答者に、ほかに何か言いたいことはないか――アンケートやインタビューでは触れなかった話で大事なことはあるか、もしあなたが質問者であればどのようなことを質問するかなど――聞いてみるとよい。たとえば、シェル石油では、広告に関するインタビューの終わりに、顧客がしばしば「置き土産」――「今回は話を

しなかったことだが…」というような発言——を残していくことに気づいた。その次の調査でこれらについて深く聞いてみたところ、非常に重要な知見を得ることができた。

　アンケート調査を行うにあたり、ありそうな結果をあらかじめいくつか予想しておくことによって、驚きにつながるような発見をすることができる。まず、事前に予測しておいた結果の中から最も重大な影響を及ぼすと考えられるシナリオを選択し、「この結果をきちんと解釈し、対処するにはほかにどのようなことを知る必要があるだろうか。このアンケート調査は、そうしたことができる余地を残しているだろうか」と自問してみるとよい。このように調査結果をランダムにせよ事前に予想しておくことで、調査の実施前に効果的な修正を加えることができることも多い。さらに、高度な統計分析ツールを使いながらも、ちょっとした遊び心を加えることで、驚きにつながる重要な発見をすることができるようになる。たとえば、アメリカのある大手電話会社は、顧客のセグメント化に際して、全く新たな分析ツールを既存のデータベースにあてはめてみたところ、1つのセグメントをこれまで丸々見逃していたことに気づいた。

　1対1の個別インタビューでは、回答者の想像力をうまく刺激することによって、重要で驚くような情報を得ることができる。たとえば、前述の洗車に関する調査であれば、「もし魔法が使えて、もう二度と洗車をしなくて済むとしたらどう思うか」と聞いてみればいいだろう。また、ミッキーマウスに関するZMET調査では、「あなたがミッキーマウスだとして、子供にたった1つだけ何らかの思い出をつくってあげられるとしたら、それはどのような思い出でしょうか」と参加者に聞いてみた。こうした質問は、回答者の内面にある潜在的な思考や感情を表出化する。

●————思い込みを質問に転換せよ

　次のような有名な言い伝えがある——「我々がトラブルに巻き込まれるのは、我々に知識がない時ではく、むしろ知識があると思い込んでいて実際にはない時である」。マーケティングの現場においてマネジャーが失敗を犯すのも、まさに自らの思い込みや前提に基づいて調査結果を解釈してしまう場合である。いかな

る調査においても、多かれ少なかれ、マネジャーが置く前提にしたがって、調査の中核となる質問が設定され、調査法が選択され、実施方法が決定される、これは避けられないことである。しかし、マネジャーが置く前提は、時として間違っていることもある。そのため、調査の早い段階において、マネジャーは自分自身がどのような前提を置いているのか発見し、それが正しいものであるか確認しなければならない。

　ある食品メーカーの事例は、マネジャーが置く前提の正確性を確認することがいかに重要であるかを物語っている。この企業の市場調査では、マーケターが決めた商品の使用頻度を基準として回答者を選定していた。長年にわたり、マーケターが独自に決めた基準をもとに、使用頻度が多いか少ないかが定義され、調査が実施されていた。しかし、他社から新たに採用された本部長がこの基準に異議を唱え、回答者自身に使用頻度を定義してもらうことにした。その結果、回答者に自らの使用頻度を定義してもらった時の方が、マーケターが定義した時と比べると、より意義深い洞察を得られることがわかった。マーケターの定義と回答者の定義との間にはかなりの差があったため、マーケターの定義に基づいた場合の回答者グループと、回答者自身が定義した場合のグループとでは、ある顧客がどのグループに属するかさえ随分異なっていた。実際に、冷凍食品について、顧客自身にライトユーザーかヘビーユーザーかを定義してもらった時の方が、マーケターが定めた基準を使った時に比べて、より重大な知見が得られた。同社は、その後の追加調査に基づき、既存の製品ラインを拡張し、新しいコミュニケーション戦略を策定するに至った。

◉──────透視能力者を雇え

　アンケート調査やインタビュー調査に向けて効果的な質問を設定するには、マネジャー自身も想像力を働かせることが重要となる。たとえば、あなたが透視能力者——将来を透視できる人——に1つだけ質問をできるとしよう。しかし、その透視能力者は、「この商品は成功するか」とか「どれだけ売れるか」といった直接的な質問には答えてくれない。その代わり、「この商品を使う時、消費者が最も恐れることは何か」「消費者がこのブランドについて考える時に、彼らの頭

の中で同時に思い浮かび、互いに影響し合うような感情は何か」といった、婉曲的な質問には答えてくれる。

　あるアルコール飲料企業は、この手法を使って、質問の作成に取り組んだ。この企業の最終的な目標は、ある1つのブランドをリポジショニングすることであった。したがって、直接的に聞きたい質問は「このブランドの最適なポジショニングは何か」であったのだが、直接的すぎて透視能力者はこの質問には答えてくれない。この質問の代わりに、この企業はもっと婉曲的な質問をいくつかブレーンストーミングしてみた。たとえば、「消費者にとって、エキサイティングな飲み物とはどのようなものか」「飲料を選択する際、その場の状況や雰囲気はどのような影響を及ぼすか」「日常の食習慣において、アルコールの果たす役割は何か」などである。最終的に、この企業は「あなたにとって、社交（social well-being）とは何か」という質問をプロジェクトの主題とすることにした。この質問を選んだことで、単に「友人とともに時間を過ごす」などの場面に関する具体的な描写にとどまらず、顧客の思考や行動に影響を与える要素（たとえば、秘密を共有するという行為）に焦点をあてることができた。この調査から得られた情報をもとに展開した広告は、それまでで最も効果の高いキャンペーンの1つとなった。

●──魔法使いを雇え

　魔法使いは、壊れたものを何でも直してくれる。もちろん、壊れるまで待ってから魔法使いに依頼していたのでは、高くついてしまうので賢明ではない。そこで、ある判断が間違いだったということが判明し、魔法使いを呼ばなければならなくなったという事態をあらかじめ想定してみるといい。「目の前の問題を解決するのに、魔法使いならまず何をするだろうか」と自問してみるのである。マネジャーが判断を下し、実行に移す前に、あらかじめこのように自問することによって、その判断に内在する、重大な問題を早期に発見することができる。いったんそうした問題を特定することができれば、次に、①その問題が絶対に起こらない、もしくは、②起こったとしても対処法がわかっている、と言えるかどうかを見極めなければならない。もし情報が不十分で見極められないならば、前もって

必要な情報を集めておくことで、後になって魔法使いが必要となる可能性を減らすことができる。

3 データは何を語るか

そもそもデータそれ自体が何かを語ってくれるのかどうかを議論する前に、まず、データや回答が持つ性質について議論しよう。

● ── データとは何か

データとは何かと聞かれれば、ほとんどの人は年齢や値段、頻度、相関係数などの数値データを例に挙げるだろう。もう少し詳しく聞かれれば、ハードデータ（たとえば、300人の対象者に対して行ったアンケート調査の結果）とソフトデータ（フォーカス・グループ調査の結果）の違いを説明するかもしれない。

しかし、これらはデータの例であって、データの定義ではない。マーケティングの議論において、データという言葉が頻繁に登場するわりには、その言葉の本当の姿をきちんと理解している人は少ない。これを明確にする1つの方法は、我々が統計分析や観察手法、その他のデータソースから得る様々な「情報」が持っている共通点に着目することである。つまり、データとは、我々の思考や感情、態度を刺激する一片の情報であると言える。データをこのような視点で見ることによって、多くのマネジャーは異なる種類のデータを集めることの重要性に気づくことだろう。

● ── 答えとは何か

「刺激」としてのデータは、マーケティング調査において答えを見つけるための素材だと言える。ただし、答えとは何かとなると、それは複雑であり、ここでは簡単に触れることしかできない。ここでは、答えというのは、質問を容器に見た

てた場合、その容器の空いている部分を満たしてくれる洞察の束だと考える。容器の形状が優れていればいるほど、答えはよりしっかりとそこに収まる。小さい容器——つまり、狭く設定された質問——では、大きな答えは得られない。同様に、小さな答えでは、大きな容器——広く設定された質問——を十分に満たすことはできない。したがって、質問とその答えの大きさは互いに合致したものでなければならない。

●────── マーケターなくしてデータは何も語らず

　マーケターは、市場調査のデータが次にとるべき行動をはっきり示してくれるかどうかを心配する。しかし、*Meeting of Minds*（Harvard Business School Press, 1995）の著者、GMのビンセント・バラッバは、「データは何も語らない。語るのは人間である」と言う。つまり、データが意味をなすのは、マーケターやリサーチャーがそこに意味を付加しているからだと言う。またバラッバは「『モデルによれば…』というような表現を使うな」とも言う。モデルは単に、そのモデルを作成した者が置いている前提条件にしたがって情報を整理し、表現しているにすぎない。つまり、「モデルによれば…」とか「データによれば…」と言うのではなく、「このモデルに組み込んだ前提をもとに判断すると…」とか「私自身の経験をもとに言うと、私はこのデータを…のように解釈する」と言うべきである。神経科学者のアントニオ・ダマシオによると、「我々が好むと好まざるとにかかわらず、我々の思考は**すべて**主観的である。科学の力は、個々人が持つ主観の間に一貫性を見出し、それを客観的に検証する点にある」[3]。したがって、1つのデータについて複数の観点から見ようとしなければならないのである。異なる視点を持った人々が、同じか、もしくは類似した解釈をしたり、見解の相違から互いの解釈に反論を加えたりすることを通じて、我々はデータに関する理解を深めることができる。

　通説に反して、データはそれ自身では何も語らない。データに対してマーケターが与える**解釈**こそが、データから得られる意味となる。たとえば、次のような比較的わかりやすい質問について考えてみてほしい。「オンラインでコンピュータ機器を買っているのは、男性よりも女性の方が圧倒的に多いか」。この質問に

対する答えは、オンラインでハードウェアを買う人々にアンケートを行うことで、比較的容易に得ることができる。コンピュータ販売の新しいサイトに関する広告を、男性誌に掲載するか女性誌に掲載するか検討しているような場合には、この結果は重要だと言えよう。しかし、何をもって「圧倒的に多い」とするかは、個人の主観によるところが依然として大きい。このケースでは、数値そのものが意味を持つのは、女性がオンラインで購入する割合がどちらかに極端に偏っているような場合——全体の90％とか２％とか——だけである。しかし、数値自体が何かしらの意味を持つということは非常に稀である。多くの場合、数値が意味をなすのは、マーケターの過去の経験やマーケター同士のコンセンサスによるところが大きい。

　また、調査において質問文の中に組み込まれる言葉の意味も、主観的な判断に影響される。実際に、得られたデータをマーケターがどう解釈するかは、そのマーケターが質問をどう解釈しているかによって左右されるところが大きい。マーケターがその質問を重要だと考えている場合には、その質問によって得られたデータも厳密に分析し、それに意味を付与しようと多くの努力を払う。データの解釈に関してマーケター間に意見の相違がある場合、その質問の重要性に対する意見が食い違っていることが多い。

　質問の重要度および質問中に使われている言葉の意味に関してマーケターの意見に一致が見られたとしても、その質問から得られたデータを解釈し、結論を出す段階で意見の一致を見るのは依然として困難である。たとえば、あるコンジョイント分析の結果、消費者は「正方形で、中が見えない軟らかいパッケージ」よりも、「長方形で、中が見える硬いプラスチックのパッケージ」を好むことがわかったとしよう。しかし実際には、このデータを意味のあるものだと判断するには、様々な要素——調査に際してパッケージの最も適切なサイズや属性が比較されたか、それぞれの属性に関して適切な選択肢が用意されたか、適切な回答者に聞いたか、質問の過程においてバイアスがかからないように注意を払ったか、など——を検討したうえでなければならない。このデータから確実に言えることは、「ある特定の回答者グループが、１つのアイデアよりも別のアイデア——いずれもマーケターが用意したものである——を好んでいる」ということだけなのである。全く別のパッケージが選択肢として与えられていた場合、回答者がそちらを

選んだという可能性も大いにあり得るのだ。

　さらに言えば、特別セール期間中の店内の混み具合や銀行の支店で住宅ローンを組む人の平均収入なども、簡単に分析できるデータに思える。しかし、この情報だけでは、セールを行うべきか、行うとしたらいつ、どの程度の期間行うべきか、あるいは、銀行の支店が住宅ローンの貸し出し基準を緩和するべきか、引き締めるべきか、ということはわからない。この答えを見つけるためには、このデータを、マーケター自身の過去の経験から得た暗黙知と組み合わせたうえで判断しなければならない。

4　数字はどの程度客観的か

　ここまでの議論からもわかるように、**数字ほど主観的なものはない**。数値が持つ唯一**客観的**な要素はその導き出し方（計算方法）である。数値の分析を始める前に、マーケターは多くの重要な事柄——調査対象者をだれにするか、どのように選ぶか、いつ実施するか、どのようなトピックを取り上げるか、どのような質問をするか、どのような手法で分析するかなど——を決定しなければならない。こうした事柄に関する担当者による主観的な判断が、調査の結果を左右する。

　マーケターの多くは、データをできる限り客観的に解釈するためには、統計的な有意性を確認しなければならないと主張する。確かに、統計的な有意性に注意を払うことは重要である。たとえば、ある調査から重要な発見が明らかになったとしても、その結果が偶然によるものかどうかを確かめることは重要である。しかし、統計的な有意性が認められさえすれば、それが95％の確率で真実であり、客観的な事実であるとの間違った判断をしてしまいがちである。しかし、この論理には問題がある。たとえ同じ調査を100回行い、100回同じ結果が得られたとしても、そもそもの調査設計にバイアスやミスがあったとすれば、そうしたバイアスやミスが100回繰り返されたにすぎないからである。同じ結果が95回得られたところで（もしくは100回であったとしても）、毎回同じ設計ミスを含んでいたとしたら、どうしてその結論が有効だと言えるだろうか。事実、心理学者のロバー

ト・ローゼンタールとラルフ・ロズノーが行ったある有名な研究によると、バイアスやその他のエラーをコントロールできるはずの室内実験においてさえ、**研究者の期待が被験者に影響を与えない確率は0.0000001以下だという**[4]。研究者が調査の実施前に結果について抱く期待（データに対する事前の解釈とも言える）は、調査結果に対して微妙に、時には大いに、影響するのである。

　データを収集し終えて、分析を始めた後でも、調査担当者が抱く仮説や期待はデータの解釈に影響を与え続ける。たとえば、購入する意思が90％程度ある状態をどのような言葉で表現するかと聞いたところ、マネジャーの3分の2（消費者に関しても同様）は、「たぶん買う」や「絶対に買う」などの言葉で表現した。しかし、「たぶん」と「絶対に」では随分と違う。

　たとえば、別の実験で、「たぶん買う」という回答がどれくらいの確率だと思うかと聞いたところ、答えは「30％」から「90％」の間にまんべんなく分布した。次に、「絶対に買う」という回答については、ほとんどの答えは「50％」から「100％」であった。いずれの場合も、答えには非常に大きな幅がある。仮に、ある新製品について55％の被験者が「絶対に買う」と答えた場合、この結果を目にするマネジャーは無意識のうちに、この商品が売れる確率について様々な解釈をし得るということであり（50％だと解釈するかもしれないし、70％と解釈するかもしれない）、それによって、実際の生産規模や価格設定、販売計画、広告費用などが大きな影響を受けるのである。

5　数値に意味が加わる：フレーミング効果

　以下は、実際にあった調査について、具体的な名称は伏せて紹介したものであるが、前記の現象をうまく例示している。この調査では、新聞の読者を3つのグループに分け、ここ1週間以内に新聞を何時間読んだかを質問した。この3つのグループに属する人々は、居住地域以外の条件はすべて同じであった。地域Ⅰの被験者の平均は5時間で、地域Ⅱの人は4.3時間、地域Ⅲの人は3.2時間であった。今度は、新聞記者たちにこの3つの数値を見せ、あらかじめ指定された言葉を使

って各グループを表現してもらった。記者たちは各グループについてそれぞれ異なる表現をしたが、結果はだいたい同じであった。たとえば、記者たちは3つの地域の人々を以下のように表現した。

地域Ⅰ："ヘビーな読者、熱心、とても関心が高い"
地域Ⅱ："並の読者、積極的な読者、わりと関心がある"
地域Ⅲ："ライトな読者、受け身的、少し関心がある"

次に、実験の要素を一部変更した場合にどうなったかを見てほしい。第2の実験では、先ほどとは異なる新聞記者グループ（その他の条件は前回同様）に、3つのうち1つの地域の読書時間だけを見せて反応を見た。そして、その地域の読者をそれぞれ形容してもらった。彼らが用いた表現は以下の通りであった。

地域Ⅰ："積極的な読者、関心がある、並の読者、真剣な"
地域Ⅱ："ヘビーな読者、関心が高い、熱心な、わりと積極的"
地域Ⅲ："ライトな読者、ヘビーな読者、真剣な、熱心な"

　他の2地域と比較する情報——これを**準拠枠**（frame of reference）と言う——がなかったために、記者たちはいずれの読者グループの数値も、どちらかというと好意的に解釈し、似たような表現を選んだ。この第2の実験の結果は、第1の実験において記者グループが3つの読者グループをはっきりと区別して表現した結果とは対照的であった。
　第1の実験の新聞記者たちには、3つすべての結果が見せられたため、比較対象としての準拠枠が存在した。ある1つの地域に関するデータが、他の地域に関するデータの解釈に影響を与えた結果、3つの地域の読者に関する表現に違いが生じたのである。第2の実験の新聞記者たちには、明確な準拠枠がなかった。したがって、彼らはそれぞれに異なる各自の予想に基づいて、各地域の数値を解釈した。
　また、もう1つよく知られているフレーミング効果についても見てみよう。仮定として、あなたが住むコミュニティにおいて珍しい疾病が蔓延し、何も策を講

じなければ600人が死亡すると予想されているとしよう。このコミュニティでは、対策として2つのプログラムのうちどちらか1つを選べることになっている。2つの対策プログラムは2通りの表現で、以下のように紹介されている。

表現1
- プログラムAでは、100％の確率で600人中200人が助かる
- プログラムBでは、33％の確率で全員が助かり、67％の確率で1人も助からない

表現2
- プログラムAでは、100％の確率で600人中400人が死ぬ
- プログラムBでは、33％の確率で1人も死なず、67％の確率で全員が死ぬ

この2通りの表現を見て、あなたならAとBどちらのプランを選ぶだろうか。通常、表現1しか見ていない人の大半は、プログラムAを選ぶ。一方、表現2しか見ていない人の大半は、プログラムBを選ぶ。

しかし、表現1と表現2は言葉が異なるだけで、実際には全く同じ選択肢である。たとえば、プログラムAに関する「600人中200人が助かる」と「600人中400人が死ぬ」という表現は、異なる言葉を用いて全く同じことを言っている。それにもかかわらず、「200人が助かる」という表現の方が「400人が死ぬ」という表現よりもポジティブに聞こえるのだ。つまり、プログラムの表現方法の違いによって、異なる準拠枠が設定され、人々の認識や選択に強い影響を与えるのである。

6 データをアドバイザーとして使う

データは、マーケターに何をすべきかを教示してくれるわけではないが、調査結果を解釈するうえでの賢明な「アドバイス」を提供してくれる。このアドバイザーとしての役割は、新しい発見をするうえで重要なポイントとなる。

一般的に、新たな発見をするプロセスには、いくつかの型がある。たとえば、

写実主義派の画家が描いた、ボウル一杯の果物の絵を想像してほしい。その絵は比較的わかりやすく、ストレートに意味が伝わってくるだろう。あなたはその絵をいささか受身的に眺め、「ボウル一杯の果物」だと判断するだろう。次に、今まで見たこともないような形や色、質感で描かれた抽象的な絵を想像してほしい。この場合は、絵の意味を理解しようと能動的に努力する。自分自身で意味をつくり上げなければならないこともあるかもしれない──「これは人間の絶望を描いている」というような具合に。

　実際に行われている市場調査の多くは、写実主義派の描く絵を見る時のように受動的なものである。マーケターは、消費者に直接的な質問──たとえば「あなたはこの商品を買うと思いますか」という質問──を投げかけ、その答えをそのままの文字通りに受け止める傾向にある。話をわかりやすくするために、上記の質問を、その商品のターゲット・セグメントとなる消費者に聞いたところ、4割の人が購入すると答えたとしよう。すなわち、我々は答えを「発見した」ことになる。そこで、我々は、ターゲット市場の40%に近い人々がこの商品を買うだろうと結論づけるだろう。きっちり正確に40%とは言わないまでも、ほかのデータもポジティブな結果を示していたことを考慮し、新商品を導入したとしよう。しかし、実際に蓋を開けてみると、ターゲット市場のたった8%の人たちしかその商品を買わなかった。

　では、40%という予測数値が間違っていたのだろうか。それを調べるために、売れなかった原因を調査してみる。そして、いくつか驚くべき事実を知ることになる。たとえば、消費者にその商品の特徴が十分に伝わっていなかった、想像したほどクチコミが広がらなかった、消費者の目には値段が高すぎると映った、商品導入と同時に競合他社がプロモーションを展開していた、店内で商品が見つからなかった、広告に魅力がなかった、などである。

　したがって、結果が8％であったとしても、予測した40%という数値が間違っていたわけではない。むしろこれは、抽象画を理解しようとする時にするような能動的な努力が、我々に足りなかったということを示している。いわば、マーケターが数字というアドバイザーに相談することを怠ったのである。すなわち、40%という予測通りにならないとすればそれはどういう場合か、もしくは、40%という予測通りになるためには何をしなければならないか、と自問しなかったの

だ。つまり、想像力を十分に働かせることを怠ったのである。

　より複雑で、不確実性の高い状況下において、調査結果やその他のデータをもとに行動する場合は、創意に富んだ方法を用いなければならない。40％という数値は、未発見の惑星のように、どこかで発見されるのを待っているわけではない。8％という結果は、その企業が市場においてとった行動を反映した結果にすぎない。40％という数値が示してくれているのは、価格設定や流通政策、コミュニケーション手段などを創造的に策定し、実行する努力をすれば、それが報われる可能性が潜在的に存在するということにすぎない。

　効果的な質問を設定し、その回答を解釈して、有効なマーケティング戦略に結びつけるには、創造性が重要である。こういったプロセスに必要な思考スタイルや取り組み姿勢は、現在行われている市場調査の多くにおいてとられている受身的なものとは著しく異なる。また、単に一生懸命に探しさえすれば、意味ある発見ができるわけではない。むしろ、新たな種類の質問をすることによって、貴重な答えや発見を生み出すことができるのだ。「よし、40％の購入が見込めるぞ」と考えてしまうマーケターと、「40％が購入するという可能性を実際に実現するためにはどうしたらよいのだろう」と考えるマーケターとでは、考え方が全く異なり、前者の方がはるかに受身的である。このようなことは、当たり前のことのように思えるかもしれない。しかし、マーケティングにおける失敗例を見ていると、あまりに多くのマーケターが失敗の原因を自らの解釈や行動ではなく、データのせいにしてしまっている。

＊　　＊　　＊

　市場調査では、どのような質問をするかが、その答えを左右する。それはなぜかと言うと、どのように広範にわたる質問をしたとしても、マーケターと消費者が注目する対象を必然的に限定してしまうからである。また、どれほど具体的な質問をしたとしても、自動的にいくつかの答えが除外され、他の答えが過度に強調されてしまうからである。さらに、質問をどうフレームするかによって調査手法の選択にも影響を及ぼす。したがって、質問のフレームの仕方によって、特定の答えが得られやすくなり、他の答えは得られにくくなる。調査手法と同様、質

間にもトレードオフが伴うのである。時間や予算、エネルギーに限りがあるのと同じく、マネジャーの想像力や知識にも限界がある。その結果、多くのマネジャーは、創造的な質問を考えたり、回答をもっと深く解釈したりする努力を怠っている。

　考え抜かれた質問は、非常に貴重なものであり、消費者の思考を深く理解するための新しい扉を開けてくれる。しかし、優れた質問を設定しようとするプロセスそのものが非常に有益で、楽しいものである。質問を効果的にフレームするには、マネジャーは、何が重要であり、何が重要でないか、そして、何がすでにわかっていて、何がまだわかっていないかを、十分に検討する必要がある。時に、優れた質問をつくるプロセスそれ自体において、課題に関する十分な洞察が得られ、それ以上データを集める必要がなくなる場合もある。質問を注意深くフレームする過程で、マネジャー自身がすでに持っていながらも自分ではそれまで気づいていなかったような仮説や知識、経験などが浮き彫りになる。自らが聞こうとしている質問について、自身でじっくりと考えをめぐらしてみることによって、探していた答えが次々と溢れ出てくるのである。

終章 新たなマーケティング・パラダイムの構築に向けて

何かが始まろうとする時ほど、我々が脅え、興奮する状況はない。

　我々はついにこの素晴らしい冒険の旅を終えた。旅を振り返ってみると、我々は様々な専門領域から知識を拝借し、新たな思考方法を実務に応用してみようとする数々のマネジャーの経験に触れることができた。こうした新しい学際的な知識を見落とし、想像力を十分に働かせてマーケティングに活かすことができないマネジャーは、タイタニック号の船長エドワード・ジョン・スミスのような運命をたどってしまうかもしれない。

1　新製品導入とパラダイムの失敗

　1912年4月10日の正午、ホワイト・スター・ライン社の壮麗な旗艦船タイタニック号は多くの見物人に見送られイギリスのサウスハンプトンからニューヨークに向けて、処女航海へと出発した。そして、1912年4月14日の日曜日、午後11時40分頃、タイタニック号は海面下の氷山に衝突し、証拠写真によると、取りつけの甘かった鋲が外れてしまった。2時間40分後、タイタニック号は2つに折れ、1500人（乗客の3分の2以上）の命とともに、海底に沈んでしまった。

タイタニック号の運命は、衝突直後の10分間にすでに絶望的となっていた[1]。同号の船体構造も、船内装備のポンプも、最初の数分間に流れ込んできた水量に耐えられなかった。救命ボートは乗客数の半分しかなく、多くの乗客に生き残るチャンスはなかった。

事件の公式調査からは、以下の点が明らかになった。

- タイタニック号のオフィサーは、その日の夕方、周辺に氷山があることを知っていた。ある警告は、同号の進路5マイル圏内に氷山があることを知らせていた。また別の警告は、グローラー（growler）と呼ばれる、水面上は小さいが水面下には膨大な氷の塊があることを予告していた。事故の1時間前にも、そうした警告がなされていた。詳細な警告がたびたび出ていたにもかかわらず、乗組員は平時であるがごとく事務的に対応するだけだった。

- 同号のオフィサーは、その日の夜に氷山に遭遇することを知っていながら、だれもその危険性について検討する会議を開こうとはしなかった。監視役の船員は、乗組員に対し「氷山には目を光らせるよう」指示していた。しかし、問題は、目に見える氷山ではなかった。水面下に隠れた突起こそが問題なのであった。

- オフィサーは、その日の気象条件からすれば、十分に気をつけさえすれば問題を事前に発見し、進路とスピードを十分に変更できると考えていた。それが夜間航海における伝統的慣行であった。したがって、見張り役を増やすというようなことはしなかった。

- 2つの予防策が取り得たことははっきりしていた。進路を変更すること、夜間には減速することであった。しかし、どちらの予防策もとられなかった。乗組員たちは、多少の対応の遅れによって予期せぬ衝突が起こったとしても、同号の装備をもってすれば対処できると過信していた。

結局のところ、平常通りの航行が続けられた。この処女航海においては、船長

やオフィサー、クルーなど、全員が既存のパラダイム通りに業務を行っていた。オフィサーは、彼らの業務がその時の状況において適切であることを疑いもしなかった。しかし、明らかに彼らの判断は間違っていた。

この大惨事に対する事故調査委員会の最終報告書に描かれていることは、今日の新商品開発の状況にそのままあてはまる。

氷山が近接していることを知っていた船長には2つの対策が可能であった。1つは西寄りのコースをとらずに、南方のコースをとること。もう1つは夜間には減速することであった。彼はどちらの対策も施さなかった。では、なぜ船長はコースとスピードを変更しなかったのだろうか。

4半世紀以上前から、天候のよい夜間に氷山が近接しているコースを定期船が航行する場合には、コースを変更せず、スピードを保ちながら、事前に危険を察知するために信頼できる監視役を配置することが慣行であった。この慣行は、経験に裏打ちされており、それまで事故が起こったことは一度もないと言われてきた…しかし、この大惨事によってこの慣行が間違っていることが証明された。

我々が望むことは、この慣行に終止符が打たれ、将来においては、より賢明で慎重な処置がとられることである。タイタニック号の場合は過失によるものであったが、今後似たような惨事が起こるとしたら、それは間違いなく怠慢である[2]。

2 タイタニック号の思い上がりから学ぶべきこと

タイタニック号の話は、海にまつわる他の多くの話と同様、勇気と臆病、決意と躊躇、一部の者にとっての幸運と多くの者にとっての不運を描いた話である。また伝統的通念の不適切さや、通常通りの業務に潜む限界、または、マネジメントの弱点（従来の方法に問題がなければ、それに絶大な自信を持ち、そうした方法が拠って立つ基本前提について再考しようとしなくなること）に関する話でもある。特に示唆深いのは次の点である。オフィサーが下した様々な判断がいくつも重なった結果として、タイタニック号の悲劇は起こり、多くの命が犠牲になったという

ことである。氷山、ポンプの限界、不完全に溶接された鋲、予期せぬ方向に水が流れ込んだ船体構造、そして救命ボートの不足などは、慣習的思考が反映されたものであり、こうした思考が大惨事を招いたのである。

　タイタニック号のスミス船長と彼の部下は、今日世界中の大小様々な企業における数多くのマネジャーと同様、標準的な業務手順に従っていたにすぎない。この手順には欠陥が含まれており、問題が表面化することは時間の問題であった。他の客船と同じ行動をとっていれば大丈夫だという伝統的慣習を見直すようなシステムは存在しなかった。オフィサーは従来と同じ方法をとっていた。つまり、コースを変更せず、標準スピードを保持し、水面上に障害物がないかどうか目を光らせていた。

　この方法は、いくつかの仮定を前提としていた。水面上に表れている状況が水面下の状況を的確に表している、監視役の能力は信頼できる、警告を受けたらすぐに船体の方向と速度を変更できる。さらに、最も重要な問題は、タイタニック号は新しい特異な客船であったにもかかわらず、過去の慣習を普遍的なものとして信頼し、その方法を再検討しようとしなかったことである。

　タイタニック号の悲劇は、慣習的で表面的な顧客理解の方法に絶対的な自信を持ち、従来のパラダイムを用いることで、市場に対する理解も、市場の変化への対応も両方可能だと錯覚してしまっているようなマネジャーによって沈没させられてしまう企業やブランドの行く末を暗示しているようでもある。しかし、従来と異なる発想をすること——特に、顧客について深く理解しようとすること——ができないということは、「伝統的通念」を再考することができないことを示している。是非本書を活用することにより、タイタニック号のような結末に陥らないようにしてほしい。タイタニック号がたどった道程には、2通りの力が相互に作用していたこと——1つは、水面の上と下の両方に働く自然の力であり、もう1つは、船員の判断に意識的に、無意識的に影響を及ぼす人間の力である——を理解することが重要である。同様の力が「市場の心」においても相互作用している。

　マネジャーは、水面下にある思考や感情を、より深く探究しなければならない。今日、タイタニック号は浅薄な思考や過信を表すメタファーとなっている。新商品の失敗率の高さや、主要ブランドの失敗、有名企業の倒産などはいずれも、マーケティングの世界においてタイタニック号の悲劇が繰り返されてしまっている

ことを示している。マネジャーが顧客に対する従来の理解に固執したり、顧客をより深く理解するための時間をとらなかったりする代償として、顧客の満足や信頼、株主価値、そして、自らの職までをも失うことになる。

　現在我々は、社会科学や生物科学、そして人文科学において新しい知識が次々と生み出される、非常に刺激的な時代を生きている。アントニオ・ダマシオが神経科学や心理学に関して述べたように、すべての学問分野が1990年代以降に飛躍的に進歩したとは言えないかもしれない。しかし、文学から進化生物学に至るあらゆる研究分野において、近年、従来の知識を劇的に変化させるような新しい知見が得られている。そして、これまで述べてきたように、これらの変化は「市場の心」——顧客の意識と無意識、そしてマネジャーの意識と無意識が相互作用する場——を理解しようとしている我々に重大な示唆を与えてくれる。こうした変化は、我々が顧客中心主義を貫くための新時代の到来を示唆している。しかし、今日マーケティングで使われている知識はどれほど高く見積もっても、その半分は正しくない。新しい洞察や、慣習から解放された心、そして、既知の物事に対して常に挑戦しようという意志によって、より賢明な行動がとられ、現在80％以上とされる新製品およびサービスの失敗率が過去のものとなることを願いたい。

訳者あとがき

　本書はジェラルド・ザルトマンの *How Customers Think* (Harvard Business School Press, 2003) の翻訳書である。翻訳にあたっては、日本の読者に馴染みのない事例等について多少の編集を加えた。

　「顧客の気持ちが読めない」「顧客の本音がつかめない」という声が、企業経営の現場から聞こえるようになって久しい。日本経済の成熟化に伴い、競争状況はますます激化し、市場環境はどんどん変化している。市場には製品やサービスが溢れ、自社を差別化することは困難を極めつつある。顧客がなぜ自社の製品を選んでくれるのか（あるいはくれないのか）、そもそも顧客がどのようなことを考え、何を感じているのか、そうした顧客行動の「なぜ」(why) や「どのように」(how) を深く理解し、それに基づく価値を顧客に提供することが、今ほど難しく、今ほど重要となった時代はないであろう。しかし、従来のマーケティング調査をいくら重ねても、顧客の思いや気持ちがとらえきれない。顧客に接する機会の多い現場の担当者のみならず、従来のマーケティング手法に限界を感じる人は少なくないだろう。こうした問題に真正面から取り組んでいるのが、本書である。

　本書の貢献は、次の3点にある。第1は、顧客の心の奥底にあって言葉で表現することが難しい思考や感情、顧客自身すら自覚していない「暗黙知」や「無意識」に焦点をあて、深層レベルの心や脳の働きを意味する「心脳」という概念を通じて、新たなマーケティングのあり方を提唱している点である。我々は、自分の考えや気持ちについてよく知っているように思っているが、実際には大部分を気づかずに過ごしている。自己の思考や感情のうち自覚しているものは全体の5％にすぎず、無意識のものが95％を占めるという。ザルトマンによれば、従来のマーケティングは、顧客自身が自覚し、言葉で表現しやすいこの5％をとらえようとしてきた。そうしたアプローチは一定の成果をあげてきたものの、残り

95％は手つかずのままであった。これまでにも、特に日本企業の研究を中心に発展した「知識創造論」などの分野では、マネジャーの「暗黙知」や「無意識」の重要性については議論されてきたが、マーケティングの分野において、顧客の「暗黙知」や「無意識」の役割について論じ、さらにマネジャーの「暗黙知」や「無意識」との相互作用を「市場の心」（mind of the market）として捉え、体系的な理論を提示した点こそが、本書の最大かつ最重要の貢献である。

　第2は、認知心理学や脳神経科学など、一見ビジネスとは無縁な先端領域における最新の研究成果を、マーケティングに応用している点である。ザルトマンは、本書の全般を通じて、こうした複合領域における最新の知見に目を向けることによって、マーケティングの実務家や研究者が長年にわたって抱いてきた前提条件や思考様式を根本的に問い直すことを謳い、そうして初めて既存の手法が抱える限界を超えることができると強調する。本書は、最近日本でも注目されてきた学際領域において明らかにされた洞察を、ビジネス社会に向けて発信した、世界でも先駆的な試みである。特に日本では、ビジネス社会に身を置く実務家や研究者が、こうした先端学術分野の専門家と積極的に交流するために不可欠な共通の言語や環境がまだ十分に整っているとは言えない。本書は、そうした分野を超えた活発な相互交流に向けた起爆剤となる可能性を秘めている。

　第3は、先端複合領域からの斬新な概念や理論を応用しながらも、ビジネスの現場で利用可能な具体的な手法として発展させるとともに、実際に活用した事例を紹介している点である。たとえば、本書で紹介されているZMETやレスポンス・レイテンシー法、ニューロ・イメージング法などの革新的なマーケティング手法は、いずれも心理学や脳科学などの学術理論を強固な基盤としながらも、ザルトマンが率いるハーバード大学経営大学院市場心脳研究所における産学協同研究や、同じく本人率いるオルソン・ザルトマン・アソシエイツ（OZA）を通じた企業向けコンサルティング・プロジェクトの中で実際に活用されている。中でも、ZMETに関しては、消費財からサービス財など数十社にのぼる企業によって採用され、世界中の200以上のプロジェクトの中で利用されてきた。本書には、そうした具体的な調査事例や研究結果が多数散りばめられている。残念ながら、日本の事例が数多く紹介されているわけではない。しかし、だからこそ本書を翻訳することに意味を見出し、日本における出版を契機に日本の事例が増加することこ

そが、訳者としての望みである。

　日本語版への序文にもある通り、本書の内容は、多くの日本の読者にとって極めて斬新かつ刺激に満ちたものとなるだろう。しかし、著者も繰り返し注意を喚起している通り、本書は既存のものの見方や考え方を根本的に見直すことを迫るものであり、そうしたプロセスは必ずしも心地よいものとは限らない。従来のマーケティング手法に慣れ親しんだ専門家ほど、本書の内容を即座に受け入れ、実行することは難しいと感じるかもしれない。しかし、世界に目を転じれば、本書の内容を実行に移しているマーケターは確実に増加しており、その多くは大きな成功を収めている。日本でも、すでにそうした準備を進めている企業が出てきている。本書を読み終えた今、その内容に目をつむることもできれば、行動を起こすこともできる、それは読者の皆さん次第である。

　ジェラルド・ザルトマン教授は、ここ十数年にわたる研究活動の集大成として本書を上梓することをもって、昨年夏にハーバード大学経営大学院の教授職を引退した。現在は同校の名誉教授として必要に応じて教壇に立つほか、本書にも登場する「心・脳・行動イニシアチブ」プロジェクトや市場心脳研究所における研究活動に携わる一方で、長年の研究仲間であるジェリー C. オルソン（ペンシルバニア州立大学教授、消費者心理研究の権威）と共同経営するオルソン・ザルトマン・アソシエイツ (OZA) のパートナーとして、ZMETをはじめ本書で紹介した理論を実践したコンサルティング活動に従事している。

　ザルトマン教授は、日本でこそあまり知られていないかもしれないが、アメリカをはじめ世界に名だたるマーケティング研究者である。研究分野は、戦略的マーケティングから、産業財マーケティング、非営利マーケティング、消費者行動論に至るまで幅広く、これまでに執筆した著作は14冊、編著は12冊にのぼり、*Journal of Marketing, Journal of Marketing Research, Journal of Consumer Research*など、世界最高峰のマーケティング学術誌におびただしい数の論文を発表している。最近では、本書中で展開している新しいマーケティング・パラダイムの重要性について、これら学術研究誌への投稿を通じて、世界中のマーケティング研究者にも呼びかけている。また、米国消費者研究学会（Association for Consumer Research）の会長を務めたほか、米国マーケティング協会（American

Marketing Association）など数々の学会から、その業績を称える賞を受賞している。先述した通り、近年はコンサルティング会社のパートナーとしての顔も併せ持つ。こうして書くと、気難しい学者やこわもての経営者のような面持ちを想像される方もおられるかもしれない。しかし、素顔のザルトマン教授は、いたって穏やかで静かな笑みを絶やさない人物で、その評判がつくり出すイメージとのギャップに驚く人も多い。

　日本語版への序文にもある通り、訳者はいずれもザルトマン教授との関わりが深い。藤川は、ザルトマン教授に師事してハーバード大学でMBA（経営学修士号）を取得したほか、教授が率いる市場心脳研究所の研究助手として数多くの研究調査に携わった。また、ペンシルバニア州立大学ではオルソン教授の下でPh.D.（経営学博士号）を取得し、両教授が経営するオルソン・ザルトマン・アソシエイツ（OZA）において、おもにZMETの日本における展開を中心に様々なプロジェクトに携わってきた。

　阿久津は、カリフォルニア大学に在籍していた当時から、数々の論文や米国消費者研究学会での講演などを通してザルトマン教授の考え方に触れ、影響を受けてきた。阿久津が2002年に著書『ブランド戦略シナリオ』で提唱した「コンテクスト・ブランディング」という方法論は、ブランド・マネジメントに脳科学からの知見を取り入れたもので、「メタファー」や「コンセンサス・マップ」などの概念をはじめ、ZMETと多くの考え方を共有するものである。

　訳者2人は、一橋大学商学部竹内弘高ゼミの先輩後輩として知り合い、現在では同大学大学院国際企業戦略研究科（ICS）のMBAプログラムで教鞭をとる同僚である。15年来の親交のおかげで、翻訳作業は「阿吽の呼吸」で効果的に進めることができた。日本の読者の皆さんに、ザルトマン教授の研究の集大成である本書を少しでもわかりやすくお伝えすることは、ザルトマン教授の研究業績や思考方法に精通していると自負する我々に与えられた使命だと考えている。

　最後になるが、本書の出版にあたって協力をしてくださった方々にお礼の言葉を贈りたい。まず、実務家の視点から翻訳に際してご協力をいただいた株式会社博報堂ブランドデザインの宮澤正憲氏、田邊学司氏、平山陽子氏に感謝を申し上げたい。また、翻訳作業がきっかけとなって共同研究を立ち上げるに至った同社

研究開発局の青木貞茂氏、サイエンスライターの森山和道氏にも感謝したい。いずれの方々からも、それぞれの専門分野の経験に基づいた貴重なアドバイスをいただいた。また、ゼミのテキストとして原著を使用した一橋大学商学部の阿久津ゼミ有志にも、翻訳に際して協力いただいた。特に茂木麻美君と吉澤かおる君には、とりまとめの労をとってもらった。感謝申し上げたい。さらに、脳科学者の茂木健一郎氏や、理化学研究所脳科学総合センターの松元健二氏、程康氏、磯尾綾子氏には、対談や勉強会を通じて、知識と刺激をいただいた。ここに感謝したい。最後に、ダイヤモンド社の岩佐文夫氏と渋田見 江吏子氏には、本書の企画立案から最後の仕上げまで、なみなみならぬご支援をいただいた。日頃、ビジネススクールにおける教育活動や研究活動の中で滞りがちな我々の作業に対し、忍耐強く接していただいたお2人のご尽力がなければ、こうして本書の出版にこぎつけることはできなかった。心より御礼申し上げたい。

2005年1月

訳者　藤川 佳則

阿久津 聡

注

序章

1. Peter Drucker, "The Next Society," *The Economist*, 3 November 2001（上田惇生訳『ネクスト・ソサエティ』ダイヤモンド社、2002年), 3.
2. F. T. McCarthy, "Who's Wearing the Trousers?" *The Economist*, 8 September 2001, 28から引用。
3. 前掲。
4. 詳細については、Jerome Kagan, *Surprise, Uncertainty and Knowledge Structures* (Cambridge, MA: Harvard University Press, 2002)、および、Rohit Deshpande, ed., *Using Market Knowledge* (Thousand Oaks, CA: Sage Publications, 2001) を参照されたい。
5. 詳細については、Jeffrey Pfeffer and Robert Sutton, *The Knowing-Doing Gap: How Smart Companies Turn Knowledge into Action* (Boston, MA: Harvard Business School Press, 2000／長谷川喜一郎訳『変われる会社、変われない会社』ユー・エム・ディー・エス研究所、2000年) を参照されたい。
6. Andy Clark, *Being There: Putting Brain, Body, and World Together Again* (Cambridge, MA: MIT Press, 1997).
7. 本書で使用する用語は、心理学および脳科学の分野における以下の標準的教科書2冊の中で使用されている用語に準拠している。 Stephen M. Kosslyn and Robin S. Rosenberg, *Psychology: The Brain, the Person, the World* (Needham Heights, MA: Allyn and Bacon, 2001); Mark F. Bear, Barry W. Connors, and Michael A. Paradiso, *Neuroscience: Exploring the Brain* (Baltimore, MD: Williams & Wilkins, 1996).

第1章

1. Vicki G. Morwitz, Joel H. Steckel, and Alok Gupta, "When Do Purchase Intentions Predict Sales?" working paper 97-112, Marketing Science Institute, Cambridge, MA, 1997; Gerard J. Tellis and Peter N. Golder, *Will and Vision: How Latecomers Grow to Dominate Markets* (New York: McGraw-Hill, 2002／伊豆村房一訳『意志とビジョン』東洋経済新報社、2002年).
2. たとえば、Robert F. Hartley, *Marketing Mistakes and Successes*, 8th ed. (New York: John Wiley, 2000); Dorothy Leonard-Barton, *Wellsprings of Knowledge: Building and Sustaining the Sources of Innovation* (Boston, MA: Harvard Business School Press, 1995／阿部孝太郎・田畑暁生訳『知識の源泉』ダイヤモンド社、2001年); Clayton M. Christensen, *The Innovator's Dilemma: When New Technologies Cause Great Firms to Fail* (Boston, MA: Harvard Business School Press, 1997／伊豆原弓訳『イノベーションのジレンマ』翔泳社、2000年); G. Clotaire Rapaille, *7 Secrets of Marketing in a Multi-Cultural World* (Provo, UT: Executive Excellence Publishing, 2001).
3. Donald D. Hoffman, *Visual Intelligence: How We Create What We See* (New York: W. W. Norton, 1998).
4. George S. Day, "Marketing and the CEO's Growth Imperative"（2002年4月25日ボストンにおけるマーケティング・サイエンス・インスティチュートのスピーチより).
5. Antonio Damasio, "How the Brain Creates the Mind," *Scientific American* 12, no. 1 (2002): 4.
6. Vincent P. Barabba, *Meeting the Minds: Creating the Market-Based Enterprise* (Boston, MA: Harvard Business School Press, 1995)、Stephan Haeckel, *The Adaptive Enterprise* (Boston, MA: Harvard Business School Press, 2000／坂田哲也・八幡和彦訳『適応力のマネジメント』ダイヤモンド社、2001年); Robert C. Blattberg, Gary Getz, and Jacquelyn S. Thomas, *Customer Equity: Building and Managing Relationships as*

Valuable Assets (Boston, MA: Harvard Business School Press, 2001／小川孔輔・小野譲司訳『顧客資産のマネジメント』ダイヤモンド社、2002年).

7. Chris Argyris, *On Organizational Learning* (Cambridge, MA: Black-well Publishing, 1992); Chris Argyris, *Flawed Advice and the Management Trap* (Oxford, UK: Oxford University Press, 2000); Chris Argyris, *Knowledge for Action: A Guide to Over-coming Barriers to Organizational Change* (San Francisco: Jossey-Bass, 1993).

8. Rohit Deshpande, *Using Market Knowledge* (Thousand Oaks, CA: Sage Publications, 2001).

9. Jeffrey Pfeffer and Robert I. Sutton, *The Knowing-Doing Gap: How Smart Companies Turn Knowledge into Action*（邦訳『変われる会社、変われない会社』).

10. David A. Garvin, *Learning in Action: A Guide to Putting the Learning Organization to Work* (Boston, MA: Harvard Business School Press, 2000／沢崎冬日訳『アクション・ラーニング』ダイヤモンド社、2002年); Leonard-Barton, *Wellsprings of Knowledge*（邦訳『知識の源泉』); Gerard J. Tellis and Peter N. Golder, *Will and Vision*（邦訳『意志とビジョン』).

11. 広告のコンテクストに関するさらなる議論は William M. Weilbacher, "Point of View: Does Advertising Cause a 'Hierarchy of Effects'?" *Journal of Advertising Research*, November/December 2001, 19-26; Jerome Kagan, *Surprise, Uncertainty, and Mental Structures* (Cambridge, MA: Harvard University Press, 2002).

12. George Lowenstein, "The Creative Destruction of Decision Research," *Journal of Consumer Research* 28, no. 3 (December 2001): 499-505. Daniel Wegner, *The Illusion of Conscious Will* (Cambridge, MA: Harvard University Press, 2002) も参照のこと。

13. Antonio Damasio, *Descartes' Error: Emotion, Reason, and the Human Brain* (New York: G. P. Putnam, 1994／田中三彦訳『生存する脳』講談社、2000年), chapter 1; Jon Elster, *Alchemies of the Mind: Rationality and the Emotions* (Cambridge, UK: Cambridge University Press, 1999).

14. 意思決定は、十分に論理的な説明が伴わない場合、あるいは「合理的」でない場合、「非合理的」で欠陥があり、間違ったものだと誤解されやすい。本書の序章で述べたように、筆者はハーバード大学の「心・脳・行動イニシアチブ」のメンバーを務めている。このプロジェクトは、ハーバード大学の35学部から選出された研究者で構成され、重要な問題を学際的に探求する使命を持つ。近年、同プロジェクトにおいて、(非)合理性の研究を約1年間行った。その中で、観察者（つまりマネジャーやリサーチャー）の視点が、他者の思考や行動の「合理性」を判断するにあたり、信頼できるレンズではないということが判明した。つまり、マネジャーやリサーチャーが顧客を非合理的と批判する時、彼らは顧客の思考について言及するというより、自分自身の思考システムに関して言及しているにすぎない。事実、彼らは顧客を深く理解していないことを認めている。また、この研究からは、「合理性」を判断する基準が、ある特定の行動の結果が自分にとってプラスかマイナスかという尺度にあることも明らかになった。ここで述べている結果とは、顧客にとっての結果と、その顧客がとる行動によって他者が受ける影響の双方を指している。顧客は自身だけでなく他者にとっても有害な意思決定を行う可能性があり、それは合理的とも理性的とも思えないものである。こうした有害な結果は、他の「ベネフィット」によって相殺されているのかもしれないが、そうした隠れたベネフィットは従来の調査手法では表出化されることはない。こうしたベネフィットを発見するには、より深い顧客理解が必要である。マーケティング担当者や戦略担当者は、顧客に影響を与える多くの事柄のつながりを深く掘り下げて理解することによって、顧客がよりよい購買決定を行い、その商品やサービスから期待通りの結果を得られるように、支援することができるようになる。

15. この有名なケースならびにその重要性についての説明は、Damasio, *Descartes' Error*（邦訳『生存する脳』), chapter 1 を参照されたい。

16. 前掲。意思決定における感情の役割については、さらに以下の3つの文献を参照されたい。Antonio Damasio, *The Feeling of What Happens: Body and Emotion in the Making of Consciousness* (New York: Harcourt Brace, 1999); Joseph P. Forgas, ed., *Feeling and Thinking: The Role of Affect in Social Cognition* (Cambridge, UK: Cambridge University Press, 2001), 特にchapter 1; Mary Frances Luce, James R. Bettman, and John W. Payne, *Emotional Decisions: Tradeoff Difficulty and Coping in Consumer Choice* (Chicago, IL: University of Chicago Press, 2001).

17. Scott Robinettte and Claire Brand, *Emotion Marketing: The Hallmark Way of Winning Customers for Life*

（New York: McGraw Hill, 2001／ニューチャーネットワークス監訳『「感情」こそが生涯顧客をつかむ──エモーションマーケティング』日本能率協会マネジメントセンター、2002年）; Bernd Schmitt and Alex Simonson, *Marketing Aesthetics: The Strategic Management of Brands, Identity, and Image* (New York: Free Press, 1997／河野竜太訳『「エスセティクス」のマーケティング戦略』ピアソンエデュケーション、1998年). いずれの書も、「感情」についてより深く、かつ慎重に思考することの必要性について議論している。

18. William Ian Miller, *The Anatomy of Disgust* (Boston, MA: Harvard University Press, 1997).
19. Jerome Kagan, *Surprise, Uncertainty, and Mental Structures*.
20. Lowenstein, "The Creative Destruction of Decision Research," 503.
21. Joseph LeDoux, The Emotional Brain: *The Mysterious Underpinnings of Emotional Life* (New York: Simon and Schuster, 1996).
22. 感情の無意識的な特徴と、感情と感覚の区別についての議論は、Damasio, *The Feeling of What Happens* を参照されたい。
23. Andy Clark, *Being There: Putting Brain, Body, and World Together Again* (Cambridge, MA: MIT Press, 1997); Joseph LeDoux, *Synaptic Self: How Our Brain Becomes Who We Are* (New York: Viking Press, 2002), 13-32.
24. *American Journal of Public Health* 87, no. 9 (September 1997) の特集を参照されたい。さらに、*Body and Society* (Thousand Oaks, CA.: Sage Publications) に掲載された多くの記事も参考にしている。
25. たとえば、 Philip Lieberman, *Human Language and Our Reptilian Brain* (Cambridge, MA: Harvard University Press, 2002); William C. Stokoe, *Language in Hand: Why Sign Came Before Speech* (Washington, DC: Gallaudet University Press, 2001); Jim Hopkins, "Evolution, Consciousness and the Internality of the Mind," in *Evolution and the Human Mind: Modularity, Language and Meta-Cognition*, eds. Peter Carruthers and Andrew Chamberlain, (Cambridge, UK: Cambridge University Press, 2000), 276-298.
26. Leonard L. Berry, Lewis P. Carbone, and Stephan H. Haeckel, "Managing the Total Customer Experience," *Sloan Management Review* 43, no. 3 (Spring 2002): 85-89.
27. Jerome L. Singer, "Imagination," *Encyclopedia of Creativity*, vol. 2 (New York: Acad-emic Press, 1999), 13-25.
28. Emily Eakin, "Penetrating the Mind by Metaphor," *New York Times*, 23 February 2002.

第2章

1. 一般的な入門書として、*The Scientific American Book of the Brain* (New York: Lyons Press, 1999)、および Rita Carter, *Mapping the Mind* (Berkeley, CA: University of California Press, 1998／藤井留美・養老孟司訳『脳と心の地形図』原書房、1999年) を参照されたい。
2. たとえば、Daniel C. Dennett, "Making Tools for Thinking," 17-30, Robert A. Wilson, "The Mind Beyond Itself," 31-52; Led Cosmides and John Tooby, "Consider the Source: The Evolution of Adaptations for Decoupling and Metarepresentation," 53-116, in *Metarepresentations: A Multidisciplinary Perspective*, ed. Dan Sperber (New York: Oxford University Press, 2002); Evitar Zerubavel, *Social Mindscapes: An Invitation to Cognitive Sociology* (Cambridge, MA: Harvard University Press, 1997); Kay Kaufman Shelemay and Sarah Coakley, eds., *Pain and Its Transformations: The Interface of Biology and Culture* (Cambridge, MA: Harvard University Press, in press).
3. Peter R. Huttenlocher, *Neural Plasticity: The Effects of Environment on the Development of the Cerebral Cortex* (Cambridge, MA: Harvard University Press, 2002).
4. Michael Tomasello, *The Cultural Origins of Human Cognition* (Cambridge, MA: Harvard University Press, 1999), 3-4; Richard Lewontin, *Human Diversity* (New York: American Scientific Library, 1995). 人類の進化について、読者の皆さんはそれぞれ異なる信念を抱いているだろう。進化論の中でも霊魂創造説に関する見解は多岐にわたるが、どの説も一長一短がある。本書は特定の説を支持するということではないが、本書で

述べていることの基本的概念は、霊魂創造説の立場をとっていても理解できるものと考える。

5. Shira P. White, *New Ideas About New Ideas*（New York: Perseus Publishing, 2002）.
6. さらなる解説については、William M. Reddy, *The Navigation of Feeling: A Framework for the History of Emotions*（Cambridge, UK: Cambridge University Press, 2001）を参照されたい。
7. Anne Harrington, "Getting Under the Skin," working paper, Harvard University, Cambridge, MA, 2001.
8. Cosmides and Tooby, "Consider the Source," 特に 72; David Papineau, "The Evolution of Knowledge," in Carruthers and Chamberlain, *Evolution and the Human Mind*.
9. Max Bazerman, *Judgment in Managerial Decision Making*, 4th ed.（New York: John Wiley, 1998／兼広崇明訳『バイアスを排除する経営意思決定』東洋経済新報社、1999年）; John C. Mowen, *Judgment Calls: High-Stakes Decisions in a Risky World*（New York: Simon and Schuster, 1993）. その他、関連のいくつかの小論が以下に収録されている。Colin Eden and J. C. Spender, eds., *Managerial and Organizational Cognition: Theory, Methods and Research*（Thousand Oaks, CA: Sage Publications, 1998）.
10. Gerald Edelman and Giulio Tononi, "Reentry and the Dynamic Core: Neural Corre-lates of Conscious Experience," in *Neural Correlates of Consciousness: Empirical and Conceptual Questions*, ed. Thomas Metzinger（Cambridge, MA: MIT Press, 2000）, 121-138; Antonio Damasio, *The Feeling of What Happens: Body and Emotion in the Making of Consciousness*（New York: Harcourt Brace, 2000）; Antonio Damasio, *Descartes' Error: Emotion, Reason, and the Human Brain*（New York: G. P. Putnam, 1994）.
11. S. M. Kosslyn, M. C. Segar, J. Pani, and L. A. Hillger, "When Is Imagery Used? A Diary Study," *Journal of Mental Imagery* 14（1990）: 131-152.
12. たとえば、William Benzon, *Beethoven's Anvil: Music in Mind and Culture*（New York: Basic Books, 2001）, 特に chapters 2-4, 23-92.
13. Stephen Pinker, *The Language Instinct*（New York: Harper Collins, 1994／椋田直子訳『言語を生みだす本能（上）（下）』日本放送出版協会、1995年）; Philip Lieberman, *Human Language and Our Reptilian Brain: The Subcortical Bases of Speech, Syntax, and Thought*（Cambridge, MA: Harvard University Press, 2000）.
14. Albert Galaburda and Stephen M. Kosslyn, *Languages of the Brain*（Cambridge, MA: Harvard University Press, 2002）; Leonard M. Shlain, *Art and Physics: Paral-lel Visions in Space, Time, and Light*（New York: William Morrow, 1991）; Jim Hopkins, "Evolution, Consciousness and the Internality of the Mind," in Carruthers and Chamberlain, *Evolution and the Human Mind*, 276-298; Jerome Kagan, *Surprise, Uncertainty, and Mental Structures*（Cambridge, MA: Harvard University Press, 2002）; Marc D. Hauser, *Wild Minds: What Animals Really Think*（New York: Henry Holt, 2000）.
15. Jonathan H. Turner, *On the Origins of Human Emotions: A Sociological Inquiry into the Evolution of Human Affect*（Stanford, CA: Stanford University Press, 2000）, 109.
16. Stephen Kosslyn, *Image and Brain: The Resolution of the Imagery Debate*（Cambridge, MA: MIT Press, 1994）; Harlan Lane, *When the Mind Hears: A History of the Deaf*（New York: Random House, 1989）.
17. Gerald Edelman, *Bright Air, Brilliant Fire: On the Matter of the Mind*（New York: Basic Books, 1992／金子隆芳訳『脳から心へ』新曜社、1995年）, 108; Dan Sperber, "Metarepresentations in an Evolutionary Perspective," in Sperber, *Metarepresentations*, chapter 5, 117-137, esp. 121.
18. Pinker, *Language Instinct*（邦訳『言語を生みだす本能（上）（下）』）, 56-58.
19. Dan Sperber, *Explaining Culture: A Naturalistic Approach*（Oxford, UK: Blackwell Publishing, 1996／菅野盾樹訳『表象は感染する』新曜社、2001年）.
20. ZMET法の例については、以下を参照されたい。Emily Eakin, "Penetrating the Mind by Meta-phor," *New York Times*, 23 February 2002; Gardiner Morse, "Hidden Minds: A Conversation with Gerald Zaltman", *Harvard Business Review*（June 2002）（「ZMET調査法が消費者の潜在意識をあぶり出す」『DIAMONDハーバード・ビジネス・レビュー』2002年10月号）; Jamie Seaton, "Stateside," *Marketing Business*, June 2002; Sandra Yin, *American Demographics*, November 2001; Daniel Pink, "Metaphor Marketing," *Fast Company*, April-May 1998.

21. たとえば、 Jeffrey Pittam, *Voice in Social Interaction: An Interdisciplinary Approach* (Thousand Oaks, CA: Sage Publications, 1994); Lane, *When the Mind Hears*; James V. Wertsch, *Voices of the Mind: A Sociocultural Approach to Mediated Action* (Cambridge, MA: Harvard University Press, 1991／田島信元訳『心の声』福村出版、1995年).

22. Edward T. Hall, *The Silent Language* (New York: Fawcett World Library, 1961／国弘正雄訳『沈黙のことば』南雲堂、1989年).

23. Robin Dunbar, *Grooming, Gossip, and the Evolution of Language* (Cambridge, MA: Harvard University Press, 1996); Pinker, *Language Instinct* (邦訳『言語を生みだす本能 (上)(下)』).

24. George Lakoff and Mark Johnson, *Philosophy in the Flesh: The Embodied Mind and Its Challenge to Western Thought* (New York: Basic Books, 1999).

25. Raymond W. Gibbs, Jr., "Categorization and Metaphor Understanding," *Psychological Review* 99, no. 3 (1992).

26. G. Bottini, R. Corcoran, R. Sterzi, E. Paulesu, P. Schenone, P. Scarpa, R. S. J. Frack-owiak, and C. D. Frith, "The Role of the Right Hemisphere in the Interpretation of Figurative Aspects of Language: A Positive Emission Tomography Activation Study," *Brain* 117 (1994): 1241-53. 筆者によると、メタファーを理解しようとすると、脳の左側だけでなく右側の動きが活発化することが、PETスキャンを用いた調査から明らかになった。活発化した部位の中には、右中側頭回が含まれていた。この部位については未だ解明されていない点は多いが、メタファーを理解するというような複雑な情報処理の際に活発になると考えられている。また、precuneousと呼ばれる部位も同様に活性化した。これも多くが未知の部位であるが、メタファーを処理する長期的記憶の働きに影響するのではないかと考えられている。メタファーやカテゴリ化、記憶プロセスの間には、特別な関係性が存在していると考えられる。つまり、メタファーは、長期的記憶における経験の概念化を反映したものであり、知識は長期的記憶においてメタファーを介した概念間のつながりとして構成される。さらに、前頭葉、特に右前頭葉前野も、メタファーの処理において同様に活発化した(文字言語を処理する場合には、左前頭葉前野が活発化する)。これは、エピソード記憶からの情報(経験)検索が重要である可能性を示唆している。すなわち、エピソード記憶からの検索によって、メタファーを含む文章が文字通りの意味としては正しくない、つまり文章としては明らかな誤りがあったとしても、その文章が意味を成しているか否かを判断することが可能となる。右前頭葉(前頭葉眼窩前野皮質)は心象をつかさどると考えられており、イメージもメタファーの理解に必要不可欠であることを示している。

27. Arthur I. Miller, *Insights of Genius: Imagery and Creativity in Science and Art* (Cambridge, MA: MIT Press, 2000).

28. Alvin I. Goldman, *Epistemology and Cognition* (Cambridge, MA: Harvard University Press, 1986), 247-249.

29. Mark Johnson, *The Body in the Mind: The Bodily Basis of Meaning, Imagination and Reason* (Chicago: University of Chicago Press, 1987／菅野盾樹・中村雅之訳『心のなかの身体』紀伊國屋書店、1991年), ix.

30. Miller, *Insights of Genius*.

31. 学術研究用の参考文献として、以下の文献をお薦めする。Lynne Cameron and Graham Low, eds., *Researching and Applying Metaphor* (Cambridge, UK: Cambridge University Press, 1999).

32. Joyce L. Ingram, "The Role of Figurative Language in Psychology: A Methodoloical Examination," *Metaphor and Symbolic Activity* 9, no. 4 (1994): 271-288; Richard R. Kopp, *Metaphor Therapy: Using Client-Generated Metaphors in Psychotherapy* (New York: Brunner/ Mazel, 1995); Judy Weiser, *PhotoTherapy Techniques: Exploring the Secrets of Personal Snap-shots and Family Albums* (San Francisco: Jossey-Bass, 1993).

33. Marcel Danesi, "Thinking Is Seeing: Visual Metaphors and the Nature of Abstract Thought," *Semiotica* 80, no. 3-4 (1990): 221-237; Johnson, *The Body in the Mind* (邦訳『心のなかの身体』); Lawrence E. Marks, "On Perceptual Metaphors," *Metaphor and Symbolic Activity* 11, no.1 (1996): 39-66.

34. Pia Lindell, Leif Melin, Henrik J. Gahmberg, Anders Hellqvist, and Anders Melander, "Stability and Change in a Strategist's Thinking," in Eden and Spender, *Managerial and Organizational Cognition*, chapter 5, 77-92; Narakesari Narayandas and Gerald Zaltman, "The Human Element in Marketing

Strategy: A Look at the Creative and Subjective Side," note 598-105 (Boston: Harvard Business School, 1999); John C. Mowen, *Judgment Calls*, 特に chapter 9, 211-238 を参照されたい。

35. Paul L. Harris, "Understanding Emotion," in *The Handbook of Emotions*, eds. Michael Lewis and Jeannette M. Haviland (New York: Guilford Press, 1993), 237-246; Aaron Ben-Ze'ev, *The Subtlety of Emotions* (Cambridge, MA: MIT Press, 2000); Joseph LeDoux, *The Emotional Brain: The Mysterious Underpinnings of Emotional Life* (New York: Simon and Schuster, 1996); Alice M. Isen, "Positive Affect and Decision Making," in Lewis and Haviland, *The Handbook of Emotion*.
36. Turner, *On the Origins of Human Emotion*, 59. 強調部分は著者により追加。
37. Damasio, *Descartes' Error* (邦訳『生存する脳』), xiii.
38. Ben-Ze'ev, The Subtlety of Emotions.
39. Daniel M. Wegner, *The Illusion of Conscious Will* (Cambridge, MA: MIT Press, 2002); Lakoff and Johnson, *Philosophy in the Flesh*; Damasio, *The Feeling of What Happens*; Edelman and Tononi, "Reentry and the Dynamic Core", Bernard J. Baars, *A Cognitive Theory of Consciousness* (New York: Cambridge University Press, 1988); LeDoux, *The Emotional Brain*; Searle, *The Rediscovery of the Mind*; and Walter J. Freeman, *How Brains Make Up Their Mind* (New York: Columbia University Press, 2000), 13-36.
40. LeDoux, *The Emotional Brain*, 29-39.
41. 前掲、32.
42. Josef Perner, *Understanding the Representational Mind* (Cambridge, MA: MIT Press, 1991); Elijah Millgram, *Practical Induction* (Cambridge, MA: Harvard University Press, 1997); George R. Lockhead and James R. Pomeranz, eds., *The Perception of Structure* (Washington, DC: American Psychological Association, 1991).
43. Kagan, *Surprise, Uncertainty, and Knowledge Structures*.
44. Robert A. Wilson, "The Mind Beyond Itself," in Sperber, *Metarepresentations*, 31-52; Scott Atran, "Folk Biology and the Anthropology of Science: Cognitive Universals and Cultural Particulars," *Behavioral and Brain Sciences* 21 (1998), 547-569; Zerubavel, *Social Mindscapes*.
45. Glenn L. Christensen and Jerry C. Olson, "Mapping Consumers' Mental Models with ZMET," *Psychology & Marketing* 19, no. 6 (June 2002): 477-502; Giep Franzen and Margot Bouwman, *The Mental World of Brands: Mind, Memory and Brand Success* (Oxfordshire, UK:World Advertising Research Center, 2001).
46. Christensen and Olson, "Mapping Consumers' Mental Models with ZMET."
47. Elizabeth F. Loftus, *Eyewitness Testimony* (Cambridge, MA: Harvard University Press, 1979／西本武彦訳『目撃者の証言』誠信書房、1987年)。入門書としては、*The Scientific American Book of the Brain* (New York: Lyons Press, 1999; Rita Carter, *Mapping the Mind* (邦訳『脳と心の地形図』)。

第3章

1. この点に関しては、注3に紹介した文献など、意識に関する研究においても議論されている。さらに、以下の論評も参照されたい。Robert F. Bornstein and Than S. Pittman, eds., *Perception without Awareness* (New York: Guilford Press, 1992); Michael Leyton, *Symmetry, Causality, Mind* (Cambridge, MA: MIT Press, 1992); Jerome Kagan, *Surprise, Uncertainty, and Mental Structures* (Cambridge: MA: Harvard University Press, 2002); Paul R. Lawrence and Nitan Nohria, Driven: *How Human Nature Shapes Our Choices* (Boston, MA: Harvard Business School Press, 2002).
2. Doris-Louise Haineault and Jean-Yves Roy, *Unconscious for Sale: Advertising, Psychoanalysis, and the Public* (Minneapolis: University of Minnesota Press, 1993); Dennis Rook, ed., *Brands, Consumers, Symbols, and Research* (Thousand Oaks, CA: Sage Publications, 1999).
3. Tetsuro Matsuzawa, ed., *Primate Origins of Human Cognition and Behavior* (Tokyo: Springer-Verlag, 2001)。

チンパンジーの知性の研究「アイ・プロジェクト」を行っている京都大学霊長類研究所思考言語分野教授、松沢哲郎氏の著作（英語版）。

4. Edward O. Wilson, *In Search of Nature* (Washington, DC: Island Press, 1996／広野喜幸訳『生き物たちの神秘生活』徳間書店、1999年).

5. Henry Plotkin, *Evolution in Mind: An Introduction to Evolutionary Psychology* (Cambridge, MA: Harvard University Press, 1997); Marc D. Hauser, *Wild Minds: What Animals Really Think* (New York: Henry Holt, 2000).

6. Joseph LeDoux, *The Emotional Brain: The Mysterious Underpinnings of Emotional Life* (New York: Simon and Schuster, 1996); Matsuzawa, *Primate Origins of Human Cognition* （京都大学霊長類研究所松沢哲郎教授の著作).

7. Janet Wilde Astington, *The Child's Discovery of the Mind* (Cambridge, MA: Harvard University Press, 1994／松村暢隆訳『子供はどのように心を発見するか』新曜社、1995年), 27.

8. Astington, *The Child's Discovery of the Mind* （邦訳『子供はどのように心を発見するか』), chapter 4.

9. Robert Nozickの私信より（1998年4月).

10. たとえば、Merlin Donald, *Origins of the Modern Mind: Three Stages in the Evolution of Culture and Cognition* (Cambridge, MA: Harvard University Press, 1991); Robin Dunbar, *Origins of the Modern Mind* (Cambridge, MA: Harvard University Press, 1996); Plotkin, Evolution in Mind.

11. たとえば、Robert Kegan, *In Over Our Heads: The Mental Demands of Modern Life* (Cambridge, MA: Harvard University Press, 1994); Jerome H. Barkow, Leda Cosmides, and John Tooby, *The Adapted Mind: Evolutionary Psychology and the Generation of Culture* (New York: Oxford University Press, 1992); Plotkin, *Evolution in Mind*; Adam Kuper, *The Chosen Primate: Human Nature and Cultural Diversity* (Cambridge, MA: Harvard University Press, 1994), 特に chapter 4; S. L. Hurley, *Consciousness in Action* (Cambridge, MA: Harvard University Press, 1998).

12. Patricia Hawkinsと著者との私信より（2001年11月、QUEST調査).

13. Gerald Edelman, *Bright Air, Brilliant Fire: On the Matter of the Mind* （邦訳『脳から心へ』); George Lakoff and Mark Johnson, *Philosophy in the Flesh: The Embodied Mind and Its Challenge to Western Thought* (New York: Basic Books, 1999); John Bostock, *The Neural Energy Constant: A Study of the Bases of Consciousness* (London: Allen and Unwin, 1931); Pascal Boyer, *Religion Explained: The Evolutionary Origins of Religious Thought* (New York: Perseus Books, 2001).

14. John R. Searle, *The Construction of Social Reality* (New York: Free Press, 1996); John R. Searle, *The Rediscovery of the Mind* (Cambridge, MA: MIT Press, 1992). An exception to this point is made by Gerald M. Edelman in *The Remembered Present: A Biological Theory of Consciousness* (New York: Basic Books, 1989), 207.

15. Lakoff and Johnson, *Philosophy in the Flesh*; Steven Pinker, *How the Mind Works* (New York: W. W. Norton, 1997); LeDoux, *The Emotional Brain*.

16. John Haugeland, *Having Thought: Essays in the Metaphysics of Mind* (Cambridge, MA: Harvard University Press, 1998), 159-160.

17. Gerald M. Edelman and Giulio Tononi, *A Universe of Consciousness: How Matter Becomes Imagination* (New York: Basic Books, 2000), 33.

18. J. Allan Hobson, *Consciousness* (New York: Scientific American Library, 1999／沢口俊之訳『意識と脳』日経サイエンス社、2001年), 26.

19. Edelman and Tononi, *A Universe of Consciousness*, 176.

20. Hobson, *Consciousness* （邦訳『意識と脳』), 218.

21. Daniel Wegner, *The Illusion of Conscious Will* (Cambridge, MA: MIT Press, 2002), 145.

22. Bornstein and Pittman, *Perception without Awareness*.
23. マネジャーが合理性に依存する傾向について詳しく知りたい方は、Lawrence and Nohria, *Driven*.を参照されたい。
24. Antoine Bechara, Hannah Damasio, Daniel Tranel, and Antonio Damasio, "Deciding Advantageously Before Knowing the Advantageous Strategy," *Science* 275（February 1997）, 1293-1295; Antoine Bechara, Daniel Tranel, Hannah Damasio, Ralph Adolphs, C. Rockland, and Antonio Damasio, "Double Dissociation of Conditioning and Declarative Knowledge Relative to the Amygdala and Hippocampus in Humans," *Science* 269（1995）: 1115-1118.
25. フランク・トンらによる研究も、さらなる証拠を提供している。彼らの調査では、被験者に対し、片方の目には家の絵を、もう片方の目に顔の絵を見せた。これによって、「両眼視野闘争（binocular rivalry）」と呼ばれる現象が起こり、被験者の目には家か顔のどちらかが交互に現れる。両方の絵が重なり合って見えることはまずない。fMRIを使って、その際の脳の活動を調べてみたところ、家の絵を見ることをつかさどる脳部位は、被験者がその絵が見えると報告するよりも前に活動していることが判明した。詳細は、Frank Tong, James T. Vaughan, and Nancy Kanwisher, "Binocular Rivalry and Visual Awareness in Human Extrastriate Cortex," *Neuron* 21（1998）: 753-749.
26. Rita Carter, *Mapping the Mind*（邦訳『脳と心の地形図』）、特に chapter 7; Kagan, *Surprise, Uncertainty, and Mental Structures*.
27. Andy Clark, *Being There*（Cambridge, MA: MIT Press, 1997）; Daniel Dennett, Kinds of Minds（New York: Basic Books, 1996／土屋俊訳『心はどこにあるのか』草思社、1997年）; Walter Freeman, *How Brains Make Up Their Mind*（London: Weiderfeld and Nicholson, 1999）.
28. Robert Nozick, *Invariances: The Structure of the Objective World*（Cambridge, MA: Harvard University Press, 2001）、特に chapter 14; Hobson, *Consciousness*（邦訳『意識と脳』）、特に chapter 9; Edelman and Tononi, *A Universe of Consciousness*; David J. Chalmers, *The Conscious Mind: In Search of a Fundamental Theory*（Oxford, UK: Oxford University Press, 1996／林一訳『意識する心』白揚社、2001年）; Wallace Chafe, *Discourse, Consciousness, and Time: The Flow and Displacement of Conscious Experiences in Speaking and Writing*（Chicago, IL: University of Chicago Press, 1994）、特に 35-39; Janet Metcalfe and Arthur P. Shimamura, eds., *Metacognition: Knowing about Knowing*（Cambridge, MA: MIT Press, 1995）; Bernard J. Baars, *A Cognitive Theory of Consciousness*（Cambridge, UK: Cambridge University Press, 1988）.
29. Matsuzawa, *Primate Origins of Human Cognition and Behavior*（京都大学霊長類研究所松沢哲郎教授の著作）, Peter Carruthers and Andrew Chamberlain, eds., *Evolution and the Human Mind: Modularity, Language, and MetaCognition*（Cambridge, UK: Cambridge University Press, 2000）; Lawrence and Nohria, *Driven*.
30. 肉体的、精神的コンテクストは行動をとるうえで不可欠である。たとえば、Jerry Fodor, *The Mind Doesn't Work That Way: The Scope and Limits of Computational Psychology*（Cambridge, MA: MIT Press, 2000）; Leslie Brothers, *Friday's Footprint: How Society Shapes the Human Mind*（New York: Oxford University Press, 1997）; Jonathan Turner, *On the Origins of Human Emotions: A Sociological Inquiry into the Evolution of Human Affect*（Stanford, CA: Stanford University Press, 2000）.
31. Andrew F. Leuchter, "Changes in Brain Function of Depressed Subjects During Treatment with Placebo," *American Journal of Psychiatry* 159（2002）: 122-129; 以下も参照されたい。Helen S. Mayberg, Arturo Silva, Seven K. Brannan, Janet L. Tekell, Roderick K. Mahurin, Scott McGin-nis; Paul Jerbek, "The Functional Neuroanatomy of the Placebo Effect," *American Journal of Psychiatry* 159（2002）: 728-737.
32. V. S. Ramachandran and Sandra Blakeslee, *Phantoms in the Brain: Probing the Mysteries of the Human Mind*（New York: Morrow Press, 1998／山下篤子訳『脳のなかの幽霊』角川書店、1999年）.
33. 前掲、52-53.
34. 前掲、53.
35. 前掲、227-228. その他、同様に結論に至った議論については、Ian Stewart and Jack Cohen, *Figments of Reality: The Evolution of the Curious Mind*（Cambridge, UK: Cambridge University Press, 1997）; Donald D.

Hoffman, *Visual Intelligence: How We Create What We See* (New York: W. W. Norton, 1998) を参照されたい。

36. John Dowling, *Creating Mind: How the Brain Works* (New York: W. W. Norton, 1998), 119-120.
37. 心理学者のヘルマン・フォン・ヘルムホルツはこの現象を説明するのに「無意識推理」(unconscious inferences) という用語を用いた。
38. Fodor, *The Mind Doesn't Work That Way*.
39. Daniel Simons and Christopher Chabris, "Gorillas in Our Midst: Sustained Inattentional Blindness for Dynamic Events," *Perception* 28 (1999): 1059-1074.

第4章

1. いかなる調査法も完璧ではない。たとえば、ジェローム・ケーガン(ハーバード大学心理学部ダニエル・エイミー・スターチ教授)はマーケティング分野でも広く使用されているアンケート調査について、特に、回答者の持つ暗黙知や無意識的な思考をとらえることができない点を批判している(Jerome Kagan, *Surprise, Uncertainty, and Mental Structures* (Cambridge, MA: Harvard University Press, 2002) を参照のこと)。しかし、アンケート調査は依然としてマーケティングの主要な調査手法であり、手法としての高度化を追究する努力は続けられている。また、回答者の記憶に頼る手法全般に対する批評については、以下を参照されたい。Dennis Rook, "Projective Methods Reconsidered," working paper, University of Southern California, Los Angeles, 2002.
2. より一般的に活用されている技法についての例は、Paul E. Green and V. Srinivasan, "Conjoint Analysis in Marketing: New Developments with Implications for Research and Practice," *Journal of Marketing* 54 (October 1990): 2-19. を参照されたい。
3. Gerald Zaltman, "Rethinking Market Research: Putting People Back In," *Journal of Marketing* Research 34 (November 1997): 424-437.
4. この項のタイトルは、Emily Eakin, "Penetrating the Mind by Metaphor," *New York Times*, 23 February 2002. から引用した。
5. Gerald M. Edelman and Giulio Tononi, *A Universe of Consciousness: How Matter Becomes Imagination* (New York: Basic Books, 2000), 176.
6. たとえば、Jerome B. Kernan, "More Than a Rat, Less Than God, Staying Alive," and Dennis W. Rook, "Four Questions about Consumer Motivation Research," in *The Why of Consumption: Contemporary Perspectives on Consumer Motives, Goals, and Desires*, eds. S. Ratneshwar, David Glen Mick, and Cynthia Huffman (New York: Routledge, 2000).
7. メタファーを介して無意識的な思考を表出化し、意識的な思考や行動に働きかける方法に関する文献としては、以下を参照されたい。いくつかの文献は本書でも繰り返し紹介している (著者名のアルファベット順に列記)。Lynne Cameron and Graham Low, eds., *Researching and Applying Metaphor* (Cambridge, UK: Cambridge University Press, 1999); Gemma Corradi Fiumara, *The Metaphoric Process: Connections between Language and Life* (New York: Routledge, 1995); Raymond W. Gibbs, Jr., *The Poetics of Mind: Figurative Thoughts, Language, and Understanding* (Cambridge, UK: Cambridge University Press, 1994); Richard R. Kopp, *Metaphor Therapy: Using Client-Generated Metaphors in Psychotherapy* (New York: Brunner/Mazel, 1995); George Lakoff and Mark Johnson, *Philosophy in the Flesh: The Embodied Mind and Its Challenge to Western Thought* (New York: Basic Books, 1999); George Lakoff and Mark Johnson, *Metaphors We Live By* (Chicago, IL: University of Chicago Press, 1980／渡部昇一訳『レトリックと人生』大修館書店、1986年); Jeffery Scott Mio and Albert N. Katz, eds., *Metaphor: Implications and Applications* (Mahwah, NJ: Lawrence Erlbaum, 1996); Linda E. Olds, *Metaphors of Interrelatedness: Toward a Systems Theory of Psychology* (Albany, NY: State University of New York Press, 1992); Andrew Ortony, ed., *Metaphor and Thought*, 2d ed. (Cambridge, UK: Cambridge University Press, 1993); Paul C. Rosenblatt, *Metaphors of Family Systems Theory: Toward New Constructions* (New York: Guilford Press, 1994); Ellen Y. Siegelman, *Metaphor and Meaning in Psychotherapy* (New York: Guilford Press, 1990).

8. たとえば、*Metaphor and Symbol: Models of Figurative Language* 16 (2001): 141-333 (Rachel Biora, guest ed.).
9. Lakoff and Johnson, *Philosophy in the Flesh*.
10. Sam Glucksberg, Deanna Ann Manfredi, and Matthew S. McGlone, "Metaphor Comprehension: How Metaphors Create New Categories," 327-350; Raymond W. Gibbs, Jr., "How Language Reflects the Embodied Nature of Creative Cognition," in *Creative Thought: An Investigation of Conceptual Structures and Processes*, eds. Thomas B. Ward, Steven M. Smith, and Jyotsna Vaid (Washington, DC: American Psychological Association, 1997), 351-374.
11. このようにメタファーを多面的に理解することは重要であり、様々な分野で議論されている。繰り返しになるが、本書では、メタファーを広く定義し、シミリー（直喩）、アナロジー（類比）、アレゴリー（寓喩）、プロバーブ（ことわざ）などを含んでいる。メタファーに関しては、以下の文献を参照されたい。
C. Burgess and C. Chiarello, "Neurocognitive Mechanisms Underlying Metaphor Comprehension and Other Figurative Language," *Metaphor and Symbolic Activity* 11 (1996): 67-84; Rachel Giora, Eran Zaidel, Nachum Soroker, Gila Batori, and Asa Kasher, "Differential Effects of Right- and Left-Hemisphere Damage on Understanding Sarcasm and Metaphor," *Metaphor and Symbol* 15 (2000): 63-84; Skye McDonald, "Neuropsychological Studies of Sarcasm," *Metaphor and Symbol* 15 (2000): 85-98; Ellen Winner, H. Brownell, F. Happe, A. Blum, and D. Pincus, "Distinguishing Lies from Jokes: Theory of Mind Deficits and Discourse Interpretation in Right Hemisphere Brain Damaged Patients," *Brain and Language* 36 (1998): 580-591; K. Fedemeier and M. Kutas, "Right Words and Left Words: Electrophysiological Evidence for Hemispheric Differences in Meaning Processing," *Cognitive Brain Research* 8 (1999): 373-392; M. J. Beeman, E. M. Bowden, and M. A. Gernsbacher, "Right and Left Hemisphere Cooperation for Drawing Predictive and Coherence Inferences During Normal Story Comprehension," *Brain and Language* 71 (2000): 310-336.
12. Kevin Keller, *Strategic Brand Management: Building, Measuring, and Managing Brand Equity* (Upper Saddle River, NJ: Prentice Hall, 1998／恩蔵直人・亀井昭宏訳『戦略的ブランド・マネジメント』東急エージェンシー、2000年). さらなる説明は、以下を参照されたい。Daniel Pink, "Metaphor Marketing," *Fast Company*, April 1998; Sandra Yin, "The Power of Images," *American Demographics*, November 2001, 32-33; Ronald B. Lieber, "Storytelling: A New Way to Get Close to Your Customer," Fortune, 3 February 1997, 102-108; Gwendolyn Catchings-Castello, "The ZMET Alternative," *Marketing Research*, Summer 2000, 6-12; Emily Eakin, "Penetrating the Mind by Metaphor"; John Grant, *After Image: Mind-Altering Marketing* (London: Harper Collins, 2002); Jonathan E. Schoreder, *Visual Consumption* (New York: Routledge, 2002).
13. Richard E. Cytowic, *Synesthesia: A Union of the Senses*, 2d ed. (Cambridge, MA: MIT Press, 2002), 276.
14. Robin Coulter and Gerald Zaltman, "The Power of Metaphor," in *The Why of Consumption: Contemporary Perspectives on Consumer Motives, Goals, and Desires*, eds. S. Ratneshwar, David Glen Mick, and Cynthia Huffman (New York: Routledge, 2001), 259-281.
15. Pink, "Metaphor Marketing," 78.
16. Pink, "Metaphor Marketing."
17. Cytowic, *Synesthesia*.
18. Antonio R. Damasio, *Descartes' Error: Emotion, Reason, and the Human Brain* (邦訳『生存する脳』), xiii.
19. Lakoff and Johnson, *Philosophy in the Flesh*, 43.
20. Christopher Collins, *The Poetics of the Mind's Eye: Literature and the Psychology of Imagination* (Philadelphia, PA: University of Pennsylvania Press, 1991); Sik Hung Ng and James J. Bradac, *Power in Language: Verbal Communication and Social Influence* (Thousand Oaks, CA: Sage Publications, 1993), 136-141.
21. 異なる視点による興味深い解釈がある。たとえば、Terrence W. Deacon, *The Symbolic Species: The Co-evolution of Language and the Brain* (New York: W. W. Norton, 1997／金子隆芳訳『ヒトはいかにして人となったか』新曜社、1999年); Leslie Brothers, *Friday's Footprint: How Society Shapes the Human Mind*

(Oxford, UK: Oxford University Press, 1997); Adam Kuper, *The Chosen Primate: Human Nature and Cultural Diversity* (Cambridge, MA: Harvard University Press, 1994); Merlin Donald, *Origins of the Modern Mind: Three Stages in the Evolution of Culture and Cognition* (Cambridge, MA: Harvard University Press, 1991); Robert Boyd and Joan B. Silk, *How Humans Evolved*, 2d ed. (New York: W. W. Norton, 2000); Daniel McNeill, *The Face: A Natural History* (Boston, MA: Little, Brown, 1998).

22. Andrew Goatly, *The Language of Metaphors* (London: Routledge, 1997).

23. W. J. T. Mitchell, *Picture Theory: Essays on Verbal and Visual Representation* (Chicago, IL: University of Chicago Press, 1994).

24. Coulter and Zaltman, "The Power of Metaphor"; Robin Coulter, Keith Coulter, and Gerald Zaltman, "In Their Own Words: Consumers' Attitudes Toward Advertising," *Journal of Advertising* (December 2001), 1-21.

25. Stephen Cole の私信より（2002年3月）．

26. Francisco J. Varela, Evan Thompson, and Elenor Rosch; *The Embodied Mind* (Cambridge, MA: MIT Press 1992：田中靖夫訳『身体化された心』工作舎、2001年）．さらに、注7も参照されたい。

27. A. J. Soyland, *Psychology as Metaphor* (Thousand Oaks, CA: Sage Publications, 1994).

第4章付論

1. 一般的な手引き書として以下が大変参考になる。Thomas Reynolds and Jerry C. Olson, *Understanding Consumer Decision Making: The Means-End Approach to Marketing and Advertising Strategy* (Mahwah, NJ: Lawrence Erlbaum, 2001). メタファーについてより詳細な参考書としては "Thirteen Lucky Tips for ZMET Interviewing," occasional paper no. 3, Olson Zaltman Associates, State College, PA, 2002, revised ed.を参照されたい。さらに、Judy Wieser, *Phototherapy Techniques: Exploring the Secrets of Personal Snapshots and Family Albums* (San Francisco: Jossey-Bass, 1993) も参考になる。

2. 質問の枠組を変えることによって、「心のしゃっくり」を起こし、新しい思考や感情を掘り起こす。これについての要点は以下を参照されたい。Meyer Schapiro, *Theory and Philosophy of Art: Style, Artists, and Society, Selected Papers* (New York: George Braziller, 1994), 特に chapter 1, 1-33; W. J. T. Mitchell, *Picture Theory: Essays on Verbal and Visual Representation* (Chicago, IL: University of Chicago Press, 1994); Rudolf Arnheim, *The Power of the Center: A Study of Composition in the Visual Arts* (Berkeley, CA: University of California Press, 1988／関計夫訳『中心の力』紀伊国屋書店、1983年）．

3. Weiser, *Phototherapy Techniques*; John Willats, *Art and Representation: New Principles in the Analysis of Pictures* (Princeton, NJ: Princeton University Press, 1997); Rudolf Arnheim, *Art and Visual Perception: A Psychology of the Creative Eye* (Berkeley, CA: University of California Press, 1974).

4. さらなる手引き書として、Shay Sayre, *Qualitative Methods for Marketplace Research* (Thousand Oaks, CA: Sage Publications, 2001) を参照されたい。

第5章

1. Philip M. Merikle and Meredyth Daneman, "Conscious vs. Unconscious Perception," in *The New Cognitive Neurosciences*, 2d ed., ed. Michael S. Gazzaniga (Cambridge, MA: MIT Press, 2000), 1295-1304.

2. Vicki G. Morwitz, Joel H. Steckel, and Alok Gupta, "When Do Purchase Intentions Predict Sales?" working paper 97-112, Marketing Science Institute, Cambridge, MA, 1997; Jerome Kagan, *Surprise, Uncertainty, and Mental Structures* (Cambridge, MA: Harvard University Press, 2002) 181; Joseph LeDoux, *The Emotional Brain* (New York: Simon and Schuster, 1996), 特に、顧客の自己申告による回答が、顧客の実際の行動を反映しないのがなぜかに関する議論については、同書第1章～第3章を参照されたい。

3. J. A. Bargh, M. Chen, and L. Burrows, "Automaticity of Social Behavior: Direct Effects of Trait Constructs

and Stereotype Activation on Action," *Journal of Personality and Social Psychology* 71 (1996): 230-244.

4. C. N. Macrae and L. Johnston, "Help, I Need Somebody: Automatic Action and Inaction," *Social Cognition* 16 (1998): 400-417.

5. A. Dijksterhuis et al., "Seeing One Thing and Doing Another: Contrast Effects in Automatic Behavior," *Journal of Personality & Social Psychology* 75 (1998): 862-871.

6. D. Maison, A. G. Greenwald, and R. Bruin, "The Implicit Association Test as a Measure of Implicit Consumer Attitudes," *Polish Psychological Bulletin* 32, no. 1 (2001).

7. この研究に関するさらに詳しい情報は、Kathryn A. Braun and Gerald Zaltman, "When What Consumers Say Isn't What They Do: The Case of Ethnocentrism" (Austin, TX: Proceedings of the Association for Consumer Research, 2002) を参照されたい。

8. Fred Mast and Nancy Puccinelli, "Mood and Implicit Associations with Brands," unpublished data, Mind of the Market Laboratory, Harvard Business School, Boston, MA, 2001.

9. Steven M. Kosslyn and Robin S. Rosenberg, *Psychology: The Brain, the Person, the World* (Boston, MA: Allyn and Bacon, 2001), 686.

10. 優れた文献として、以下が挙げられる。Roberto Cabeza and Alan Kingstone, eds., Handbook of Functional Neuroimaging of Cognition (Cambridge, MA: MIT Press, 2001); Peter R. Huttenlocher, *Neural Plasticity: The Effects of Environment on the Development of the Cerebral Cortex* (Cambridge, MA: Harvard University Press, 2002), 68-87.

11. マーケティングにおけるニューロ・イメージング手法の使用については、スティーブン M. コスリンとジェラルド・ザルトマンが保有する特許 "Neuroimaging as a Marketing Tool," U.S. Patent Number 6,099,319を参照されたい。さらに、マーケティング・リサーチにおける生理的データの計測については、ジェラルド・ザルトマンが保有する特許 "Metaphor Elicitation Technique with Physiological Function Monitoring," U.S. Patent Number 6,315,569 B1 を参照されたい。

12. William R. Uttal, The New Phrenology: *The Limits of Localizing Cognitive Processes in the Brain* (Cambridge, MA: MIT Press, 2001).

13. Stephen L. Crites, Jr., and Shelley N. Aikman-Eckenrode, "Making Inferences Concerning Physiological Responses: A Reply to Rossiter, Silbesteing, Harris, and Nield," *Journal of Advertising Research* 41 (March/April 2001): 23-25.

14. 例として、Robert Morais, "The End of Focus Groups," in *Quirk's Marketing Research Review* (May 2001), 154; "Advertising" (コラム), Vanessa O'Connell, *Wall Street Journal*, 27 November 2000.

15. Kirsten D. Sandberg, "Focus on the Benefits," Harvard Management Communication Letter (April 2002): 4. から引用。

16. Thomas L. Greenbaum, *The Handbook for Focus Group Research*, 2d ed. (Thousand Oaks, CA: Sage Publications, 1998); Bonnie Goebert with Herman M. Rosenthal, *Beyond Listening: Learning the Secret Language of Focus Groups* (New York: John Wiley, 2002). さらに注17を参照をされたい。

17. フォーカス・グループ手法について、おそらく最も建設的な解説を行っている文献は、Edward F. Fern, *Advanced Focus Group Research* (Thousand Oaks, CA: Sage Publications, 2001) である。その他、大変役立つ文献として Hy Mariampolski, *Qualitative Market Research: A Comprehensive Guide* (Thousand Oaks, CA: Sage Publications, 2001) が挙げられる。

18. フォーカス・グループについて広範囲に触れている文献は、エドワード・フェルンの以下の古典的論文を参照されたい。Edward F. Fern, "The Use of Focus Groups for Idea Generation: The Effects of Group Size, Group Type, Acquaintanceship and the Moderator on Response Quantity and Quality," *Journal of Marketing Research* 19 (1982): 1-13. フェルンの1982年当時の問題意識が、今日も同様に意味があり、かつ有効である。

19. Valerie Janesick, "The Dance of Qualitative Research Design," in *Handbook of Qualitative Research*, eds. Norman K. Denzin and Yvonna S. Lincoln (Thousand Oaks, CA: Sage Publications, 1994).

20. Herbert Rubin and Irene Rubin, *Qualitative Interviewing: The Art of Hearing Data* (Thousand Oaks, CA: Sage Publications, 1995).
21. Steven Taylor and Robert Bogdan, *Introduction to Qualitative Research Methods*, 3d ed. (New York: John Wiley, 1998), 115.
22. Robert B. Brandom, *Making It Explicit: Reasoning, Representing, and Discursive Commitment* (Cambridge, MA: Harvard University Press, 1994); Jordan B. Petersen, *The Architecture of Belief* (London: Routledge, 1999).
23. Robin Dunbar, *Grooming, Gossip, and the Evolution of Language* (Cambridge, MA: Harvard University Press, 1996), 121.
24. Morais, "The End of Focus Groups."
25. Mark L. Knapp, Gerald R. Miller, and Kelly Fudge, eds., *Handbook of Interpersonal Communication*, 2d ed. (Thousand Oaks, CA: Sage Publications, 1994).
26. Timur Kuran, *Private Truths, Public Lies: The Social Consequences of Preference Falsification* (Cambridge, MA: Harvard University Press, 1995).
27. John Hauser and Abbie Griffin, "The Voice of the Customer," working paper 92-106, Marketing Science Institute, Cambridge, MA, 1993.
28. 関連の調査結果については、以下を参照されたい。Peter R. Dickson and Alan G. Sawyer, "The Price Knowledge and Search of Supermarket Shoppers," *Journal of Marketing* 54 (July 1990): 42-53.
29. 私がこの例に注目したのはビンセント・バラッバによるところが大きい。
30. Robin Coulter, Gerald Zaltman, and Keith Coulter, "Interpreting Consumer Perceptions of Advertising: An Application of the Zaltman Metaphor Elicitation Technique," *Journal of Advertising* 30 (December 2001): 1-21; Gene Weingarten, "Below the Beltway," *Washington Post*, 14 April 2002; Douglas Rushkoff, *Coercion: Why We Listen to What "They" Say* (New York: Riverhead Books, 1999); Robin Coulter and Gerald Zaltman, "The Meaning of Marketing," working paper, University of Connecticut, Storrs, 1995.
31. オルソン・ザルトマン・アソシエイツ（OZA）とそのライセンシーによって使用されているZMET法（Zaltman Metaphor Elicitation Technique）は、特許取得済みのリサーチ手法である。(U.S. Patent Number 5,436,830)
32. ZMETインタビューで語られる話は、参加者にとって、時には調査者にとっても、非常につらい内容になることもあり、インタビューを担当する者はそうした状況にどのように対処するかのトレーニングを事前に受ける。調査者は、インタビュー経験を重ねるにつれて、自分にあった対処方法を身につけていく。
33. 当然、調査の匿名性についても参加者に説明される。また、調査側の人間がインタビュー内容を控え室で観察している場合には、その旨が参加者に伝えられる。
34. Raymond A. Bauer, "The Limits of Persuasion," *Harvard Business Review*, September-October 1958, 107.
35. 宗教団員や戦争捕虜を洗脳しようとするような場合でさえ、効果があることもあれば、ないこともある。

第6章

1. Mary Frances Luce, James R. Bettman, and John W. Payne, *Emotional Decisions: Tradeoff Difficulty and Coping in Consumer Choice* (Chicago, IL: University of Chicago Press, 2001); S. Ratneshwar, David Glen Mick, and Cynthia Huggman, eds., *The Why of Consumption: Contemporary Perspectives on Consumer Motives, Goals, and Desires* (New York: Rout-ledge, 2001).
2. 詳しくは、Walter J. Freeman, *How Brains Make Up Their Minds* (New York: Columbia University Press, 2000), 特に chapter 2, 13-36.
3. Daniel C. Dennett, *Kinds of Minds: Toward an Understanding of Consciousness*（邦訳『心はどこにあるのか』）, 特に chapter 1, 1-18, and chapter 6, 119-152.

4. Freeman, *How Brains Make Up Their Mind*, chapter 3; Jerome Kagan, *Surprise, Uncertainty, and Mental Structures* (Cambridge, MA: Harvard University Press, 2002).

5. Clayton M. Christensen, *The Innovator's Dilemma: When New Technologies Cause Great Firms to Fail* (邦訳『イノベーションのジレンマ』).

6. Freeman, *How Brains Make Up Their Mind*, 16; excellent accounts of this issue can also be found in James W. Barrow, ed., *Self-Analysis: Critical Inquiries, Personal Vision* (Hinsdale, NJ: Analytic Press, 1993).

7. 例として、Kevin J. Chancy and Robert S. Shulman, *Marketing Myths That Are Killing Business: The Cure for Death Wish Marketing* (New York: McGraw Hill, 1994); Vincent P. Barabba, *Meeting of Minds* (Boston, MA: Harvard Business School Press, 1995).

8. Freeman, *How Brains Make Up Their Mind*; Philip Lieverman, *Human Language and Our Reptilian Brain: The Subcortical Bases of Speech, Syntax, and Thought* (Cambridge, MA: Harvard University Press, 2000), 1-18.

9. Jesse J. Prinz, *Furnishing the Mind: Concepts and Their Perceptual Basis* (Cambridge, MA: MIT Press, 2002).

10. Jerome Kagan, *Three Seductive Ideas* (Cambridge, MA: Harvard University Press, 1998).

11. Jerry Fodor, *The Mind Doesn't Work That Way: The Scope and Limits of Computational Psychology* (Cambridge, MA: MIT Press, 2000).

12. Kagan, *Three Seductive Ideas*, 35.

13. Daniel Miller, *A Theory of Shopping* (Ithaca, NY: Cornell University Press, 1998).

14. Peter Huttenlocher, *Neural Plasticity: The Effects of Environment on the Development of the Cerebral Cortex* (Cambridge, MA: Harvard University Press, 2002); Susan Engel, *Context Is Everything: The Nature of Memory* (New York: W. H. Freeman, 1999); Robert A. Wilson, "The Mind Beyond Itself," in *Metarepresentation: A Multidisciplinary Perspective*, ed. Dan Sperber (Oxford, UK: Oxford University Press, 2000), 31-52; Alexandra Maryanski and Jonathan H. Turner, *The Social Cage: Human Nature and the Evolution of Society* (Stanford, CA: Stanford University Press, 1992); Judith Rich Harris, *The Nurture Assumption: Why Children Turn Out the Way They Do* (New York: Free Press, 1998／石田理恵訳『子育ての大誤解』早川書房、2000年); Leslie Brothers, *Friday's Footprint: How Society Shapes the Human Mind* (Oxford, UK: Oxford University Press, 1997); Richard Lewontin, *The Triple Helix: Gene, Organism, and Environment* (Cambridge, MA: Harvard University Press, 2000); Shelley E. Taylor and Rena L. Repetti, "Health Psychology: What Is an Unhealthy Environment and How Does It Get Under the Skin?" *Annual Review of Psychology* 48 (1997): 411-447; Andy Clark, *Being There: Putting Brain, Body, and World Together Again* (Cambridge, MA: MIT Press, 1997).

15. Emily Eakin, "Penetrating the Mind by Metaphor," *New York Times*, 23 February 2002.

16. 様々な説明が、以下になされている。Pascal Boyer, *The Naturalness of Religious Ideas: A Cognitive Theory of Religion* (Berkeley, CA: University of California Press, 1999); Jan Klein and Naoyuki Takahata, *Where Do We Come From?* (New York: Springer-Verlag, 2002), 特に chapter 12, 371-379; Dan Sperber, *Explaining Culture: A Naturalistic Approach* (邦訳『表象は感染する』).

17. Donald E. Brown, *Human Universals* (New York: McGraw-Hill, 1991), 157-201.から引用。

18. Kagan, *Three Seductive Ideas*, chapter 1.

19. Kay Kaufman Shelemay, *Soundscapes: Exploring Music in a Changing World* (New York: W. W. Norton, 2001).

20. John Hauser and Abbie Griffin, "The Voice of the Customer," working paper 92-106, Marketing Science Institute, Cambridge, MA, 1993.

21. たとえば、ラダリング法などのインタビュー手法を活用して1対1の個別インタビューを行った場合、最終的に100を超えるインタビューを行った場合でもそこから得られた概念はすべて、最初の18～22のインタビ

ューによって得られていたことが報告されている。ZMET調査では、5～8のインタビューをした段階で、さらに多くのインタビューをした場合に得られる概念の大半をおさえていることもわかっている。たとえば、あるZMET調査では、最終的に81人の参加者を対象にZMETインタビューを行ったが、分析の結果として最終的にコンセンサス・マップ上に残ったコンストラクトはすべて、81のインタビューからランダムに選んだ4～6のインタビューの中に登場していた。また別のZMET調査では、3～7のインタビューで、最終的なコンセンサス・マップ上の概念をカバーできていた。だからといって、こうした少数のインタビューをすればいいということではない。多くのインタビューを行うことで、コンストラクトやコンストラクト間のつながりについての理解はより豊かで、深いものになる。しかし、特定の対象グループについて、15～20人以上のインタビューをしても新たな洞察を得ることは難しいとは言える。

第7章

1. John Hauser and Abbie Griffin, "The Voice of the Customer," working paper 92-106, Marketing Science Institute, Cambridge, MA, 1993; Thomas Reynolds and Jerry C.Olson, *Understanding Consumer Decision Making: The Means-End Approach to Marketing and Advertising Strategy* (Mahwah, NJ: Lawrence Erlbaum, 2001); Gerald Zaltman and Robin Coulter, "Seeing the Voice of the Customer: Metaphor-based Advertising Research," *Journal of Advertising Research* 35, no. 4 (July-August 1995): 35-51.

2. このことは、調査の対象となるテーマの抽象度や、対象分野、対象国や地域に関わりなく言える。たとえば、あるZMET調査では100人以上の参加者を対象にインタビューを行ったが、最終的にコンセンサス・マップ上に掲載されたコンストラクトはすべて、100人中からランダムに選んだ5人程度のインタビューでカバーされていた。コンストラクト間のつながりについても、ランダムに選んだ8人程度のインタビューでカバーすることができた。また別のプロジェクトでは、1つのテーマについて、数千人を対象としたアンケート調査や、フォーカス・グループ調査、社内独自の調査法が使用されたが、同様の結果が得られた。また、別の研究では、あるテーマについて調べようとすれば、専門家3人に重要な概念をリストしてもらうことで、そのテーマに関する重要な問題をカバーできることも指摘されている。
R. T. Clemen and R. L. Winkler, "Limits for the Precision and Value of Information from Dependent Sources," *Operations Research* 33, no. 4 (1985): 427- 442; Donald G. Morrison and David C. Schmittlein, "How Many Forecasters Do You Really Have? Mahalanobis Provides the Intuition for the Surprising Clemen and Winkler Result," *Operations Research* 39, no. 3 (1991): 519-523.
米国国立衛生研究所(NIH)の研究によれば、数名の専門家の意見をまとめることによって、実際の医師が行っている治療方法の大半をカバーすることができる、という。NIHで採用されている手法は、ZMET調査の手法と似たものである。

3. Peter R. Huttonlocher, *Neural Plasticity: The Effects of Environment on the Development of the Cerebral Cortex* (Cambridge, MA: Harvard University Press, 2002); David Perkins, *Outsmarting IQ: The Emerging Science of Learnable Intelligence* (New York: Free Press, 1995); Gerald Edelman, *Bright Air, Brilliant Fire: On the Matter of the Mind* (邦訳『脳から心へ』); Jerome Kagan, *Three Seductive Ideas* (Cambridge, MA: Harvard University Press, 1998), 特に chapter 2, 83-150; Michael Tomasello, *The Cultural Origins of Human Cognition* (Cambridge, MA: Harvard University Press, 1999).

4. 「市場の心」という場合、モノとしての実物がそこにあるわけではない。たとえば、あるスポーツのファンが生まれる過程には、チーム、ファンの反応、そうした反応を得るためのチームの努力などが相互に影響を与えることが不可欠なように、市場の心も顧客とマネジャーの相互作用の中から生まれる。

5. Gerald Edelman and Giulio Tononi, *A Universe of Consciousness: How Matter Becomes Imagination*, 特に chapter 10, 113-124; Edelman, *Bright Air, Brilliant Fire* (邦訳『脳から心へ』), 特に chapter 9, 81-110.

第8章

1. Elizabeth F. Loftus and Katherine Ketchum, *Myth of Repressed Memory: False Memories and Allegations of Sexual Abuse Witness for the Defense* (New York: St. Martin's Griffin, 1996／仲真紀子訳『抑圧された記憶の神話』誠信書房、2000年); Elizabeth F. Loftus, *Eyewitness Testimony* (revised edition of 1979 book,

Cambridge, MA: Harvard University Press, 1996：旧版邦訳『目撃者の証言』).

2. Daniel L. Schacter, *Searching for Memory: The Brain, the Mind, and the Past* (New York: Basic Books, 1996), 308.

3. Daniel L. Schacter, ed. *Memory Distortion: How Minds, Brains, and Societies Reconstruct the Past* (Cambridge MA: Harvard University Press, 1995), 22. See also Susan Engel, *Context Is Everything: The Nature of Memory* (New York: W. H. Freeman, 1999).

4. Jeffrey Prager, *Presenting the Past: Psychoanalysis and the Sociology of Misremembering* (Cambridge, MA: Harvard University Press, 1998). 個人、社会、文化の融合における記憶の役割についての説明として、同書は大いに参考になる。

5. 前掲、82.

6. Kathryn A. Braun and Gerald Zaltman, "Backwards Framing: A Theory of Memory's Reconstruction," working paper 98-109, Marketing Science Institute, Cambridge, MA.

7. フィッツシモンズとシブによる記憶の再構築に関する研究では、消費者にある仮定を含む質問をするだけで、消費者の購買行動に影響を与えることができることが明らかにされている。Gavan J. Fitzsimons and Baba Shiv, "Nonconscious and Contaminative Effects of Hypothetical Questions on Subsequent Decision Making," *Journal of Consumer Research* 28 (September 2001): 224-238.

8. Bob Snyder, *Music and Memory: An Introduction* (Cambridge, MA: MIT Press, 2000), 107.

9. Daniel L. Schacter and Tim Curran, "Memory without Remembering and Remembering without Memory: Implicit and False Memories," in *The New Cognitive Neurosciences*, 2d ed., ed. Michael S. Gazzaniga (Cambridge, MA: MIT Press, 2000), 829-844.

10. たとえば、はじめの3つの「罪」については、Daniel L. Schacter, *The Seven Sins of Memory: How the Mind Forgets and Remembers* (Boston, MA: Houghton Mifflin, 2001／春日井晶子訳『なぜ、「あれ」が思い出せなくなるのか』日本経済新聞社、2002年) を参照されたい。

11. Roger C. Schank, *Tell Me a Story: A New Look at Real and Artificial Memory* (New York: Scribners, 1990／長尾確・長尾加寿恵訳『人はなぜ話すのか』白揚社、1996年).

12. 記憶とにおいに関して、以下の2冊の最適な文献がある。Frank R. Schols and Robert G. Crowder, eds., *Memory for Odors* (Mahwah, NJ: Lawrence Erlbaum, 1995); Truygg Engen, *Odor Sensation and Memory* (New York: Praeger, 1999). 嗅覚作用におけるニューロ・イメージング研究については以下の論評を参照されたい。Christopher F. Chabris and Jennifer M. Shepard, "The Cognitive Neuroscience of Olfaction: A Selective Review," unpublished paper, Mind of the Market Laboratory, Harvard Business School, July 1999.

13. David B. Pillemer, *Momentous Events, Vivid Memories* (Cambridge, MA: Harvard University Press, 1998), 50.

14. Israel Rosenfield, *The Invention of Memory: A New View of the Brain* (New York: Basic Books, 1988／菅原勇・平田明隆訳『記憶とは何か』講談社ブルーバックス、1993年)、および、同著者による *The Strange, Familiar, and Forgotten: An Anatomy of Consciousness*.

15. Schacter, *Searching for Memory*, 60.

16. Linda J. Levine et al., "Remembering Past Emotions: The Role of Current Appraisals," *Cognition and Emotion* 14, no. 4 (2001): 393-417 (New York: Knopf, 1992).

17. Paul John Eakin, How Our Lives Become Stories: Making Selves (Ithaca, NY: Cornell University Press, 1999); Ian Stewart and Jack Cohen, *Figments of Reality: The Evolution of the Curious Mind* (Cambridge, UK: Cambridge University Press, 1997). これら2つの文献は、記憶と想像の関係について、異なるアプローチをとりながらも同様の結論を導き出している。記憶と想像の関係について、哲学の観点から論じた文献としては、以下を参照されたい。 Alvin I. Goldman, *Epistemology and Cognition* (Cambridge, MA: Harvard University Press, 1986).

18. Loftus and Ketchum, *Myth of Repressed Memory*（邦訳『抑圧された記憶の神話』）; Loftus, *Eyewitness Testimony*（邦訳『目撃者の証言』）, 19; Kathryn A. Braun, "Post-Experience Effects on Consumer Memory," *Journal of Consumer Research* 25（March 1999）: 319-334.
19. 前掲。
20. 前掲。
21. Kathryn A. Braun, Rhiannon Ellis, and Elizabeth F. Loftus, "Make My Memory: How Advertising Can Change Our Memories of the Past," *Psychology & Marketing* 19（January 2002）: 1-23.
22. Schacter, *The Seven Sins of Memory*（邦訳『なぜ、「あれ」が思い出せなくなるのか』）, 99.
23. Antonio Damasio, *The Feeling of What Happens: Body and Emotion in the Making of Consciousness*（New York: Harcourt Brace, 2000）.
24. Joseph P. Forgas, "Mood and Judgment: The Affect Infusion Model（AIM）," *Psychological Bulletin* 117, no. 1（1995）: 39-66.
25. F. G. Ashby, Alice M. Isen, and A. U. Turken, "A Neuropsychological Theory of Positive Affect and Its Influence on Cognition," *Psychological Review* 106（1999）: 529-550.
26. Angeli Y. Lee and Brian Sternthal, "The Effects of Positive Mood on Memory," *Journal of Consumer Research* 26, no. 2（September 1999）: 115-127.

第9章

1. Bob Snyder, *Music and Memory: An Introduction*（Cambridge, MA: MIT Press, 2000）.
2. Roger C. Schank and R. P. Abelson, "Knowledge and Memory: The Real Story," *Advances in Social Cognition* 8（1995）: 33; Roger C. Schank, *Tell Me a Story: A New Look at Real and Artificial Memory*（邦訳『人はなぜ話すのか』）.
3. Paul Connerton, *How Societies Remember*（Cambridge, UK: Cambridge University Press, 1999）.
4. Robert A. Wilson, "The Mind Beyond Itself," in *Metarepresentations: A Multidisciplinary Perspective*, ed. Dan Sperber（Oxford, UK: Oxford University Press, 2000）: 31-52.
5. Susan Engel, *Context Is Everything: The Nature of Memory*（New York: W. H. Freeman, 1999）, 10.
6. Edward O. Wilson, *Consilience: The Unity of Knowledge*（New York: Random House, 1998）.
7. Andy Clark, *Being There: Putting Brain, Body, and World Together Again*（Cambridge, MA: MIT Press, 1997）.
8. Paul Connerton, *How Societies Remember*（Cambridge, UK: Cambridge University Press, 1999）.
9. Paul Stoller, *The Taste of Ethnographic Things: The Senses in Anthropology*（Philadelphia, PA: University of Pennsylvania Press, 1989）; さらに、David Howes, ed., *The Varieties of Sensory Experience: A Sourcebook in the Anthropology of the Senses*（Toronto, Canada: University of Toronto Press, 1991）のいくつかの小論を参照されたい。
10. 香りと記憶に関する様々な小論については、Frank R. Schab and Robert G. Crowder, eds., *Memory for Odors*（Mahwah, NJ: Lawrence Erlbaum, 1995）を参照されたい。
11. M. Morrin and S. Ratneshwar, "The Impact of Ambient Scent on Evaluation, Attention, and Memory for Familiar and Unfamiliar Brands," *Journal of Business Research* 49（August 2000）: 157-165.
12. Constance Classen, *Worlds of Sense: Exploring the Senses in History and Across Cultures*（New York: Routledge, 1993／陽美保子訳『感覚の力』工作舎、1998年）、および、Constance Classen, *The Color of Angels: Cosmology, Gender and the Aesthetic Imagination*（New York: Routledge, 1998）.
13. Stephen McAdams and Emmanuel Bigand, eds., *Thinking in Sound: The Cognitive Psychology of Human Audition*（Oxford, UK: Clarendon Press, 1993）、特に、Robert G. Crowder, "Auditory Memory," 113-145の小論; Bob Snyder, *Music and Memory: An Introduction*（Cambridge, MA: MIT Press, 2000）.

14. William Benzon, *Beethoven's Anvil: Music in Mind and Culture* (New York: Basic Books, 2001), 特に 23-46; Kay Shelemay, *Let Jasmine Rain Down* (Chicago: University of Chicago Press, 1998); Kay Shelemay, *Soundscapes: Exploring Music in a Changing World* (New York: W. W. Norton, 2001).

15. Shelemay, *Soundscapes*, 7.

16. Susanne Kuchler and Walter Melion, eds., *Images of Memory: On Remembering and Representation* (Washington, DC: Smithsonian Institution Press, 1991), 特に Adrienne L. Kaeppler, "Memory and Knowledge in the Production of Dance," 109-120.

17. Jonathan E. Schroeder, *Visual Consumption* (London: Routledge, 2002); John Grant, *After Image: Mind-Altering Marketing* (London: Harper Collins, 2002).

18. 前章でみたように、記憶の中には、それがいかに真実のように思えたとしても、実際には誤りであるものもある。その好例は、「ショッピングモールで迷子になった経験」に関する実験である。この実験では、幼少の頃にショッピングモールで迷子になった経験などあり得ない環境で育った被験者に対し、調査者が迷子になった経験について尋ねるのである。すると、被験者は、尋ねられるたびに様々な記憶をつくり出す（たとえば、ガードマンがアイスクリームを買ってくれた、など）。これは、ショッピングモールで迷子になる、という設定が非常に身近で現実味のあることだからである。

19. "Consumer Fraud and Deception Among the Elderly" (report to the U.S. Administration on Aging, University of Pittsburgh Marketing Department, 1979).

20. Schank, *Tell Me a Story* (邦訳『人はなぜ話すのか』); Robert Coles, *The Call of Stories: Teaching and the Moral Imagination* (Boston, MA: Houghton Mifflin, 1989); Elaine Scarry, *Dreaming by the Book* (New York: Farrar, Straus, Giroux, 1999).

21. Daniel L. Schacter and Elaine Scarry, eds., *Memory, Brain, and Belief* (Cambridge, MA: Harvard University Press, 2000); Paul John Eakin, *How Our Lives Become Stories: Making Selves* (Ithaca, NY: Cornell University Press, 1999).

22. Paul John Eakin, "Autobiography, Identity, and the Fictions of Memory," in Schacter and Scarry, *Memory, Brain and Belief*, 290.

23. Donnel B. Stern, *Unformulated Experience* (Hillsdale, NJ: Analytic Press, 1997).

24. 前掲、65.

25. Jerome Kagan, *Surprise, Uncertainty, and Mental Structures* (Cambridge, MA: Harvard University Press, 2002).

26. Antonio R. Damasio, "Thinking about Belief," in Schacter and Scarry, *Memory, Brain and Belief*, 325-333.

27. C. Moorman, Gerald Zaltman, and Rohit Deshpande, "Relationships between Providers and Users of Market Research: The Dynamics of Trust within and between Organizations," *Journal of Marketing Research* 29 (August 1992): 314-328; およびVincent P. Barabba and Gerald Zaltman, *Hearing the Voice of the Market* (Boston: Harvard Business School Press, 1991／小林住彦訳『ハーバードで教えるマーケティング戦略』生産性出版、1992年).

28. Robert McKee, *Story: Substance, Structure, Style, and the Principles of Screenwriting* (New York: Harper Collins, 1997), 25.

29. Howard Eichenbaum and J. Alexander Bodkin, "Belief and Knowledge as Forms of Memory," in Schacter and Scarry, *Memory, Brain and Belief*, 176-207, 特に 204 から引用.

30. Jonathan H. Turner, *On the Origins of Human Emotions: A Sociological Inquiry into the Evolution of Human Effect* (Stanford, CA: Stanford University Press, 2000); Engel, *Context Is Everything*.

31. 全く新たなものをつくり出す活動としてよく例に挙げられるジャズのインプロビゼーション（即興演奏）でさえ、長年にわたる練習や、音楽理論や演奏家自身のスタイルなど既存の知識が組み合わさって可能になる。Paul F. Berliner, *Thinking in Jazz: The Infinite Art of Improvisation* (Chicago, IL: University of Chicago Press, 1994).

32. Gerald Zaltman, Karen LeMasters, and Michael Heffring, *Theory Construction in Marketing: Some Thoughts on Thinking* (New York: John Wiley, 1982); Murray Davis, "That's Interesting! Towards a Phenomenology of Sociology and a Sociology of Phenomenology," *Philosophy of the Social Sciences* 4, no. 3 (1977): 103-117.

第10章

1. たとえば、Margaret Mark and Carol S. Pearson, *The Hero and the Outlaw: Building Extraordinary Brands Through the Power of Archetype* (New York: McGraw-Hill, 2001); John Grant, After Image: Mind-Altering Marketing (London: Harper Collins, 2002).
2. Sidney J. Levy, "The Consumption of Stories," unpublished paper, University of Arizona, Tuscon, October 2001.
3. たとえば、Susan Fournier, "Consumers and Their Brands: Developing Relationship Theory in Consumer Research," *Journal of Consumer Research* 24 (March 1998): 343-373; Susan Fournier and Seth M. Schulman, "Relating to Peapod," Case N9-502- 050 (Boston, MA: Harvard Business School, 2002).
4. Wendy Gordon, Foreword in Giep Franzen and Margot Bouwman, *The Mental World of Brands: Mind, Memory and Brand Success* (Oxfordshire, UK: World Advertising Research Center, 2001), xiii.
5. Larry Huston, vice president, Procter & Gamble, による引用（2002年1月）。
6. Robert W. Brockway, *Myth: From the Ice Age to Mickey Mouse* (Albany, NY: State University Press, 1994); J. F. Bierlein, *Parallel Myths* (New York: Ballantine Publishing Group, 1994); Joseph Campbell with Bill Moyers, *The Power of Myth* (New York: Doubleday, 1988：飛田茂雄訳『神話の力』早川書房、1992年).
7. Doris-Louise Haineault and Jean-Yves Roy, *Unconscious for Sale: Advertising, Psychoanalysis, and the Public* (Minneapolis/London: University of Minnesota Press, 1993).
8. Elizabeth Hirschman, *Heroes, Monsters, and Messiahs* (Kansas City, MO: Andrews McKeel Publishing, 2000).
9. たとえば、Martin J. Gannon, *Understanding Global Cultures: Metaphorical Journeys Through 23 Nations*, 2d ed. (Thousand Oaks, CA: Sage Publications, 2001) では、23ヵ国における各国の一般概念を表す23のメタファーもしくはアーキタイプについて議論されている。
10. 前掲、および Terrence W. Deacon, *The Symbolic Species: The Co-evolution of Language and the Brain*（邦訳『ヒトはいかにして人となったか』）。特に chapter 10, 279-320.
11. Jack Zipes, ed., *The Trials and Tribulations of Little Red Riding Hood*, 2nd ed. (New York: Routledge, 1993).
12. このトピックについての優れた書籍として、Franzen and Margot, *The Mental World of Brands* が挙げられる。
13. Ulric Neisser, "Five Kinds of Self-knowledge," *Philosophical Psychology* 1 (1988): 35-59.
14. Deacon, *The Symbolic Species*（邦訳『ヒトはいかにして人となったか』）。

第11章

1. たとえば、Steven M. Smith, Thomas B. Ward, and Ronald A. Finke, *The Creative Cognition Approach* (Cambridge, MA: MIT Press, 1997) の中の小論が参考になる。
2. イメージやメタファーは、我々の日常生活においても必要不可欠な役割を果たしているが、科学研究の場においても重要な役割を果たしている。詳細は、Arthur I. Miller, Insights of Genius: *Imagery and Creativity in Science and Art* (Cambridge, MA: MIT Press, 2000) を参照されたい。
3. Edward O. Wilson, Consilience: *The Unity of Knowledge* (New York: Random House, 1999).
4. Max Bazerman, *Judgment in Managerial Decision Making*, 4th ed.（邦訳『バイアスを排除する経営意思決定』）。

5. Frank Close, *Lucifer's Legacy: The Meaning of Asymmetry* (Oxford, UK: Oxford University Press, 2000); Michael Leyton, *Symmetry, Causality, Mind* (Cambridge, MA: MIT Press, 1992).
6. David A. Garvin, *Learning in Action: A Guide to Putting the Learning Organization to Work* (邦訳『アクション・ラーニング』), chapter 6, 特に 211.
7. Ellen Dissanayke, *Homo Aestheticus: Where Art Comes from and Why* (Seattle, WA: University of Washington Press, 1995); Semir Zeki, *Inner Vision: An Exploration of Art and the Brain* (Oxford, UK: Oxford University Press, 1999／河内十郎訳『脳は美をいかに感じるか』日本経済新聞社、2002年).
8. Edward McQuarrie, *Customer Visits: Building a Better Market Focus*, 2d ed. (Thousand Oaks, CA: Sage Publications, 1998). たとえば、Steven M. Smith, Thomas B. Ward, and Ronald A. Finke, eds., *The Creative Cognition Approach* (Cambridge, MA: MIT Press, 1997) の小論を参照されたい。

第12章

1. 人々が何を考えているかを理解する際の質問の限界についての議論は Jerome Kagan, *Surprise, Uncertainty, and Mental Structures* (Cambridge, MA: Harvard University Press, 2002), 181-188を参照されたい。
2. この専門家のフォーラムは、オルソン・ザルトマン・アソシエイツ (OZA) によって組織された。このフォーラムには、様々な専門領域の研究者や各部門のマネジャーが参加し、マーケティング以外の分野で研究が進む知識や洞察に関して、同社のブランドや製品が直面している問題にとって重要なものは何かが議論された。
3. Antonio Damasio, *The Feeling of What Happens: Body and Emotion in the Making of Consciousness* (New York: Harcourt, Brace, 1999) 83. 強調部分は原文通り。
4. Robert Rosenthal, *Experimenter Effects in Behavioral Research* (New York: Irvington Press, 1976); Robert Rosenthal and Robert Rosnow, *Essentials of Behavioral Research: Methods and Data Analysis* (New York: McGraw-Hill, 1991).

終章

1. タイタニック号に関する情報は米国上院調査委員会と英国難破船委員会調査委員会の議事録を参考にした。これらは事故の記録に関する最も詳細で正確なものである。議事録は http://www.titanicinquiry.org. から入手可能。
2. 前掲。

索引

英数字
95対5の法則 …………………………………72
BOLD法 …………………………………148
fDOT …………………………………149
fMRI …………………………………148
IAT …………………………………144, 147
「or」の圧政 …………………………………44
ZMET調査 …………97, 101, 111, 130, 158, 173

あ
アイコン …………………………………230
アーキタイプ …………………………………250, 270
〈アメリカン・タグ〉 …………………………………236
意識 …………………………47, 62, 69, 97, 141
イベント …………………………………270, 272
意味記憶 …………………………205, 231, 234, 258
意味知識 …………………………………231
イメージ・セラピー …………………………………287
インプリシット・アソシエーション・テスト→IAT
エピソード記憶 …………………205, 231, 234, 258
エングラム …………………201, 209, 225, 228, 233
〈エンブレム〉 …………………………………179

か
概念的自己 …………………………………259
海馬 …………………………………79
外部記憶 …………………………………227
拡張自己 …………………………………259
記憶 …………………………65, 199, 220, 223
　　——の記銘 …………………………………208, 299
　　——の再構築 …………………………………214, 299
　　——の想起 …………………………………208, 299
　　——の貯蔵 …………………………………208
　　社会的—— …………………………226, 231, 256
記憶マーカー …………………………………229
儀式 …………………………………230
既知 …………………………………241
キャラクター …………………………………270, 271
キャラクタライゼーション …………………………270, 271
キュー …………………………………202, 216, 225
　　外的な—— …………………………………229
　　——・マネジメント …………………………………202
偶然のデータ …………………………………286
グーラッシュ …………………………………71
クラスター …………………………………262
〈クランチ・バー〉 …………………………39, 260, 311
グループ・セラピー論 …………………………………153
経験マネジメント …………………………203, 236, 297
幻想痛 …………………………………85
コア・メタファー …………………………120, 121-129, 251
高位意識 …………………………………71, 73, 75
効果的な質問 …………………………………131
広告 …………………………………38, 211, 260
〈コカ・コーラ〉 …………55, 95, 231, 235, 269, 271
ゴール …………………………202, 216, 225, 228, 234
顧客関係性マネジメント …………………………………232
顧客経験 …………………………………39, 236, 297
「顧客行動研究」コース …………………………………11, 243
顧客中心主義 …………………………………41
顧客のことを第一に考える企業 …………………………173
心 …………………………………15, 80, 93
　　——のしゃっくり …………………………………132
心-脳-体-社会 …………………………24, 31, 47, 65, 225
「心・脳・行動イニシアチブ」プロジェクト …11, 50
〈コルベット〉 …………………………………236
コンストラクト …………………13, 80, 164, 170, 179, 271
コンセプト …………………………………13, 162
コンセンサス・マップ …………………………15, 64, 116, 161,

172, 179, 247
コンテクスト………94, 170, 209, 211, 212, 218
コントローリング・アイデア………270, 272
コンビネーション・セラピー……………279

さ

錯視……………………………………89
サブマップ………………………173, 189
自己意識………………………………215
思考……………………………………12, 54
　意識的な――……………………………13
　無意識的な――…………………………13
　――の伝染………………………………301
　習慣的な――……………………………276
　創造的な――……………………………276
思考プロセス……………………………12, 72
市場心脳研究所…………………………11, 181
市場の心………25, 51, 53, 77, 185, 191, 332
実現可能性……………………………45
私的自己………………………………259
〈シボレー〉…………………………116, 236
社会規範………………………………228
ジャックが建てた家……………………284
修辞表現………………………………17
周辺言語………………………………57
準拠枠…………………………………324
消費者のピラミッド……………………51
使用理論…………………25, 34, 60, 142, 282
　誤った――………………………………26-34
身体化された認知……………………60, 104
心脳……………………………………15, 80
信奉理論………………………………25, 60, 142
神話……………………………………252, 265
スキーマ………………………………64
スクリプト……………………………64
ステレオタイプ………………………46, 250
ストーリーテリング……………………224
生態的自己……………………………259
潜在記憶………………………………206
想起プロセス…………………………209

た

対人的自己……………………………259
タイタニック号………………………1, 329

大脳皮質………………………15, 47, 260
〈タンカレー・ジン〉…………………235
短期記憶………………………………201, 211
〈チェリオ〉……………………………256, 285
知覚キュー……………………………211
知覚システム…………………………229
知識社会………………………………1, 2, 156
長期記憶………………………………201, 211
直接表現………………………………17
角の歪んだ牛…………………………284
ディズニーランド……………………218
ディープ・キャラクター………………271
ディープ・メタファー……………250, 262, 268
データ……………………………36, 285, 319
手続き記憶……………………………206, 258
　偶然の――………………………………286
　通常通りの――…………………………286
　例外的な――……………………………286
統合……………………………………279

な

内部記憶………………………………227
ニューラル・クラスター………………14
ニューラル・パスウェイ………………14
ニューロ・イメージング調査…………148
ニューロン………………14, 47, 54, 63, 80, 148, 216
ニューロン群…………………………176, 216
脳………………………47, 78, 148, 168, 260

は

バックワード・フレーミング…………216
パラダイム………………………3, 47, 332
バリュー・キー・リサーチ……………115
非言語…………………………………57
〈ビュイック〉…………………………236
ヒューマン・ユニバーサル……………16, 169
〈ファブリーズ〉………………45, 108, 169
フォーカス・グループ………………152, 206
フォワード・フレーミング……………216
符合化特殊性原理……………………211
プライミング……………………87, 143, 207
プラシーボ効果………………………84, 299
フラッグシップ・エクスペリエンス……237
ブランド……………92, 146, 222, 247, 271, 311

361

──のリポジショニング ………………318
　　──経験 …………………………………269
フレーミング ………………………308, 323
便益 …………………………………39, 240
　感覚的── …………………………………39
　機能的── ………………………39, 240, 269
　社会的── ………………………………269
　情緒的── ……………………39, 237, 240
　心理的── ……………………………39, 269
フォーカス・グループ ……………………152
ボイスピッチ分析 ……………………………57
ボイスマスキング ……………………………58

ま

〈マリブ・ラム〉 ……………………………235
マーケターのピラミッド ……………………51
〈マールボロ〉 ………………………………147
見えない香り ………………………………229
ミッキーマウス ………116, 225, 257, 313, 316
無意識 ……………………………62, 69, 81
　認知的── …………………………………70
　──調査 ………………………………145
　──のメタファー ………………………233
ムード …………………………212, 215, 218, 220
メタファー ……………16, 59, 100, 116, 223
　──のカテゴリ …………………………107
メンタル・モデル ……………………15, 63
物語 …………………75, 223, 234, 247, 311

ら

「ライク・ア・ロック」キャンペーン ………116
ラベル ………………………………………164
リエントラント・マッピング ………………194
レスポンス・レイテンシー調査 ……………142

人名

アージリス，クリス ……………………25, 45
アイヘンバウム，ハワード ………………240
アベルソン，R. P. …………………………224
イーキン，ポール・ジョン …………223, 234
ウィグナー，ダニエル ………………69, 74
ウィルソン，E. O. …………………226, 279
ウタル，ウィリアム ………………………151
エッテンバーグ，エリオット …………………1
エルデマン，ジェラルド ……55, 73, 100, 194
エンゲル，スーザン ………………………225
オルソン，ジェリー C. ………………11, 264
クラーク，グレッグ ………………………236
グラント，ジョン …………………………264
グリフィン，アビー ………………………155
ゲイジ，フィニアス ……………………27, 61
ケーガン，ジェローム ……………………167
ケッチャム，キャサリン …………………199
コスリン，スティーブン M. ……11, 150, 168
サール，ジョン R. …………………………72
サットン，ロバート …………………………26
ジェネシック，バレリー J. ………………153
シェルメイ，ケイ …………………………229
シスルトン，アン …………………………213
シトウィック，リチャード E. ………………97
シャクター，ダニエル ……………199, 215
シャンク，ロジャー C. …………………224
ジョンソン，マーク ………………………105
シンプソン，O. J. …………………………215
スケアリ，ロブ ……………………………279
スターン，ドネル B. ……………………234
ターナー，ジョナサン H. ………………55, 61
ダウリング，ジョン …………………………89
ダマシオ，アントニオ ……23, 61, 105, 320, 333
ダンバー，ロビン …………………………154
デイ，ジョージ S. …………………………23
テイラー，スティーブン …………………153
デジュパンデ，ロヒット……………………25
トノーニ，ジュリオ ……………………73, 100
トマセロ，マイケル …………………………48
トム，ブレイスフォード …………………172
ドラッカー，ピーター F. …………1, 41, 156
ナイサー，アーリック ……………………258
ノージック，ロバート ………………………71

バウアー，レイモンド	159
ハウザー，ジョン R.	153, 155
ハストン，ラリー	248, 277
ハビブ，ジャナン	251
バラッバ，ビンセント P.	3, 44, 278, 301, 320
ハリントン，アン	47, 50
ヒップ，ボブ	281
ピンカー，スティーブン	56
フェッファー，ジェフリー	26
フォーニエ，スーザン	248
ブラガー，ジェフリー	200
ベカラ，アントン	78
ヘッケル，スティーブン	280, 294
ホーグランド，ジョン	72
ホール，エドワード T.	58
ボグダン，ロバート	153
ボドキン，J. アレキサンダー	240
ホブソン，J. アラン	73
マッキー，ロバート	235
マッコム，ウィリアム	162, 278, 295
ミラー，アーサー I.	59
ラトゥール，キャスリン・ブラウン	217
ラマチャンドラン，V. S.	85
ルービン，アイリーン	153
ルービン，ハーバート	153
ルドゥー，ジョセフ	62
レイコフ，ジョージ	105
レヴィ，シドニー J.	247
レヴィーン，リンダ	215
レトメズ，ピーター・ブラベック	3
ローウェンシュタイン，ジョージ	29
ローゼンタール，ロバート	323
ロズノー，ラルフ	323
ロフスタ，エリザベス F.	199
ワースリン，リチャード	180

企業名

AT&T	179
BMW	235
GM	3, 28, 115, 181, 236-239, 255, 256, 290-293
HP	49, 102
IBM	49, 179, 281
J. W. トンプソン	179, 277, 279
P&G	45, 49, 102, 169, 179, 248, 277, 283
アメリカン・センチュリー	28, 181
イミュネックス	179
インナー・ビューズ	163
エイビス・レンタカー	297
エクスペリエンス・エンジニアリング	49, 202, 296
オルソン・ザルトマン・アソシエイツ（OZA）	11, 116, 130, 134, 170
カスタマー・ストラテジー・ワールドワイド	1
グラクソ・ウエルカム	28, 102
クラフト	24
コカ・コーラ	28, 49, 179, 181, 212, 271, 299
サムスン	102, 179, 313
シェフリン&サマーセット	102, 179
シェル石油	315
シティ・バンク	24
ジョンソン&ジョンソン	181
スターバックス	284
ストーリー・ディベロップメント・スタジオ	102, 249
ゼネラル・ミルズ	181
ゼネラル・モーターズ→GM	
ディアジェオ	102
ディズニー	24, 313
デュポン	102, 103
トラディショナル・ヨット	236
ネスレ	3, 39, 260, 311
ノキア	313
バジェット	286
ヒューレット・パッカード→HP	
フィデリティ投信	179, 235, 255
フォード	290
フォルジャーズ・コーヒー	117
フューチャー・ドンティックス	163, 289
ホールマーク	28, 101, 172, 181, 257, 284, 310
マクニール・コンシューマー・ヘルスケア	24, 102, 162, 278, 295
ミッドウエスタンUS銀行	314
メルセデス・ベンツ	307
モトローラ	103, 283
ユニリーバ	28, 301
ライフタイム・テレビジョン・ネットワーク	102, 107
ワースリン・ワールドワイド	180

[訳者]

藤川 佳則（ふじかわ・よしのり）

一橋大学大学院国際企業戦略研究科専任講師。一橋大学経済学部卒業。同大学大学院商学研究科修士、ハーバード大学経営大学院ＭＢＡ（経営学修士）、ペンシルバニア州立大学Ph.D.（経営学博士）。ハーバード大学経営大学院研究助手、ペンシルバニア州立大学講師、オルソン・ザルトマン・アソシエイツを経て、2003年より現職。専門は、マーケティング、消費者行動論、サービス・マネジメント。『マーケティング革新の時代』（有斐閣、1999年）、『マーケティング・ジャーナル』（日本マーケティング協会、1992年、1994年）などに執筆。

阿久津 聡（あくつ・さとし）

一橋大学大学院国際企業戦略研究科助教授。一橋大学商学部卒業。同大学大学院商学研究科修士。カリフォルニア大学バークレー校ハース経営大学院ＭＳ（経営工学修士）およびPh.D.（経営学博士）。カリフォルニア大学バークレー校研究員、一橋大学商学部専任講師などを経て、2001年より現職。専門は、マーケティング、消費者行動論、ブランド論、行動意思決定論、交渉論。主な著書に、『ブランド戦略シナリオ』（ダイヤモンド社、2002年、共著）、『知識経営実践論』（白桃書房、2001年、共編著書）、訳書に、デービット A. アーカー他著『ブランド・リーダーシップ』（ダイヤモンド社、2000年）などがある。

■ハーバード大学経営大学院 市場心脳研究所

本書の著者ジェラルド・ザルトマンと認知脳科学の世界的権威であるスティーブン M. コスリンが共同所長を務める。潜在意識が消費者とマーケターの思考プロセスにどのような影響を与え、両者の間にどのような相互作用を生み出すかについて、複合先端領域の研究成果をもとに調査研究を進めるとともに、心脳に関わる実践的なマーケティング手法の開発に取り組んでいる。

■ハーバード大学「心・脳・行動イニシアチブ」プロジェクト

ハーバード大学の学際的な研究活動。1993年に設立され、同大学の35学部から選出された研究者で構成される。各専門分野において国際的に著名な研究者が分野を超えて定期的に集まり、重要な問題を学際的に議論する場である。これまで、合理性と非合理性、プラシーボ効果、記憶歪曲、学習と脳の可塑性、脳の発達に対する社会の影響、中毒とは何か、などが議論されている。

〈表紙デザイン効果〉
カフェウォール錯視（Café Wall illusion）

ハートの中の水平線は傾いて見えるが、実際はすべて並行で、赤と白の四角は完全な正方形である。

[著者]

ジェラルド・ザルトマン（Gerald Zaltman）
ハーバード大学経営大学院名誉教授。同大学院市場心脳研究所所長、同大学「心・脳・行動イニシアチブ」プロジェクトの主要メンバー。オルソン・ザルトマン・アソシエイツ（コンサルティング）のパートナー。イメージ（画像）やメタファー（比喩）を介して消費者の潜在意識を調査するZMET調査法の開発者であり、心理学、脳科学など様々な専門領域の研究成果を応用する学際的マーケティング・アプローチを提唱する。専門は、消費者行動論。主な著書に*Theory Construction in Marketing*（John Wiley & Sons, 1982）、共著書に*Hearing the Voice of the Market*（Harvard Business School Press, 1991、邦訳『ハーバードで教えるマーケティング戦略』日本生産性本部、1992年）などがある。

心脳マーケティング──顧客の無意識を解き明かす

2005年2月10日　第1刷発行

著　者──ジェラルド・ザルトマン
訳　者──藤川 佳則／阿久津 聡
発行所──ダイヤモンド社
　　　　　〒150-8409　東京都渋谷区神宮前6-12-17
　　　　　http://www.diamond.co.jp/
　　　　　電話／03-5778-7232（編集）　03-5778-7240（販売）
装　丁──竹内 雄二
製作進行──ダイヤモンド・グラフィック社
印　刷──八光印刷（本文）・加藤文明社（カバー）
製　本──石毛製本所
編集担当──渋田見 江吏子

©2005 Yoshinori Fujikawa, Satoshi Akutsu
ISBN 4-478-50216-1
落丁・乱丁本はお取替えいたします
無断転載・複製を禁ず
Printed in Japan

◆ダイヤモンド社の本 ◆

世界中のマーケターが聞きたかった質問すべてに答えよう!

将来のマーケティング・モデルをどう描くのか? ローカル・ブランドがグローバル・ブランドへ飛躍するための秘訣とは? コトラー教授がマーケティングの基本に関する300の質問に答える。

コトラーのマーケティング講義
基本コンセプト300

フィリップ・コトラー［著］

木村達也［監訳］　有賀裕子［訳］
●Ａ５判上製／●定価2310円（税5％）

ポストモダン・マーケティングの第一人者による超ド級の力作

モダン・マーケティング（顧客第一主義）への反論の書、捕らえどころのない今の顧客を捕まえるノウハウを示す書、そして、ポストモダン・マーケティング実践の書。

ポストモダン・マーケティング
「顧客志向」は捨ててしまえ

スティーブン・ブラウン［著］

ルディー和子［訳］
●Ａ５判上製／●定価2520円（税5％）

http://www.diamond.co.jp/